世纪高教·工商管理系列教材

管理沟通

（第二版）

编著　张昊民　李倩倩

格致出版社　上海人民出版社

工商管理系列教材

主编：王方华

编委（以姓氏音序排列）：

陈　宪　顾宝炎　顾　锋　顾晓敏　季建华

贾建民　吕　巍　骆祖望　曲林迟　石良平

田　澎　汪　泓　王方华　王恒山　翁君奕

徐　飞　尤建新

总　序

　　伴随着争论与共识，中国管理步入了21世纪，更走入了全球化的视野当中，这是一个全新的时代，新知识的爆炸、新观念的碰撞、新思想的诞生不断催生着中国管理的变迁，我们的企业开始迈向全球，我们的管理学界开始向世界进言，我们的市场开始让国外的管理人士瞩目，可以说，中国管理正走向成熟，我们正面临着前所未有的机遇。

　　机遇往往伴随着挑战，对于中国管理而言，挑战存在于各个方面。千百年来，我们的祖先给予了我们丰厚的文化瑰宝，其中很多都是管理思想的精髓，我们该如何深入挖掘？经济全球化进程带来的是越来越前沿的管理理念与实践方法，不断冲击着中国的触觉，我们该如何去面对？中国正逐渐成为世界的焦点，国外管理人士纷纷开始研究中国本土市场，而作为中国管理学界的成员，我们又如何在本土化的实践中找到更加适合中国管理发展的路？种种的挑战提出了一个崭新的命题：如何在我们的管理教学中结合机遇与挑战，向我们的学生——未来的管理人才——展现出知识与实践结合的力量。但现实情况是，我国国内现代企业管理起步较晚，国内经济社会环境的变革中现实管理问题迭起，高校教学实践不足，相当多的经济管理类教材是根据国外教材改编而成的，无法完全适用于中国的特殊国情与新时期下的要求，不能充分解决中国企业的实践问题，更未必满足实际的学生教学需要。因此真正拥有属于中国自己的、前沿的、既自成理论体系又具有实用性的教材，成为了我们经济管理界成员的心声。

　　令人欣慰的是，力求体现中国前沿管理特色的"工商管理系列教材"终于面世了，这套教材不仅为中国经济管理类理论领域增添了一道独特的风景，更为从事管理学教学的教师提供了本土化的教学范本。这套系列教材紧跟时代步伐，以培养学生能力为目标，汇集了国际各相关领域的最新观点、内容、原理和方法，吸收了国内外教材的众多优点，考虑了中国国内的实际管理教学情况，更力求于体现中国管理的独特思维，既适合于全国各高等学校经济管理类专业的本科生使用，同时也可以成为管理实践第一线工作的各类管理人员系统学习管理理论的参考书。

　　本系列教材力图从不同的视角，在多种层面对经济管理领域内的各种问题作全面、系统和深入的研究。既有教授经典管理理论的，又有关注管理前沿趋势、讲授最新兴管理技术的；既有对管理学科现代化观点的科学审视，又有对中国悠久的管理哲学的深邃思考;既有以国际化的视野引入的西方成熟经济管理理论,又有以本土化的视角进行的实践研究。期待这套教材能为改进我国高等教育经济管理类课程的教学工作起到重要作用,同时对于推动我国经济管理理论的发展,提升我国企业经济管理的实践水平,也能有所帮助。

"传道、授业、解惑"为师者肩扛之责。背负起为国塑才的重任,不辜负人类灵魂工程师的称号,一直是我们每个教师心中的孜孜追求。这套教材凝结了我们教育工作者多年的思想结晶,更包含了我们对莘莘学子的深切期望。在此,谨希望这套教材能够起到抛砖引玉的效果,为我国管理教育和管理实践的发展、繁荣尽到应有的责任。

是为序。

上海交通大学校长特聘顾问　王方华

前　言

杰克·韦尔奇曾说:"管理的秘诀就在沟通,沟通,再沟通。"

小詹姆斯·H.唐纳利认为:管理就是由一个或更多的人来协调他人的活动。

管理的实质即对人的管理,或者说管理是通过别人来做事。从以上定义都不难看出沟通在管理中的重要地位。沟通是人类行为的基础,也是所有管理工作的重要组成部分。

从政客们在世界舞台上的手腕施展、言语争雄,到商界精英们之间各业务领域的询盘还盘、大小谈判,从企事业单位甚至是政府部门的公关协调、舆论造势,到组织内部的公文传递或流言蜚语,从兄弟哥们的开怀豪饮、闺中密友的丝丝耳语,到父母儿女间的嘘寒问暖抑或冷言相对,情况不尽相同。但是这些情形的共同点就是,无时无刻不在的沟通。可大可小,可长可短,可严谨可风趣,可言语可书面,但沟通绝对不可省略或忽视。

在这个大融合、大变化的时代,在这个竞争日益激烈的时代,更需要与各方交流合作,更需要掌握沟通的技能。从这个层面上说,沟通能力决定了我们是否能够成功。正是看到了沟通对于每个人的重要性,特别是对于管理人员的重要性,激发我们编写了这本《管理沟通》(第二版),希望其能够为大家指引方向。

基于这样的目的,并结合多年来从事管理沟通的教学经验和为企业培训、咨询的经验,本书主要作了以下安排:

(1) 理论阐述简明扼要。全书对管理沟通涉及的理论知识都有着较为扼要的阐述,内容详实,文辞精炼,深入浅出,便于读者理解、掌握。

(2) 注重案例启发。书中集合了国内外各种案例,也包含了管理沟通小故事、寓言、小游戏和各种管理沟通知识链接、实用工具等,具有极强的可读性和启发性。

(3) 突出实战性。我们在每章后都附有相关的案例分析、沟通技能训练游戏等,便于课堂授课或课后理解。更突出了沟通本身的实践性和操作性,有助于读者更好地掌握、运用各种沟通技能。

(4) 紧贴时代脉搏。管理沟通的理论和实践随着时代的发展不断前行。本书第二版的修订,充分体现了与时俱进的指导方针,不仅详细介绍了有关管理沟通的经典理论、策略和技巧,更新了相关案例,还根据时代的发展特点重点融入了自我沟通、网络技术下的沟通、危机沟通、跨文化沟通等内容。

广阔的视野,独到的眼光,敏锐的思维,灵活的构思,高超的沟通技巧,完备的背景知识,加上丰富多彩的版面设计,构成了本书的主要特色。

选择了沟通,毋庸置疑你就选择了丰富精彩的人生。还等什么? 赶紧提升自己的沟通能力,让沟通照亮自己的美好前程吧!

张昊民　李倩倩

目 录

栏目导航

第1章 沟通概述

> 与人交谈一次,往往比多年闭门劳作更能启发心智。思想必定是在与人交往中产生,而在孤独中进行加工和表达。
>
> ——列夫·托尔斯泰

内容提要

- 沟通的定义、实质及意义
- 沟通的主要类型
- 沟通的模式、障碍及解决途径

【案例导读】1.1

英国石油公司火灾爆炸事故

2005年3月23日中午1点20分左右,英国石油公司(BP)美国得克萨斯州炼油厂的碳氢化合物车间发生了火灾和一系列爆炸事故,15名工人被当场炸死,170余人受伤,在周围工作和居住的许多人成为爆炸产生的浓烟的受害者。同时,这起事故还导致了严重的经济损失,这是过去20年间美国作业场所最严重的灾难之一。(注:BP得克萨斯炼油厂隶属于BP北美产品公司,是BP公司最大的综合性炼油厂,每天可处理46万桶原油,日产1100万加仑汽油。)

调查结果表明:着火事故的直接原因是异构化装置主管的失职和值班工人没有遵循书面程序的规定。然而得克萨斯城炼油厂的爆炸,还有五个主要的间接原因:首先,历经多年的工作环境已被侵蚀到排斥变化的地步,而且缺乏信任、动力和目标。监督和管理行为不清晰。对条例的执行不彻底。员工个人感觉没有提建议和进行改进的权力。第二,管理者没有建立或强制实行流程安全、操作执行程序、系统的降低风险优先权等。没有从BP其他事故中吸取教训。第三,复杂组织内的众多变化,包括组织结构和人员的调整,导致了责任不明和沟通不畅。结果造成员工对角色、职责和优先顺序迷惑不清。第四,要归咎于对危险辨识不足,对站点流程安全的理解知之甚少——这些导致了人们承受了更大的风险。最后,低水平的操作管理和炼油厂内由上至下缺乏沟通,意味着对于问题没有及时的早期警报系统。而且缺乏独立的渠道,无法通过组织彻底的核查来了解这个工厂的水准下滑。

资料来源:栾兴华.《BP德州炼油厂火灾爆炸事故》,《现代职业安全》2011年第10期。

1.1 沟通的含义

1.1.1 沟通的定义

沟通是一个人人都非常熟悉的词,但是究竟什么是"沟通"却是众说纷纭。据统计,"沟通"的定义竟达百余种之多。在这"沟通"的丛林中,究竟哪种才是其真正的含义呢?这首先要从"沟通"的渊源谈起。

中国文化博大精深,沟通之说更是自古有之。而在占其传统文化主导地位的儒家学说中,对和谐、沟通、礼仪等方面更是极其看重。在《论语》中,便有"忠告而善道之,不可则止,无自辱也"这样关于沟通技巧和禁忌的慧语。那么中国文化当中的"沟通"一词从何而来呢? 又有什么意义呢?

根据《现代汉语词典》的解释:"沟通:使两方能通连。"在中国,沟通一词本指开沟以使两水相通,后用以泛指使两方相连,也指疏通彼此的意见。《左传·哀公九年》有曰:"秋,吴城邗,沟通江淮。"后人也是因为看到水渠交叉,各自相通,又联想到人与人的交流何尝不是如水渠一样交汇往来,互相贯通,达到彼此一致,所以就用到这个词来形容把信息、思想和情感在个人或群体间传递,并且达成共同协议的过程。近现代以来,一些学者更是频频在著作、文章中使用沟通一词。从文化渊源上讲,沟通即指彼此连通,达到一致。这与现代意义上的沟通的目的和实质是一致的,但是,就沟通的方式方法、过程等方面而言却未作详述。

在英文中,"communication"这个词既可以译作沟通,同时还有交流、交际、交往、通信、交通、传达、传播等意。这些词在汉语中尽管不尽相同,但它们本质上都涉及了信息交换和交流,其基本含义是与他人分享共同的信息。

《大英百科全书》认为,沟通是"用任何方法,彼此交换信息,即指一个人与另一个人之间用视觉、符号、电话、电报、收音机、电视或其他工具为媒介,所从事交换信息的方法"。

《韦氏大辞典》认为,沟通就是"文字、文句和消息之交通,思想或意见之交换"。

哈罗德·拉斯韦尔认为,沟通就是"什么人说什么、由什么路线传至什么人,达到什么效果。"

赫伯特·西蒙认为,沟通"可视为任何一种程序,借此程序,组织中的每一成员,将其所决定的意见或前提,传送给其他有关成员"。

斯蒂芬·P.罗宾斯认为,沟通就是"意义的传递和理解"。

此外,沟通还被解释为用语言、书信、信号、电讯进行的交往,是在组织成员之间取得共同的理解和认识的一种方法。

尽管关于沟通的理解和定义不尽相同,但是,有一点是明确并得到多数人认可的:沟通是信息从发送者到接收者的传递过程。在这个过程中,人们进行交流,取得彼此的了解、信任,完成某种任务或达成特定的目的,或者建立良好的人际关系。

基于目前管理界和公众对沟通本质的理解,本书从管理的角度包括组织管理和自我管理两方面出发,把沟通定义为:沟通是为了特定目的,在活动过程中通过某种途径和方式,有意识或无意识地将一定的信息从发送者传递给接收者并获取理解的过程。

在这里,所谓"有意识或无意识"是说明沟通不仅是在正式的组织或个人之间有计划地进行,而且还包括无计划的非正式的沟通。按某种途径和方式则说明了沟通必须借助某种媒介,包括话语、书面、仪表、仪态等各种因素。将一定的信息从发送者传递给接收者是整个沟通的主体部分。这里的信息可以是常规的通知、消息,也可以是某种观点、思想。而获取理解说明了沟通是一种双向的行为,必须是发送者和接收者双方之间的互动,并且整个过程当中包括反馈这一环节。有效的沟通必须在沟通的定义基础上具备三大要素:要有一个明确的目标,正确地沟通信息、思想和情感,达成共识或完成既定目标。

1.1.2 沟通的实质及有效沟通

著名成功学专家卡耐基认为,交流沟通是人类行为的基础,并且涉及各式各样的活动:交流、劝说、教授,以及谈判等。一个人要在这些活动中游刃有余,培养出高效沟通所需的技巧,首先必须理解沟通的内涵和本质。当我们说沟通就是连通,又说沟通是从信息发出者到接收者的过程时,可能会有人产生这样的疑问:沟通有这么复杂么?

其实,貌似平凡的事情往往容易使人们步入认识的误区,忽略其真正的意义和复杂性。沟通正是一项表面简单而实际非常困难和复杂的活动。因此,我们更要透过现象看本质,理解沟通的实质和内涵。

1. 沟通是一种社会活动

沟通是人的沟通,而人是具有社会性的,这就从本质上赋予沟通以社会性的本质特征。对个人与组织发展而言,在所有的素质和技能中,沟通技能显得格外重要。世界上很多著名的大公司都把沟通技能当成一个招聘员工的重要标准,在美国有许多研究表明,合格人才的最主要特点之一是具有较强的沟通能力,沟通能力将是未来世界竞争的最重要的武器之一。

之所以如此,就是由于沟通的社会性所决定的。人是社会的人,就要与同事、朋友、组织等进行联系和交际。而沟通就是人和人之间、人和组织之间、组织和组织之间传播信息、思想,完成特定目标,共同发展的桥梁。

2. 沟通是信息的传递

沟通用最通俗的文字表达即为信息交流,指主体将某一种信息传递给客体,并期望客体能做出相应反应的过程。如果仅仅停留在浅层次的理解上,人们会认为沟通既简单又平凡。但在日常经济生活中,自然存在的事情并不表示我们能够或者已经做得很好。而单单是信息的传递并不能称之为沟通,这就是普通的"说话"与我们讲的"沟通"的关系。

沟通首先是信息的传递。信息，从根本上讲就是一种符号象征。而信息的传递就是符号的传递，感情也是借助于符号传递的。我们所用的文字是符号，表情是符号，动作是符号，甚至语气语调等都是符号。在实际的沟通中人们所要表达的是思想和感情，而思想和感情是人类高级的精神活动，本身是看不见摸不着的，要表达他们就需要借助某种可见的载体，于是人类就发明了文字。文字的出现使得人们之间沟通更加便捷高效，也成为沟通中信息传递的最重要的符号。

3. 沟通要达到一定效果

如果有了信息的传递，是不是就一定能构成沟通行为呢？实际情况并不尽然，这还要看传递的是不是有效果。

首先，沟通不能缺乏任何一个要素，包括信息发送者、媒介和接收者，否则就不可能传递尤其是正确地传递信息。我们都知道演讲是一种沟通，但是没有听众的演讲是不是也能称之为沟通呢？答案是否定的。公文的传递是一种重要的组织沟通方式，但是没有读者的公文能称之为沟通吗？答案也是否定的。放在桌上的文件只是一张纸，只有员工进行阅读的时候才是一种组织沟通行为的发生，类似事例，不胜枚举。

另外，信息本身对接收者而言要有意义。信息是借助符号来传递的，但是如果一个人不认识某种符号，他就无法理解，也就是沟通没有实现。例如，一个不认识汉字的人，当他看到"人"这个符号时，理解的是什么呢？只是一个符号而已，没有任何意义。同样，对一个不懂英文的人说"person"这个词，他理解的又是什么呢？只是一串字母而已，没有任何意义。

在理解沟通的实质基础上，可以给有效沟通，也就是我们真正需要的沟通下一个比较完整的定义：在一定的时间和场合，为了一定目的，借助某种方式传递信息，表达思想和感情，并能被人正确理解和执行、达到某种效果的过程。

要实现有效沟通需具备两大必要条件：首先，信息发送者清晰地表达信息的内涵，以便信息接收者能够确切理解；其次，信息发送者重视信息接收者的反应，并根据其反应及时修正信息的传递，免除不必要的误解。两者缺一不可。随着社会经济的迅速发展，随着管理信息系统的日趋完善，人与机器之间的信息交流，机器与机器之间的信息交流越来越方便，此类沟通出现的障碍会越来越小，而人与人之间的信息交流，即组织内人与人之间的沟通，尤其是管理者与被管理者之间的有效沟通往往存在着巨大的障碍。

著名管理学大师德鲁克提出了有效沟通的四个基本原则：(1)受众能感觉到沟通的信息内涵。(2)沟通是一种受众期望的满足。人们习惯于听取他们想听的，而对不熟悉的和威胁性的内容具有排斥情绪，因此要有一个循序渐进的过程。(3)沟通能激发听众的需要。信息发送者，尤其是管理者要分析自己的信息是否值得花费手中的时间来获取。(4)所提供的信息必须是有价值的。沟通和信息是两个不同的概念，由于信息量非常大，受众没有必要获取所有的信息，因此沟通所提供的信息应该是有用处的、重要的信息。

【实用链接】1.2

沟通传递的不仅是信息

没有信息传递的活动不能称之为沟通,但是,沟通传递的又不仅仅是信息。在有效沟通的过程中,我们须理解一些谈话的规则,比如,在交谈中书面语言的运用与否这个问题。

下面这句话在语法上绝对正确,但过于书面化:"和张丽谈话的那个男人是谁?"如果你在交谈中这么说话,你很可能被认为过于骄傲,死板甚至书呆子气,其实我们大多数人是这样说的:"谁在和张丽谈话?"这种说法才适用我们日常进行的非正式的交谈,但是我们中有许多人可能发现很难设想我们使用这句话的日常会话场景,而放弃了使用第二种非正式的文体。

这样的结果就是造成了信息传递效果不佳。虽然以上的谈话也可以称之为沟通,但是绝对不是一种高水平的沟通。这是因为,沟通除了传递基本的常规的信息和思想以外,也是传递说话者或者信息发送者个人素质、涵养、礼仪等信息的重要过程和手段。

更重要的,沟通还是表现关怀的重要方式。管理活动虽然属于商业范畴,但每个员工首先是作为人存在的。人不仅具有经济人的特征,要有效地完成工作任务,获得报酬和提成。更重要的,人之所以为人,还具有社会人特性,需要在与人交往的过程中,通过别人的认同及赞赏获得自我价值感。此外,我们还有情感,我们需要情感的表达。这更需要沟通。沟通可以是有目的的手段,也可以是无目的的关怀。对家人、对朋友;对上司、对下属,从心出发,方能无可不达。

1.1.3　沟通的作用与意义

卡特罗吉斯说:"如果我能够知道他表达了什么,如果我能知道他表达的动机是什么,如果我能知道他表达了以后的感受如何,那么我就敢信心十足地果敢断言,我已经充分了解了他,并能够有足够的力量影响并改变他。"

上海通用汽车总经理应飞说:"根据我国 40 多年的管理工作经验,我发现所有的问题归结到最后都是沟通问题。"

调查研究表明,人们除了睡眠以外,70％的时间都用在沟通上,剩下 30％的时间用于分析和处理相关事物,可以说沟通无时不有,无处不在。

而在管理中,沟通更是必不可少。可以这么说,没有组织就没有管理可言,而没有沟通就没有组织可言。人类的活动中之所以会产生管理活动,就是因为随着社会的发展,产生了群体活动和行为。而在一个群体中,要每一个群体成员能够在一个共同目标下，协调一致地努力工作，就绝对离不开有效的沟通。在每一个群体中，它的成员要表示愿望、提出意见、交流思想；群体的领导要了解下属情况、获得理解、发布命令，这些都需要有效的沟通。

从中国古代的明君纳谏到西方现代管理者的透明办公室，都说明了沟通被视为事业成功的关键。这一方面说明了有效沟通在管理中的重要作用，另一方面更说明了实现有效沟通并非轻而易举，需要主客体双方付出许多努力和心血。沟通在我们生活当中无处不在，从某种意义上说，沟通已经不再是一种职业技能，而是一种生存的方式。

1. 沟通是组织存在和发展的基础

(1) 组织内部需要沟通。

对组织而言，沟通是实现整体优化的需要。沟通是协调组织中的个人、要素之间的关系，使组织成为一个整体的凝聚剂。为了实现组织的目标，各部门、各成员之间必须有密切的配合与协调。只有各部门、各成员之间存在良好的沟通意识、机制和行为，各部门、各成员之间才能彼此了解、互助协作，进而促进团体意识的形成，增进组织目标的导向性和凝聚力，使整个组织体系合作无间、同心同德，完成组织的使命及实现组织目标。

沟通还是组织内领导者激励下属，实现领导职能和提高员工满意度的基本途径。领导者要引导追随者为实现组织目标而共同努力，追随者要在领导的带领下，在完成组织目标的同时完成自己的愿望，而这些都离不开相互之间良好的沟通，尤其是畅通无阻的向上、向下的沟通。

组织成员并非仅仅为了物质的需求而工作，他们还有精神层面的需要，这些精神层面的需要包括成就感、归属感、荣誉感及参与感等。随着社会的不断发展进步，这些精神需要所占的比重会越来越大。要使员工真正的感觉到属于自己的企业，并不是仅仅依靠薪水、奖金所能达到的。良好的沟通内容能够通过满足员工的参与感和改造人际关系，提高员工的满意度。

对个人而言，主要包括同事之间、上下级之间的沟通。组织中的沟通，涉及获取信息或提供信息，同时对他人施以影响以理解自己的意旨并根据该意旨行事。有了良好的沟通，在组织中办起事来才能畅行无阻。

同事之间平时多沟通，才能有融洽的合作关系。工作中，同事间互相配合，互相补充，才可以形成有凝聚力的集体。如果缺乏沟通，同事间就会造成交叉工作、重复工作，同事间很容易形成猜疑，各自为政，缺乏沟通使集体失去战斗力。上下级间的沟通也是非常重要的。上级只有不断地与下级沟通，才能将准确的思想表达出来。同样，作为下级，就需要不断积极地与上级沟通，使上级能够清楚你的工作情况，避免猜疑。

(2) 组织需要与其他组织、顾客以及公众等相关群体进行沟通。

第一，企业要搞好和政府以及其他企业之间的关系，包括政府公关、组织谈判等内容。就经济和政治的辩证关系而言，经济是政治的基础，而政治因素（包括政策、法律、制度等）则会对经济的发展尤其是各企业的发展起到重要的影响作用。因此企业必须和政府保持适当的沟通，开展政府公关，以达到为本企业创造良好的政治环境和商业政策的目的。同时现代的企业不仅要面对竞争更应该注重合作,尤其是战略联盟等企业间网络组织形式的出现,更使得企业要与其他企业或组织进行沟通,包括供应商、分销商、竞争者以及客户等。

第二,顾客是企业的生命线,如果不注重与客户和公众等相关群体的沟通,就会失去市场。更有甚者,当危机出现的时候,如果不与公众进行及时有效的沟通,就会损害公司形象,甚至自此失去公众的信任。在环境日趋复杂、瞬息万变的情况下,与外界保持良好的沟通状况,及时捕捉商机,避免危机,是关系到企业兴衰的重要工作。

总之,企业是社会中最重要的组织实体之一,也是绝大多数社会成员工作的场所。沟通是企业与外部环境之间建立联系的桥梁。企业是一个开放的系统,必然要和顾客、供应商、股东、政府、社会团体等发生联系,这些都要求企业必须与外部环境进行有效的沟通,通过沟通来实现与外部环境的良性互动。

【案例】1.3

诚信沟通,赢得信任
——某公司项目经理自述

当顾客讲述他们的问题时,他们等待的是富有人情味的明确反应,表明你理解他们。若你直接面对顾客的投诉,最好首先表示你的歉意,若要以个人的名义道歉的话,就要表现得更加真诚。跟他讲你明白他的不满,然后明确告诉他你将尽你个人的一切努力帮他,直到他满意为止。

这一点我们一些年轻的销售人员可能不太注意,他们思路敏捷口若悬河,说话更是不分对象像开机关枪般快节奏,碰到客户是上年纪思路跟不上的,根本不知道你在说什么,容易引起客户反感。我们公司有一位擅长项目销售的销售人员,此人并非能说会道,销售技巧方面也未见有多少高招,但他与工程中的监理很有缘,而监理一般都是 60 岁左右将要退休的老工程师,而此人对老人心理好像很有研究,每次与监理慢条斯理谈完后必有所得。

虽然你已超负荷,老板又监督你,但千万不要在顾客面前表现出你没有时间。用一种轻松的语调和耐心的态度对待他,这是让顾客感到满意的最佳方法,即使是你不能马上满足他的要求。若顾客感到你会努力帮他,即使要等很久才能满足他的要求,甚至到最后真的帮不到他,他也会很高兴的。

拜访中随手记下时间、地点和客户姓名头衔,客户需求,答应客户要办的事情,下次拜访的时间,也包括自己的工作总结和体会,对销售员来说这绝对是一个好的工作习惯。还有一个好处就是当你虔诚地一边做笔记一边听客户说话时,除了能鼓励客户更多说出他的需求外,一种受到尊重的感觉也在客户心中油然而生,你接下来的销售工作就不可能不顺利。

沟通,增进了我们与客户之间的了解。

2. 沟通是个人生活和事业的必要条件

婴儿降世,就会发出第一声啼哭。那就是在向世人宣布自己的存在。而自从人们之间发生联系开始,沟通活动也就产生了。心理学的研究表明,缺少抚慰的婴儿明显缺乏安全感,对周围世界会产生不信任感。试想,一个人长期脱离语言环境会怎样? 没有了人与人的交流和沟通,人就不能称之为人。

马斯洛的需求层次论认为,人的需要是从低到高按照层次顺序发展起来的,低一层次的需要基本获得满足后,人们就会关注高一层次的需要。同时,这个理论还说明,要想健康地成长和发展成为一个真正的社会人,就必须不断满足自己的各种需要,包括社会需要、尊重需要和自我实现的需要。

在这个过程中,人的任何一种需要得不到满足的话都难以成为一个健康的人。其中,无论是哪一层次需要的满足,都离不开与外界的沟通和交流。孩提时代,吃饭这样的基本需求都需要我们通过沟通来实现。婴儿会以自己的哭声表达饥、渴、困、乏、喜、怒、哀、乐,小孩则会用基本的语言表达自己的需求和情绪。尽管中国古代也有"不食嗟来之食"的崇高气节的赞叹,验证了现代管理学中对马斯洛需求层次论的发展:在某种情况下,人有可能在低一层需要得不到满足时追求高一层需要的满足。但是,如果是以生命为代价,则更说明了低层次满足的重要性。

对于那些高层次的需要,更要通过沟通来实现。正如英国作家萧伯纳所言:假如你有一个苹果,我有一个苹果,交换后,我们每个人还是只有一个苹果。但是,如果你有一种思想,我有一种思想,那么,彼此交换后,我们每个人都有两种思想。甚至,两种思想发生碰撞,还可以产生出更多的思想火花。在情感上,也是如此。多少人吵着闹着埋怨自己的另一半不够温柔,不够关心自己;多少父母哀叹自己的儿女不懂孝顺只知道用钱代替亲情的温暖;多少朋友因为一次误会而冷眼相对甚至形同陌路,而这一切,其实多数都是由于缺乏沟通所致。沟通,就是生活中的润滑剂,可以使人与人之间得到更多的尊重,更多的谅解。

【小故事】1.4

沟通的高境界:顺耳忠言

沟通最重要的是诚心。它不是为了达成某种目的故意为之的做作,而是从内心表达对对方的善意、关怀,与一起完成目标的期望。在某些公众场合,你可能会发现不同的人们互相寒暄,听到对方说起什么,会说"那太好了!"如果是英语,则是"That's great!"或者"Nice!"。当然,其中多是由衷的赞赏,却也不乏泛泛的敷衍。有一位德国的营销学教授,曾经担任 Adidas、New Balance 等运动企业的营销总监,当然是善于沟通的。但有一次他坦言,很多时候是强迫自己表现出高兴和兴趣的,实际上自己并没有真的喜欢。他当然也感觉到别人很多时候也是善意地回应而已。也就是说,"那太好了!"已经成了一句口头禅。这些时候,人们矛盾着:一方面沉浸

在沟通的"和谐畅快"中,一方面又在怀疑对方十分积极的反应到底有几分真切。因为,自己有时候正是这样的。

但这并不意味着,沟通的坦诚和积极的回应是矛盾的。实际上,我们希望听到的是对方发自内心的善意的回应,即便有时候可能不那么动听,但他是出于好意,那么也是值得赞许和欢迎的。比如,你漂亮的晚礼服上有块污渍,你并未意识到,你正在端着酒杯穿梭在鸡尾酒会的宾客中,打招呼、碰杯、聊天。这时,你是希望只听见"哇!您的晚礼服真漂亮!您今天真美!"的赞扬,还是希望听到"您漂亮的晚礼服上有块污渍,是否需要用丝巾遮挡一下?"的悄声提醒? 或许,后者才是你真正需要的。都说"忠言逆耳"。但,我们能否说出"顺耳忠言"? 这在诚心之外,还需要技巧。

【小故事】1.5

沟通的作用:化解尴尬

有一个人因为生意失败,逼不得已变卖了新购的住宅,而且连他心爱的小跑车也脱了手,改以电动车代步。有一日,他和太太一起,相约了几对私交甚笃的夫妻出外游玩,其中一位朋友的新婚妻子见到他们夫妇共乘一辆电动车来到约定地点,便问:"为什么你们骑电动车来?"

众人一时错愕,丈夫更是觉得极为尴尬。但这位妻子不急不缓地回应答:"我们骑电动车,因为我想抱着他。"

问题:太太这样说的妙处在哪里?

生活中,我们不免遇到一些尴尬场面,调解不好便会令人更加难堪,甚至会影响人际关系。灵活的沟通在这里显得尤为重要。故事里的妻子就用一句话轻松化解了僵局。作为一个管理者也会常常面对意外状况,这时巧妙的沟通语言能化干戈为玉帛。除了语言之外,表情、动作等非语言沟通也很重要。

从个人事业和成长的角度来讲,有效沟通的能力往往是决定一个人能否得到提升的一个关键的个人特征。沟通能力是一个内涵非常丰富的概念,它包括一系列广泛的活动技能:从写到读,从说到听,从面部表情到仪表仪态,每项活动的能力都很重要。但对大多数管理者来说,面对面、一对一的沟通在成功管理中起着决定性的作用。

现在管理学上有一种说法,管理就是沟通,任何问题都可以通过沟通解决或改善。作为管理者来说,什么能力是最重要的呢? 很多管理学家和大公司的负责人不约而同地给出了一个相同的答案:沟通能力。作为一个合格的主管,沟通能力应占到80%,而其他能力只占20%,而没有经过有关培训和训练的主管,普遍缺乏沟通意识和能力。因此各级主管需要发现并重视沟通的重要作用,将培养自己的沟通意识和提高沟通技能上升到战略高度来加强,我们才能够进步得更快,企业才能够发展的更顺畅更高效。

具体说来，对于管理者，沟通具有以下几方面的作用：

（1）获得良好的工作氛围和健康的人际关系。通过沟通，可以化解矛盾、消除隔阂，增进相互的了解和理解，获得良好的工作氛围和和谐的人际关系。很难想象，一个封闭的、缺乏沟通的团队，能够有良好的合作。尤其是以项目管理为主的工作团队，沟通有助于互通有无，形成令人愉悦的工作氛围。

（2）得到他人或下属的支持和信赖，充分激励下属的积极性。沟通的过程就是征求意见和建议的过程，通过沟通可以使自己的决策和主张得到员工的广泛支持和信赖，提高执行的效率和成功的几率。同时，如果在决策中能采用或考虑到员工的建议，对员工更是一种很好的肯定和激励。

（3）提高个人在公司或部门内外的影响力。沟通的过程就是相互影响的过程，通过沟通，使自己的思想和主张得到他人的广泛认同，自己的影响力必将得到提升。影响力可以带来什么？正面来说，是可以传播你的思想，扩散独特的行为方式的。而这是让团队成员可以受益的。

（4）使自己成为受欢迎的管理者。通过倾听员工的心声可以了解员工的感受，制定出符合员工期望和切合实际的制度和措施，使管理者和被管理者之间的协作达到最佳效果，当然使管理者成为受欢迎的领导者。

3. 沟通是社会稳定、国际合作以及人类共同进步的必要手段

对个人而言，必要并且有效的沟通能使对方乐于作答和反应，能使人觉得自己的话值得聆听，能使自己办事更加井井有条，能提高自己进行清晰思考的能力，能使自己感觉可以把握所做的事。然而，沟通的作用又不只如此。其实，小到个人、团队，大到企业、国家，无一不需要并且应该重视沟通。

首先，沟通和对话是世界局势发展的需要。现在，国际社会的主题是和平与发展，这已经被国际上绝大多数国家和政府所接受并推行相关政策，更是受到世界人民的推崇，和平与对话的观念已经深入人心。目前，中国在国际舞台上的地位和形象逐步提高，一个重要推进因素就是中国在国际舞台上奉行在"和"的思想下"谈"问题的主导性原则和政策。

另外，沟通是社会和谐的必要条件。目前，我国正处于构建和谐社会的重要阶段，从政府"和谐"倡导文件到市民的良好习惯的养成，从学校构建和谐校园、构建和谐的师生关系等校园文化方面的建设到企业管理理论中"和谐管理"思想的出现和实践运用，无一不强调和谐，无一不注重沟通。沟通，就是人与人之间的润滑剂，能使大家在和谐中共生，在团结中进步。

总之，沟通对个人、组织以及整个社会具有氧气之于生命般重要的作用，这是在各种实践和理论中被充分证明的。但是，同时要明白，良好的交流沟通是一个双向的过程，依赖于能抓住听者的注意力并且听者可以正确地解释传递来的信息。而要做好有效的双向沟通，首先要了解沟通有哪些类型。

1.2　沟通的类型

由于沟通的复杂性以及在现实生活中沟通主体、客体、媒介、形式、环境等具体因素的多样性和可变性,沟通可以按照不同的标准划分为不同类型。

1.2.1　正式沟通与非正式沟通

按照组织管理系统和沟通体制的规范程度,可以分为正式沟通和非正式沟通。

1. 正式沟通

正式沟通是指在组织系统内部,以组织原则和组织管理制度为依据,通过组织管理渠道进行信息传递和交流的沟通方式,是受到管理人员重视的传统方式。正式沟通主要用来传递和分享组织中的"官方"工作信息,包括组织对内对外的公文来往、会议、命令。

具体来说,上级文件按组织系统逐级向下传达,或下级情况逐级向上反映等,都属于正式沟通。正式沟通在很大程度上受到组织结构的影响,管理沟通的流程与正式沟通有密切的关系。

对内,正式沟通建立在组织内部管理制度上,在上下级之间、各部门间以及员工之中进行工作信息的传递。对外,则是依据社会主流的交往规则,如道德、法律、伦理等,进行组织间、组织与公众间信息的传递和交流。

正式沟通具有约束力强、较严肃、权威性高、保密性强等特点,同时还可以使公共关系保持权威性。重要的信息和文件的传达,组织的决策一般都采用正式沟通的渠道。其缺点是由于信息需要经过层层传递,缺乏灵活性,效率较低。同时,由于正式沟通一般都是单向沟通,缺乏反馈机制,沟通效果难以保证。

2. 非正式沟通

非正式沟通是指在正式渠道之外,通过非正式的沟通渠道和网络进行信息交流,常用来传递和分享组织正式活动之外的"非官方"信息。非正式沟通网络构成了组织中重要的消息通道。

非正式沟通是组织中正式沟通的补充,尤其是当正式沟通渠道不畅通或出现问题时,非正式沟通会起十分关键的作用。

【小贴士】

Davis(1953)在一家中型皮件厂的经理中进行的经典研究发现,非正式沟通有四种基本模式:聚类式,概率式,流言式,单线式。

聚类式沟通是把小道消息有选择地传递给朋友或有关人员;概率式沟通以随机的方式传递信息;流言式是有选择地把消息传播给某些人;单线式则以串联方式把消息传播给最终接收者。

Davis 的研究结果表明,小道消息传播的最普通形式是聚类式。同时研究发现,传播小道消息的管理人员一般占10%。

通常，在组织中，员工更乐于非正式沟通。例如，员工间私下交换意见，午饭的时候你一言我一句地议论某人某事以及传播小道消息等，这些都是非正式沟通的行为。由于非正式沟通在管理活动中十分普遍，而且人们真实的思想和动机往往在非正式沟通中更多地表露出来，因此，非正式沟通在管理沟通领域常常是广大学者和实践者研究的重要领域。

非正式沟通具有传播时间快、范围广、效率高、可跨组织边界传播等特点。但是由于非正式沟通涉及的沟通主体较多，通常会造成说风是雨、以讹传讹等不良后果，导致传播的信息失真等问题。研究表明，非正式沟通尤其是小道消息的主要问题在于信息源本身的准确性低，而非沟通方式的问题。

1.2.2 下行沟通、上行沟通、平行沟通以及斜向沟通

根据沟通中信息的传播方向可以将沟通分为：下行沟通、上行沟通、平行沟通以及斜向沟通。

下行沟通（downward communication）是指在组织或群体中，从高层次向低层次进行的沟通活动，多用于管理者给下属分配任务，介绍工作，指导员工解决生活中出现的障碍，指出需要解决的问题，提供工作绩效反馈等。从沟通形式上说，下行沟通除了常用的口头沟通以及面谈外，还包括书面沟通等。

上行沟通（upward communication）是指组织或群体中，从低层次向高层次进行的沟通活动，多用于下属人员向管理者的汇报或其他工作活动。比如，下属提交的工作绩效报告、合理化建议、员工意见调查表、投诉程序、上下级讨论和非正式的会议。在非正式的会议上，员工有机会提出问题，与他们的上司甚至高层管理代表一起讨论，管理者则可以借助下属的上行沟通来获得改进工作的意见。但是，在实际工作中，与传统的下达任务式的下行沟通相比，上行沟通则很容易被忽视，会导致下属和领导之间相互不理解、下属抱怨、上级埋怨等沟通问题的出现。

平行沟通（lateral communication）则是指组织内部同一阶层或职级的人员之间的横向沟通，多用于各部门的协调合作工作。组织各部门尤其是各职能部门之间联系愈来愈紧密，信息的横向传递和交流就显得异常重要。相较于上行沟通和下行沟通，由于水平沟通的主体在层级、权力等方面更平等和相似，因此可以避免由于认知水平等差距造成的信息严重失真或偏差。同时，平行沟通更加随意和准确，是上行和下行沟通的重要补充。

斜向沟通（diagonal communication）是另一种重要的形式，它是指发生在不同工作部门和组织层次的员工之间的沟通。如物流部门的国际物流中，进出口操作员工就进出口问题和进出口部门经理进行沟通，就是斜向沟通的例子。随着现代信息技术的发展，企业内部网络、电子邮件等先进沟通技术使得跨部门的斜向沟通更加方便，但是，不论斜向沟通者们的工作部门和组织层次是否相同，如果在沟通以前不对其直接上级汇

报,也会造成很多问题。

总体说来,组织中下行沟通渠道较多,且较为正式。平行沟通是最普遍的也是最受大家欢迎并习以为常的。这是因为,在组织中,每个人都需要有归属感并且得到认同,在这种心理需要的作用下,同事之间的沟通不仅是一种工作上的需要,更是各自情感的需要。对组织来说,平行沟通的畅通无阻也是凝聚力形成和保持的重要因素。但是,在绝大多数组织当中,由于上级对下级的不够重视、员工的工作传统以及规章制度不完善、良好沟通氛围的缺乏等原因,上行沟通较为薄弱,影响了管理沟通的整体效果。

1.2.3 语言沟通与非语言沟通

根据信息是否以语言为载体进行传播,可以将沟通分为语言沟通和非语言沟通。

1. 语言沟通

语言沟通,是指以语词符号为载体实现的沟通,主要包括口头沟通、书面沟通和电子沟通等。

口头沟通是指通过口头言语进行信息交流,如报告、传达、面谈、讨论、会议、演说等形式。口头沟通比较灵活,速度快,可以双向交流,及时反馈,信息比较综合,并且容易传递带有情感色彩或态度的信息。同时,还可以利用体态、手势、表情等语言辅助手段,这些都是口头沟通的优点。但是,由于没有书面记录,口头沟通容易造成信息失真。

书面沟通是指在组织中,通过通知、文件、告示、刊物、书面报告等形式进行的沟通。书面沟通的优点是不易被歪曲和误解;可以长时间甚至永久性保留;形式正式,可以对沟通双方具有一定的约束性和威慑力。其缺点是不易传递情绪信息,不够灵活等。

电子沟通则是指通过互联网、电子邮件、即时通讯软件等信息手段进行沟通。电子沟通的速度快,效率高,可以多方位沟通,空间跨度大,但是却难以得到及时反馈,受硬件条件的限制较大。

通常来说,在管理工作中,口头沟通和书面沟通都必不可少,而电子沟通是近年来日益流行、迅速发展并受人关注的沟通类型。

2. 非语言沟通

非语言沟通主要包括以下几种类型:辅助语言,如说话速率;形体语言,如说明性动作,眼神以及仪容仪表。

相对于语言沟通而言,人们往往会忽视非语言沟通的重要性。但是,非语言沟通在日常的生活、工作以及各项活动中却具有极重要的意义。芝加哥公牛队的黄金搭档"飞人"乔丹与皮蓬曾这样说:"我们两个人在场上的沟通相当重要,我们相互从对方眼神、手势、表情中获取对方的意图,于是我们传、切、突破、得分;但是,如果我们失去彼此间的沟通,那么公牛的末日来临了。"

据研究,高达93%的沟通是非语言的,其中55%是通过面部表情、形体姿态和手势传递的,38%通过音调传递。例如一个漂亮的少女在商店购买东西时,看到一个招人喜欢的小伙子迎面走来。当走近时，两个人的目光接触了两秒钟，然后转过头，并微笑而略显羞涩地走过。当他们擦肩而过后，她转过头，以确定他是否在注意她。沟通这就发生了作用，他停下来与她交谈。在他们交谈之前他们没有说一个字。显然，他们所进行的是非语言沟通。

1.2.4　单向沟通与双向沟通

按照沟通的方向特点，可以把沟通分为单向沟通和双向沟通。单向沟通是指信息仅从发送者流向接收者。双向沟通则是指信息的发送者和接受者的角色发生改变，信息在两者之间双向传递的过程。

有关单向沟通和双向沟通的效率和利弊的比较研究表明：

- 单向沟通的速度比双向沟通快；
- 双向沟通的准确性比单向沟通高；
- 双向沟通中有更高的自我效能感；
- 双向沟通中的人际压力比单向沟通时大；
- 双向沟通动态性高，容易受到干扰。

1.2.5　自我沟通、人际沟通、群体沟通

根据沟通者的数目，可以将沟通分为自我沟通、人际沟通和群体沟通。

1. 自我沟通

在自我沟通中，信息发送和接受的行为是由一个人来完成的，比如通过各种方式进行的自我肯定、自我反省等，其过程如图 1.1 所示。

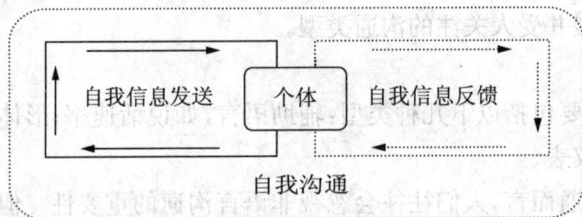

图 1.1　自我沟通模式图

自我沟通更多的是一种心理上的需要。我们对沟通的重视往往局限在人际沟通或者组织沟通的范畴，而对自我沟通，也就是人作为个体与自己内心的交流缺乏足够的重视。从根本上讲，一些精神病患者、抑郁症患者甚至想不开寻短见的人都是因为缺乏自我沟通或者自我沟通的过程被扭曲，沟通结果失常导致心理失衡而致。

自我沟通,主要包括自我反省、情绪管理、压力沟通等。通过自我沟通,我们能够探索自我、肯定自我并且可以保持良好的心境。尽管很多时候我们要通过与人交流得知自己有什么专长与特质,但是,所谓"人贵有自知之明",只有对自己有清楚的认识,了解自我特质,郁闷时懂得自我排遣才能在日常生活以及工作中有好的情绪,求得更大的发展。

【读一读】1.6

自我沟通,良好心境

早年间,英国有位哲人,单身时和几个朋友一起住在一间只有七八平方米的小房子里,每天却总是乐呵呵的。别人问:"那么多人挤在一起,还有什么值得开心呢?"他说:"朋友们住在一起,随时可以交流思想、交流感情,难道这不是值得高兴的事吗?"

过了一段时间,朋友们都成了家,先后搬了出去,屋内只剩下他一个人,但他每天仍非常快乐。又有人问:"一个人孤孤单单,有什么好高兴的?"他说:"我有这么大的空间,还有那么多的书可以看,悠然闲适,怎不令人高兴?"

数年后,经济条件好了起来,他搬进了楼房,住一楼,仍是每天乐呵呵。有人说:"住一楼烦都不够烦的呢!"哲人却说:"一楼,进门就是家,还可以在空地上养花、种草。这些乐趣多好呀!"又过了一年,这位哲人把一楼让给一位家里有偏瘫老人的邻居,自己搬到顶楼。朋友又问:"先生,住顶楼有哪些好处?"他说:"好处多了!每天上下楼几次,有利于身体健康;看书、写文章光线好;没有人在头顶上干扰,白天黑夜都安静。"

正如柏拉图说:"决定一个人心情的,不在于环境,而在于心境。"这位哲人能够不论在何种环境中,都乐观积极,保持良好的心境,就是跟自己保持良好自我沟通的结果。心里想的什么样子,看到的就是什么样子,这就是自我信息的传送。同时,正确的积极的认识和信息的摄入又会通过自我反馈促进良好的心境的形成,最终形成自我沟通和心境的良性循环。

---

2. 人际沟通

人际沟通是指两个人之间的信息交流过程,它与我们的生活息息相关。人际沟通最大的特点是互动性,并且这种互动是有意义的。即人际沟通必须是两个人之间的,由信息的发送者到接收者,同时有传播信息的媒介,并且双方能达成理解上的一致。无论是与亲人饭后闲聊,还是和好友千里一线牵的电话聊天,包括使用网络在聊天室里与网友们交谈都是一种人际沟通。这些沟通能够使双方得到相应的互动和反馈。

人是一种社会的动物,人与人相处就像需要食物、水、住所等一样重要。如果人与其他人失去了相处的机会与接触方式,大都会产生一些症状,如产生幻觉、丧失运动机能、心理失调等。虽然山居隐士们选择遗世独立似乎是一种例外,但是殊不知很多隐士也并非是真正的"出世",而是在某种意义上保持着与外界的沟通,比如与好友把酒当歌人生几何。而对于大多数平常人来说,可能只是与其他人闲聊琐事,即使是一些不重要的话,但我们却能因彼此互动的满足而感到愉悦。

3. 群体沟通

群体沟通,又叫小组沟通或者团队沟通,是指在三个,或三个以上的个体之间进行的沟通。个体和群体之间以及群体和群体之间的一对多、多对多的正式或非正式沟通,比如会议、演讲、谈判等,都属于群体沟通。这种沟通是管理沟通的主要方式,其沟通的结果和效果将直接影响到组织行为的有效实施、组织氛围的融洽与否等。同时,群体沟通中的非正式沟通也是人们日常生活的需要,比如亲朋好友的聚会,人们在群体沟通中得到交流的满足感,同时获得社会归属感。

群体沟通是群体决策的基础,可以为群体决策提供更多的有效信息,而群体决策相对于个人决策则具有合理性更高、受重视程度更高等特点。但是,群体沟通存在着效率较低、时间较长、存在群体压力或"从众"现象等缺点。

【实用链接】1.7

群体沟通的作用

管理学家 Coch 和 French 曾经对男式服装生产企业 Harwood 公司作了关于群体沟通作用的调查。公司决定进行流程改造和工艺重组,为了解决以往改革时工人反映强烈并产生敌对情绪等问题,特采取了三种不同策略:

1. 与第一组工人采取沟通的方法,向其解释将要进行的改革的内容、意义、必要性等,然后待其反馈。

2. 告诉第二组工人现在存在的各种问题,然后进行讨论并得出解决办法,最后派代表制定新的标准和流程。

3. 要求第三组工人每人都讨论并参与设定、实施新标准和流程,要求团队合作。

结果,第一组工人的任务最简单,但是生产效率没有任何提高,并且敌对态度明显,40 天内有 17% 的工人离职;第二组工人在 14 天里恢复到原来的生产水平,并在以后生产效率进一步提高,无人离职;最后一组工人则在第二天就达到原来的生产水平,并在一个月里提高了 17% 的生产率,无人离职且对公司的忠诚度提高。

可见,群体沟通对管理而言具有很重要的作用,员工的信息共享、参与程度和工作绩效等都会因充分而有效的群体沟通而得到改善。

1.3 沟通的过程

沟通从本质上讲究的是信息从发送者传递给接收者并且产生反馈的过程,而在这个过程中有诸多的沟通要素（包括环境中的各种"噪音"），这些都会对沟通的最终效果产生积极或消极的影响。要想进行正确有效的沟通，首先要了解沟通的模式和要素，然后针对沟通中的障碍找到有效沟通的途径。

1.3.1　沟通的模式和要素

1. 沟通模式

所谓"模式"，最初是在科学研究中运用的，指的是以图形或程式的方式阐释对象的一种方法，是对现实事物某种程度上的抽象。但是，模式与理论又存在着区别，它与一定的理论相对应，是理论的一种解释或描述。沟通研究中，其模式的应用非常普遍。

1948 年，美国学者 H.拉道威尔第一次提出沟通过程模式。在《传播在社会中的结构和功能》一文中，他首次提出传播过程的五种基本要素即"5W"并按照一定的顺序将其排列，分别是：Who；Say What；in Which Channel；to Whom；with What Effect。此后，经过众多学者的发展和完善，形成了现有的得到普遍认同的沟通模式。

简要说来，沟通的起始点是信息的发送者，终结点是信息的接收者。当终结点上的接收者反馈其想法、意见时，他又转变为信息的发送者，最初起始点上的发送者就成为信息的接收者。沟通就是这样一个轮回反复的过程，见图 1.2。

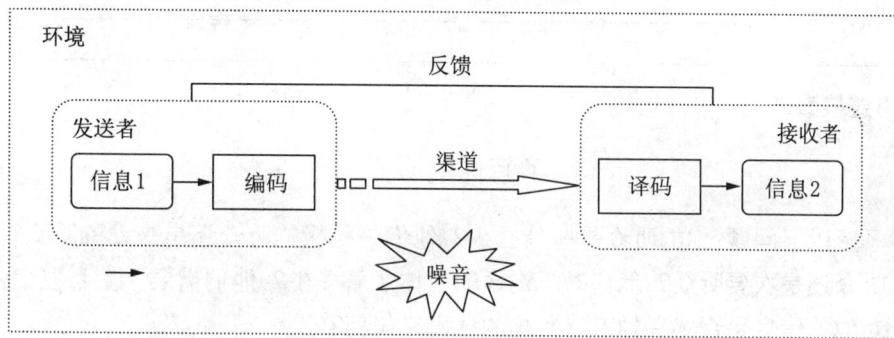

图 1.2　沟通模式图

需要注意的是，这只是一种对客观事实的抽象，用以描述沟通的实质。可以理解为只有两个人参与的信息交流过程，是对人际沟通中最简单、最具代表性的一对一沟通过程的描述。在实际的管理过程中，由于沟通发生在组织或团队内，包括开会、研讨、报告等形式，通常是一对多或多对多沟通，沟通模式就会变得更为复杂。

2. 沟通要素

如图 1.2 所示，一个完整的沟通过程主要包括以下几个环节：编码、通过渠道发送、通过渠道接收、译码、反馈。其中，包括以下诸多要素：发送者、信息 1、编码、渠道、接收者、译码、信息 2、反馈以及环境中的噪音。其中，信息 1、编码和通过渠道发送由发送者完成,通过渠道接收、译码和信息2则由接收者完成。

(1) 发送者和接收者。信息1产生于信息的发送者,它是由信息发送者经过思考和酝酿策划后才进入沟通过程的,是沟通的起始点,代表着信息发送者的原意,但是在发送过程及接收和译码过程中原意有可能被扭曲。接收者会将发送者产生的编码进行接受、翻译形成自己的理解,即信息接收者在接收过程中通常会采取听觉、视觉、触觉以及其他感觉等方式进行感知和理解。如果是面对面的口头交流,那么信息接收者就应该做一个好的倾听者。

【实用链接】1.8

发送者的沟通技巧

● 提高自己的头衔、地位或者将自己与某个地位更显赫的知名人士联系在一起,加强你的可信度;

● 向听众表达良好意愿,并指出听众的利益所在,使听众对你产生信任和认同感;

● 注重外表形象设计,运用诙谐幽默的语言,吸引听众,有助于拉进沟通距离;

● 显示自己的专业技术背景,或向听众叙述你相关的经历,有助于在听众中建立起专业或者权威的形象;在沟通的初始阶段就应该注重与听众达成共识,将信息与共同的利益和价值观联系。

【实用链接】1.9

了解你的听众

了解以下问题:你的听众是些什么人? 他们是积极的听众还是被动的听众? 是主要听众还是次要听众? 他们对于沟通的主体了解多少? 他们需要了解哪些信息? 听众对你的信息是否感兴趣? 感兴趣的程度又如何?

采取相应策略:

● 如果听众对沟通主题兴趣浓厚,就不必费心考虑如何唤起他们的热情,可开门见山、直奔主题;

● 如果其兴趣不大,就应设法激发他们的热情;

● 征求意见并诱导他们参与讨论是激发听众兴趣的有效方法之一。

---

(2) 编码和译码。编码是指发送者将其意义即信息1符号化,以相应的语言、文字、符号、图形或其他形式表现出来的过程。虽然我们很少能意识到编码过程的存在,但是编码过程十分重要。比如,牙牙学语的幼儿在表达意识的过程中会极力思索,那正是他在寻找合适词语的过程,也就是编码的过程。而译码的过程恰好与编码相反,是指接收

者对所获信息的理解。接收者文化背景及主观认识等会对解码的正确与否产生很大的影响,而发送者和接收者采取同一种沟通语言是最基本的要求。

一般来说,发送者和接收者在信息的发送、接收以及编译码过程中应该充分考虑对方的文化背景、生活习惯等因素,这样才能尽量减少信息传递的过程中被扭曲。

(3)渠道。是指发送者选择的、用来信息传递的媒介或方式。随着沟通工具的发展,信息传递的方式和渠道越来越多。最初,人们主要通过语言进行口头的信息传递,之后,随着文字的出现,人们有了更多的选择,也就是书面沟通的出现。而现在,除了传统方式外,更可以借助电话、传真、电子邮件、电子公告板、电话会议、电视视频会议等先进技术来发送和接收信息。比如,网络交流成为我们日常生活和工作中的重要方式,电子邮件在工作信息传递中的作用便是十分显著的,为信息的发送、接收以及存储提供了便利。

目前,沟通渠道的多样化给信息传播带来了不可忽视的影响,信息发送时,发送者要考虑选择合适的方式传递信息,不同的情况下采取的沟通渠道应该有所不同。一般来说,口头沟通渠道主要用于即时互动性沟通,形式活泼,富有感情色彩。书面沟通渠道则较严谨规范,是组织沟通中的重要方式。无论是口头沟通还是书面沟通,都可以是正式或非正式的沟通渠道。正式沟通渠道主要用于组织内部的行政命令、指令或规章制度的发放以及与其他组织或个人的谈判、合同、契约的签订等,具体形式可能包括合同、标书、意向书、报告、演讲以及新闻发布会等;非正式沟通渠道主要用于获取新信息、互动性较强的情形,例如,面谈闲聊、电话沟通、小道消息等。

(4)反馈。信息接受者对所获信息所做出的反应就是反馈。当接收者收到信息,并对信息发送者做出反馈,表达自己对所获得的信息的理解时,沟通过程便形成了一个循环。接收者将自己的理解反馈给信息的发送者,从而变成下一个沟通环节的信息发送者,如此反复,是一种角色的不断转换。反馈可以反映出沟通的效果,它可以使传送者了解信息是否被接收和理解,同时使沟通成为真正的双向互动的过程。离开了反馈,不仅沟通的效果难以保证,也降低了人们从沟通中获得的满足感和社会归属感。

从形式上讲,反馈包括口头的或书面的、语言的或非语言的、直接的或间接的、有意的或无意的、即刻的或延缓的等多种形式。但是,就性质而言,则可划分为两种:正反馈和负反馈。这两种反馈会对信息发送者的行为和态度产生影响。例如,听众对一位演讲者的反应能在很大程度上影响演讲者的下一步行为。如果是喝彩或点头示意,演讲者就会继续使用正在进行的沟通方式并且会更有演讲的热情;反之,如果是嘘声、蹙眉、打呵欠或不专心,而演讲者对这些行为又较为敏感的话,就会及时修正其沟通方式,同时演讲者也会产生一定程度上的失望情绪。做出反馈,需要信息发送者和接收者的双边努力。一方面,信息接收者应该积极做出反馈;另一方面,信息发送者也应该通过眼神交流、察言观色以及主动问询等方式主动获取反馈。

综上所述,沟通必须有反馈,并且应该善于利用反馈。禅宗有言:"林中树倒,无人知晓,谓有声乎?无声也。"也就是说,林子里的树倒了,必须有人听到,才是真正的"有声音",如果无人感知并理解、做出反馈就不是真正的声音的发出。

做出反馈,需要信息发送者和接收者的双边努力。一方面,信息接收者应该积极做出反馈;另一方面,信息发送者也应该通过眼神交流、察言观色以及主动问询等方式主动获取反馈。

(5)环境和噪音。信息的传递是在特定环境中进行的,环境因素会对信息的传递产生这样或那样的影响。其中,有一些因素会对信息传递过程产生干扰,容易导致信息传递不畅或扭曲等问题,这样的因素被称为噪音。

在沟通过程中,噪音是一种干扰源,会影响编码或解码的正确性,导致信息在传送与接收过程中模糊或失真,从而影响正常交流与沟通。环境及噪音对沟通产生影响的最常见的例子莫过于说话时环境的安静与否这个问题。老师讲课或者在企业中进行培训时,教室的隔音性以及学生或听众的安静性不仅会影响到倾听的效果,同时还会对讲话者的情绪产生影响。大街上的喧闹往往让人听不清电话中的声音,这也是环境和噪音造成的沟通问题。

但是,环境并不是噪音的惟一来源,沟通双方性格、受教育程度、气质等个性特质的不同也会影响正常沟通,这些都会造成沟通中的噪音。常见的噪音可能有以下诸多方面:

① 个人主观因素:价值观差异、伦理道德观差异等导致的理解差异;沟通时的不佳情绪和态度,如激动、愤怒、冷淡等;身份地位、教育背景差异导致的心理落差和沟通距离;编码和译码所产生的信息代码差异等。

② 客观环境因素:文化背景、风俗习惯差异;沟通发生的不适宜场所;信息传递媒介的物理性障碍;模棱两可的语言、难以辨认的字迹等。

其中,文化背景差异是很重要的因素。沟通者长期的文化积淀,决定了沟通者较稳定的价值取向、思想模式、心理结构及行为依据。文化背景可以涵盖国家的、地区的、行业的、企业的、部门的以及个体的。例如,北方人生性豪放,交流时喜欢开门见山、直来直去;而南方人沟通时则多委婉;西方国家,重视和强调个人,沟通方式也是个体取向的,对于组织内部的协商,一般喜欢通过备忘录、布告等正式沟通渠道来表明观点和看法。而在中国等东方国家,个人之间的接触更加频繁,并且更多采取的是非正式沟通,通过非正式沟通联络感情、形成"关系"来促进工作的顺利进行等。

噪音是妨碍信息沟通的所有因素,它贯穿于整个沟通过程中。因此,为了确保有效沟通,通常要有意识地避开或弱化噪音源,或者重复传递信息以增加信息强度。同时,沟通的时候要注意选择合适的环境,这对沟通的顺利和有效进行都有重要意义。比如,和许久不见的好友叙旧宜选择安静、优雅的咖啡厅或茶室,和商业往来中的朋友谈工作顺带聊天则可以选择窗明几净的商务餐厅。

在管理沟通中,除了以上因素外,沟通目的可以算做又一重要因素,必须予以重视。信息发送者应该明确其信息传递的目的,这种目的必须是基于特定的工作目标。因此,一旦明确了工作目标,也就应该确定沟通的目的。

例如,某电冰箱制造企业销售部门某年度的工作目标是 9 000 万台的任务,销售经理针对销售目标向各主管发放了一份市场计划,其目的就是希望主管们能够同意并支持这项计划,同时通过会议和演讲等方式,使各地销售代表了解目前的市场形势、企业的工作目标及相应的营销策略。

1.3.2　沟通中的主要障碍

如果在日常生活中您听到了这些话:"如果您的意思正是这样,那又为何不这么说?""我实在没听明白。"那么,就是沟通障碍出现了。而通常这些话我们可能不会说出口,只是以皱眉或叹息的形式表达出来。

由沟通的要素可以看出,各个要素都是相互联系的并且对沟通的最终结果产生影响。所以,在日常生活和工作中,我们经常会发现沟通失败或者信息传递错误的事情,给当事人和相关群体造成了利益上的损失。这些都是由于沟通的障碍产生的。在了解各种沟通方式和技巧之前我们有必要先了解一下在沟通中一般会存在哪些障碍,它们会对沟通的过程和结果产生哪些影响。

根据沟通的主要分类,沟通的障碍也存在于各种沟通中,包括自我沟通、人际沟通以及组织沟通。不管是哪一类的沟通,有一些障碍是共有的,主要包括两大类:个人的沟通障碍,如情绪、文化背景等;组织的沟通障碍,如组织结构设计、组织文化等。

1. 个人的沟通障碍

人际沟通是最普遍的沟通,同时也是组织沟通的基础。在人际沟通中的诸多障碍不仅会影响我们的个人生活,也会对管理沟通和组织沟通产生不利影响。

沟通的过程中,大脑的生理机能和作用不可忽视。一般来讲,大脑要执行三项基本的任务,包括吸取和加工所接收的材料,然后把材料加工生产成连贯而有意义的思想。简言之,即吸收印象、加工思想、生产语言。吸收印象的过程,是见到、听到和感觉到的材料根据人们独特的偏好被大脑作为图画、词语或声音吸收和存储起来。不同的人,视觉形象、言语、声音或触觉具有不同的偏好,大脑每天接受成千上万个印象。加工思想时,则需要把第一阶段的各种印象组合起来,比如从语言库中取出词汇来描述储存在视觉库中某人的容貌。最后,是把这种思想转化成语言传输出去。这涉及给物体命名、寻找动词并且把各类词语组装起来,以便形成互为关联的句子。

在这种过程中,沟通者的思想、文化、学识、偏好等会对各个环节产生影响。相传澳大利亚某位定居者看到一只奇形怪状的动物,就问一位过路的土著人是什么。回答是"kangaroo"。这位定居的移民万万没有想到,"kangaroo"在当地土语里是"我不知道"的意思,而这却成了我们所知道的"袋鼠"的名字。可见,沟通中的个人因素有时会成为沟通中的障碍。

具体说来,沟通中个人因素产生障碍的原因主要有:

(1) 文化、价值观等意识层面的问题。

如果沟通者属于不同的种族、民族或地区,一般会在文化信仰、价值观方面存在一定的差异,而这些差异就极有可能成为其沟通的障碍。

比如,某些沟通者可能具有种族优越感,即认为自己所处的文化群体的行为、规范、思考方式及存在方式等优于其他文化群体的一种信念。种族优越感并非爱国主义,它使人们陷入极端的境地,主要表现在接收者接受信息并且将其理解转化时存在的障碍。

某位美国沟通方面的著名学者到澳大利亚的珀斯演讲时,当地人提醒他,一些澳大利亚人认为美国人觉得自己(美国)的方式是最好的和惟一的,因此在做演讲的时候,必须要尽可能表现得谦虚。这种建议使得他演讲时更多地对听众的观点、劝告和建议等表示尊重和敬佩。而其他美国人在澳大利亚演讲,则多会表现出不同程度上的"种族优越感"。

也有些人会对某些民族或文化产生偏见,即在没有或很少经验的基础上对另一种文化群体所持的否定态度。比如,当马克很小的时候,父母告诉他千万不要去镇上,因为那里的墨西哥团伙控制着街道。这给马克传递的信息就是:墨西哥人是残忍的小流氓,他们强奸、抢劫甚至杀人。这就是文化或种族上的偏见。但是,当他接触墨西哥人以后,这种偏见就会被改变,从而消除各种沟通上的障碍。

此外,文化或价值观方面的障碍还可能包括成见、歧视等,这些都会对沟通尤其是跨文化沟通产生不良影响。

(2) 教育层次、学识、地位等阶层性问题。

这是由知识、经验水平的差距所导致的障碍。在信息沟通中,如果双方经验水平和知识水平差距过大,就会产生沟通障碍。这些障碍主要包括:

① 由于知识、地位等差异造成的语言表达、信息传递和接收上的差异。比如,学识高的人习惯使用的语言可能文化程度较低的人就很难理解。

② 其次,就是这些差异所造成的心理上的障碍因素,这集中体现在阶层差异上。比如,一个普通员工在电梯上遇见了老总,打过招呼之后,他心里很想跟老总说几句话,但是却不知道如何开口。最后,只能是在电梯上经历了一段"漫长"的沉默。

【读一读】1.10

国际广告活动的沟通障碍

由于各国的社会制度和文化背景不同,在广告传播过程中,就会受到各个方面的制约,产生沟通障碍。基督教国家善于创新,佛教国家提倡禁欲,穆斯林国家比较保守,语言和文化传统的不同、政体和经济发展的差异、各民族鉴赏品味和消费习惯的区别,都是造成沟通障碍的因素。必须认识这种沟通障碍,采用适合当地社会消费习惯的广告策略和创意,以达到广告的最佳效果。

在美国,有这么一个口红广告,广告的画面是一对鲜红的嘴唇,广告标题引用布什总统在 1988 年竞选总统时讲的一句话:"Read my lips."。这句话对美国人来说可是家喻户晓,人人皆知,效果很好。如果照译成中文:"读我的嘴唇。"中国人就不知所云了,但美国民众马上就可以理解这句话的意思是:我说的话是算数的,我的许诺会兑现的。在中国,有句脍炙人口的广告词句:"车到山前必有路,有路必有丰田车。"这是日本丰田汽车公司在北京设立的户外广告看板上的广告词,这是一个非常成功地引用中国成语作为广告词的例子,这句话译成他国语言,绝对不会收到如此好的效果。

许多跨国广告公司在国外都设有分公司或合资机构,代理许多跨国企业在海外的广告业务。这种在国外设立分公司或合资公司,可以最大限度地减少传播中出现的问题和沟通障碍,便于广告总体策划的执行和具体创作的实施,降低管理和制作成本,容易掌握广告效果的测定。

【小事深思】1.11

秀 才 买 柴

话说大唐末年,正值兵荒马乱之时,物资奇缺。隆冬时节,有一秀才去买柴。他对卖柴的人说:"荷薪者过来!"卖柴的人虽然听不懂"荷薪者"(担柴的人)三个字,但是听得懂"过来"两个字,于是把柴担到秀才前面。

秀才开口便问:"其价如何?"卖柴的人听不太懂这句话,但是听得懂"价"这个字,于是就告诉秀才价钱。秀才接着说:"外实而内虚,烟多而焰少,请损之(你的木材外表是干的,里头却是湿的,燃烧起来,会浓烟多而火焰小,请减些价钱吧)。"

卖柴的人愣了半天,还是听不懂秀才的话,于是担着柴就走了。

寒风中等柴烧的秀才也是好不郁闷啊。

问题:1. 为什么卖柴人听不懂秀才的话?

2. 听不懂秀才的话是卖柴人一人的问题么?

是不是一个高水平的沟通者,并不是看用的词有多华丽,说的话有多文雅,而是看其能否准确快速地传达信息。管理者平时最好用简单易懂的语言。而且对于说话的对象、时机要有所掌握,有时过分的修饰反而达不到预期的目的。

(3)心理和情绪因素。

心理和情绪因素在沟通过程中的作用不可忽视。好的情绪会让沟通变得更加流畅,而不佳的心理状态或情绪则会使沟通过程磕磕绊绊,变得低效、无效甚至是产生反作用。这是因为,在沟通中,人的情绪状态会过滤掉吸收和输出的信息。接收或输出的同一信息会根据情绪状态的高涨、平静或超然作不同的处理:

① 当情绪激动或紧张时,沟通就有可能受阻,因为本应更为理智的思想过程可能被这些情绪所蒙蔽。接收者还可能以一种比预期更加肯定或否定的态度接受信息。

② 如果对沟通的对象抱有强烈的反感,则对信息的解释很有可能受对其看法的影响。同样,一个人所沟通的内容也有可能受别人态度的影响。

③ 如果对某事特别感兴趣,则更有可能选取与自己心仪的事物有直接关系的信息,对其他事或信息则往往忽视。

总之,人们的情绪状态不仅能左右传送信息的方式,还直接影响到信息接收和理解的方式。

(4) 个体客观因素造成的障碍。

如个体记忆不佳等机理性问题以及性别、年龄等差异所造成的理解偏差。尤其是在管理中,信息沟通往往是依据组织系统分层次逐层传递的,然而,在按层次传递同一条信息时往往会受到个体素质的影响,从而降低信息沟通的效率。在人际沟通中由于个体因素导致的障碍主要有:

① 信息表达上缺乏明确性、准确性、正确性。这主要是信息发送者没有对沟通的内容进行清晰而有逻辑的思考。例如,经理的秘书在向非物料采购部门表达"我们需要些信封"时,却说"信封用完了"。虽然在某种意义上可以看作是委婉的说法,但是无疑降低了沟通的效率,因为信息接收者要费尽心思去揣摩说这句话的目的是什么。或者不能理解对方的关注所在并正确地表达信息,以便获得对方的全部注意力和理解,该用通俗的口语时,却用了晦涩拗口的书面语。显然,如果信息没有得到清晰的表达,它便不能被听者正确地理解和加工,有效的沟通也无从谈起。

② 信息接收即倾听的不恰当性。通常,在交谈时,即便有些人在干些其他事,如看报,或者转着手上的笔,他们也会告诉说话者,他们在听。但是,实际结果是很多人根本就没有把话听进去,因为"听"和"听进去"是截然不同的两个概念。

在沟通中,听者的不认真倾听是一大障碍。比如,如果某个教师看到学生在课堂上神游并去问他:"我说了些什么?"这个学生要么是哑口无言,要么是鹦鹉学舌般地复述一些,但他却没有真正地理解。不管是哪一种,都是沟通上的失败。

很明显,如果人们没有用心聆听信息或注意说的内容,他们是很难记住的。如果没有适当地汲取说话的内容,则易造成错误的理解。

【小事深思】1.12

认真听懂别人的话

美国知名主持人林克莱特一天访问一名小朋友,问他说:"你长大后想要当什么呀?"小朋友天真地回答:"嗯……我要当飞机的驾驶员!"

林克莱特接着问:"如果有一天,你的飞机飞到太平洋上空所有引擎都熄火了,你会怎么办?"小朋友想了想:"我会先告诉坐在飞机上的人绑好安全带,然后我挂上我的降落伞跳出去。"

当现场的观众笑得东倒西歪时,林克莱特继续着注视这孩子,想看他是不是自作聪明的家伙。没想到,接着孩子的两行热泪夺眶而出,林克莱特发觉这孩子的悲悯之情远非笔墨所能形容。

林克莱特问他说:"为什么要这么做?"小孩的答案透露出一个孩子真挚的想法:"我要去拿燃料,我还要回来!"

问题：1. 为什么观众一开始会笑得东倒西歪？

2. 你在生活中遇到过类似的事情么？

在沟通的过程中倾听也是很重要的一个部分。你听到别人说话时，你认真听懂他说的意思吗？很多时候，我们听了一半就会认为我们听到别人全部的意思，会断章取义。甚至有的时候，我们会将自己的想法投射到别人所说的话上，这都会形成沟通障碍。倾听是沟通的基础，一个良好的沟通者首先要具备的就是良好的倾听技巧。

③ 性别因素导致的沟通障碍。众所周知，男女大脑的结构有一定的差别，这种差别也影响着各自的沟通方式。一般而言，男性大脑的语言和视觉结构似乎彼此联系较少，而女性则相反，具有较强的整合视觉和语言的能力。这意味着男性长于集中精力处理个别事物，而女性则更能通观全局。男性大脑内控制侵略性的区域较活跃，而女性控制情感的区域影响力较大。这使得男人在沟通中更具有竞争性，而女人则更重合作。

性别上的沟通障碍有时体现在男女恋爱时就相当明显。比如，快过圣诞了，男孩问女孩想要什么礼物，因为他怕买到心爱的人不喜欢的东西。女孩子却说："哎呀，无所谓了。我不想要什么圣诞礼物的……"但是，如果男孩信以为真，圣诞节真的两手空空约女孩出去，估计得到的就不会是温柔的问候了。这就是性别对表达方式和理解方式所造成的差异，也就是不同性别而产生的差异能显著地影响男性和女性吸收和评价彼此沟通的方式。

（5）其他因素。

如服装、仪表、措辞等给人造成的错误印象。比如一个人不拘礼节的着装表明要么对沟通的另一方漠不关心，要么是想先声夺人。破烂的牛仔裤和邋里邋遢的运动鞋与笔挺气派的西装给人以截然不同的印象。根据场合的不同，两种着装风格都会给沟通带来不一样的信息。在朋友聚会出去兜风时，你若是西装革履就会显得不合群，似乎在让别人远离你。同样的，不注意措词的使用也会传递不好的信息，影响沟通。比如，私下里把顾客或主顾叫做"伙计"似乎给人以一种哥们义气的感觉，但它也不知不觉地传达出对别人的轻慢。

以上种种，都是使沟通产生障碍的个人因素。这些因素是可以通过说话者或倾听者的努力来避免和克服的。但是，在组织沟通，尤其是管理沟通中，有些因素不是个人可以控制的，而是需要整个组织的改革、完善或者协调运作，这样的障碍就是组织沟通中的障碍。

2. 组织沟通的障碍

在组织沟通中，由于人员众多，组织结构复杂等因素，更容易产生沟通障碍。而且，这些障碍不仅仅包括上述的各种个人因素，还有一些组织的固有因素所造成的障碍，主要包括以下几个方面。

（1）组织结构或制度问题。

如果组织机构过于庞大，中间层次太多，那么，信息从最高决策传递到下属单位不仅容易产生信息的失真,而且还会浪费大量时间,影响信息的及时性。同时,自下而上的信息沟通,如果中间层次过多,同样也会影响效率。

据统计,如果信息在高层管理者那里的正确性是100%,到了信息的接收者手里可能只剩下20%的正确性。这是因为,在沟通的过程中,各级管理者或部门都会把接收到的信息进行甄别,并且一层一层地过滤,然后再将可能是被断章取义的信息发布至下一层级。而且,在甄选过程中,还掺杂了大量的主观因素,尤其是当发送的信息涉及传递者本身时,往往会由于心理方面的原因,造成信息失真。主要表现为在进行下一步的信息传递时畏而却步,不愿提供关键的信息。

此外,还可能存在组织关系不清的问题。在一些组织中,可能连最基本的职位说明都不完善,造成管理人员或者普通员工搞不清自己的职权关系,职能关系和协作关系。这就使得组织内部成员对传递什么信息、向谁传递(汇报)、什么时间传递、采用什么方式传递等认识不清,导致信息传递疏漏、延误等问题。

因此,如果组织层级过高,机构臃肿或设置不合理,各部门之间存在职责不清、分工不明、多头领导等问题,或者存在因人设事,人浮于事的现象,就会给沟通造成诸多障碍,影响沟通的有效性。

(2) 组织成员间相互不信任或缺乏尊重。

由于组织中的利益关系错综复杂,因此常常在组织沟通中出现相互不信任的问题,进而产生沟通上的障碍。

有一项研究发现,在面对面的沟通中,有65%是以非语言信息如眼神、姿态等传递的,而这些非语言的信息恰恰代表了人的本能,可以反映一个人的真实想法。因此,真诚的沟通必定是口语信息和非口语信息相一致,并且两者相互促进,形成的是一个真实、完整的信息。而在缺乏诚意的沟通中,管理者可能会出现语言信息与非语言信息不一致、说话的语气音调令人不安等现象。这些问题都会成为有效沟通的障碍。

相应的,有效的信息沟通必须要以相互信任为前提,这样,才能使向上反映的情况得到重视,向下传达的决策迅速实施。而在实际沟通中,有些管理者常常带成见地听取意见,这样不利于下级充分阐明自己的见解,更谈不上思想上和感情上的真正沟通,也就难以接收到全面可靠的情报,做出明智的判断与决策。

管理人员在沟通中还会出现不专心、不耐心、态度不真诚或总是以领导者自居等问题,这些都是对沟通对象缺乏尊重的表现,容易引起沟通对象对管理者的对抗情绪,增加沟通难度。

(3) 组织沟通的其他常见问题。

① 表达不清楚。主要包括两个方面:第一,管理者在沟通过程中不分对象,语言晦涩难懂,让人不知所云。第二,管理者在沟通中措辞不当,中心思想表达不清楚,思想表达不严密,让人产生误解。由于表达不清楚,管理者往往需要花许多时间与精力去解释和纠正。下属也需要费心去理解,而且一旦信息扭曲和失真,将会造成任务执行上的困难。

② 顾虑太多。这种情况容易出现在管理者与平级或与上级沟通的时候。沟通时,

管理者往往会生出许多顾虑,如沟通对象会不会生气、自己会不会挨批评、沟通对象会不会对自己有看法等。在这样的重重顾虑中,往往导致信息被粉饰后才传递,或者本应平级间沟通的信息有意推给上级,或者干脆将信息故意搁置起来不传递出去,也就是我们平时经常说的"报喜不报忧"的情况。

此外,在组织沟通中还常常存在管理者的观念、思维方式等造成的沟通障碍。比如,在现阶段提倡"以人为本"管理理念的情况下,如果管理者仍偏重于以物为中心的管理思想,强调管理者的权力与威严,就会造成忽视沟通、专断独行等问题。

1.3.3 排除障碍因素的有效途径

一个人的成功,20%靠专业知识,40%靠人际关系,另外40%需要观察力的帮助,因此为了提升我们个人的竞争力,获得成功,就必须随时有效地与人接触沟通。但是沟通中存在众多的障碍因素,如何排除或越过这些障碍进而得以有效地沟通呢? 不管对企业内部的管理者还是对普通员工以及我们的日常生活,都是必须引起注意的。

1. 个人:障碍排除的一般途径

(1)自信的态度,良好的心态。

俗话说态度决定一切,好的心态和情绪是有效沟通的首要条件。事业成功人士都有各自的特点,但是却有一个共同点:自信。他们从不随波逐流或唯唯诺诺,有自己的想法与原则,同时,很少对别人吼叫、谩骂,甚至连争辩都极为罕见。这是因为他们对自己了解得相当清楚,并且能肯定自己。所谓自知者明,自知而自信的人也常常是最会沟通的人。

对自己是自信,对别人则要有体谅和宽容之心。就是说,在沟通的过程中要设身处地为别人着想,并且体会对方的感受与需要。在沟通过程中,当我们对他人表示体谅与关心时,也就体现了对沟通对象的重视,对方也会体谅我们的立场与好意,做出积极而合适的回应。这样就可以排除沟通中因为文化、教育、个性等差异造成的距离感。

(2)适宜的环境。

环境产生的噪声是沟通中的一大障碍,因此,在沟通时双方要尽可能选择与沟通目的、内容、沟通者之间的关系相适应的环境。比如想同情绪有波动的下属谈谈心,就最好不要在办公桌上谈,这样会对下属造成更大的心理压力。平时和好友聊天联络感情,我们应该选择环境清幽、让人身心放松的地方。

(3)正确的表达。

① 有前提的直言不讳。有一位知名的谈判专家曾经说过,"在各个国际谈判中,我时常会以'我觉得'、'我希望'为开端,来说出自己的感受或者期望,结果常会令人极为满意。"其实,这种行为就是直言不讳地告诉对方自己的要求或感受,这将帮助我们建立良好的人际网络。但是也要记住"三不":时间不恰当不说;气氛不恰当不说;对象不恰当不说。也就是说,直言不讳并非无条件的直言不讳,也要注意各种条件是否成熟。

② 充分利用自己的声音。声音是一种威力强大的媒介，通过它可以赢得别人的注意，能创造有益的氛围，并鼓励他们聆听。在运用声音时要注意语音、语调、语速等方面的问题。

【实用链接】1.13

了解自己的声音

1. 音量与语调：低沉的声音庄重严肃，一般会让听众更加认真地对待；尖利的或粗暴的声音给人的印象则是较浮躁容易失控。因此，可以注意使用一种经过调控的语调表现自己的意愿和风格，使对方乐于倾听。

2. 语速：急缓适度的语速能吸引住听者的注意力，使人易于吸收信息。如果语速过快，听众就容易无暇消化接收到的信息；如果过慢，声音听起来就显得阴郁悲哀，令人生厌，听者就会转而他就。而自然的语速能使听者吸收所说的内容，使用停顿则能给人以思考的时间，并在聆听下一则信息前消化前一则信息。

3. 重音和强调：适时改变重音能强调某些词语。如果没有强调重音，人们就很难清楚哪些内容重要。但是，过犹不及，强调太多反而会让听者倦怠，不知其所云。

4. 非面见时的交谈：如果不能面见的交谈，比如电话沟通，可以通过站直和微笑来更好地使用自己的声音。身体挺直，能使呼吸轻松自然，声音更加清楚洪亮。微笑则可以提升声带周围的肌肉，使声音更加温和友善，替代缺失的视觉维度。

（4）有效的倾听和询问。

有效的倾听主要用在控制自己，不要为了一时的口舌之快而侵犯他人，同时可以促使对方发表意见，进而对自己产生好感。而询问则主要用在对方默不作声、欲言又止或者自己不理解说话者信息的时候，这时可以用询问引出对方真正的想法，了解对方的立场以及对方的需求、愿望、感受等，有助于进一步的沟通。一位沟通高手，是应该善于询问以及积极倾听的。

（5）利用身体语言。

要使沟通产生最大的影响，必须有效利用自己的手势、面部表情等身体语言。研究表明，在沟通中视觉、声音、外表等占全部印象的90％以上。其中，视觉占到了55％，主要包括身体动作、手势、视线的接触，以及整体的仪态与行为举止等，这些因素的有效运用都有助于产生好的印象。有时一个人的举动和脸部表情比他所使用的词语要更有威力，所以必须意识到它们的力量，并予以重视。

① 注意眼神的作用。都说眼睛是心灵的窗户，沟通时看着别人的眼睛而不是其他地方，表明你对谈话对象很重视。这样做能使对方满意，而且能防止他走神。进行换位思考，如果在交谈时对方不看着你的眼睛，你就会有这样的感觉：这家伙对我所说的话不感兴趣，或者根本就不喜欢我。

② 面部表情和双手的作用。形容面部表情的词有很多，比如和颜悦色或者凶神恶

煞。显然,这两个词让人产生的联想是有天壤之别的。研究表明,即使延续时间少于0.4秒的细微面部表情也能显露一个人的情感,会立即被他人所捕获。真心的微笑(与之相对的是刻板的微笑,根本没有在眼神里反映出来)不仅会让人觉得你和蔼可亲,而且可以从本质上改变大脑的运作,使自己也身心舒畅。

双手的作用也是不可忽视的,俗语云心灵手巧,把"手"和"心"放在一起,就是这个缘故。一双"能说会道"的手能抓住听众,使他们朝着更准确地理解说话者这一目标迈进。试想人们在结结巴巴用某种外语进行沟通时不得不采用的那些手势吧,其作用有时候甚至是决定性的。手势还可以给人传递其他的信息,比如,使用张开的手势给人们以积极肯定的强调,表明您非常热心,专注于自己所表达的事情。

③ 注意身体姿势和距离。一般来说,坐着或站立时挺直腰板可给人以威严的感觉;而耷拉着双肩或跷着二郎腿可能会使某个正式场合的庄严气氛荡然无存,但也可能使非正式场合更加轻松友善。就身体距离来说,站得离人太近能给人以入侵或威胁之感,比如在公交车上太挤的时候,人往往会因为私人空间的入侵而变得焦躁不安。如果与人的距离不足2米,听者会本能地往后移,这就是由对方过分靠近时产生的局促不安的感觉造成的;反之,如果距离超过2米或更远,听者就会觉得自己不被重视,并产生一种缺乏社交归属感的错觉。

2. 管理者:沟通的特别注意事项

作为各级管理者,肩负着组织沟通的重要角色,无论是制定大政方针的一把手,还是承上启下的各级管理者,在沟通时除了要注意以上排除障碍的一般途径以外,还要特别注意以下几点:

(1)传递信息要清晰。

这是有效沟通的首要原则。具体说来,沟通者要做到如下几点:首先,信息要明确。在上级下达工作指令的时候,不仅要讲明其然,还要讲明其所以然。应当将工作任务是什么、完成时间、配备资源、预期效果等明确地告诉下属。其次,要使用沟通对象的语言。就是说,管理者要熟悉自己的上级、下级、平级所使用的语言,把信息进行相应的加工后运用沟通对象常用的语言再进行传递,使沟通不致产生理解上的偏差。第三,要控制信息量。人的注意力是有限的,管理者应避免一次传递太多的信息,这样会容易导致出现对信息的消化不良等状况。如果确实需传递较多信息,应建议沟通对象记录信息要点。

(2)学会积极的倾听。

对管理人员来说,倾听并不是一件轻而易举的事情。这是由管理者的角色和习惯决定的。在倾听时,管理者要以良好的精神状态和投入的姿态倾听,面对讲话人,要表示尊重。保持目光接触。同时,要有适时、适度的提问,但是要少而精,紧扣主题,不能漫无边际。此外,要注意及时地回应,进行积极地反馈,用语言或非语言的方式对信息发出者做出反应,及时以动作或表情给以呼应,并对其表示鼓励或赞许。

(3)进行沟通要真诚。

实际上,沟通中的信息发送者所扮演的角色是仆人而不是主人,信息发送者的目的是否能达到完全取决于信息接收者。换句话说,如果管理者是信息发送者,那么他只有在尊重信息接收者的前提下才能达到自己的目的。而尊重则是以真诚的沟通为前提的,作为管理者,只有尊重员工或下属,坦诚布公,才能获得他们的信任,得到预期沟通效果。

因此,管理者必须转变观念,弱化自己的权力,把对方看成合作伙伴的前提下才能与被管理者进行心理沟通,以真诚的人格魅力去感化、教育周围的人。就如松下幸之助所言:"伟大的事业需要一颗真诚的心与人沟通。"他也因此赢得了人们的信赖与尊敬,获得了事业上的巨大成功。

具体说来,管理者要从以下方面努力。第一,从群众中来到群众中去。管理者要把"走到第一线"作为每日例行的公务,一方面要为沟通收集信息、获得启示,另一方面要对沟通效果进行评估并且做出适时的控制和调整。第二,创造开放的沟通气氛。这要求管理者首先明确沟通的重要性,创造一个相互信任、有利于沟通的环境。经理人员不仅要获得下属的信任,而且要得到上级和同事们的信任,以便缩短信息传递链,拓宽沟通渠道,保证信息的畅通无阻和完整性。此外,要注意加强平行沟通,促进横向交流;定期进行上下级的沟通。

(4)重在坚持,滴水石穿。

管理者在沟通中必须注意沟通的持续性和日常性。因为,沟通在企业的经营管理活动中表现的是循环往复、不间断的信息流,无论是下行沟通、上行沟通还是横向的、斜向的沟通都必须经常化、日常化,贯穿于整个经营管理中。另外,沟通还要有及时性。凡是沟通都必须及时,尤其是重要的信息的沟通要在第一时间进行。最后,要鼓励和提倡平级间的沟通。积极做好平级间的沟通不仅有利于管理者自身协调能力的锻炼和提高,而且可以促进良好的协作关系,提高信息传递和工作的效率。

3. 组织:整体促进和完善

在管理沟通中,组织作为整体的作用是不可忽视的。这是因为,在任何组织中,其沟通的效果并不是单由个人决定的。有些员工或者管理者可能很重视也很善于沟通,但是整个公司却非常沉闷,缺乏沟通的必要渠道和手段,严重影响了组织内部正式或非正式沟通的进行。因此,从组织的角度讲,各层管理者尤其是高层管理者应该注意如下两个方面。

(1)建立多种沟通渠道。

自由开放而多样的沟通渠道是使有效沟通得以顺利进行的一大保证。从管理的角度考虑,沟通是一个组织内部成员一起努力、长期积累的过程。因此,沟通不仅是一种管理技巧和方法,更是一种组织制度。

大凡国内外管理成功的企业,都在沟通上有制度性的措施以确保沟通渠道的畅通。比如,举行经常性的员工会议或者活动。在会上,与会者可以不拘形式地自由提问,而管理者则认真倾听员工提出的问题或意见。惠普公司则以举行啤酒聚会沟通上级与下属的感情。与此类似,很多国际大公司的高层管理者都养成了与员工一起就餐的习惯,以非正式的聊天方式无拘无束地谈天说地,进而有助于营造一种坦率、自由的沟通氛围,缩小管理者和被管理者之间的距离。

(2)建立双向沟通机制。

有效沟通应该是一种动态的双向行为,沟通的主体、客体双方必须充分表达对某一问题的看法,并且做出适当的反馈。同时,也只有在增强主客体上下交流的过程中,才能引导人们从不同的角度看问题,消除一些不必要的误解和偏见,使组织成为一个相互依赖的合作整体,从而达到企业追求的目标。

事实表明,自下而上的上行沟通从某种意义上说价值高于自上而下的下行沟通,因为向上沟通是信息反馈的主要来源,而只有通过反馈才能使信息发送者了解接受者对信息的理解和接收程度,及时调整和修正表达不完全的信息。也就是,管理者必须收到下属的反馈,才能达到管理沟通的目的。同时,上行沟通也能满足下属的一些基本需求,给予其充分表达意见的机会,使下属得到自我价值的实现和满足感。

比如IBM从20世纪60年代初开始推行的"下级评估管理"就是一个自下而上的上行沟通的典型。公司每年进行一次详尽的不记名的员工意见调查,评估管理者的各方面能力,有关部门综合员工的意见加以周密的分析后,为管理者制定一份改进工作的方案。这就不仅使公司领导者获得了大量的来自各部门的信息,另一方面又极大地调动了员工的积极性。

总之,沟通是个人生活、工作以及组织生存、发展的必要条件,但是有时沟通不当也会造成一定的问题。不管是普通个人还是公司的管理者都要从自身做起,提高对沟通的重视性,注意沟通技巧和沟通体制的完善,做一个沟通高手。

【案例】1.14

谁的错,怎么做

终于到了年终,小王兴冲冲来到会计部经理宁静的办公室问道:"宁经理,你说过只要我们部将今年的年终报表做好就可以加5%工资的,是吧?"

"我是说过,小王,可是……"宁经理说道:"可是你知道公司有自己的一套关于薪金、晋升的规定和程序,并不是我可以随意更改的事,嗯,我向总部申请看看吧。"

"啊?宁经理,我们部的员工都是在你这句话的鼓动下才加班加点完成工作的呀,小李还带病坚持工作呢,现在这个结果让我怎么跟他们说呢……"

"好吧,别不高兴,我一定会去向总部提出申请,表彰你们的辛苦工作的,一定会的,我保证。"

但是小王还是带着失望的表情离开了宁经理的办公室。

这件事情中,是谁犯了错误呢?宁经理又应该怎么做呢?

分析:

1. 谁犯了错误

这个案例中,谁犯了错误是很清楚的。宁经理不能轻易许诺,"轻诺必寡信"是千古不变的道理,宁经理在下属的眼中是代表公司的,他不讲信用,员工就会认为公司不讲信用,会使员工工作积极性降低,对公司失去信心。即便给下属承诺也不能把话说死,要给自己留下回旋的余地。管理上沟通非常重要,也很复杂,没有到最后关头很多事情是不确定的,现在的老板变数也很大,所以轻易许诺是非常不合适的。即便是中层管理者的上司答应了给加薪,上司也可能随时反悔。中层管理者要在下属面前维护公司的光辉形象,在上司面前又要保护好自己和下属的利益,往往最后吃亏的是自己。

所以很多中层管理者把自己修炼成"永远不说一定的人",嘴上总是挂着"好像","可能","或许","研究一下"等,就是让自己主动,这个策略也是有道理的。

上面说的是宁经理的错误,其实小王的错误也不小,从上面的对白中可以看出小王是大学毕业没有多久的"愣头青"。太轻信别人了。作为一个员工,你要很清楚地知道自己部门,自己上司有什么权限,不要被上司的"轻诺"所蒙蔽。就当经理说着好玩,加不加就算了,还找经理要? 太不给经理面子了,你看,没要到,以后怎么和经理相处呢?

2. 宁经理要怎么做

那么到底事情到了这个地步,宁经理要怎么做才能挽回自己"寡信"的声誉,并安抚下属呢? 前提条件是既然已经说了加薪,那么加薪是少不了的,但不是全部加;既然大家都努力了,成绩也出来了,整体奖励也是少不了的。并且这件事情要尽快处理,越早处理越主动,如果等到大家都不干活了等加薪,这时即使加了,大家也认为是应该的,体现不出加薪的效果。如果还有手下来要求就更被动了,那时还不如不加。但无论如何都不能给小王加薪,不管他作出了多大的贡献,只能随团队拿奖励。如果鼓励他为大家"争取"利益的行为,以后宁经理就不能安生了,要把出头意识消灭在萌芽状态,算是给他上了人生的一课吧。

沟通是一门学问,在工作中的沟通尤为关键。与上司的交谈都须做到小心谨慎,因为上司与下属的交流时间一般不多,上司喜欢从短短的交流时间里判断一个下属的人品。因此,刚刚踏进社会的学生朋友们切忌言行莽撞。

【游戏】1.15

沟通游戏——折纸

规则:

请大家拿出一张纸,闭上眼睛,听老师的指令完成以下操作:

(1) 把纸按顺时针方向旋转 180 度;

(2) 把纸对折;

(3) 重复(1);

（4）重复（2）；

（5）把纸按顺时针方向旋转 90 度；

（6）在纸的右上角撕去一个 1 厘米左右见方的正方形；

（7）重复（5）；

（8）在纸的左上角撕去一个 1 厘米左右半径的四分之一圆。

最后，请大家睁开眼睛，展开手中的纸，让老师检查功课。

课后自己分析一下，在下级都是认真办事的人的前提下，上级指令被执行后未能达到预期结果的原因：

（1）上级的指令不够精确，有的地方模棱两可。（游戏中老师没有规定一开始时纸张的方向。）

（2）下级没有精确地按要求办事，有时会想当然，按自己的习惯办。（游戏中有的人第二次折纸时的方向不对，多转了 90 度，而老师并没有发出这样的指令。）

（3）下级没有正确理解上级的指令。（游戏中老师要求把纸片旋转 180 度时是指平面上的角度，有的人拿着纸片在空中旋转。）

（4）下级在没搞清上级的意图时没有及时请示。（游戏开始时没有人问老师纸张的方向应该如何。）

（5）上级在指令被执行的各阶段中没有及时检查，及时沟通。

结论：

（1）人与人之间的沟通非常重要，在上下级之间、上下辈之间、朋友之间、夫妻之间、邻里之间、买卖方之间或是装修新房子时业主与装修工人之间都是如此；

（2）要做到真正的沟通不是想象中那么容易，误解是正常的，理解是宝贵的；

（3）要办好一件事，有关人员之间必须时时保持沟通的状态。

第 2 章　倾听

要做一个善于辞令的人,只有一种办法,就是学会听人家说话。

——莫里斯

内容提要

- 倾听的含义、意义、类型及过程
- 倾听的影响因素、有效倾听的特点和类型
- 有效倾听的技巧

【案例导读】2.1

老板该如何去倾听

小马里奥特是万豪国际酒店集团的董事长和 CEO,喜欢走动式管理,以四处巡视旗下酒店为乐事。他有一次巡视酒店,注意到顾客对餐厅女招待的服务评分不高。他问问题出在哪里,经理说不知道。但是,小马里奥特注意到了经理不安的身体语言,接着问女招待的待遇是多少。得到回答之后,他接着问为什么待遇比市场标准低。经理说:加薪要总公司决定,而他不想提出来。

对话不过 30 秒,但是小马里奥特发现了三个严重的问题:第一,总公司管得太多;第二,高层重视利润胜过顾客满意度;第三,经理不敢提加薪要求,说明他的上级是糟糕的倾听者。当然,小马里奥特解决了所有三个问题。

这是关于怎么做决策的完美案例,但是在小马里奥特看来,这更是一个关于倾听的案例。他说:"我所做的,只是改变这位经理什么都不说的习惯,并且告诉他,有人愿意倾听他的问题——这是他的上级主管显然不愿意做的事。"

小马里奥特很重视倾听,也善于倾听。他至少有十点经验值得其他经理人学习。

1. 倾听基层员工。
2. 倾听对方的身体语言。
3. 善用自己的身体语言。
4. 保持适当的沉默。
5. 不要以表达方式是否迷人来判断信息是否准确。

6. 不要选择性倾听。

7. 要主动倾听,也就是说要提问。

8. 倾听顾客。

9. 化倾听为行动。

10. 要知道什么时候该停止倾听。

善于倾听的小马里奥特,带领善于倾听的万豪,进入了《基业长青》一书赞誉的"高瞻远瞩的公司"的行列,跟 IBM、通用电气、花旗银行、迪士尼、索尼等公司排列在一起。

2.1　倾听概述

2.1.1　倾听的含义

在上述案例中,小马里奥特是一个能说会道善于口头表达的人,也是一个善于倾听的总裁。因为在口头沟通过程中,不仅要会说,而且还要会听。有人对经理人员的沟通作过分析,结果如图 2.1 所示,一天用于沟通的时间约占 70％,而其中撰写占 9％,阅读占 16％,言谈占 30％,倾听则占到了 45％。口头沟通中,"说"与"听"是管理者随时需要担当的责任。说好与听好都很重要,也都不容易做到。但有调查显示,就如同案例中的齐经理,管理者往往不是一个好听众。或者说,对于管理者,做一个好听众比做一个好演说家更难。而在日常生活中也是如此。

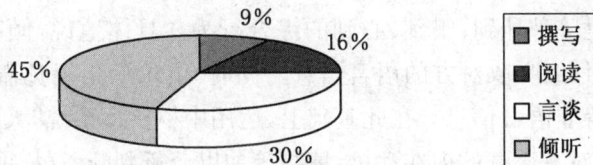

图 2.1　倾听在沟通时间中所占比例

那么,倾听真有那么难吗?这要从倾听的含义说起。

国际倾听协会这样对倾听定义:倾听是接收口头及非语言信息、确定其含义并对此做出反应的过程。要理解这个定义,必须注意以下几个方面:

(1) 倾听不等于"听"。

"听"是与生俱来的,是一个生理过程。它是听觉器官对声波的一种单纯感受,是被动地面对信息和信息传递者。倾听则不仅是生理意义上的听,更是一种积极的有意识的听觉与心理活动,信息接收者对信息进行积极主动地搜寻的过程。通过倾听,不仅可以获得信息,而且还能了解情感。从沟通的角度讲,倾听则具有很强的技巧性。倾听与听的区别如表 2.1 所示。

表 2.1　听与倾听的区别

听	倾　听
用耳朵接收声音的行为	接收声音并获取信息的行为
有意识或无意识的	有意识的,主动的
主要取决于客观接收	主要取决于主观意识
不一定有信息的接收	必须有信息的接收

(2) 倾听是一个主动参与的过程。

在这个过程中,倾听者不仅要接受、理解别人的语言信息,而且也要接受、理解别人的手势、体态和面部表情等非语言信息。同时,要从中得到信息,抓住说话人的思想和感情,并作出必要的反馈。

倾听的主动参与性对管理者来说尤为重要。美国的企业家亚科卡曾对管理者的倾听有过精辟的论述:"假如你要发动人们为你工作,你一定要好好听别人讲话。这一点就是能否造就一家高明公司的关键。作为一名管理人员,使我感到满足的莫过于看到企业内被公认为一般的或平庸的人,因为管理者倾听了他遇到的问题而发挥了他应有的作用。"而是否善于倾听不仅仅是一种技巧,更是一种意识,要主动地倾听并且获得信息。大凡成功的管理者都是主动倾听并且善于倾听的人。

(3) 倾听是眼、耳、心的综合行为。

从生理学角度分析,倾听比说话更易引起疲劳,因为它要求脑力的投入,要求集中全部注意力。国外有人分析,一般人们说话的速度是每分钟 150 个词汇,而倾听的能力则是每分钟可接受 1 000 个词汇。两者之间的差值显然给大脑留下了充足的时间。但是,倾听能力的充裕并不意味着倾听行为的轻松。

事实上,倾听是一种耳到、眼到、心到的综合行为。具体地说,倾听时,首先要求运用听觉器官"耳朵"仔细听取对方的语言信息。同时,要求运用视觉器官"眼睛"去观察对方的动作、表情等非语言信息。在此基础上,运用中枢指挥系统"大脑"对眼和耳朵捕捉到的各种信息和对方潜藏的内在动机、情绪等加以分析判断,这样的一个综合性的整体行为才构成倾听。

【读一读】2.2

倾听的价值

古希腊哲学家阿那克西米尼晚年的时候声望很高,拥有上千名学生。一天,这位两鬓花白的老者蹒跚着走进课堂,手中捧着厚厚的一摞纸莎草纸。他对学生说:"这堂课你们不要忙着记笔记,凡是认真听讲的人,课后我都会发一份笔记。一定要认真听讲,这堂课很有价值!"

学生们听到这番话,立刻放下手中的笔,专心听讲。但没过多久就有人自作聪明——反正课后老师要发笔记,又何必浪费时间去听讲呢?于是开起了小差。临近下课时,这些学生觉得并没听到什么至理名言,不禁怀疑起来:这不过是一堂普通的课,老师为什么说它很有价值呢?

课讲完了,阿那克西米尼将那摞纸一一发给每位学生。领到纸张后,学生们都惊叫起来:"怎么是几张白纸呀!"阿那克西米尼笑着说:"是的,我的确说过要发笔记,但我还说过请大家一定要认真听讲。如果你们刚才认真听讲了,那么请将在课堂上所听到的内容全部写在纸上,这不就等于我送你们笔记了嘛。至于那些没有认真听讲的人,我并没有答应要送他们笔记,所以只能送白纸!"

学生们无言以对。有人懊悔刚才听讲心不在焉,面对白纸不知该写什么;也有人快速地将所记住的内容写在白纸上。后来,只有一位学生几乎一字不落地写下了老师所讲的全部内容,他就是阿那克西米尼最得意的学生,日后成为古希腊著名哲学家的毕达哥拉斯。阿那克西米尼满意地把毕达哥拉斯的笔记贴在墙上,大声说:"现在,大家还怀疑这堂课的价值吗?"

阿那克西米尼一贯主张,人生最大的财富是倾听。只有乐于并善于倾听,才可能成为知识的富翁;而那些不愿意倾听的人,其实是在拒绝接受财富,终将沦为知识的穷人。

(4) 倾听需要有感情因素的介入。

这主要表现为,在倾听的过程中,倾听者必须对说话者有感情因素的投入,能够接受、理解对方的感情流露,并从面部表情或言语等方面对说话者的情感表示同情或其他的情绪。这样,说话者就会感到自己得到了认同,因而产生进一步沟通的欲望,就会更加热心地倾诉自己的思想和情感,更加认真地发表自己的意见。在实际交谈中,倾听者不一定要用言语表达自己的倾听情感,有时一定的面部表情(如关切的目光)、倾听的姿态等,也能让对方感到亲切、真实并且产生良好的互动。

总之,倾听是一种有意识、有情感地接受语言或非语言信息并且对此做出反应的过程,是具有主观能动性的行为。

2.1.2　倾听的类型

根据倾听过程中倾听者的注意力集中程度和注意力集中的重点不同可以将倾听划分为不同类型。

1. 根据注意力集中程度不同划分

(1) 全神贯注的倾听。全神贯注地倾听,强调的是集中思想、综合分析以及评价所听信息的主要内容以及重要细节。这样的倾听不仅要求仔细和认真地"听",而且还要正确理解并将复杂纷乱的内容变成有意义的信息。因此,全神贯注的倾听也被称作是批评的倾听,类似提问和反馈可使倾听者明确所获得的信息。有一些正式的沟通如谈判、合同、进度计划、财务信息等需要运用这一倾听方式。

(2) 专心的倾听。专心的倾听,与全神贯注的倾听类似,是指注重信息的主要内容及细节,但其所涉及的信息内容没有那么复杂或抽象。相反,信息往往属于娱乐性或趣味性,如业余爱好的东西。相对于全神贯注的倾听,专心的倾听是我们更容易达到的。

(3) 随意的倾听。随意的倾听也叫做社交性倾听。随意的倾听最为普遍,因为它是倾听中最不费劲的一类,不需要任何评价技巧,其目的往往是为了愉悦或消磨时间。人们在看电视的时候,有些娱乐性信息往往是随意倾听的,闲聊的时候也是随意的倾听比较常见。

2. 根据注意力集中的重点不同划分

(1) 侧重于人的倾听。是指在倾听中听者更注意关心对方的情感传递,往往主动寻找与对方的共同兴趣并对其情感做出反应。这种倾听方式常常存在于配偶、家庭成员和好友之间。

(2) 侧重于时间的倾听。在这种倾听方式中,听者更喜欢短时间、高效率地与人交流,并且通常会让说话者知道自己有多少时间去阐明观点。常见的例子有,记者在采访时需要迅速、有效地获得信息,因为他们的工作价值主要体现在时效性。因此,这样的倾听者会更侧重于时间。

(3) 侧重于行动的倾听。这种倾听中,听者更关注准确、没有错误的信息表述,并且可能对组织混乱的说话内容缺乏耐心甚至是产生反感。例如,老板可能要求一个部门经理进行月度工作情况汇报,他对这次汇报的要求就是内容集中并且重点明确。

(4) 侧重于内容的倾听。这时,倾听者更喜欢复杂、充满乐趣和挑战的信息。由于这种信息通常是抽象的,因此人们可能不掺杂任何情感。并且他们可能在做出判断之前就对信息做出评价。比如,一个医生可能向其同事询问如何对待特殊病人的问题,由于双方在知识背景、专业技能方面的相似性,听者将对复杂的医学解释有较容易理解。

2.1.3 倾听的过程

1. 预言

在沟通的相互作用的性质中,倾听起着承上启下的重要作用。通过我们对沟通对象以往的了解,我们可以对其可能有的反应进行预言。比如,当你的一份财务报表延迟递交时,你能预料到上司会不高兴,甚至会批评你,这个时候,你就会知道自己最好是认真地听,而不是为自己找各种各样的借口。也就是说首先要预料到自己是采取"听"还是"说"的策略。

2. 接收信息

多数情况下,我们接收的信息要比我们可以或者需要处理的信息多得多。尤其是现在处于信息时代,各种信息交流工具的发展使得信息传播更为迅速和广泛。这些信息可能包括广告、大街上小贩的叫嚷声、老师的讲课、上司的训话、朋友的喋喋不休或者关切。这些都是我们听到的信息,但却未必是倾听过的信息。

在听的时候,我们接收到各种词语并且感知这些词语被说出的方式。而在倾听时,我们要对这些信息进行注意并且做出相应的反应。"听"只是涉及听觉系统不同部分的生理过程,而倾听则是涉及对他人发出的语言或非语言的信息做出反应的更加复杂的知觉过程。

因此,倾听中接受信息的过程并非我们通常说的"听"的过程,而是对所有信息进行选择并剔除无关信息的过程,这时我们进入倾听过程的下一个步骤:把注意力集中在我们感兴趣或者需要的信息上。

3. 注意

每个人都是有"选择性注意"的能力的,即可以把感知集中起来的能力。当我们接收到的五官信息剔除的时候,我们就进入了注意的阶段。通常,我们会把注意力集中在某种特定的刺激物上。比如,你可能正在校园里闲逛,东瞧瞧西看看,但是当广播里传来今天 NBA 比赛的新闻报道时,你就会把所有注意力集中在听广播上。这就是选择性注意的能力。

有些小孩喜欢边看电视边做作业,虽然父母都持反对态度,认为"看不好也学不好"。但是,科学研究却并未给这种看法提供支持。相反,在研究中,参加者坐在四个播放不同内容的喇叭中间,并被告知只注意听某一个喇叭中传出来的信息。结果,听者恰恰对来自那个喇叭的信息有很强的记忆。

但是,通常我们对信息完全集中注意力的时间最多只有 20 秒。有时信息的内容使我们想起其他的事情,或者这些信息是我们所厌烦的,或者它使我们的头脑按照不同的方向考虑问题,这些都会使我们"走神"。而最好的听者则是不容易厌烦和在获取信息方面具有基本技能的人。因此,容易走神的倾听者必须在集中注意力方面做出特别努力。

【读一读】2.3

听到了什么取决于选择

有一位昆虫学家和一位商人一起在公园里散步,聊天。忽然,昆虫学家停住脚步,好像听到了什么。

"怎么了?"他的商人朋友问。

昆虫学家惊喜地叫了起来:"听到了吗? 一只蟋蟀的鸣叫,而且绝对是一只上品的大蟋蟀。"

商人朋友很费劲地侧着耳朵听了很久,无可奈何地回答:"我怎么什么都没听到?"

"你等着。"昆虫学家一边说,一边向附近的树林跑了过去。不久,他便捉了一只

大个头的蟋蟀回来,告诉他的朋友:"看见了没有? 一只白牙紫金大翅蟋蟀,这可是一只大将级的蟋蟀哟! 怎么样,我没有听错吧?"

"是的,您没听错。"商人朋友莫名其妙地问昆虫学家:"您不仅听出了蟋蟀的鸣叫,而且听出了蟋蟀的品种——可您是怎么听出来的呢?"

昆虫学家回答说:"个头大的蟋蟀叫声缓慢,有时几个小时就叫两三声。小蟋蟀叫得频率快,叫得也勤。黑色、紫色、红色、黄色……各种颜色蟋蟀的叫声各不相同。比如,黄蟋蟀的鸣叫声里带有金属声。所有鸣叫声只有极其细微,甚至言语难以形容的差别,你必须用心才能分辨出来。"

他们一边说,一边离开了公园。走在马路边热闹的人行道上,忽然,商人也停住了脚步,弯腰捡起一枚掉在地上的硬币。昆虫学家依然大踏步地向前走着,丝毫没有听见硬币的落地之声。

昆虫学家的心在虫子身上,所以他听得见也分得清蟋蟀的鸣叫;商人的心在钱上,所以他听得见硬币的响声。这就说明,每个人的倾听是有选择性的,在众多声音中,只会将注意力放在能引起自己兴趣的事物上。

资料来源:李国宇,《倾听的力量》,中国纺织出版社2007年版。

4. 赋予含义

当我们注意到某些信息后,就要为其赋予一定的含义。首先,我们必须要将信息吸收,成为我们知识和经验的组成部分。然后,看信息中的内容与我们已有知识和经验的相关性,并且运用我们已有的经验对其进行评价。比如,在交谈中,我们会根据自己的经验、价值观等思想意识对说话者所说的内容进行衡量,对其动机及其观点的正确性、语言的真实性进行质疑等。

在赋予含义的过程中,不仅要知道对方说了什么,而且要了解对方是怎么说的。除了对语言信息赋予含义,我们还要对说话者表情、姿势等非语言信息做出判断和意义的赋予。

5. 记忆

当我们对引起自己注意的信息赋予含义后,就进入选择性记忆的阶段。在这个阶段,倾听者的主要任务是分辨这些信息中哪些重要哪些不重要。作为一个观众,没有谁能准确复述舞台上表演者的台词。但是,关键内容的记忆则是必要和可行的。就像学生在课堂上,就算坚持集中精力听课,也很难将所有内容记住并消化,却可以通过课堂笔记的方式来加深记忆。这样,才会给倾听带来更大的延续性的意义。

倾听过程中,在记忆和利用笔记等手段加深记忆时,还是要注意"倾听"。因为有时候人往往把注意力集中在辅助手段上。比如,在报告会上,有的员工将笔记记得很完美,结束后却说不出自己究竟听了些什么。

6. 评价

评价是倾听的最后一个环节,就是根据前面听到的内容和信息判断发生了什么事情的过程。比如,在你递交延迟的报告时,你预言上司会不高兴。结果确实如此,他一直在批评你。于是,通过倾听的前述环节,你评价了这次所发生的事情:上司生气了,以后自己要注意不能拖延任务。

图 2.2 显示了一个大学毕业生所经历的一次成功倾听的各个阶段。

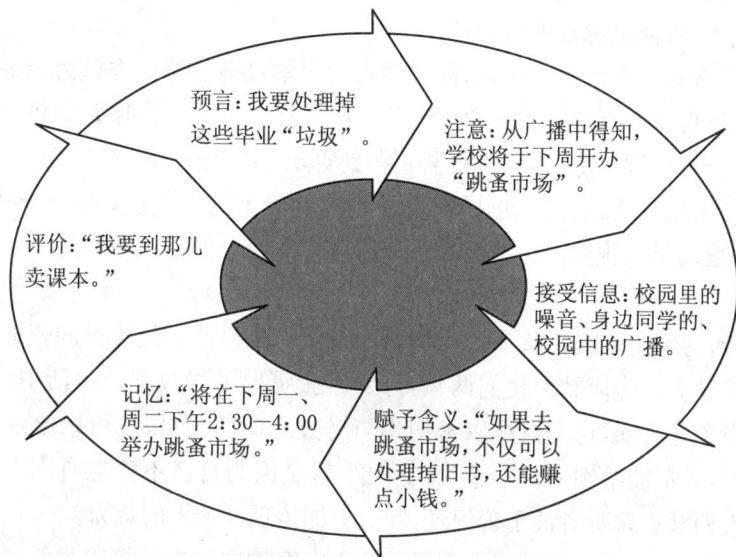

图 2.2　一次有效倾听的过程

2.1.4　倾听的意义及重要性

【案例】2.4

学会做一个好的听众

美国汽车推销之王乔·吉拉德曾有一次深刻的体验。一次,某位名人来向他买车,他推荐了一种最好的车型给他。那人对车很满意,并掏出 10 000 美元现钞。眼看就要成交了,对方却突然变卦而去。乔为此事懊恼了一下午,到了晚上 11 点他忍不住打电话给那人:"您好! 我是乔·吉拉德,今天下午我曾经向您介绍一部新车,眼看您就要买下,为什么却突然走了?"

"喂,你知道现在是什么时候吗?"

"非常抱歉,我知道现在已经是晚上 11 点钟了,但是我检讨了一下午,实在想不出自己错在哪里了,因此特地打电话向您讨教。"

"真的吗?"

"肺腑之言。"

"很好！你用心在听我说话吗?"

"非常用心。"

"可是今天下午你根本没有用心听我说话。就在签字之前,我提到我的儿子吉米即将进入密歇根大学念医科,我还提到他的学科成绩、运动能力以及他将来的抱负,我以他为荣,但是你毫无反应。"

乔不记得对方曾说过这些事,因为他当时根本没有注意。乔认为已经谈妥那笔生意了,他不但无心听对方说什么,反而在听办公室内另一位推销员讲笑话。这就是乔失败的原因:那人除了买车,更需要得到对于一个优秀儿子的称赞。

专心地听别人讲话,是我们所能给予别人的最大的赞美。杰克·乌弗在《陌生人在爱中》里写道:"很少人经得起别人专心听讲所给予的暗示性赞美。"

美国著名的玛丽·凯化妆品公司创始人玛丽·凯说:"一位优秀的管理人员多听少讲,也许这就是上天为何赋予我们两只耳朵,一张嘴巴的缘故吧。"生活中,最重要的一件事,就是当个好听众,这不但可以密切你与对方之间的关系,还可以给别人留下良好的印象。许多人不能给别人留下良好的印象,就是因为自己不注意听别人讲话。心理观察显示,人们喜欢善听者甚于善说者,倾听更能体现一个人的魅力。

倾听在生活与工作中都扮演着重要的角色。案例中的吉拉德因为忽视了卖车的最后一环——倾听,没有重视顾客说话的真正用意,错过了一笔生意,恰恰体现了倾听的重要性。

戴尔·卡耐基曾举过一个例子:有一次宴会上,他坐在一位植物学家身旁,专注地听植物学家跟他谈论各种有关植物的趣事。他提过一个问题之后,就几乎没有再说什么话。但宴会结束后,那位植物学家却对别人说,卡耐基先生是一个非常有意思的谈话家。

其实,人人都需要倾听和被了解。一个人以语言表达自我的时候,希望听他说话的人能有所回馈,也希望别人能了解他。即使这些说话人连自己也不了解自己的情况下,也希望获得别人的了解,当一个心烦意乱的人想要表达自己的情感和想法时更是如此。

具体说来,倾听对于企业和个人具有不同的作用。

1. 倾听顾客是营销的重要途径

(1)倾听顾客有利于企业捕捉顾客需求和挖掘市场机会。

现在,顾客日趋崇尚多样化和个性化,哪个企业能有效地满足顾客多样化和个性化需求,就具备占领广阔市场的优势。因此,了解并捕捉顾客的特殊需求对企业而言就变得尤为重要,主动地倾听顾客就是一种有效的方式。

企业通过积极的倾听可以洞察顾客的需要和欲望,并归结出顾客的特殊需求和潜在需求,进而采取相应的产品、价格等策略。同时,企业在倾听潜在顾客时,还可以了解竞争对手产品的缺陷、价格等信息,发现市场的空白点和盲点,采取新的竞争战略，赢得市场。

（2）倾听顾客是企业提升顾客满意度、培养忠诚顾客的前提。

在一切以顾客为中心的新的营销观念下，如何使顾客满意是企业的一大课题。企业完全可以通过倾听顾客，掌握顾客的需要、审美情趣、价值观等信息，并以此为导向开发和生产相应的产品和服务，使顾客实际的消费感受符合且超过其预期，从而达到顾客满意。

顾客忠诚则是顾客满意的进一步发展，是企业在市场上的最高追求。在倾听过程中，企业可以努力搜寻顾客的不满与抱怨，听取顾客的意见或建议，及时加以纠正和改进，从而赢得顾客的信任，进而提升顾客满意度。最后，通过客户满意度的提高和保持可以获得顾客忠诚。

2. 倾听是生活的艺术，事业的助手

对于个人而言，倾听包括生活中的倾听和工作中的倾听。而作为一个管理者，更多的是要倾听来自上级、下属、同事等各个方面的声音。具体来讲，对于个人，倾听主要有以下作用：

（1）倾听是获取信息的重要途径。正所谓"听君一席话，胜读十年书"。虽然报刊、文献资料等也是获取信息的重要途径，但是其具有很大的时效性。而倾听则可以得到最新消息。不仅如此，倾听还可以使我们感受到对方的感情，并且据此推断对方的性格、目的和诚恳程度。

【读一读】2.5

倾听是成功的必备技能

有这样一则寓言故事：有一天，猫妈妈把已经长大的小猫叫来，说："你已经长大了，三天之后就不能再喝妈妈的奶了，应该自己出去找东西吃了。"

小猫惊慌地问妈妈："妈妈，那我应该吃些什么东西呢？"

猫妈妈说："你要吃什么食物，妈妈一时也说不清楚，就用我们祖先留下的方法吧，这几天夜里，你躲在人们的屋顶上、梁柱上、陶罐边，仔细倾听人们的谈话，他们自然会教你的。"

第一天晚上，小猫躲在梁柱间，听到一个大人对孩子说："小宝，把鱼和牛奶放在冰箱里，小猫最爱吃鱼和牛奶了。"

第二天晚上，小猫躲在陶罐边，听一个女人对男人说："老公，帮个忙，把香肠、腊肉挂在梁上，把小鸡关好，别让小猫偷吃了。"

第三天晚上，小猫躲在屋顶上，从窗户看到一个妇人教训自己的孩子说："奶酪、肉松、鱼干吃剩了，也不收好。小猫的鼻子很灵，明天你就没得吃了。"

就这样小猫都很开心，它回家告诉妈妈："妈妈，果然像您说的一样，只要我保持倾听，人们每天都会告诉我该吃些什么。"

经常倾听别人说话，学习生活的技能，小猫终于成为一只身手敏捷、肌肉强健的

大猫。它后来有了孩子,也是这样教导它们:"仔细倾听人们的谈话,他们自然会教你的。"

这个故事告诉我们,倾听不仅是一种态度,也是一种技能,并且每个渴望成功的人都应该具备这种技能,否则怎么能找到自己要"吃"的东西呢?

倾听是一项技巧,更是一种修养,甚至是一门艺术,学会倾听应该成为每个渴望事业有成的人的一种责任,一种追求。

（2）倾听可掩饰自身弱点。俗话说"沉默是金"、"言多必失",静默可以帮助我们掩盖很多缺点。如果你对别人所谈问题一无所知,或未曾考虑,保持沉默便可以不表示自己的立场。如果你喋喋不休,不仅让人发现了你的无知,更使人觉得你刚愎自用甚至是狂傲。

（3）倾听能激发对方的谈话欲。让说话者觉得自己的话有价值,他们会愿意说出更多有用的信息。称职的倾听者还会促使对方思维更加敏捷、启迪对方产生更深入的见解,双方受益匪浅。

（4）善听才能善言。我们常常因为急欲表达自己的观点,根本无心思考对方在说什么,甚至在对方还未说完的时候,心里早在盘算自己下一步该如何反驳。其实,通过倾听我们可以更好地说明问题或者说服对方。

一方面,如果沟通的目的是为了说服别人,比如辩论,那么倾听便是一个制胜的前提条件。积累倾听可以发现对方的漏洞,可以从他的话语中发现他的出发点和弱点,即是什么能让他坚持意见,这就为说服对方提供了契机。

另一方面,在倾听过程中,可以激发自己的沟通欲,产生提问的冲动。通过提问,我们可澄清不明之处,或是启发对方提供更完整的资料。耐心地倾听可以减少对方自卫的意识,受到对方的认同,甚至产生同伴、知音的感觉,促进彼此的沟通了解。倾听可以训练我们以己推人的姿态,锻炼思考力、想象力、客观分析能力。

（5）倾听可以减少文案工作,提高效率。传统上,管理者对倾听能力低下所造成的错误频发等问题充满恐惧,于是更多地借用书面沟通的形式,连微小的细节都要有"字"可查。但是,这样在避免发生低级错误的同时也使得文案工作越积越多,造成繁文缛节。很多事情需要记录,需要运用录音机、打字机和其他书写工具。同样也就需要特定的人去完成它。这就造成了一定程度上的资源浪费。但是如果我们注重高质量的有效倾听,那么就可以减少不必要的文案的运用。

（6）倾听有助于管理者做出正确的决策。作为企业的管理者,倾听可以从供应商、顾客以及内部成员等相关群体中获得第一手的未被歪曲的真实情况。肯不肯到基层群众中间去,到实际中去,倾听企业员工的意见和呼声,掌握最生动、丰富的材料,就成为管理者能否做出正确决策的重要一环。领导者不能总是把自己摆在领导者的位置上,而应放下领导的架子,通过深入实际,倾听各种呼声,做出科学决策。

（7）倾听有利于加强企业各级领导者与下属之间的感情,提高下属的工作积极性。

倾听员工的意见,会表现出你对他们的尊重关心,显示出平易近人的工作作风。不喜欢倾听的人实际就是把自己与集体隔绝,与下属、职工之间筑起了一道藩篱,阻塞了沟通的渠道,自己从感情上与别人相背离,那么,最终会使企业职工与领导者疏远,产生与工作相悖的倾向。

另外,倾听还可以使下属或员工产生被重视被鼓励的感觉。当管理者在倾听了各方面的意见后,做出了择优选择的时候,下属和员工就会觉得自己的话受到了重视,就会尽力支持管理者所做出的决策。但是,很多时候,领导者们更热衷于自己想说的话而不是去听别人说什么,造成了一些沟通和工作上的障碍。而认真听取各种意见却是一种极有效的管理途径。

(8) 倾听可使你获得友谊和信任。倾听能给人留下良好印象,可以改善人际关系。心理研究显示,人们喜欢善听者甚于善说者。因为,人们大多数都喜欢发表自己的意见,善听者会给他们这样一个机会,让人感觉和蔼可亲、值得信赖。

作为一名管理者,无论是倾听顾客、上司还是下属的想法,都可以消除他们的不满,获取他们的信任。有这么一个例子,恰恰说明了倾听的神奇作用。一家公司半年以来经常受到客户的抱怨,业绩下滑。经理们观察发现许多顾客来到公司反映意见或投诉,经常会和员工发生争执。于是,公司新聘了一批员工,让他们在服务台接待顾客。而且,要像酒店的接待员一般,无论顾客说些什么,有多凶多不礼貌都不能与其争执,并且要微笑面对。同时,要给顾客端茶送水,提供优质服务。几分钟后,往往顾客自己就会觉得不好意思,虽然还是在责怪公司,但是语气缓和了很多。再过一会儿,顾客竟然心平气和地要求解决问题。可见,有时候人们需要的并不是言语,而是耐心的倾听。

尽管倾听只是人际关系活动中的一部分,是管理活动的一个侧面,本身也不解决实质性问题。但是,却可以为成功地为解决问题提供条件,良好的倾听可以减少很多不必要的争端。

【自我测评】2.6

"倾听"技能测试表

上天给了我们一张嘴,两只耳朵,为的是让我们多听少说。充分倾听是正确判断的基础。在我们的日常生活中,经常可以看到或遇到性急之人,不等别人说完就马上下结论。当然,也会遇到性子慢的人,别人说完却不见他开口,又是怎么回事呢?

所谓善听者善言。通过下面的测试,可以知道自己是什么样的倾听者。

(几乎都是得 5 分,常常得 4 分,偶尔得 3 分,很少得 2 分,几乎从不得 1 分)

1. 你喜欢听别人说话吗?

2. 你会鼓励别人说话吗?

3. 你不喜欢的人在说话时,你也注意听吗?

4. 朋友、熟人、陌生人说话时,你都注意听吗?

5. 无论说话人是男是女,年长年幼,你都注意听吗?

6. 你是否会目中无人或心不在焉?

7. 你是否会注视说话者?

8. 你是否忽略了周围让你分心的事物?

9. 你是否微笑、点头以及使用不同的方法鼓励他人说话?

10. 你是否深入考虑说话者所说的话?

11. 你是否试着指出说话者所说的意思?

12. 你是否试着指出他为何说那些话?

13. 你是否让说话者说完他(她)的话?

14. 当说话者在犹豫时,你是否鼓励他继续下去?

15. 你是否重述他的话,弄清楚后再发问?

16. 在说话者讲完之前,你是否避免批评他?

17. 无论说话者的态度与用词如何,你都注意听吗?

18. 若你预先知道说话者要说什么,你也注意听吗?

19. 你是否询问说话者有关他所用字词的意思?

20. 为了请他更完整解释他的意见,你是否询问?

将以上问题得分加总,可以知道自己的倾听水平。

90—100,你是一个优秀的倾听者;

80—89,你是一个很好的倾听者;

65—79,你是一个勇于改进、尚算良好的倾听者;

50—64,在有效倾听方面,你确实需要再训练;

50 分以下,你注意倾听吗?你迫切需要改善。

2.2　倾听的障碍

尽管从时间上看,倾听占据了沟通活动的一大部分,但是,就效果而言,却往往不尽如人意。不管是平时的生活还是管理工作,其中总是少不了由于倾听而导致的信息传递错误或者误解。这都是由于在倾听中存在着多种多样的障碍。其中,有些障碍是我们经常遇见的"老朋友",总是跟在身边,比如"不专心"。而其他一些障碍常常潜伏在那里,只有遇见特点的环境或人时才冒出来捣乱。

其实,只有遇见它们,我们才能更好地了解进而避免再次"相遇"。在生活中,即便是一句"早上好"的问候也是伴随着很多障碍的。沟通的障碍主要来自环境、信息发送者和信息接收者三个方面,而倾听的障碍则主要存在于环境和倾听者本身。

2.2.1　环境障碍

影响倾听的环境因素包括客观因素和主观因素两个方面。客观因素是指谈话场所的选择、环境布置、光线强弱、噪音大小、气候状况、温度的高低、座位安排等。主观因素是指谈话者的性格、心情、衣着、谈话人数等。

环境主要从两方面影响倾听的效果：

（1）干扰信息的传递过程，削减、歪曲信息。布局杂乱、声音嘈杂的环境将会导致信息接收的缺损，比如在嘈杂的环境里你就很难听清对方的讲话。

（2）影响沟通者的心境，对人的听觉和心理活动产生影响。环境中的声音、气味、光线以及色彩、布局，都会影响人的注意力和感知。比如，在吃饭聊天时老板随口问问你西装的样式，你可能会轻松地说上几句，而如果老板跑到你办公桌前特地问你同一个问题，你可能会惊恐地想这套衣服是不是有什么问题。同样的，如果想让对方随心所欲地表达自己的看法，就应该努力在双方之间营造一种轻松活跃的氛围。

1. 客观因素

（1）环境的封闭性。

环境的封闭性是指谈话场所的空间大小、光照强度、有无噪音等干扰因素。比如，暗光会给人更强的封闭感。而封闭性决定着信息在传送过程中的损失概率。不难想象，在一个安静的环境中，信息更容易传递，而倾听也就能获得更好的效果。

（2）倾听者与说话者的人数对应关系。

倾听者与说话者在人数上的对应关系会直接影响到倾听者的心理角色定位、心理压力、注意力集中度等心理和精神因素。比如，在教室里听课和听同事谈心、听下属汇报、听上司安排是完全不同的心情。其中，听下属汇报和上司安排是最不容易走神的，因为一对一的关系使听者感到自己角色的重要性，精神就会比较集中。而听课是典型的多对一关系，听课者认为自己在此场合重要性不大，所以会经常走神。常见的影响沟通的客观因素如表 2.2 所示。

表 2.2　环境类型特征及倾听者障碍源

环境类型	封闭性	氛　围	对应关系	主要障碍源
办公室	封闭	严肃、认真	一对一，一对多	不平等造成的心理负担，紧张，他人或电话打扰
会议室	一般	严肃、认真	一对多	对在场他人的顾忌、时间限制
现　场	开放	可松可紧，较认真	一对多	外界干扰，事前准备不足
谈　判	封闭	紧张、投入	多对多	对抗心理；说服对方的愿望太强烈

资料来源：苏勇、罗殿军，《管理沟通》，复旦大学出版社 2004 年版。

2. 主观因素

环境氛围也就是倾听的氛围,是环境的主观性特征,它影响着人的心理接受定势,即对人的心态的开放性或排斥性、接受信息的容易与否、如何看待和处理接收到的信息等问题产生影响。氛围温馨和谐或者剑拔弩张,场所生机勃勃或者死气沉沉,都会直接影响到人的情绪,从而作用于倾听者的心理接受定势。

在管理沟通的倾听过程中,倾听氛围的营造是非常关键的。有研究显示,倾听者的两种习惯会破坏倾听的氛围:"说话时,他帮我说完剩下的话";"我进来时,他没有放下手头的工作,把注意力完全集中到我身上"。很多倾听者都是因为这样的行为而导致消极的倾听气氛,这样会使讲话人产生这样的感觉,即正在传递的信息不是很重要。所以倾听者应该给予讲话者充分的重视。

从管理者的角度而言,倾听氛围的营造主要通过管理者的行为和风格来体现。当管理者在现场而不是在办公室里倾听员工时,他们创造了这样的气氛:"我在这儿倾听你讲话。"有了良好的倾听氛围,就会使员工说出自己的心声,进而为管理沟通的效果提供良好前提和条件。

具体而言,管理者可以通过以下途径创造积极的倾听氛围:第一,对创造良好倾听氛围予以重视,在日常工作中创造倾听机会,比如可以经常到咖啡厅或休息室这样的非正式场所去走走。第二,经常组织非正式会议,比如组织一些"小型会议"或自发聚会讨论一个问题。但是,管理者在倾听过程中一定要有平等的姿态,把官衔和权威的象征降到最低,使员工不觉得自己地位低微,这时他们会更愿意交谈。

2.2.2 倾听者的障碍

1. 不专心

人们常在倾听时关心演讲者的着装、姿势和修辞水平,也常常被一些噪音所打扰,对演讲者所传达的思想反倒不太在意。这是最常见的倾听者方面的障碍。

2. 先入为主

先入为主的观点在行为科学中被称为"首因效应",它是指在进行社会知觉的过程中,对象最先给人留下的印象,对以后的社会知觉产生的重大影响。也就是我们常说的,第一印象的关键作用。人们在倾听过程中,会对说话者首先提出的观点印象深刻,同时也会有自己的预期,会对对方所说的话有一定猜测和判断,如果对方与其最先提出的观点或与倾听者的观点大相径庭,倾听者可能会产生抵触的情绪,而不愿意继续认真倾听下去。

另外,人们习惯关注自我,总认为自己才是对的。在倾听过程中,过于注意自己的观点,喜欢听与自己观点一致的意见,对不同的意见往往是置若罔闻,或者会对听到的信息做出错误的理解。例如,一个平常很爱开玩笑的人某次很郑重地说一件事情,很可能被认为是开玩笑。而我们熟知的"狼来了"的故事则是另一个典型事例。

3. 急于发言

美国一位参议员曾说:"我们都倾向于把他人的讲话视为打乱我们思维的烦人的东西。"人们都有喜欢自己发言的倾向,容易在他人还没有说完的时候,就迫不及待地打断对方,或者在心里早已不耐烦了,也就很难领悟到对方话语的真正意思。更有甚者,会影响到整个沟通过程的质量。

【小事深思】2.7

侧 耳 倾 听

在约翰被破格提升为公司高级管理人员的当天,董事长在办公室给他讲了一个故事:"在一个仓库里,几个人把一块手表掉了,大家竭力寻找,却怎么也找不到,后来……"

约翰没想到是这样一个老掉牙的故事,就插言道:"后来一个小孩趁这几个人休息的时候来到仓库,趴在地下,找到了那块手表,因为他用耳朵听到手表滴滴答答的声音……"

"很好,看来你听过这个故事,但是你明白这个故事吗?"

"当然知道,就是要我们学会倾听,倾听可以发现许多意想不到的事情!"

"没错,但是你在认真倾听我的话吗? 孩子,自信是商人成功的标志,但自信和自负是不同的。你现在是公司的高级管理人员,如果你不去倾听来自员工的话,你将和市场脱节。懂吗?"

从此,这个故事一直跟随着约翰,他要求自己具备自信的同时,更要具备亲和力,倾听来自不同群体的意见。

问题:1. 汤姆为什么会牢记这个故事?

2. 为什么说"倾听可以发现许多意想不到的事情"?

倾听可以帮助我们获得很多信息。倾听的方式和态度也有所讲究。正如故事中的年轻人,光专注于工作是不够的,更需要透过表面挖掘深层的机会,倾听下属的意见,工作才会变得更加轻松。

---

4. 选择性地听

选择性地听通常是由于排斥异议造成的。大多数人都喜欢听和自己意见一致的人讲话,偏向于和自己观点相同或相似的人。同时,在倾听时倾向于只注意自己最想知道的信息,这种行为看似倾听对方,实则只是在"倾听"自己的心声。例如下面的对话:

业务员:"经理,我认为这次的客户索赔案不是我们的责任……"

经理:"没错没错,确实如此!"

5. 厌倦情绪

由于我们思考的速度比说话的速度快很多,我们很容易在听话时感到厌倦。尤其是当谈话者说的是枯燥无聊、空洞无物的言论时,更会使听者产生厌恶情绪,进入拒绝接受的心理状态。这时,听者往往会"寻找"一些事做,占据大脑空闲的时间,这是一种不良的倾听习惯。

还有一些人因为情绪焦虑而不能很好地倾听。比如,我们通常都有过这样的经历:到一个陌生的地方,自己却迷路了,在走了很长时间也没有发现什么标志物时,开始感到紧张,于是停下来问路,可是别人告诉你的线路你根本没听进去。这就是焦虑、紧张造成了倾听障碍。

6. 个人偏见及心理定势

个人偏见,是指倾听者对说话者在倾听之前就存在的某种心理认知,一般都是偏颇的或极端的。在一次国际会议上,以色列代表团的成员们在阐述其观点时,用了非常激烈的方式,他们抱怨泰国代表对会议不表示任何兴趣或热情,因为他们"只是坐在那里",而泰国代表则对以色列教授非常愤怒,因为他们"用了那么大的嗓门"。所以,在团队中成员的背景多样化尤其是倾听者和说话者来自于不同文化背景时,最大障碍往往就是倾听者对信息传播者存在偏见,无法获得准确的信息。

心理定势,人类的全部活动,都是由积累的经验和过去作用于我们大脑的信息所决定的。我们从经历中已经建立起各种牢固的条件联系和基本联想。也就是由于这种根深蒂固的心理定势和成见,我们便很难以冷静、客观的态度来接收说话者的信息,这也会大大影响倾听的效果。

7. 自我中心

自我中心,刚愎自用。人们习惯于关注自我,总认为自己才是对的。同时,会想尽一切办法拒绝反对意见,例如,会歪曲事实、大喊大叫、责难别人或者百般辩解。听不进批评意见或不同意见,坚持错误,拒不改正,这样的人不仅不是一个好的倾听者,而且也将只能是一个持续犯错者。

【故事】2.8

用倾听来化解客户的抱怨

这是一个真实的故事,是德第蒙德尼龙公司创始人德第蒙德先生所亲身经历的,他的公司后来成了世界服装行业最大的毛料供应公司。

有一个早上,一位怒气冲冲的客户闯进了德第蒙德的办公室,因为德第蒙德公司信用部接连给他发了好几封催款函,要求他归还拖欠的 15 美元。尽管他不承认有这笔欠款,但德第蒙德公司知道确实是他出错了,所以坚持要他还款。在收到最后一封催款函之后,这位客户来到了芝加哥,怒气冲冲地闯进德第蒙德的办公室。下面就是他们的对话。

德第蒙德:"你好,汉尼,你怎么来了?"客户:"太过分了!我不但不会支付那笔钱,而且今后再也不会订购你们公司的任何货物。"德第蒙德见对方的火气很大,就没有说话,而是面露微笑地静听着对方要说什么。

"我和你们做了这么多年的生意,竟然还会欠你们15美元,我可不是一个喜欢赖账不还的人!"

在客户发牢骚的过程中,德第蒙德虽然有好几次都想打断对方来为自己解释,但是他知道那样做并不能解决问题,所以他就干脆让对方尽情地发泄。当客户最后怒气消尽,能够静下心来听取别人的意见时,德第蒙德才开始平静地对他说:"你到芝加哥来告诉我这件事,我应该向你表示感谢。你帮了我一个大忙,因为我们信用部如果让您感到了不愉快的话,那么他们同样也可能会使别的顾客不高兴,那对我们来说可真是太不幸了,一定是我们的工作方式出了问题。所以,你一定要相信我,我比你更想听到这件事。"

对方怎么也没有料到德第蒙德会这样说,他本来是想和德第蒙德大吵一番的,可是德第蒙德不仅没有和他争吵,反而还向他表示了感谢,这大大出乎了他的意料。

德第蒙德明白地告诉客户说:"我们要勾销那笔15美元的账,并忘掉这件事。因为你是一个很细心的人,而且只是涉及这一份账目;而我们的员工却要负责几千份账目,所以和我们的员工相比,你更不会出错。"这么一说,客户就更不知如何回答德第蒙德了。

德第蒙德又告诉客户:"我十分清楚你的感受,如果我处在你的位置,我也会和你一样。既然你以后不想再买我们的产品了,我就再给你推荐其他几家公司如何?"客户感到更不好意思了,就没说什么话。

以前每当这位客户来芝加哥时,德第蒙德总是要请他吃饭,所以那天他照例请这位客户吃午餐。客户也勉强答应了。但是当德第蒙德回到办公室的时候,为了回报德第蒙德的宽厚对待,这位客户订购了比以前多出许多倍的货物,然后平心静气地回去了。

返回后,这位客户又特意检查了一遍他的账单,结果他却找到了那张15美元的账单,原来是自己弄错了,他更加感受到了德第蒙德的善解人意与宽厚的胸怀。于是,他立即给德第蒙德公司寄来了一张15美元的支票,并向德第蒙德表达了他的歉意。

从此以后,这位客户成了德第蒙德的朋友和忠诚客户,后来,这位客户生了一个男孩,他就为儿子取名叫德第蒙德。

这个故事给了我们什么启示?

德第蒙德给所有的推销员上了非常生动的一课:即使你能肯定客户百分之百是错的,但是一旦客户坚持他们没有错时,那么你不妨耐心地去倾听,给他们发泄和抱怨的机会,等他们平静下来后,再推心置腹地给予同情和合理的答复,就像德第蒙德那样去做。这不但可以消除客户的抱怨,还能赢得客户,使他们最终成为你的忠诚客户。

2.2.3　说话者的障碍:信息质量低下

说话者造成的障碍虽然不及环境或倾听者的障碍多,但是,说话者传播低质量信息的问题却会对倾听效果造成直接影响。

一方面,信息发出者可能不善于表达或缺乏表达的愿望。例如,当人们面对比自己优越或地位高的人时,害怕"言多必失",因此不愿意发表自己的意见,或尽量少说。

另一方面,说话者并不一定总能发出有效信息,尤其是在试图说服对方时,常常会有一些过激的言辞、过度的抱怨,甚至出现对抗性的态度。在一些剑拔弩张的场合,信息发出者受自身情绪的影响,很难发出有效的信息,甚至是通过大喊大叫等方式传递负面信息,从而影响了倾听的效果。

以上是倾听过程中的主要障碍,但是倾听的障碍又不限于此。比如,在谈话过程中经常会出现"奚落"的现象,即用尖酸刻薄的话语驳回对方的观点。例如,在生物课上,汤姆向爱德华谈他遇到的问题,爱德华却说:"你是不是脑子坏掉了,总是说这么白痴的事情?"而在婚姻生活中,奚落更是典型的倾听障碍。它会把交流引向一成不变的模式:每个人重复着那些熟悉的或者本无恶意的唠叨,而听者早就不耐烦了。

【实用链接】2.9

仔细聆听,记住人名

人类最关心的是自己,假如你能尊重并记住别人的姓名,就表示你在乎他。尤其是在初次见面时,彼此会互道姓名,这时,作为一个善于倾听者,要借助各种方式和手段,努力记住对方的名字。

● 用心仔细听。要把记别人姓名当作重要的事。每当认识新朋友时,一方面要用心注意听,另一方面要牢牢记住。若听不清对方的大名,请立刻再问一次。要知道每一个人对自己的名字,比全世界的人名总合起来还关心。

● 利用笔记。别信任自己的记忆力,在取得对方名片后,必须把他的特征、嗜好、专长、生日等写在名片背后,以帮助记忆。若能配合照片另制资料卡,则效果更佳。

● 多次使用。重复一个人的姓名,能够帮助记忆。因此,在初次谈话中,可以尝试多叫几次对方的名字。如果对方的姓名很少见或奇特,不妨请教其写法与取名经过。这样以姓名为话题的交谈方式,更能加深对其名字的印象和记忆。

2.3　有效倾听的技巧

2.3.1　如何提高个人的倾听技能

　　我们所谈及的"倾听"是在相互交谈中的倾听，双方是在交流思想和观点，联系感情，而不是辩论。有效的倾听要求倾听者不但要积极努力地理解谈话内容，还得支持和鼓励对方畅所欲言，保障谈话的顺利进行。提高倾听的效果需要贯彻在倾听的各个阶段，每个阶段有不同的技巧。

【小测试】2.10

你的倾听技巧怎么样

　　1. 你在倾听别人讲话时会选择某个位置以便自己能够听得清楚吗？

　　2. 在你倾听过程中你是关注讲话人的主要看法和事实吗？

　　3. 在倾听过程中你能做到不受对方的外表影响而只关注讲话人的谈话吗？

　　4. 在倾听过程中你是既在看讲话者又在听他说话吗？

　　5. 你会不以自己的好恶和情感来评价讲话者的话吗？

　　6. 你在倾听过程中一直将注意力集中在主题并以此为线索领悟讲话者的思想吗？

　　7. 你在倾听过程中会注意分析讲话者所讲的内容是否符合逻辑吗？

　　8. 当听到对方所讲的内容有误时，你能克制自己不插话吗？

　　9. 你在讨论问题时愿意让其他人做出最后的结论吗？

　　10. 你在评论、反应或回驳别人的观点以前能够尽可能分析对方所提出的观点的理由吗？

　　如果你的答案中"是"的选项不到 5 个，说明你在倾听技巧方面还存在很大的问题，需要认真学习并加以提高。

---

　　1. 在倾听过程中提高倾听技能

　　沟通有效与否关键取决于信息能否在双方之间被充分地表达和接收。对于倾听这个环节来说，就是信息的充分接收。那么，如何在倾听过程中充分接收信息呢？

　　（1）完整、准确地接收信息。沟通有效与否关键取决于信息能否在双方之间被充分地表达和接收。对于倾听这个环节来说，就是信息的充分接收。那么，如何在倾听过程中充分接收信息呢？

　　① 一定要带着目的去倾听。人们在接收到沟通对象所表达的信息后，都要在头脑中进行思维重组，转换成自己所理解的意思。然而在思维重组过程中，把对方表达的所有信息一字不漏地反映给你的大脑，是否就能够更好地理解对方的意图呢？实际上，如

果你过多地去关注对方表达中的细节,则最不容易把握对方的真正意图。所以,在沟通前要先问自己几个问题:我为什么要与对方进行沟通呢,我想从对方那里获得什么信息呢,如果你能够对这些问题做出明确回答的话,那么你就知道了自己的倾听目的了。

当你去参加一个你很崇拜的专家的学术报告,演讲的内容你非常感兴趣,但是自己平时在这方面的研究并不是很深入。这个时候,如果你在去听报告之前没有查阅相关资料,了解最新发展动态之类的,只是带了两只耳朵去参加报告会的话,当报告人讲到比较深入的问题的时候,你可能会感到力不从心了,当然你也没办法与之交流自己的思想了。如果因为自己事先没有做好准备而失去了和专家交流思想的机会,是不是很遗憾呢? 在倾听中,有意识地重点针对问题来接收信息,然后进行相应的信息重组,有利于我们加深对所倾听内容的理解。

② 要适应对方的谈话风格。有人用高音,显得很兴奋;有人用低音,显得很沉稳;有人说话语速太快,显得很干练;有人说话语速缓慢,显得很严谨。当倾听与你的谈话风格不尽相同的人的谈话时,一定要尽量适应对方的风格,把自己的倾听节奏调到与谈话者相同的节奏上,这样信息在同一频率上传输就更顺畅。例如,如果对方说话节奏很慢,而你又是个急性子,如果按照你的谈话习惯,肯定会对对方的谈话在心理上产生反感,打消了倾听的积极性。在这个时候,你要压制自己的急躁情绪,给自己一些积极的心理暗示来帮助自己的接收频率,尽量使之与谈话者频率相同。这样才能接收到更多、全面、更准确的信息。

③ 要全身倾听。语言的信息都是通过耳朵来获取的,语速、语气、语调的变化都能提供一定的信息,捕捉这些微小的变化都要依靠耳朵。但是仅仅用耳朵倾听是远远不够的,还需要全身上下的积极配合,共同来捕捉和解读对方所传达的信息。

通过眼睛可以和对方保持目光上的交流,传达一些微妙的思想和情感。观察对方的姿势,也能分析出一些有用的信息。在对方谈话时,采取措施积极配合,才有可能使对方传递出更多的信息。

与此同时,倾听者在倾听过程中应尽力排除干扰,并努力倾听说话者信息中的要点,采用良好的坐姿,使自己保持在觉醒和兴奋状态,帮助自己在倾听时克服分心,另外,适当记笔记也是保持注意力集中的好方法。

(2)正确地理解信息。受思维定势的影响,一个人对问题的理解总是依据以往的经验来推测未来的发展趋势,这往往会导致误解的产生。为了防止误解的产生倾听者应注意做到以下几点:

① 从对方的角度出发,考虑他的背景和经历,想想他为什么要这么说,他希望我听完之后有什么感受,既要努力进入他的内心,也要努力掌握他的真正意图。

【小贴士】

人的身体的姿势也会暗示出对谈话的态度和兴趣。

自然开放性的姿态代表着接受、容纳、尊重与信任。所以倾听者在交谈过程中要使自己身体放松,避免使用攻击的、恳求的或不悦的声调以及弯腰驼背、手臂交叠、跷脚、眼神不定等肢体语言,因为它们代表并传递着负面的信息,并影响着沟通效果。

【案例】2.11

球 王 贝 利

在足球王国巴西,不会踢足球的男孩子,绝对不会招人喜欢。在那里,富人的孩子有自己的足球场地,穷人的孩子也有穷人的踢足球方式。球王贝利就出生在一个贫寒的家庭里,他的父亲是一个因伤退役、穷困潦倒的足球队员。

贝利从小就显现出非凡的足球天赋,他常常踢着父亲为他特制的"足球"——用一个大巧若拙号袜子塞满破布和旧报纸,然后尽量捏成球形,外面再用绳子捆紧。贝利经常光着黑瘦的脊背,在家门前那条坑坑洼洼的小街,赤着脚练球。尽管他经常摔得皮开肉绽,但他仍然不停地向着想象中的球门冲刺。

渐渐地,贝利有了点名气,许多认识或不认识的人常常跟他打招呼,还给他敬烟。像所有未成年人一样,贝利喜欢吸烟时的那种"长大了"的感觉。

终于有一天,当贝利在街上向人要烟时被父亲看见了。父亲的脸色很难看,贝利低下头,不敢看父亲的眼睛。因为,他看到父亲的眼睛里有一种忧伤,有一种绝望,还有一种恨铁不成钢的怒火。

父亲说:"我看见你抽烟了。"

贝利不敢回答父亲,一言不发。

父亲又说:"是我看错了吗?"

贝利盯着父亲的脚尖,小声说:"不,你没有。"

父亲问:"你抽烟多久了?"

贝利小声为自己辩解:"我只吸过几次,几天前才……"

父亲打断了他的话,说:"告诉我,味道好吗? 我没抽过烟,不知道到底是什么味道。"

贝利说:"我也不知道,其实并不太好。"贝利说话的时候,突然绷紧了浑身的肌肉,手不由自主地往脸上捂去,因为,他看到站在他眼前的父亲猛地抬起了手。但是,那并不是贝利预料中的耳光,而是父亲把他搂在了怀中。

父亲说:"你踢球有点天分,也许会成为一名高手,但如果你抽烟、喝酒,那就到此为止了。因为,你将不能在 90 分钟内一直保持一个较高的水准,这事由你自己决定吧。"

父亲说着,打开他瘪瘪的钱包,里面只有几张皱巴巴的纸币。父亲说:"你如果真想抽烟,还是自己买的好,总跟人家要,太丢人了,你买烟要多少钱?"

贝利感到又羞又愧,眼睛里涩涩的,可他抬起头来,看到父亲的脸上已是泪水纵横……后来,贝利再也没有抽过烟。他凭着自己的勤学苦练,终于成了一代球王。

正是因为父亲当年并没有使用一种偏激的方法教育贝利,反而站在贝利的角度思考这种未成年人想要通过抽烟"长大了"的感受。父亲选择沟通与引导的方式来教育他,这件事情多年以后,贝利仍不能忘怀当年父亲那温暖的怀抱,他回忆说:"父亲那温暖的一个拥抱,比给我多少个耳光都更有力量。"

换位思考打破了房东的角色局限,从而使他自愿放弃了原来的成见。这个小孩子之所以在父母求租失败后能够成功地租到房子,其最大的原因就在于,他听到房东的拒绝信息后,能够积极进行一番换位思考,把自己放在了对方的位置,设身处地、将心比心地进行了思考,从而从对立的角色中纠正偏见,使对方幡然醒悟。

② 消除成见,克服思维定势的影响,客观地理解信息。我们需要关注的是内容,当我们听别人讲话时,不要受自己对说话者的评价影响而忽视了他所要表达的内容。例如,说话者的着装、口音、手势、所持立场可能不被倾听的人所接受。倾听者越是想到这一点,他就越觉得不满意甚至厌恶。试想,一个人带着心理定势,带着偏见去听,那么他永远也不可能真正欣赏或是理解说话者所讲内容的要点所在。

③ 不要自作主张地将自己认为不重要的信息忽略,最好与信息发送者核实一下自己对信息的理解是否存在偏差。

(3)恰当地给予反馈信号。倾听是一个相互的交流过程,试想,在倾听过程中只有"听"而没有反馈,对于信息提供者来说,就好像是"对牛弹琴"。有效反馈是有效倾听的一种外在表现形式,通过倾听来获取大量信息,并及时做出有效反馈,对激发他人讲话的热情是有很大帮助的。

倾听时,可以做出一定附和,这样可以显示出你在认真倾听,对方会感到自己得到充分的关注。除了语言上的附和以外,还可以通过眼睛的交流来完成。眼睛是心灵的窗口,科学研究表明,70%以上的信息是通过眼睛来获取的。

目光接触,真诚地注视对方,表明你正在集中注意力,并尊重对方;同时,你的眼睛也在"倾听"他的身体言语。但应避免长时间盯视,应适当地转移视线,再继续目光接触,如此间隔循环是恰当的目光交流。

呈现恰当而肯定的面部表情。作为一个有效的倾听者,应通过自己的身体语言表明:你对他的所言表现出兴趣。肯定性点头、适宜的表情并辅之以恰当的目光接触,无疑表明你正在用心倾听;利用皱眉、迷惑不解等表情,给讲话人提供准确的反馈信息以利于其及时调整。值得注意的是在倾听过程中,要避免出现隐含消极情绪的动作。如果说,肯定性点头、适宜的表情显示出你正在倾听,那么看手表、翻报纸、玩弄钢笔等动作则表明你很厌倦,对交谈不感兴趣,不予关注。

在倾听过程中利用各种对方能理解的动作与表情及时给予呼应和反馈。如用赞许性的点头、积极的目光接触相配合,与恰当的面部表情,都向说话人表明你在认真倾听。不管你用什么样的形式进行反馈,只要让别人知道你在倾听,而不是让他人觉得自己在对牛弹琴,这有助于他们明白自己的意思表达得很清楚。

(4)正确倾听"弦外之音"。倾听者不仅要听说话者说出来的信息,还要听懂说话者的言外之意。人们在进行语言表达时,常常伴有一定的肢体语言。语言是人们表达感情的重要媒介,然而动作往往比语言更加有效。有时对方的语言表达并非他的本意,如何在倾听过程中把握对方的"弦外之音"呢? 由于非语言行为往往透露出说话者的真实意图,所以倾听者尤其要注意那些与语言表述相抵触的非语言行为,这样才能避免接受信息的偏颇和遗漏。

　　① 应该判断语言信息与非语言信息是否一致。在倾听对方的谈话时,除了用耳朵倾听语言信息外,还要充分调动身体的各个部位进行全身心的倾听,以捕捉除了语言之外的其他各种有用信息。如果听到的语言信息和感受到的非语言信息相背离,那正好说明语言传递的信息并非说话者的本意。

　　② 要结合特定背景。语言具有很大的模糊性,要弄清楚一句话的确切含义,必须结合使用语言的特定背景,了解其意图和具体内容。看看下面简单的例子。

【案例】2.12

回答一句问话的学问

　　一位新进入公司的员工在公司的非办公区遇到领导,领导很随便地问了一句:"最近工作忙不忙?"对于这样一个简单的问话,该怎样回答? 这需要分析具体的背景。下面是一些可能的背景:

　　领导想了解你适应工作是不是很快。如果回答"很忙",领导可能据此判断你的适应能力、解决问题的能力很差;如果回答"不忙",领导可能据此判断你的适应能力、工作能力很强,能够在很短的时间内熟悉业务,并且能够以很高的效率完成工作。

　　领导想了解一下你的工作兴趣和热情程度。如果回答"很忙",领导可能认为你对工作很有兴趣,总能给自己找到可以做的事情,是个好苗子;如果你的回答是"不忙",领导可能认为你的工作热情不是很高,眼里没活,因而才不忙。

　　领导手头刚好有一件谁都不愿意做的工作,看看能否把这件事情交给你这样一个新来的人做。如果回答"很忙",领导可能认为还是不打扰你现在的工作进度为好,也就不派你去做这个工作;如果回答"不忙",领导可能认为可以派你去做这个工作。

　　领导可能注意到了你的能力和培养潜力,想额外给你一些锻炼和学习的机会,但不知道你目前是否有精力。如果回答"很忙",领导可能会认为还是让你做好本职工作为先,不要拔苗助长,结果你失去了这个工作机会;如果回答"不忙",领导可能认为刚好可以把这个锻炼和学习的机会给你。

　　此时,如果你不了解领导问话的背景,你的回答可能就是对自己不利的。这时,你可以采取提出问题的方法来确认对方意图。因此,你可以事先反问一句:"有什么事情需要我来做的吗?"这样你可以使领导讲出事情的背景,然后确定如何应答。

　　在上面的例子我们可以看出,这位新进的员工在回答领导的一句简单的问话时,有很多种备选选项,究竟哪种回答的方式更得体呢? 这就要通过具体的语言背景来判断领导说话的意图了。

　　(5) 适时适度的提问。倾听者在倾听之后,提出紧跟其话的话题,能让说话者知道你很关注他的讲话。提问有多种目的,可以用来提示、暗示观点;可以用提问来引导对方思考;也可以用来获取信息,把没有听到的或没有听清楚的事情彻底掌握,同时也利于讲话人更加有重点陈述、表达;同时还可以借助提问来建立感情,表达自己想要参与的诚意。在提问时,应注意以下几个问题。

① 提问要适时。不是任何时候提问都可以取得较好的沟通效果的,如果提问的时机把握得不准确,很有可能使沟通中断,或者达不到最终的沟通目的。同时也会影响对方对你的印象,所以,提问时一定要把握好时机。

提问的前提肯定是要正确理解对方的讲话内容,体会对方所表达出的情感,有时甚至还要听出言外之意。但即便是这样,你可能还是会有一些疑惑不解或者需要向对方确认是否理解正确的问题。这时,提问一定不要急,要在对方充分表达完后再提出来。这样可以表示你对对方的尊重,同时也避免了打断对方的思路。提问的时机也不宜过迟,如果某个话题说了很长时间了,你再提问,势必会影响对方的思路,认为你没有认真倾听,这样就不利于沟通的有效进行。

② 提问要适度。这里所讲的适度包含四个方面的意思,即提问的内容要适度、提问的数量要适度、提问的语气要适度以及提问的方式要适度。

提问的内容要适度,提问要结合对方的谈话,要和对方的谈话主题紧紧相关,如果你提出的问题和对方的谈话内容无关,或者关系不大,对方可能会认为你没有认真倾听,会对你产生不好的印象。即使对方不会介意这些,但是一些漫无边际的问题,也会延长沟通时间,还可能使接下来的沟通偏离主题,这些显然没有达到沟通的预期效果。

提问的数量要适度,提问的数量不宜过多,问题过多会让对方感到厌烦,问题也不能太少,问题太少会让对方觉得你对这个问题没有进行深入的思考。如果没有疑问,可以把自己的理解用问题形式表现出来,以得到对方的确认。

提问的语气要适度。说话的语气也能传递出一些重要的信息,提问时语气的轻重缓急能够表达出你当时的心情和感受,无形中传递给对方更多的信息。所以,一定要将自己的语气和将表达的思想感情相吻合,这样才能使得提问更有效。

提问的方式要适度。提问有开放式和封闭式。开放式提问给对方更多的回答问题的空间,能得到比较多的信息,但是回答所需要的时间也比较长;封闭式提问只用简单的是与否来回答问题,得到的答案比较明确,回答的时间也比较短。所以在提问时,可以根据具体需要和时间来决定自己的提问方式。

【实用链接】2.13

更多的提问小技巧

1. 开放性询问。通常用"什么"、"为什么"、"如何"等词来发问,让对方就有关问题进行详细的阐明。

2. 鼓励对方继续说下去。直接重复对方的话,或仅用如"嗯"、"讲下去"、"还有吗"等词语,来强化、鼓励对方继续解释和澄清。

3. 旁敲侧击。记者和律师都知道这个窍门。虽然你并不指望得到答案,但是你

还是要提问,借以观察对方的反应和态度。有时候,他不回答本身就是最好的回答。

4. 短暂静默。在开始谈话之前,请给说话者几秒钟呼吸或组织思想的时间,他(她)可能还要继续讲话;在发出者信息结束后,短暂间隔会给你留下作出反应的时间。沉默就像是乐谱上的休止符,运用得当,含义无穷,真正达到此时无声胜有声的效果。

5. 抑制争论的念头。当自己的意见和看法与别人不一致的时候,倾听者一定要抑制内心争论的冲动,要时刻牢记,倾听的关键是"多给人耳朵,少给人声音",倾听的目的是了解而不是反对或争论。

2. 构建积极的倾听文化

倾听文化作为一种倡导人文精神的具体形式,是对市场经济条件下利益驱动为本、人际关系冷漠现状的批判,是对尊重个性、真诚理解的社会沟通氛围的概括。其本质是反对权威和训导意识,反对习俗道德判断尤其是流言蜚语,追求人性宽容和温暖。

(1) 创造与支持倾听的氛围。

社会媒体或团体应弘扬宽容豁达的人际风尚,鞭笞吹毛求疵、流言中伤的社会习俗,消除人人自危的不良心理。一个充满宽容的社会,会增强人的自我价值感,也会提高组织的绩效。积极的倾听氛围对一个组织来说也是不无裨益的,B&Q(百安居)是欧洲最大、世界第三的仓储式家居装饰建材连锁超市。Grassroot Meeting,直译过来叫"草根会议",是百安居独具特色的会议。在会议上任何一个员工都可以提出他们的问题和建议,公司高层领导会分别参加各个会议,面对面地了解员工的想法,公开对话。会上提出的问题,管理层要和相关部门制定行动计划,然后去推进解决。这种倾听员工心声的机会,使得 B&Q 获"英国最佳雇主"称号。

(2) 培养有效的倾听特质。

倾听特质既是一种观念,又是一种技术,有效的倾听特质包括如下方面:

① 无条件尊重,尊重对方的境况、价值观、人格和权益,并予以接纳、关注和爱护,这是建立良好沟通的前提。无条件尊重对方,可以营造一个安全、温暖的氛围,有助于对方最大程度地表达自己的情感,而且可以使对方获得一种自我价值感。对那些急需接纳和理解的人而言,尊重具有明显的助人效果。

尊重意味着完整地接纳一个人,不仅接受对方的优点和积极情感,更要接纳对方的缺点和消极情感。不管对方的年龄相貌、地位和文化程度如何,都予以尊重,并始终以礼相待,同时尊重意味着保护对方的隐私,不可随意泄漏。

② 共情,共情是指倾听者设身处地地站在讲话人的立场上,对讲话者的境况和内心世界进行主动观察和迅速应答的能力。倾听者要走出自己的角色,进入对方的内心,把自己放在对方的处境上来体会他(她)的喜怒哀乐。

表达共情也要注意适时适度,因人而异。共情过度,让人感到过分渲染情绪;共情不足,则让人觉得缺乏理解;不但要用言语行为去匹配对方的反应,而且要用非言语行为来匹配对方的反应,如别人悲痛时,倾听者皱眉头等。

在表达共情时,也要注意方式和方法,要克服以下障碍:直接的指导,如"你应该这样做,那样做是错的";简单的判断和评价,如"我认为那是错的";空洞的说教和劝诫,如"你应以学习为重,现在不要谈情说爱";贴标签和诊断,如"你有自卑情绪";排斥消极的情感,不能接纳对方的全部情感,如"人不应该悲观沉沦"。

③ 真诚,真诚是指沟通过程中,倾听者应以"真正的自我"出现,没有防御式伪装,不戴假面具,不是在扮演角色或完成例行公事一般,而是表里如一、真实可信地投入到交流中。倾听者的真诚,一方面可为对方提供一个温暖的气氛,可以自然地袒露自己的软弱、过错或隐私;另一方面又为对方提供一个良好的榜样,使对方备受鼓励,从而以真实的自我与倾听者交流,在情感宣泄中发现和认识真正的自己。

【实用链接】2.14

沟通秘技——有效倾听的7个关键

对于沟通,我们花了许多时间学习表达自己的技巧,但有谁学过倾听呢?对任何经理人来说,倾听都是一项非常重要的技能,在指导部属时,更是如此。让我们检视这7个能帮助你成为更好倾听者的基本技巧:

1. 预做准备

优秀的记者在采访之前,会先做好背景研究,了解对方的基本资料,才能问出正确的问题,并对对方的回答有所了解。经理人应该翻阅人事数据,浏览每季报告更新信息。事实上,只要花2、3分钟准备,就能减少彼此时间的浪费。

2. 排除其他事情

你所能给予对方最好的善意,就是你的全神贯注。若要有效倾听,就需要100%的专注。

3. 保持眼神接触

透过双眼,人能表露出更多的感受与理解。如果你觉得很难与对方进行眼神接触,可以试着把视线焦点放在对方两眼间的鼻梁上。

4. 先把对方的话听完

不要预设对方的话应在何时停止、谈话内容应朝哪个方向发展,也不要认为你知道对方的句子会如何画下句点。即使你非常擅于猜测,也不要把猜想说出口,就算你猜对了,这样的举动还是错的。你应该保持耐心、专心倾听,不要打断对方的话。最重要的是,对于对方所提出的问题,请不要在一开始时,就先设定回答的框架。如果你已经听完员工所讲的每一件事,却仍然不了解,此时应该怎么办?有智慧的经理人会把任何的沟通问题都归因于自己。基本上,谁对谁错并不重要,目标应该放在如何促进有效的沟通上。

5. 记笔记

笔记能让你保持专注,也能让你保持清醒。对部属而言,笔记也有正面意义,它代表你重视这个话题、重视说话的人，而且你会记下正确的信息。如果你能以轻松的态度记笔记，就能让对方感到自在，更有效进行倾听。

6. 察觉对方的情绪

和部属对话时，可能超出事实信息或个人观点，而涉及情绪的层面。涉及感受问题时，不要先做任何预设与猜测就显得格外重要。每个人都背着自己的情绪包袱，包袱里的东西可能毫无预警地掉出来，因此请不要预设你知道对方在职场之外曾发生过什么事。藉由询问对方的感受，就能让员工知道他们的感受对你是重要的，也能避免某些言词交锋的危机。

7. 适度容许沉默的存在

两人间的沉默是非常具有恫吓性的，因此别把沉默当做迫使对方说出更多事情的武器。如果短暂的沉默是为了保持你的尊重，好让部属有足够的时间思考并做出响应，则这是一种正确的沉默。

在平时的生活中我们做到了以上 7 点么？

2.3.2　如何让别人能够更好的倾听我们

前面的内容我们都是从一个倾听者的立场来考虑如何提高自己倾听技能的。作为谈话者，都希望自己能够被大家很好地理解，希望听众很好地倾听自己的讲话，希望倾听者能够从讲话中获取所需要的信息，同时也希望自己的演讲内容能够和听众产生共鸣。那么作为一个演讲者，我们应该怎样做，才能提高倾听的效果呢？首先要进行有效的听众分析。

听众分析意味着了解对方的个人兴趣、价值和目的。成功的沟通很大程度上源于达成共识的能力——这被组织行为学家称为"参与管理"。你必须要懂得你的听众的想法，怎样想；怎样看待他们的利益；怎么能使他们支持你或至少不阻碍你。也意味着你必须提供他们可以信赖的东西。

1. 我的听众是谁

听众是你想要采取行动影响到的人，可以是购买你商品的顾客，你的合作伙伴，公司内部雇员，也可以是你的上司或是平行部门领导。那么他们关心什么样的利益，有什么样的性格习惯，对你持什么态度，他们的理解能力如何，你可能对他们产生什么样的影响，还有什么更好地达成沟通效果的方法和技巧，他们周围哪些因素影响到此次沟通的效果？在分析了这些因素之后，我们就对自己应该从哪方面表述自己的思想做了心理准备了，正可谓有的放矢。

2. 听众的态度如何

积极的听众。已支持你的听众需要被激发并被告知行动计划，让他们知道他们的重要性及他们能帮你什么,尽你所能地使他们的工作容易并有回报。

中立的听众。这些听众易受理性说服方法的影响,使他们参与事件和你认为的一种好的分析方法中来。

敌意的听众。这些听众可能永远不会积极支持你,但通过表明你理解他们的观点,并解释为什么你仍相信你的计划,有可能会使他们变成中立。

当你做了这种分析后,你就知道了自己接下来讲话的内容应该把重点放在什么地方,需要得到的是哪部分人的支持。这样达到预期的沟通效果,倾听者也能够获得更多的有用信息。

3. 听众已知道多少

没有什么比一份充满了陈词滥调的报告更令人厌倦的了,也没有什么比听一次完全陌生的演讲更让人讨厌的了。这两种经历都可能把一个中立者变成敌对者,或是积极的支持者变成中立者。沟通之前,关于你的每一位听众你都应问自己以下一些基本问题:我应概括哪些熟悉信息作为自己论证的基础;听众要想理解和判断我的建议,还需要补充哪些信息;我能否用听众能理解并做出反应的语言来表达。

4. 我的建议是为了听众的建议吗

分析听众意味着首先分析你自己,然后是你的听众,识别出他们支持你所得到的益处。这些益处可能是金钱、尊严、友谊、权威,也可能是为了避免冲突或窘迫、提高地位、使工作更容易、处于赢家一边。这时你应问自己一些关键问题:

(1) 为什么这种意见或建议会伤害听众?清楚地找出原因以后,可以增加你对对方的理解和同情。

(2) 我能否向我的听众证明,我的建议从众多角度来看,是众多糟糕的策略中最好的,并证明其他可供选择的策略更糟。

(3) 识别出听众反对的理由之后,你能否找到缓解对抗的方法?也许你可提出在将来可能得到改善情况的希望。这样做能使你处于听众同盟者的位置。

5. 推销的是利益而非内容

许多管理者相信纯粹的逻辑说服,例如清晰的成本收益分析,就会说服他人支持某一行动步骤。有力的倡议远远不只是意味着宣布一个清晰锐利的分析结果,它还意味着要解释你的建议与听众的各种担心、利益和观点的关系。

说服的方法只有在这种情况下才能奏效,即这些方法的使用能让你的听众相信,你希望他们所采取的行动将有利于他们自己的利益或是一件大好事。这意味着推销的是利益——听众将会获得什么,而不是内容。顾客可能对一种新的管理信息系统技术毫无兴趣,但他们会对这种系统能使他们省钱、省时非常感兴趣。

2.3.3 管理者如何做到有效倾听

倾听是管理者从下属那里获得第一手材料的重要手段,管理者仅仅培养自己的倾听技能是远远不够的，管理者的倾听工作不应是随机的、偶然性的，只有设计出有效的倾听项目，将对员工的"倾听"制度化、日常化，才能做到主动、有序地全面倾听。

1. 不要轻易打断对方的讲话

管理者在倾听时，切记不要轻易打断对方的讲话。管理者所选择的谈话者，可能是一位很少有机会同领导轻松交谈的普通职工，面对耐心而又极具诚意的领导，自然会"滔滔不绝"、迫不及待地将自己的所思、所想"倒"给领导者，而这时领导者可能认为被访者已经偏离了主题。有时下属会认为领导之所以选择自己为谈话对象，是对自己的信任，有一种"被重用"的感觉，于是便会把自己认为有价值的、重要的信息和意见讲给领导听，目的是让领导重视自己的独到意见和见解。而对这一点，管理者未必能认同或意识到。

无论在什么情况下，管理者都不要轻易打断对方。在耐心地倾听对方讲话时，管理者还要认真分析、积极思考。比如在下属积极谈论时，管理者要思考这样的问题：对方是一位什么性格的人，他的谈话动机是什么，他能否大胆讲话，他有何愿望和要求，他的愿望和要求代表了哪些人，他可能还有哪些意见要表达，是否有想讲而又不敢讲的想法等。当管理者产生了某种想法，需要询问讲话者时，也不要立即打断对方的讲话，而应及时记下要询问的重要内容，等对方的讲话有一阶段性停顿时，再进一步询问。

我们经常可以见到一些领导，漫不经心地听下属讲话，而且不时发出"嗯"、"哦"的声音，或任意打断下属的讲话。在这种情况下，下属如何能够畅所欲言呢？领导者又如何能够从下属那里获得原汁原味的第一手资料呢？倾听，无疑是一件严肃的事情，不管你的职位多高，权力多大，闭目塞听，都将一事无成，只有认真的聆听才能获得有用的信息。况且，虚心聆听，对一位管理者来说，不仅不失体面，反而能够提高其威望。

2. 记住并忘掉自己的身份

管理者在同下属讲话时，切忌趾高气扬，不可一世，自认为我是上级，那样会拉大和下属之间的距离。管理者有一种优越感，就会产生一种先入为主，自以为是的成见，从而妨碍自己认真地听、耐心地听、实事求是地听。管理者要放下架子，表露出对对方的友善、尊重、真诚和乐于与他沟通的意愿，要尽量营造一种和谐的气氛，使谈话的中心转向讲话的人，让讲话的人有一种平等、轻松、受人尊重的感觉。这样讲话人才能够真讲话、讲真话。

列宁在听别人讲话的时候，总是微扬着头，眯起眼睛，默默地听，并不时地做一些记录。人们只会由于他的认真倾听而更加感觉其谦虚伟大，决没有任何贬低或者不敬的想法。相反，那些摆架子的人，只会招来大家的反感。

与此同时，企业的管理者在听下属讲话时，又要随时随地不忘记自己是领导。不要忘记自己的职责、身份，而不是不忘自己的虚荣和权势。正是由于不忘记自己是领导，自己有总结方方面面的意见，做出决策的职责，才能够从对方的话语中找到哪些是自己应该采纳的，哪些是自己应当拒绝的，哪些是推心置腹之言，哪些又是阿谀奉承之话，切不可安错了位置。

总之，忘掉自己是领导，切不可忘掉责任，而是要忘掉架子；不忘自己是领导，则是要记住自己的义务，而不是老记着自己的职位。

3. 学会"倾听"下属的沉默

在和下属谈话过程中,领导者除倾听下属所讲的具体内容外,还要学会"倾听"他的沉默,也就是说,要学会容忍讲话者一时的语塞或停顿。有些领导者遇到下属沉默时,便会认为这种沉默是由自己引起的,自己有责任而且只有自己(而不是下属)才能"打破僵局"。如果这种沉默延续下去,则是自己谈话过程中的败笔,甚至失败。于是,当讲话者稍有沉默,便立即插言,以缓和访谈气氛,缓解自己内心的焦虑。

事实上,沉默的原因有很多,比如一时紧张出现思考盲点,不知说什么好;或者在思考有些话该不该说,说了会怎么样,不说会怎么样。领导者要认真分析造成沉默的原因。如果谈话的气氛轻松、和谐,讲话者的沉默或者进展顺利的谈话突然中断,则可能是由于讲话者需要时间来思考某一问题,或者正在思考用什么方式和措辞来更好地表达自己的意见和观点。管理者这时不要急于去打破沉默,那样反而会影响对方的思路,甚至会中断讲话者的进一步讲话,会失去自己所需要的第一手材料。

【游戏】2.15

倾 听 测 试

1. 先将习题一的内容发给学员,讲师说一个情节(情节内容见习题二),让学员去回答下面的 12 个判断题

2. 做完习题一之后,将习题二发给学员,让学员看刚刚说的情节进行判断,提醒学员不要受习题一答案的影响

3. 最后公布答案

习题一:商店打烊时

请不要耽搁时间	正确	错误	不知道
1. 店主将店堂内的灯关掉后,一男子到达	T	F	?
2. 抢劫者是一男子	T	F	?
3. 来的那个男子没有索要钱款	T	F	?
4. 打开收银机的那个男子是店主	T	F	?
5. 店主倒出收银机中的东西后逃离	T	F	?
6. 故事中提到了收银机,但没说里面具体有多少钱	T	F	?
7. 抢劫者向店主索要钱款	T	F	?
8. 索要钱款的男子倒出收银机中的东西后,急忙离开	T	F	?
9. 抢劫者打开了收银机	T	F	?
10. 店堂灯关掉后,一个男子来了	T	F	?
11. 抢劫者没有把钱随身带走	T	F	?
12. 故事涉及三个人物:店主,一个索要钱款的男子,以及一个警察	T	F	?

习题二：商店打烊时

某商人刚关上店里的灯，一男子来到店堂并索要钱款，店主打开收银机，收银机内的东西被倒了出来，而那个男子逃走了，一位警察很快接到报案。

仔细阅读下列有关故事的提问，并在"对"、"不对"、或"不知道"中作出选择，划圈。

请不要耽搁时间	正确	错误	不知道
1. 店主将店堂内的灯关掉后，一男子到达	T	F	?
2. 抢劫者是一男子	T	F	?
3. 来的那个男子没有索要钱款	T	F	?
4. 打开收银机的那个男子是店主	T	F	?
5. 店主倒出收银机中的东西后逃离	T	F	?
6. 故事中提到了收银机，但没说里面具体有多少钱	T	F	?
7. 抢劫者向店主索要钱款	T	F	?
8. 索要钱款的男子倒出收银机中的东西后，急忙离开	T	F	?
9. 抢劫者打开了收银机	T	F	?
10. 店堂灯关掉后，一个男子来了	T	F	?
11. 抢劫者没有把钱随身带走	T	F	?
12. 故事涉及三个人物：店主，一个索要钱款的男子，以及一个警察	T	F	?

习题：商店打烊时（答案）

请不要耽搁时间	答案
1. 店主将店堂内的灯关掉后，一男子到达	?
	商人不等于店主
2. 抢劫者是一男子	?
	不确定，索要钱款不一定是抢劫
3. 来的那个男子没有索要钱款	F
4. 打开收银机的那个男子是店主	?
	店主不一定是男的
5. 店主倒出收银机中的东西后逃离	?
6. 故事中提到了收银机，但没说里面具体有多少钱	T
7. 抢劫者向店主索要钱款	?
8. 索要钱款的男子倒出收银机中的东西后，急忙离开	?
9. 抢劫者打开了收银机	F
10. 店堂灯关掉后，一个男子来了	T

11. 抢劫者没有把钱随身带走 ?

12. 故事涉及三个人物：店主，一个索要钱款的男子，以及一个警察 ?

问题：1. 倾听的过程中你认真了么？

2. 总结影响倾听的因素

思考：

倾听是沟通和理解的基础。倾听，让你走向成功之路。高超的倾听技巧能改变你公司的命运，也能改变你的命运。有许多妇女常带着"他从不听我说"的抱怨，离开自己的丈夫。在你的事业中，不倾听他人的意见会导致经营的失败，恶劣的交易，甚至没有了生意。生活中别人的话认真听了吗？不要让惯性思维影响你的倾听效果。

第3章 面谈及面试

要根据一个人的发问来判断这个人,而不要根据他的答复来判断他。

——伏尔泰

内容提要

- 面谈的含义、特征、主要类型
- 面谈的过程:准备、实施、总结
- 面谈的原则与技巧
- 面试的一般过程及技巧

【案例导读】3.1

说错一句话失去工作机会

小丽是一名刚毕业的大学生。接到了一家知名的高薪企业的面试通知,对于从来没有面试经验的她来说既高兴又紧张。她在网上了解面试攻略和查阅资料。到了面试当天,小丽走进考场后才发觉,一同面试的其他五个人都是男生。考场是一个很小的会议室,中间是一张圆桌。考官坐在圆桌一边,让他们几个人坐在另外一边。服务员拿来六杯水,其他几个男生直接拿起自己面前的水杯就开始喝。小丽一转念,不对啊,几个考官都还没有水喝呢,我们怎么可以抢先呢? 于是很有礼貌地把杯子递给离她最近的一个考官。

"还是女孩子心细啊。"坐在中间的一位考官说,另几个正在喝水的男生立刻窘住了,面面相觑。小丽暗暗自得,不忘对考官们露出谦逊的微笑。

几位考官介绍了公司运营方面的具体情况,也聊了聊他们的专业和对公司的想法。由于刚才的"喝水事件",另外几个男生都比较拘谨,反倒是小丽和考官们谈笑自如。这时,坐在正中央的主考官突然问了小丽一个意想不到的问题:"你的简历上写着会跳舞,你会跳哪种舞呢?"小丽立刻懵了。小时候她的确学过一点舞蹈,后来就没再进行过舞蹈训练。要是说实话,多丢面子啊。于是她就扯个谎说会跳新疆舞,说完之后就觉得脸有些发热。谁知考官要求她随便摆个姿势看看。小丽窘极了,从头到脚都无所适从,只好站起来原地转了个圈。

好不容易面试结束,考官们走出会议室讨论了一下,把她叫了出去。

"根据你的性格特点,我们想把你安排在外事部门,不过户口方面可能还需要再争取。"

听到这句话,小丽愣住了:"你们不是答应可以解决吗?"后半句被她吞进了肚子,突然意识感觉不妙。要是户口解决不了,我也许根本就不会来应聘……她左思右想,轻轻咬着下唇说:"要不,我跟爸爸妈妈商量一下。"

主考官也突然愣了一下,她马上意识到,自己似乎说错了什么。

"好吧。"他微笑着说,"不过要记得,以后你参加面试的时候,不要说'和爸爸妈妈商量'的话,因为这样会显得你没有主见,明白吗?"

小丽抬头看了看经理。她意识到,她已错失这个机会了。

3.1　面谈概述

面谈也就是会见,即"人与人面对面的相见与交流"。作为企业组织中的管理者,每天都与各种各样的人见面、交谈。但是,面谈和随意的交谈不同,面谈中双方头脑里都有一个严肃认真的目的。面谈的发起人提出一个感兴趣或者必须要面对的话题,其目的可能是收集信息、传递信息,或者改变他人的态度、行为以及做出相关决定。而与我们每个人息息相关的面试就是一种最常见的面谈。

3.1.1　面谈的含义

面谈是企业日常工作中最常用的沟通工具之一,也是最普遍、发生频率最高的事件。成功的面谈可以使双方如愿以偿,共同受益。比如,一名主管与一个经常迟到的雇员谈心,督促他要按时上下班,这一方面使得主管的管理工作更加顺利,另一方面也让员工保住了工作。但是,有一些面谈却由于这样或那样的因素无法顺利进行。那么,如何在最短的时间达到预期的目标而实施有效面谈呢? 这也成为一直困扰各位管理者的难题。要解决这个问题,首先要了解面谈的含义。

如前所述,面谈和普通的谈话不同,更不是朋友之间的闲聊,而是为了达到预定的目的、有组织、有计划的交换信息的沟通活动。

1. 面谈要有明确的目的

面谈的目的一般是事前确定的,而且不同的面谈目的也各不相同。一般而言,主要包括以下几种:

(1)以提供、获取或者交换信息为目的,如信息发布会、调研访谈。

(2)以咨询、商讨或解决问题为目的,如咨询面谈。

（3）以了解、监控、评价或纠正工作表现为目的，如绩效面谈。

（4）以选择适当人员完成特定的工作为目的，如招聘面试。

2. 面谈要有组织，有计划

面谈必须是一种正式的安排，这就要求组织者事前要进行严密的计划和组织，同时参加人员也必须要有相应的准备。无论你是访问者，还是受访者，都要学会如何准备、计划并调控会谈过程以达到自己的目标。而理解双方的角色则可以增强争取对方合作的能力，交流有用信息，并取得双赢的结果。

关键的是，如果要成为一名成功的面谈组织者，首先必须要明确面谈目的，然后再决定有效面谈的途径和方法。

3. 面谈是一种信息交流活动

从本质上讲，面谈是一种信息交流活动。这个过程中，双方进行互动性质的沟通。而参加者则可以是两个或两个以上。

而在交流过程中，交流双方所扮演的角色、承担的责任都有很大不同，这会对面谈的效果起到重大影响。面谈一般是由一个人组织、控制并实施的，因此，他在整个过程中便处于主动地位，一般被称为面试者。而另一方，即受试者，则在总体上处于被动地位，但是会拥有更多信息。

给予不同的角色定位，面谈可以理解为面试者说服受试者将其信息尽量展示出来的过程。在这个过程里，面试官必须是训练有素的，主要通过提问的方式来施加影响，引导或激发受试者将其信息以一种符合面试者要求的形式展现出来。

另外，在面谈中，互动双方谁拥有更大的影响力，谁就更有可能达到自己的目标。通常，处于主动地位的人就会拥有更强大的影响力。比如，求职者会见招聘者，病人会见医生，学生会见老师，求知或求助者会见提供知识或帮助者等。处于从属和被动地位的一方会小心翼翼，仔细聆听，不敢冒犯。但是，如果受试者为实现自己设定的目标，提前准备好问题，预先考虑面试者会提出的问题，也可以在面谈中发挥相当强的影响力，达到自己的预期目标。

3.1.2　面谈的特点

【读一读】3.2

面谈和交谈的差异

星期一下午，王经理正在去办公室的路上，看到了营销部主任吉飞，就停下来并与他寒暄。

王经理："吉飞，你好吗?"

吉飞："我很好，你呢?"

王经理:"也不错。"

吉飞:"对了,你看了昨晚的 NBA 了吗?"

王经理:"没有,我昨晚陪孩子逛书店了。"

吉飞:"唉,真是太可惜了!你错过了一场最精彩的比赛了。姚明昨天晚上的表现实在是太出色了,他一人就获得了 27 分,特别是在结束前的最后一分钟,他投进了一个扭转比赛结局的三分球!"

王经理:"姚明的表现真是不错,下次有机会,我一定不能错过了。哎呀,我得走了。你看到彰武了没有?"

吉飞:"他刚才还在办公室,这会不知道去哪里了。"

于是王经理就去找彰武,彰武是他的下属,仓储部主管,正带着员工在仓库里盘点存货。

王经理:"彰武,你最近怎么样?"

彰武:"最近一切都挺好的。"

王经理:"对了,上个月的仓储报表准备好了吗?"

彰武:"我早就编好了,昨天已经交上去了,你没看到吗?"

王经理:"没有,我没有收到。"

彰武:"这就奇怪了,我明明记得已经放到你的办公桌上了啊。那我再打印一份给你吧。"

王经理:"这样就太好了,我今天要向总公司汇报情况呢。另外,那个新来的大学生做得怎么样?"

彰武:"他表现不错,很快就熟悉了相关业务,而且工作很踏实、好学。是个很称职的员工。"

王经理:"好极了,看来一切都进展得顺利啊。"

彰武:"是的。"

王经理:"太好了,你去忙吧!"

从上述案例中我们可以看出,上述对话我们可以分成两种类型,王经理和吉飞的谈话就是纯粹的寒暄,没有什么目的性。而王经理和彰武的谈话就带有一定的目的性,王经理和彰武谈话的目的一是看报表做好了没有,二是询问新来的大学生工作表现怎么样。这就是面谈和普通谈话之间的区别了。面谈往往带有一定的目的性。

面对面地交谈是难得的好机会,其优势是用书信交际不具有的。比如,从书信中很难看出对方的反应,最多只能估计对方有什么难处或者疑虑。而面对面交谈时可以及时发现误解、予以消除,还可以知道哪些问题需要强调。

面对面地交谈比书信所需要的词语更少,因为表情、身体语言、说话方式等均能帮助人们表达思想。如果像木头人一样端坐着,面无表情,无精打采,如和尚念经般讲个不停,交际的目的就很难达到。面谈最重要的是要知道怎么样使语言更有效地表达思想,即使很平常的词汇也可能产生意想不到的效果。

　　同时,在面谈中往往存在着各种问题,主要来自于听者和讲话者两个方面:有些听者,似乎在全神贯注地倾听,但事实上却并非如此,而是心不在焉。所以,听者一定要集中精力。而讲话者的因素往往直接影响倾听和沟通的效果。比如,讲话速度要适中,太慢可能使听者打瞌睡,太快的话则使听众觉得你过于紧张。

　　面谈中最常见的问题就是说话太多太快。如果是阅信,没有读懂可以重读。但是谈话、面试则不可重复进行。如果信太长,阅信人可以从中找出要点,而面谈中如果话说得太多,要点就会不清楚、不突出。

　　一般来说,参加面试、接受采访的人都会感到不同程度的紧张,就连身居要职的人也不例外。1979 年,玛格丽特·撒切尔在谈她参加普选时说道:"特别紧张时,说话的音量一般都会提高。克服紧张的良药是尽量放松……即使快要被吓死了,也别在意。"

3.1.3　面谈的主要类型

　　面谈是管理者最常用的工具,主要包括三大类:招聘面谈、信息交流的面谈和解决问题的面谈。

1. 招聘面谈

　　招聘面谈也就是平时所说的招聘面试,是面谈中最常见的类型。通过面试者与受试者面对面地接触和问答式的交谈,可以使招聘单位了解应聘者的情况,做出正确的录用选择。同时,应聘者也可以了解用人单位,找到合适的雇主。

　　面试在员工招聘中具有重要作用,主要包括:

　　(1) 给单位和受试者提供了相互了解的机会。

　　(2) 可以了解受试者的知识、技能、能力以及生理、心理特点等。

　　(3) 可以使受试者了解单位的整体氛围、薪酬福利、工作性质等。

　　招聘面谈与我们每个人的生活息息相关,有其较为固定的程序和技巧,后文将会详细讲述。

2. 信息交流的面谈

　　(1) 信息收集面谈。

　　这种形式的面谈是信息交流面谈的主题,也是我们平时最常用的调查研究方法之一。这种形式的面谈通常包括数字数据、客观事实、主观评价和感受等信息。信息收集的结果通常会以报告或研究文件的形式展现,比如市场调研报告,员工离职面谈记录等。

　　具体说来,运用信息收集面谈主要有以下几种场合:市场调研、事故调查、员工离职面谈等。

　　(2) 信息发布面谈。

　　信息发布面谈是指以面试者向受试者发布信息为主的面谈,这在面谈中比较少见。

一个典型的例子就是公司向新员工进行的上岗培训。在上岗培训时,公司会向员工发布公司情况、工作职责、岗位说明等信息,以便使员工尽快地适应新的工作环境与工作风格。

3. 解决问题的面谈

(1) 咨询性面谈。

咨询性面谈主要是为了了解员工的情况,帮助员工解决问题,进而提高其工作效率。在咨询性质的面谈中,最大的特点是组织者与被访者之间应该是和谐、信任的关系。只有这样,才能使面谈获得应有的效果。管理者要注意避免"自我中心"的倾向,要对员工予以充分重视,不能将自己的观点强加给受访者。否则会使员工产生逆反心理,整个会面也便没有任何意义甚至是产生副作用。

(2) 纠正性面谈。

纠正性面谈是针对工作表现欠佳的员工进行的,其目的是为了帮助员工改正不良行为,提高工作效率。正是这样的性质使得受试员工会不自觉地带着一丝怀疑甚至是敌意的态度。

要想获得预期效果,必须注意以下几点:首先,要获得尽可能详细的相关事实的资料,并尽可能加以证实。其次,要选择安静、保密性强的地点。第三,在面谈时,要鼓励员工陈述不正当行为发生的原因及其看法;讨论要集中在相关员工的行为上而不能攻击其人格;要讨论可行的纠正方案。最后,要在面谈结束前作总结。

(3) 评价性面谈。

评价性面谈主要是向员工反馈关于企业或管理者对其工作表现的评价。比如,回顾员工在某一时期内的工作表现和绩效、制定员工的工作目标等。

要想做好评价性面谈,需要在以下几个方面努力:首先,要预先通知受访员工,使其有时间对自己的工作表现进行总结回顾和自我评价。其次,面谈时,要注意把薪酬与工作表现的讨论分开;要鼓励员工参与各个方面的讨论;要为员工设定短期目标并讨论达到目标的方法。最后,面谈结束前要做好总结工作。

3.2 面谈的过程和技巧

3.2.1 面谈的过程

面谈主要包括三大环节:面谈的准备,面谈的实施,面谈的结束。

1. 面谈的准备

面谈前的准备是面谈成功的首要条件。主要包括以下内容:

(1) 安排面谈的时间、地点,布置环境,力求让接受面谈者在一种轻松的状态下把真实的想法表达清楚。明确面谈的目的和收集信息的类型。

(2) 提前通知相关人员,包括面谈者、受试者等。

（3）了解受试者的相关情况及背景资料。

（4）提前准备面谈中将提出的问题并确定开场白、提问方式等。

一个合适的时间和地点将会对面谈的有效进行提供有利条件。舒适宽敞、明亮整洁的环境有利于双方保持清醒的头脑和愉悦的情绪，而安静的、不受噪声侵袭和电话打扰的场所则有利于提高面谈的效率。在办公室进行面谈时，空间的安排则会对面谈效果产生非常大的影响。

研究表明，办公室区域可以分为两部分：压力区域和半社会化区域。压力区域是指办公桌周围的空间，办公室的主任坐在办公桌后面，那么这张桌子就会在交谈双方尤其是地位不平等的双方面谈时变成一道自然的"心理屏障"。因此，这一区域一般被用来安排正式的面谈。而半社会化区域则是指离办公桌稍远的空间，比如办公桌旁边的沙发和茶几。这个区域的交谈会被认为是建立在较平等的基础上的，因此会使面谈双方产生较轻松的情绪。通常，除非一些很严肃的面谈，其他的可以尽量安排在半社会化区域。这将有利于提高面谈的质量。

面谈的目的是一切与之相关的活动的出发点，而明确收集什么信息就是面谈的重要目的之一。面谈者要在认识目的的过程中，逐步确定需要具体收集的信息，以及为了获取这些信息，应该选择的面谈对象，然后可以通知相关人员。

面谈中面试者提出的各种问题是面试者收集信息的基本手段，也是面试者向受试者发出信息的重要载体。将目的和需求转化为问题的过程就是沟通学里"编码"的过程。针对这些问题，受试者会根据自己的知识体系、个性习惯、思维方式等加以理解，最终成功进行"解码"。而这就是面谈中互动的信息交流过程。

了解受试者的相关情况和背景资料非常重要。这将有利于完成面谈者的目标。一般来讲，面谈对象分为两类。一类是自己熟识的人，另一类是陌生或者不了解的人。对于第一类面谈对象，一般是"即兴面谈"，由于自己已经与其建立了联系，所以可以与他们"边想边谈"，准备工作也较简单。但是，对于第二种面谈对象，首先要让他们了解你调查或访谈的目的，并让他们确信你只占用他们一点时间，这样对方就会倾向于乐意为你提供信息。在社交聚会上，和陌生人进行即兴交谈效果也不错，但是如果想与其系统地探讨问题或者交换意见时，最好事先有所准备，比如做一张问题列表。

【实用链接】3.3

面谈前阐明你的期望

在面谈尤其是商务面谈前，参加者首先要明白自己的期望，可以尝试简化自己的要求，这样就可以使你心无旁骛地追寻自己的目标，并且可以满怀热情地和他人交谈你的目标。

莫妮卡想买一辆新车，她首先想像了一下自己想要的东西。

"我想像着自己开着一辆银白色的小轿车行驶在高速公路上，白天上班夜晚兜风。这辆车很漂亮,款式新颖,而且性能良好,不易发生故障。它装有可靠的加热器、空调设备以及音质极好的收音机和磁带播放机。里面的空间十分宽敞,足可以载上我们一家四口。开着车我感到开心和自信。我和家人都觉得这辆车音响系统非常出色。另外,最大的优点是,它的经济性,我只花了不到3 000美元。"

然后,她便问自己哪些方面是必不可少的。于是得到了以下描述:

首先必须安全可靠,不易发生故障。加热器、空调和收音机是必须的,否则太单调无聊了。它必须能舒适得坐下我们一家人。款式一定要是自己喜欢的。价格仍然很重要,不到3 000美元。

最后,她想哪些方面是可有可无的呢?

一流的音响系统、磁带播放机以及颜色是其次的,非必需。

到这里,莫妮卡已经在与轿车经销商面谈前做好了充分的准备,对自己想要的东西有了非常清晰的勾勒。于是,在面谈时就可以胸有成竹了。

总结一下,面谈前明确自己的期望主要包括以下几个步骤:

1. 描述自己想要的东西。

2. 其中,哪些方面是必不可少的,将其写下。

3. 哪些方面是可有可无的(可以协商的,亦即自己讨价还价的筹码),将其写下。

2. 面谈的实施

一般来讲,面谈的实施主要包括四个阶段,如图3.1所示。

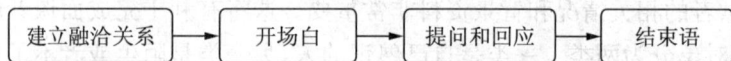

建立融洽关系 → 开场白 → 提问和回应 → 结束语

图3.1 面谈的实施

(1)建立融洽关系。

面谈者的目标就是让受访者诚实地回答你的问题。为了使受访者敞开心扉、不设防备,面谈者就需要在访谈一开始就建立起融洽的关系,营造良好氛围。这样有助于使对方放松紧张的神经,感到你们拥有共同的兴趣,知道自己可以信赖你,使信息顺利通畅地交换,进而使双方更好地沟通。

要想建立融洽关系,可以从以下几个方面努力:

① 热情接待受访者,请受试者入座,以握手、点头、微笑等开场。同时,进行目光接触,称呼受访者的名字。如果面谈是在办公室或家里进行的,应该让受访者感到舒适和自在。

② 对面谈表现出发自内心的兴趣。并且努力寻找与对方的共同兴趣、态度、朋友或经历,以便建立更为亲切的氛围和关系。

③ 密切关注受访者的反应,并据此调整自己的行为,使受访者感到舒适。当明确受访者已经适应了环境后,就应该把面谈推向下个阶段,即进行开场白。

（2）开场白。

开场白主要是由面谈者介绍面谈的目的、程序并对受访者表示欢迎。在创建和谐关系之后，面谈者要用简短清晰的语言向受访者说明面谈的目的等内容。这一部分常常被面谈者忽视，造成受访者对面谈本身摸不到头脑，从而使面谈的效果大打折扣。

比如，在离职面谈时，面谈者可以用如下的开场白：您好，我是人力资源部×××，今天约您过来主要是想与您谈一下关于您离职的情况，以便于我们做好以后的工作，今天面谈的结果我会为您保密，不会对您造成任何不良影响。

（3）提问和回应。

在进行开场白之后，就要准备提问了，主要是与目的相关的问题。面谈一般会以一问一答的方式进行，面谈者要对受访者的回答予以回应。这样，在问下一个问题之前，先就前一个问题交换意见，因为面谈者与受访者双方意见的交换是非常重要的。

作为面谈者，可以利用对受访者的回答做出回应的机会，把会谈引向自己所期望的目标。如果感到面谈没有朝预期目标靠近，就可以改变话题或主题，而无须任何过渡。比如可以说："让我们来讨论一下……"等。由于受访者一般是期望被提问的，因此也会很自然地跟随着面试者的思路进行下去。

【实用链接】3.4

不同的回应方式

在面谈时，可以根据受访者的陈述，选择不同的回应方式。

寻求更多的信息：通过追问等方式进行进一步交谈。

表达赞同意见：用点头或者"嗯"来表示赞同并鼓励受访者说下去。

总结：总结刚才对方的观点以确保自己对问题的彻底理解。总结还可以表示这个问题结束，即将开始下一个问题（如"你对自己一个普通工作日的描述，让我知道你用来做文书工作和参加行政会议的时间，和与学生一起的时间不相上下"）。

把话题转移到相关领域：比如，"团队相处是有很多困难的，那么你们的团队经常会出现什么问题呢，又是怎么处理的呢"。

结束该话题，开始新话题：比如，"我现在想问你一些其他方面的情况"。

（4）结束语。

结束语是整个面谈实施过程结束的标志，要尽量使用一种亲切并且清楚的结束语。主要包括以下几点：感谢受访者花了宝贵的时间进行面谈；概述面谈的要点；可视情况请对方做最后的评论；握手告别。

俗话说"好记性不如烂笔头"，在整个过程中，还有个重要问题是如何做好面谈记录。首先，面谈前应该先征求对方意见。如果对方同意做记录，应当在面谈过程中及时做好记录。但是，如果对方担心"白纸黑字"，会有不良后果，造成面谈时态度拘谨，不能倾谈，就应当向对方表示歉意，只需用心倾听对方谈话要点。之后，于面谈后第一时间记录下本次面谈情况。

3. 面谈的结束

有人认为,到握手告别,面谈也就完全结束了。实则不然。握手告别只是面谈实施阶段的结束标志,并不是整个面谈过程到此为止。任何沟通都需要有总结和反馈的过程,面谈也不例外。与被访人告别后,还有一些总结、评价性的工作是必不可少的。

首先,面谈结束后,要及时对面谈记录做出整理。没有面谈记录的,要及时补录。

然后,要撰写面谈报告。要尽可能详细地将面谈情景回想并写下来,根据面谈记录和后来所作的补录,做出结论和评价。在这个过程中,要注意区分其中的实施和假设,自问受访者是否会赞同自己所写的东西。如果对其中某些地方有疑虑,可以给受访者打电话或发邮件确认,或者将写好的总结记录寄过去让其过目。如果面谈的目的是改变对方的态度或行为,就要准确得写下自己通过面谈所取得的成果。

最后,要总结自己在此次面谈中的得失,发扬优势,改正不足,以期下次面谈做得更好。

【实用链接】3.5

有效总结,提高面谈能力

结束面谈之后,可以问自己以下几个问题,来评估自己的表现,以便为以后的面谈提供经验和借鉴。

1. 我为这次面谈做了充分准备吗? 应该怎样才能准备得更好?

2. 我是否成功地让受访者感到舒适自在? 他信任我吗? 对我的问题感兴趣并乐于回答吗? 为了构建融洽关系,还应该做什么呢?

3. 我是否主导了谈话过程? 达到预期目的了吗? 我本该通过什么方式更好地实现自己的目标呢?

4. 对自己面谈的结束方式满意吗? 还有更好的结束方式么?

5. 访谈之后,我还想或者应该做些什么? 比如可以给受访者发封感谢信,请其确认一下模糊的信息,或者可以给应聘者一个反馈?

3.2.2 有效面谈

有效面谈是指高效率地达到面谈双方的目标,或者双方达成共识,取得一定的成果。那么何谓有效面谈呢? 要做到有效面谈,必须注意以下几方面问题。

1. 有效面谈的特点

(1)准确。

这是面谈是否有效的关键衡量标准,就是说面谈的内容一定要准确无误。不能似是而非,模棱两可,使人对面谈的可信度大打折扣。比如,在招聘面谈时,要注意一个原则"要最合适的人,不要最好的人"。但是,许多人力资源主管招聘员工时,总是想找到"最好的人"。一个岗位,明明大专学历即可胜任,但是却非要找一个本科学历的,甚至招了硕士。这主要是缘于一个错觉:学历高了,这个岗位的工作质量也就提高了。其实不然,这样却是在无形中浪费了资源。对企业和员工都造成了一定的损失。其他类型的面谈也是如此,一定要有准确的面谈目的,并且为达到目的进行相应的努力。

【读一读】3.6

信息应当直接

准确表达的首要条件,是知道什么时候该说什么。也就是说你不可以想当然地认为对方会了解你的想法,因此,要想准确地进行面谈就要直截了当。下面是不直截了当的几个例子,从中可以看出当事人为其所付出的巨大代价。

有位妇女,总是为自己孩子在学校的表现倍感伤心,失望之余,便不再对儿子唠叨了。不料,儿子的成绩反而上升了。其实,她不知道,儿子一直觉得自己不受人喜欢,渴望得到别人的赞许。当她对孩子唠叨的时候,反而起了副作用。

有个男子,在结婚十八个年头上,妻子却离开了他。他抱怨说老婆没有权利责怪自己不善于表达感情。"她知道我是爱她的,这就够了。生活中哪能总把'爱'挂在嘴上啊,这不是明摆着的事嘛。"殊不知,却正是因为他一直不直接表达自己的感情,妻子才逐渐有了离开的意思。

一个患慢性背部疾病的男人不愿找人帮助打理花园和料理家事,默默地撑着,脾气却日益暴躁,整天对着家人发火。而他的家人却总是丈二和尚摸不到头脑。

一个十几岁的女孩得知自己离异的母亲爱上了别人,心里很不是滋味,因为母亲跟她说过"女儿永远是自己心中的最爱"。于是,每当男人到家里来的时候,小女孩便谎称头疼躲进自己的小屋里。母亲呢,只是当她不好意思,却没有进一步沟通,问清真正的原因。

上面这些例子,都是一些有重要的事情需要沟通的例子,却因为这样或那样的原因将真实情况隐瞒或忽视了。他们都想当然地以为别人明白自己的"心思"。而在生活中,尤其是面对面的接触和交流中,直截了当地说出情况或问题才是大家应该做的。

(2) 公平。

无论是交易型的面谈,还是工作中上司和下属的谈心,或者职场上的招聘,都要体现"公平"的原则,这也是有效面谈的一大标志。市场交易中,不能强买强卖,要坚持自愿、公平的原则。在上司和下属的谈心中,只有双方处于平等的位置,才能有效地沟通,达到自己的目的。招聘中更是如此。社会法制意识日益提高,法律规章日渐完善,这就需要在招聘面谈中能够公平、合理、合法。比如,签订劳动合同时,要严格按照国家《劳动法》的规定执行,不能采取强迫、欺骗等手段来达到面谈一方的目的。

(3)认同。

面谈就是要通过面对面的交流来达到双方的预期目的,获得彼此的认同。显然,缺乏认同感的面谈不能算作一次成功的面谈。即便其中一方的目的达到了,但是缺乏另一方的认同,也只是暂时的、表面的、单方的成功。有效面谈必须获得对方的认同感。

2. 有效面谈的要素

(1)人。

在面谈尤其是正式面谈中,无论是面谈者还是受访者,都要穿着得体,举止得当,这样才能给对方留下良好的第一印象。还要注意各种礼仪,如握手、微笑等。形体语言要适度、表达灵活,而且面谈前,最好不要饮酒、吃葱蒜等有异味的食物,以免影响面谈氛围。

(2)时。

首先,面谈双方一定要准时。而且,面谈时间要控制在适当的范围之内,并告知相关人,以便双方能计划好面谈的内容。比如,招聘面谈一般应将每个应聘者的时间控制在 30 分钟以内。如果有多人接受面试,并且在等候,面试官要适时派人去通知等候者,告知其需要等候的时间,以免使等候的应聘人感到"委屈",也就违背有效面谈的"公平性"。

【实用链接】3.7

面试前的准备

1. 严格守时,不能迟到

迟到会影响自身的形象,而且大公司的面试往往一次要安排很多人,迟到了几分钟,就很可能永远与这家公司失之交臂了。

但招聘人员是允许迟到的。这一点一定要清楚,否则,招聘人员一迟到,你的不满情绪就流于言表,这样招聘人员对你的第一印象就大打折扣了。请注意前面的"前三分钟决策原则",因此你一旦稍露愠色,就满盘皆输了。

况且招聘人员的确有其迟到的理由:一是业务人员作招聘时,公司业务自然优先于招聘事宜,因此可能会因业务而延误了时间;二是前一个面试可能会长于预定的时间;三是人事部或秘书没协调好,这种情况经常发生。还有的主管人员由于整天与高级客户打交道,做招聘时难免会有一种高高在上的感觉,因此对很多面试细节都会看得比较马虎,这样也就难免搞错。也有人故意要晚,这也是一种拿派的方式,因此你对招聘人员迟到千万不要太介意。记住,现在是你在求职,而不是别人在求你上岗。

同时,也不要太介意面试人员的礼仪、素养。如果他们有不妥之处,如迟到等,应尽量表现得大度开朗一些,这样往往能使坏事变好事。前面提到,面试无外是一种人际磨合能力的考查,得体周到的表现自是有百利而无一害的。

2. 最好提前 10—15 分钟到,熟悉一下环境

在香港上卡耐基心理与人际沟通培训课的时候,老师给我们讲了一个例子。有位卡耐基总部的副总裁来香港给培训老师讲课。培训中心地处铜锣湾,这位副总裁下榻的饭店也在铜锣湾,不过五分钟的路程,可他却提前了整整半个小时。我们的老师就问他,为什么提前这么早到。这位副总裁说:"我早到,心里就踏实,就能镇定一下,就更有自信了。我们搞心理培训的人都明白,如果一旦迟到,就很容易心怀愧疚,在课堂上的发挥以及在逻辑思维、语言表达方面都会大打折扣了。"

听了这一席话以后,每次培训他也都提前到达。这样即使遇上交通堵塞,也都有一定的余地。如果路程较远,宁可早到 30 分钟,甚至一个小时。北京很大,路上堵车的情形很普遍,对于不熟悉的地方也难免迷路。

但早到后不宜提早进入办公室,最好不要提前 10 分钟以上出现在面谈地点,否则聘用者很可能因为手头的事情没处理完而觉得很不方便。外企的老板往往是说几点就是几点,一般绝不提前。当然,如果事先通知了许多人来面试,早到者可提早面试或是在空闲的会议室等候,那就另当别论。

对面试地点比较远,地理位置也比较复杂的,不妨先跑一趟,熟悉交通线路、地形、甚至事先搞清洗手间的位置,这样您就知道面试的具体地点,同时也了解路上所需的时间。

一个在国家机关工作的人去外企面试的故事:他在面试前突然想去洗手间,但因对写字楼的环境不熟悉,面试前也没去过,自然一时搞不清到底哪个门是。结果竟一头撞进了火警通道,还冒失地按了火警铃,结果整个楼响成一片,着实轰动了一把。他慌慌张张地躲了一阵之后才去了洗手间,等到再去面试的时候,已错过了预约的时间,此时面试主考已起程去机场了。他也就永远地失去了进入这家公司的机会了。

3. 把握进屋时机

进屋后,若发现招聘人员正在填写上一个人的评估表,不要打扰,表现得理解与合作。但也不要自作聪明,在招聘人员不知晓的情况下等在门外不进去,这是不对的。对招聘人员来说,什么时候填写评估表,写多长时间,都是他自己的工作安排;对你来说,如果面试的时间到了,你就应该按点敲门。不过如果招聘人员请你在门外等一下,那就另当别论,此时你就应按他的要求做。其实有的时候,招聘人员已填完了表格,并已开始看自己的文件了,这时,如果仍自作主张地在外面等,就会落得"哑巴吃黄连,有苦说不出"的后果。

有的人会让你进来在屋内等一下,你就按他的安排做,不要东张西望、动手动脚、闭目养神或中间插话。这段时间虽然会比较难熬,但忍一忍也就过去了。如果实在无所事事,旁边有杂志的话,在经过允许之后,可以翻阅。一般填这种评估表时间都不会太长,不必一定要省这个时间看点什么或干点什么。有经验的招聘人员会妥善处理这种尴尬的局面。比如,他觉得你等的时间长了,就会建议你先看一下桌面上的杂志。这时即使你不想看,也别拒绝,你看不看是另外一回事,但礼貌上要友善地接受。

资料来源:http://www.eol.cn/article/20010101/3030500.shtml。

（3）地。

地，也就是地点、场所、位置。面谈场所要根据不同对象、人数、面谈内容进行不同的选择。面谈的地点不能有干扰，包括噪音、光扰等，位置要合适。恳谈式面谈可以近距离坐，但切忌坐在沙发上，容易使人精神涣散。选择面谈场所时还要注意温度、光线等。空调要调好，不能过冷或过热。光线要依照面谈的内容、气氛需要而定。此外，还要注意面谈时双方距离的安排，较亲密的朋友可以离得近一些，而一般的尤其是陌生人就要注意保持合适的距离。

（4）物。

物，就是与面谈相关的各种物品。比如，桌面要干净，应该备好茶水、有关的表格文件、纸、笔等常用办公用品。以免面谈过程中，因为缺少相关物品而被迫中断，影响面谈效果。

（5）法。

法，就是面谈的方法。面谈要注意方法、技巧。对长者，要尽量地客气、尊敬一些；对年轻人要善于引导，切忌对其呵斥，容易引起逆反心理。在很多情况下，方法的适当与否会成为面谈能否成功的关键。另外，还要根据不同性格的人采取不同的方法，与教育中的"因材施教"有着异曲同工之妙。

3.2.3　面谈的误区和技巧

要想使面谈有效，必须认识面谈中存在的误区。同时，虽然面谈的技巧会随着目的不同而不同，但是有些原则和技巧是不管什么类型的面谈都要遵循的。由于面谈中面谈者和受访者地位的不平等性，面谈多由面谈者控制局面，因此面谈者如何克服误区和掌握相关技巧就成为面谈有效性的关键。尤其是作为管理者，更要掌握面谈的一般技巧。

> **【小贴士】8 种不正确的对话方式**
> - 打断别人的谈话或抢接别人的话头，扰乱别人的思路。
> - 忽略了解释与概括的作用，使对方一时难以领会你的意图。
> - 由于自己注意力的分散，迫使别人再次重复谈过的话题。
> - 像倾泻炮弹似地连续发问，使人穷于应付。
> - 对他人的提问漫不经心，言谈空洞，不着边际。
> - 随便解释某种现象，妄下断语，借以表现自己是内行。
> - 避实就虚，含而不露，让人迷惑不解。
> - 不适当地强调某些与主题风马牛不相及的细微末节，使人厌烦。

1. 面谈者的误区

为了使面谈有效，面谈者应该努力避免以下情况的发生：

（1）与受访者争论或试图评价对方的观点，这将影响到面谈的客观性且造成浪费时间和效率低下的问题。

（2）在某一细节性问题上纠缠过多，以致不能在预定的时间内完成面谈计划。这一点在面试等正式性较强的面谈中最为忌讳。

（3）不能充分发挥主动性，反而由受

访者控制局面,比如受访者提出过多问题而面谈者不采取适当方式加以制止。

(4) 过于严肃,难以在面谈之初建立起融洽的氛围,造成本来就心情紧张的受访者更加紧张,难以达到预期效果。

(5) 不能透过现象看本质,往往被受访者的表象和话语迷惑。尤其是在招聘面谈中,有些主考官容易被自吹自擂的受试者蒙蔽,难分真伪。

2. 面谈者的技巧

面谈者应该在面谈准备、自我形象、语言和非语言信息的表达等方面注意各种面谈技巧。

(1) 做好充分的面谈准备工作。要做好如前所述的面谈中的各项准备工作,切忌勿忙上阵,否则必将手忙脚乱。尤其重要的是,要想对面谈对象有深入的了解,就应该采用合适的交谈策略。

【实用链接】3.8

如何采用不同的策略与人交谈

- 与精明的人交谈,要思路广博,多方论证,避免纠缠一点不放。
- 与愚蠢的人交谈,要从最有说服力的几个要点来反复阐述。
- 与地位高的人交谈,不要表现出一种自卑的气势。
- 与地位较低的人交谈,要表现出充分的尊重感。
- 与自觉富有的人交谈,要从人生意义、社会价值等方面来发挥。
- 与自觉贫穷的人交谈,要从如何获利的角度来探讨。
- 与有魄力的人交谈,要表现出果敢的一面来。
- 与知识广博的人交谈,要善于抓住重点,辨析事理。

---

(2) 尽早与受访者建立起和谐融洽的面谈关系,营造轻松的氛围。在这里,会见双方的空间位置也会影响双方的氛围。心理学研究表明,交谈的时候,双方座位成直角时要比面对面的交谈自然六倍,比肩并肩的交谈自然两倍。因此,面谈者应根据不同的目的来决定各种因素,进而努力建立起和谐融洽的面谈关系。

【实用链接】3.9

如何选择话题

与熟人交谈,可以开门见山地直接引出各种话题,但与人初次相识,或参加一次社交活动,则应认真考虑如何选择话题。为了能使话题成为初步交谈的媒介、深入细谈的基础和纵情畅谈的开端,话题应达到的标准是:至少有一方熟悉,能谈;大家感兴趣,爱谈;有展开讨论的余地,好谈。

找话题的方法主要有:
- 中心开花法。面对众多的陌生人,选择众人关心的事件为题,围绕人们的注意

中心,引出许多人的议论,进而达到"语花四溅"的效果。

● 即兴引入法。巧妙地借用彼时、彼地、彼人的某些材料为题,借此引发交谈。

● 投石问路法。与陌生人交谈,先提一些"投石"式的问题,在略有了解后再有目的地交谈,便能谈得较为自如。

● 投其所好法。问明陌生人的兴趣,能顺利地进入话题。因为对方最感兴趣的事,总是最熟悉、最有话可谈也最乐于谈的。

(3) 提问的技巧。提问是面谈中获取信息的最主要手段,提出问题方式的不同会直接导致对同一问题所作回答的形式、信息量大小等方面的不同。而提问结束以后,对受访者回答的不同反应也是影响下一步面谈沟通的重要因素。

① 开放式问题和封闭式问题。这是问题最普遍的分类。开放式问题可以给受访者更多的自由发挥空间,面谈者仅仅是指定话题的范围。比如:请介绍一下你自己;请问你做过的最得意的一件事是什么? 封闭式问题则恰恰相反,它只要求受访者做简要的回答,有时甚至只要求其回答"是"或者"否"。比如,你有相关经验吗。

在面谈时,面谈者要根据具体情况对其综合运用。通常,开放式问题可以让受访者更好地展示自己的个性、思维方式等内在的特点,可以让面谈者获得更多的深层次信息。而封闭式问题则更适于收集或核对一些细节性的事实情况。

【读一读】3.10

开放性问题的优点

开放性问题可以让对方较为具体地描述一种观点、感受或者过程,而不是一两个字的答案。比如下面两组问题,第一组是封闭式的问题,第二组则是开放式问题。

例1. 问:这部电影好看吗?

答:好看。

问:你看过该导演的其他影片吗?

答:看过。

例2. 问:这部电影你觉得怎么样啊? 我好久没看过电影了。

答:很好啊。这部影片故事情节很棒,而且拍摄视角独特,能扣住人物的内心……

问:你认为这部电影与该导演的其他作品相比,有什么区别么?

答:嗯,这部影片似乎更注意细节的刻画了,而且……

以上两个例子中,例1是典型的封闭式问题,双方问一句答一句,缺乏相互讨论、互相激发的意味。而例2,作为一组开放性问题,则能激起双方的谈话兴趣,并且可以发现对方更多的个性化的信息。在面谈时,很多人可能发现自己和别人"谈不来"、"没话儿说",其实往往是不会运用合适的提问方法,常常使用封闭式问题把对方的嘴巴给"封死"了。

② 中性问题和引导性问题。中性问题是指问题本身不含有任何有关面谈者偏好的暗示,可以获得较真实的回答。而引导性问题则会将受试者的反应或回答引向面谈者偏好的方面。典型的中性问题如:你为什么要离开以前的公司? 引导性的问题如:你是不是因为以前的工作太累而另觅他处的呢?

③ 追踪性问题。追踪性问题是对受访者前一个问题的回答进行追问而提出的。一般是用来了解更深层次的信息。尤其是在招聘面谈中,追踪性问题很普遍,也是招聘方辨别应聘者回答真实性的重要手段。比如,一名应届毕业生说自己在学校担任学生会主要学生干部,组织了很多活

> **【小贴士】避免连续发问**
>
> 虽然追踪性问题在获取进一步信息上有很好的作用,但是过犹不及,面谈者应该避免连续几次发问。不宜穷追不舍,这样可能会使交谈变得紧张,对方亦会觉得疲乏、厌倦、有压力。一定要给对方思索、喘息的机会。

动,极大地锻炼了自己的组织、协调能力。面试官就可以进一步追问:那么你都组织了哪些活动? 其中对自己锻炼最大的是什么? 能简要说明一下吗?

不同类型的提问方式各有特点和侧重点,面谈者要根据具体情况选择不同的提问或者反应方式,以期达到最好的效果。

(4) 困难问题的告知。每个人都会遇到困难,而我们在日常生活中也经常会遇到一些必须告知别人却又往往令人伤心的事情。那么,这样种情况如何有技巧地处理呢。

通常,这些信息包括:手术的风险、真实的病情、下属员工考核没有通过、亲人的去世等。在告知这类事件时,我们首先要设身处地地为对方着想:如果我们自己遇到这样的事情该如何面对,我们希望得到怎样的帮助和心理上的支持,在此基础上与对方交谈,就可以避免让对方觉得自己是个局外人,不知道世间冷暖。其次,我们要表达对他人的充分理解,比如运用认同的方法告知对方,表达出"如果是我也会有同样的感受"的意思。最后,我们还要给对方充分的支持和鼓励或者情感上的安慰。

【读一读】3.11

医生如何"报忧"

有位医生遇到一对非常恩爱的老夫妻,经过 X 光检查,丈夫肾内长了囊肿。在手术中,他发现病人的囊肿是恶性肿瘤。这下他可为难了,因为自己在开始的时候安慰过妻子:这只是个良性的小囊肿。现在该怎么告诉他们事实呢?

走到病房,他先问候了老夫妻。正在犹豫时,妻子的话给了他机会。

妻子说:"真是万幸,我的丈夫没有得癌症。"

医生立即接过话题:"癌症并非都是不治之症,只要病人在精神上配合医生的治疗,很多患者都是可以康复的。"

接着,他请妻子到办公室去"填表格",告知了其丈夫的真实病情。

在这个例子中,医生抓住了时机,不仅告知了病人家属实情,而且也给予了相应的鼓励。在实际中,必须学会报喜也报忧的沟通技巧。

（5）注意"小"事。所谓"管中窥豹"、"细节决定成败"。在交谈中,必须注意一些不起眼的"事小",才能产生增进人际关系的效果。

① 让先。让别人先说,一方面可以表现你的谦虚,另一方面可以借此机会来观察对方,给自己一个测度的时间和从容考虑的余地。

② 避讳。不论与什么人交谈,都应对对方有所了解,聪明地避开某些对方忌讳的话题,如个人的隐私、疾病及不愿提及的事情,否则会引起对方不快。一旦发现自己不小心触及了对方的忌讳,对方面有不快之色时,应巧妙地将谈话引向其他话题。另外,谈话中还有一些语言禁忌,也是面谈时双方应该注意的。

【读一读】3.12

语言的禁忌

语言禁忌,是一种富有地方方言或社会方言特色的语言风俗现象,一般是出于吉凶、礼教、功利、荣辱等因素的考虑。其中,最主要的莫过于凶语禁忌,即避免不吉利的词语。但是在人际交往中,经常要表达不祥的内容,这通常会根据习惯和习俗用一些褒义或中性词代替。具体如下:

1. 用有关或相近的事物名称代替

浙江一带,小孩肥胖,忌说"壮"。因为本地猪肥叫壮,而改说"个头好"。婴儿出生,不说"生了",因为有陌生、生疏之意,要说"领了"。还有很多地方忌"虎",通常会改用"猫"代称。比如温州把"老虎"叫做"大猫";长沙将"虎正街"改为"猫正街"。同时,由于"腐"和"虎"音同,因此把"腐乳"称为"猫乳"。北方人则称"老虎"为"大虫"。这种忌讳心理发展到极端,竟然连姓氏中的"虎"也被唤作"猫"。

2. 用反义语来替换不吉的词语

戏院里的太平门,原意为万一发生了火灾好让观众逃走,说"太平"乃失火事故之反义。相似的,"空"与"凶"谐音,于是便取"凶"的反义"吉","空屋出租"成了"吉屋出租"。广州人把"气死我"叫做"激生我","笑死我"叫做"笑生我"。广州的客家人忌说开药方,而改言"开丹底"。吴地习俗,行船忌说"住","箸"与"住"同音,故改称"筷儿",取"快"音。现在我们普通话中的"筷子",即由此而来。

3. 用比喻来代替不吉的词语

"崩"、"驾崩"及"山陵崩"等用来指帝王之死。"崩"之本义为山陵倒塌,把这个词转用到帝王之死上来,是在向人们喻示帝王是江山的顶梁巨柱,他们一经死去,便如同山崩地裂。上海的一些人通常忌言"梨"、"伞",而将它们比喻为"圆果"、"竖笠",以避讳"离散"之意。这些都是用比喻来代替不祥词语的例子。

---

③ 口头语。虽然口头语可以体现个性,但多数是语言的累赘。一般人常会不自觉地在说话时带上"这个"、"那个"、"嗯"、"啊"之类的口头语,会使本来精彩的话语变得使人厌倦。

④ 言必称"我"。在一般情况下,人们总是先接受一个人,而后才肯接受他的意见

的。心理学研究表明，一般人都不喜欢总以"我"为说话中心的人。而谦虚的态度，才是最易为人所接受的。因此，应避免过于显露自己的才学，言必称"我"。

⑤ 喜欢插话。要尽量避免打断别人。确实需要插话时，首先要征得对方同意。比如可以用商量的口气说："对不起，我有个问题……"或者"我可以说两句吗"。

⑥ 平衡。几个人一起交谈时，不能把注意力一直集中在其中一个人的身上而冷落了其他人。这样会给人目中无人、势利眼等错觉。这种情况下，可以时不时地看一眼其他的人。对于沉默者则应设法使他开口，如问他"你觉得这个办法怎么样"等。这样可以打破沉默，使更多的人参与到面谈中。

（6）面谈结束的技巧。

① 把握结束的时机。成功的面谈应该是意味深长而令人留恋的，继而使双方产生希望今后继续交谈的愿望。而在实际生活中，很多人不知道如何把握结束交谈的时机，常常到了双方都感到疲倦甚至厌烦的时候才终止交谈，这样不仅难以发展今后的联系，而且也可能使已经取得的成果尽毁。

一般来讲，我们要见好就收，在谈话的主题已经得以深入展开、双方进行了充分的交流、交谈情绪达到高潮时主动提出结束。这时，任何一方出现的其他情况均可以成为结束交谈的时机。比如，其他人的到来，电话、手机的响动等。我们要抓住机会，即使结束交谈。根据情况的不同，可以选择不同的结束方式，比如："不好意思，我们先谈到这儿吧，刚接到电话，有点事要处理。以后再联系啊！"或者说："您这儿来客了，我们改天再聊吧，我先告辞了。"

② 注意捕捉对方的"结束信号"。有时候，对方有事或者兴趣索然却不便说明的时候，常常会通过一些话语或者动作展示出来。我们要做一个有心人，善于捕捉这些信号，主动结束会谈，以免做一个没眼力的"讨人嫌"。这些信号可能包括：经常"不经意"地频繁看表；越来越快地转换坐姿；目光游离或精神不集中，前言不搭后语等。这时，我们最好是起身告别了。

此外，也有些人会用语言发出暗示。比如，吃饭的时候，对方开始催促服务员："请快些上主食，我们赶时间！"或者说："这些问题非常有意义。我明天正好要到外地开一个相关的专业研讨会，到时候顺便请教一下其他专家。"这两个例子中，后一句要更为"含蓄"，表明自己要"出差"，言外之意"我还要做些准备"，也就是暗示面谈因该到此结束了。

③ 表达进一步沟通的愿望。交谈结束时，要主动表达谢意以及进一步沟通的愿望。就如同交谈伊始通过各种问候建立起和谐融洽的关系一样，交谈结束也应该运用相关语言给面谈画一个圆满的句号。这样不仅可以给对方留下良好的印象，而且可以为以后的更深层次的交往埋下伏笔。

比如，可以说："感谢您给予的指点，耽误您宝贵时间了，以后常联系啊！"或者说："跟你交流真是受益匪浅，下次我还要向你多请教！"

总之，一次面谈的结束并不应该成为一段人际关系的结束，而是应该成为另一段交往的开始。一个有技巧的善于交往的人应该把握住面谈结束的机会，为下一次面谈做好铺垫。只有这样，才能把一段段面谈串成绵绵不断的良好人脉。

3. 受访者的技巧

在交谈中,受访者由于处于被动地位,通常会在回答面谈者提出的各种问题时遇到尴尬。尤其是遇到一些比较敏感的问题或者对方所问是自己不能或不愿回答的问题时,如果直接拒绝回答,就会使对方不高兴甚至使交谈就此中断。这时,掌握相应的回答技巧就变得十分重要。

(1) 直接转向其他话题。精明的沟通者在面谈中遇到敏感问题时,首先会就此问题回应一下,继而转向其他问题,比如:"不过,在此之前,我们还有更为重要的问题要谈……"这样就能将对方的注意力引开。

比如,在病房里,一位年轻的护士正在与病人交谈:

病人:护士小姐,你真是既漂亮又善解人意,追你的人一定不少吧?

护士:谢谢! 您今天胃口好些了吧? 中午吃了些什么啊?(谢谢您这么关心我,我们还是先关心一下您的健康问题吧!)

这两种回答都有效地回避了对方的问题,同时使交谈的话题转向了病人的一方,不管是病人的胃口还是健康问题,都是双方共同关心的。

(2) 转到与之相关的问题。

这种方法是,遇到难于回答的问题时采取非正面的回答方式,进而谈论其他相关问题。比如:

问:您准备什么时候结婚呢?

答:我要是结婚,一定会来……度蜜月的(说一个双方都感兴趣的地点)。

又如:

问:你现在一个月赚多少钱啊?

答:这个嘛,比上不足,比下有余吧。哎,现在大家收入都提高了,可是物价也是一个劲地长啊。生活可真是不容易啊……

这样的回答,可以将话题引开,使谈论继续下去。

(3) 学会机智幽默地解释。有一次新闻发布会上,记者问时任总理的朱镕基,如何看待香港某报纸说他"经常会拍桌子、捶板凳和瞪眼睛"时,朱镕基总理微微一笑,答道:"拍桌子是拍过的,不过我从来不吓唬老百姓。我是专门吓唬那些贪官污吏的。捶板凳手会很疼的。至于瞪眼睛嘛,不会瞪眼睛不就成植物人了么?"他幽默地回答,不仅巧妙地回应了记者,而且还坚定有力地表明了自己的立场。可见,在我们的日常交流中,机智幽默地解释有着重要的作用。

3.3 面试的组织

招聘面试是面谈中最常见的类型,也是与每个人都密切相关的。通过面试官和受试者面对面的交流,招聘单位可以进一步了解应聘者的情况,应聘者也可以了解一些与自己切身利益和职业发展相关的信息,最终使双方都作出正确的选择。

3.3.1　面试的重要意义

面试在招聘过程中必不可少,究其原因,主要有以下几个方面:

(1) 有效过滤"高分低能者"。由于教育体制等因素的长期影响,在笔试中脱颖而出的候选者中难免出现高分低能者。比如,在一些公司招聘笔试或者公务员笔试中,有些人成绩很高,但面试时却言语木讷,对所提的问题的回答观点幼稚、没有深度。有的则只知道书本知识,实际分析和解决问题的能力很差。

相反的,有人在笔试过程中没发挥好,如果仅以笔试成绩作为录用依据,那么就可能错过合适的人才。所以借助面试形式,就可以给一些优秀的人再次表现的机会。如在济南市的一次选调生录用考试中发现,有些人虽然笔试成绩不算很高,但在面试中对答如流,显示出了很大的发展潜力,从而成为理想人选。

(2) 考察笔试中难以考察的内容。笔试可以通过文字的形式考察一个人的知识水平素质能力,但很多素质特征比如一个人的仪表风度、口才、反应的敏捷性等却很难通过文字表现出来。例如,在文字性的笔试、问卷等测试中,应试者往往可以隐藏一些信息,并且可以做到天衣无缝。但是在面试过程中,却很难做到。因为此时,撒谎或者隐瞒事实的应聘者往往会在语气、神情上露出马脚。

虽然面试是主考官和应试者之间的一种双向沟通活动,但其主动权还是掌握在主考官手里。与笔试和心理测验相比,面试测评时主考官可以就专业、性格、技能等多方面对应聘者进行提问,具有很大的弹性和灵活性,进而可以了解面试者的多方面素质。

其实,面试只要精心设计、时间充足、手段得当,可以准确地测评出应试者的大多数素质和特征。虽然许多心理测验的问卷也是测评应试者的智力、心理、品德等的有效手段,但是如果把这些心理测验中的问题以口头问答的形式表现出来,由于信息量利用的高频率,就会得到更高的测评质量、更好的效果。另外,在面试中还可以引入无领导小组讨论、角色扮演、管理游戏等情景模拟的测评手段,能较为充分地考察应试者的组织协调能力、领导能力等。如果引入工作演示的方法,还可直接考察出一些应试者的实际工作能力。

最后,一些对应聘者的相貌、身高、身材等有较高要求的工作,则更多的要通过面试来选择合适的工作者。

3.3.2　面试的组织程序

面试有很多方法,如情景模拟法、无领导小组讨论法、文件筐作业等,一个完整的面试过程可能会综合运用多种方法。相应的,其组织程序也会有一些差别。但是不管运用何种方法,其组织程序一般都会包括以下几个步骤。

1. 根据工作分析确定面试测评要素

一般来说,公司对各岗位都有工作分析和工作说明,这是人力资源管理工作的重要组成部分。这时,面试者可以直接根据工作分析和工作说明,确定面试时要对面试者测评哪些素质。如果是一些人力资源管理不甚规范的公司,没有相应的工作分析和工作说明,那么面试者的首要工作是对拟任的岗位、职位进行分析,有针对性地提出应该测评的几项要素。

【实用链接】3.13

面试测评的主要内容

1. 风度仪表

包括应试者的体型、外貌、精神状态、衣着举止等。像国家公务员、教师、公关人员、企业经理人员等职位,对风度仪表的要求较高。研究表明,仪表端庄、衣着整洁、举止文明的人,一般做事较有规律、自我约束力强,同时也有较强的责任心。

2. 求职动机

了解应试者来本单位求职的目的,及其对哪类工作最感兴趣,工作目标是什么,进而判断应聘者的工作要求和期望是否与本单位的职位和条件相匹配。

3. 专业知识和工作经验

由于在面试中对专业知识的考察更具灵活性和深度,所提问题一般也是从空缺岗位对专业知识的需求出发的。因此可以更好地了解应试者掌握专业知识的深度和广度,以及其专业知识更新是否符合所要录用职位的要求,以此作为对专业知识笔试补充。

另外,面试官一般会根据应试者的个人简历或求职登记表,做些相关的提问。在此过程中,可以有效地补充、证实其实践经验,通过工作经历与实践经验的了解,还可以考察应试者的责任感、主动性、思维能力及处理事情的能力等。

4. 相关综合素质的考查

(1) 个人沟通能力。指的是面试中应试者是否能够将自己的思想、观点、意见或建议用语言流畅、正确地表达出来。主要包括:表达的逻辑性、准确性、感染力,以及音质、音色、音量、音调等的适宜性。

(2) 反应与应变能力。主要看应试者对所提问题的理解是否正确,回答是否迅速、准确,以及对于突发问题的反应是否机智敏捷、回答恰当,对于意外事情的处理是否得当等。

(3) 综合分析能力。面试中,应试者是否能对主考官所提出的问题,通过分析抓住本质,并且说理透彻、分析全面、条理清晰。

(4) 人际交往能力。在面试中,通过询问应试者经常参与哪些社团活动,喜欢同哪种类型的人打交道,在各种社交场合所扮演的角色,可以了解应试者的人际交往倾向和与人相处的技巧。

(5) 自我控制能力。自我控制能力对于企业管理人员、国家公务员等重要职位人员显得尤为重要。这主要表现在其遇到上级批评指责、工作有压力或是个人利益受到冲击时,是否能够克制、容忍、理智地对待,不致因情绪波动而影响工作。这种能力可以在面试中应聘者的言谈举止中有一定程度的显现。

5. 工作态度、上进心等个性特征的考查

首先,可以了解应试者对过去学习、工作的态度以及对现在面试职位的态度。在过去学习或工作中态度不认真,做什么、做好做坏无所谓的人,在新的工作岗位也很难说能勤勤恳恳、认真负责。

上进心、进取心强烈的人,一般都确立有事业上的奋斗目标,会努力把现有工作做好,且不安于现状,工作中常有创新并为之而积极奋斗。反之,上进心不强的人,则一般会安于现状,无所事事,对什么事都不热心。

另外,通过面试,还可以了解一个人的兴趣与爱好,这对录用后的工作安排常有很大好处。

除了以上方面,面试时主考官还可以与应聘者讨论有关工薪、福利等问题,以及回答应试者可能问到的其他一些问题等。这些都为双方做出正确的选择有很大的帮助。

2. 选择面试方法

确定好面试需要测评的素质之后,就要根据面试的目标和面试方法本身的特点和功能,选择合适的面试方法,切不可千篇一律。比如,文秘职位可选择"文件筐作业"方法;管理人员的面试可选择对案例或商业热点问题进行无领导小组讨论的方法;IT部门职位可选择上机操作的方法;而外语翻译职位则可采用笔试、口试、对话等方法等。

需要注意的是,根据测评要素内容的不同,可以综合采用多种方法。

3. 编制面试问题

问题的编制因面试需测评的要素以及面试方法的不同而不同。从面试内容上讲,如果面试是招聘中的惟一测试手段,且应试者的申请材料信息量不足,则面试的内容应该尽量广泛;如果面试只是笔试等其他形式测试之后的补充性考查手段,那么面试的内容应尽可能缩小在特定范围内。

从形式上讲,不管是具体问题,还是实施方案,都要围绕测评内容和目的,组织专家进行命题或提出方案。

4. 面试考官的组成

面试官的组成一般有三种形式:(1)由人力资源部负责组织,考官由人力资源部人员和相关专家组成。(2)由人力资源部和用人部门联合组成,考官由两部门按一定比例指派。(3)用人部门自行组织,考官由本部门人员组成。这三种形式各有利弊,同时也有着不同的适用范围。但是不管采取哪种组织方式,面试前都必须对考官进行培训,提高他们的操作水平,保证面试的质量。

5. 确定评价标准

面试官队伍组成之后,组织人员应该确定具体的评价标准,并告知面试官。也就是说,要让面试官明白,标准答案或者合格型答案是什么,受试者怎么回答算作正确的或有效的,怎么回答是不正确或者无效的。事先确定并同意评价标准有助于提高面试的公正性和有效性。

尤其是当某些面试由不同面试官分头进行的时候,评价标准的统一有利于受试者获得较均等的机会。同时也可以防止或者减轻面试官容易出现的"前松后紧"、"前紧后松"等不公平现象。

6. 组织实施

面试方案和计划确定后,首先要进行面试前的准备工作,包括面试地点的选择、常用物品的准备、通知应聘者面试时间、事先抽签决定面试顺序等。这些工作完成之后,面试便可以正式开始了。

3.3.3 提高面试效度和信度的常用工具

1. 面试问话提纲示例

面试问话提纲可以保证每个应聘者面对一致的问题,其回答对于面试官来说要有较强的可比性。其内容主要包括面试的主要项目、评价标准和提问方式等,一般采用表格的形式列出。同时,面试提纲有事先安排好的问话序列,有利于面试官把握好节奏。表 3.1 是面试问话提纲的一个例子。

表 3.1　面试问话提纲

项　目	问话要点	提　问　方　式
背景经历	把注意力集中在应聘者近期经历; 不应局限于单纯的工作简报,应深入到责任感、业绩、工资以及和其他工作的关联。	可不可以谈谈你平时工作一天的典型工作流程? 在目前的工作中,你最重要的工作设想是什么?或者你表现最杰出的是什么? 你招聘过人吗? 他们表现如何? 你主管的部门(工作)遇到的最主要的困难是什么? 你是怎样处理的?
知识技能	了解应聘者的专业理论知识、专业知识应用能力; 了解相关知识面的广泛程度; 专业知识的问题应由用人部门拟定题目。	提问专业术语和专业问题(能阐述一下企业的成长战略都包括哪几种吗?) 提问其知识的运用能力(能举个典型的多元一体化战略成功的案例吗?) 其他常识性问题。
智力性格	防止以貌取人。	你认为怎样可以使你在应聘的职位上工作做得更好? 与其他部门发生矛盾时,你怎么办? 你性格中最大的优缺点分别是什么?
求职动机和期望	对工作的态度; 应聘动机对工作行为的预期影响; 求职与变换工作的原因; 其期望的合理性和可满足性。	你为什么对这份工作感兴趣? 对这份工作有没有什么要求? 你认为工作和生活哪个更重要? 你在两年内的目标是什么? 你有五年规划吗? 可以简单说一下吗?
兴趣爱好	兴趣和爱好与职位要求的相关性。	你怎样安排业余时间? 你觉得理想的工作应该是怎么样的?
思维和表达能力	思维的逻辑性、表达的清晰性以及分析问题的透彻性。	不必拟定具体题目,可在以上各问题的回答中判断。
仪表仪态	礼貌性如何? 服装是否整洁? 举止是否得当?	可从其进入面试场地开始的举止、行为及整体印象判断。

2. 面试评估表和评估标准示例

面试评估表也是面试中经常使用的有效工具之一,可以防止面试者判断的片面性,能让面试结果更加全面。其中,引入了权重来调整不同面试项目的重要性。这样,最终的评分将兼具全面考虑和重点突出的特点。

面试评估表的要素包括:时间、日期以及面试者资料等基本信息;面试项目(根据公司或岗位情况而定);评价;权重;评估标准(附于其后)。

在运用面试评估表过程中要注意及时填写,若记录不及时,容易造成信息失真。

面试评估标及相应评估标准见表3.2、3.3。

表3.2 面试评估表

公司名称	面试评估表	页码
人力资源部		

职位:　　　　　　　　　　　　日期:
面试者:　　　　　　　　　　　评估人员:

面试者目前情况:
- 目前工作单位:　　　　　　　　■ 目前职位及工作年限:
- 目前薪资待遇:　　　　　　　　■ 期望工资:

能　力	评　价				
	1	2	3	4	注　释
客户导向					
责任性					
积极进取性					
判断和常识					
团队合作与沟通技巧					
执行力					
跨部门合作意识					
知识和技能	**1**	**2**	**3**	**4**	**注　释**
专业知识和技能					
电　脑					
英　语					
优　势					
劣　势					
总体评价					
决定录用与否	该候选人是否适合目标岗位? □适合　　□不适合				
如适合,按适合程度排列候选人先后顺序					

表 3.3 相关的评估标准说明

评估项目	评 估 说 明
客户导向 权重：＿＿＿＿	4. 提供超值服务，为客户创造附加价值。 3. 寻求反馈，不断改进客户服务方法。 2. 按职位责任要求为客户提供基本服务。 1. 不能按职位责任要求为客户提供服务。
责任性 权重：＿＿＿＿	4. 责任性非常强，能主动完成上级交办的工作。 3. 责任性良好，在上级指导下完成交办工作。 2. 有责任性，在上级督促下完成交办工作。 1. 责任性差，在上级督促下完成交办工作也很困难。
积极进取性 权重：＿＿＿＿	4. 积极参加质量改进活动，主动学习掌握新的技能。 3. 参加质量改进活动，学习新的技能。 2. 被动参加质量改进活动，被动学习新的技能。 1. 拒绝参加质量改进活动，拒绝学习新的技能。
判断和常识 权重：＿＿＿＿	4. 判断正确可靠，并能作全面细致的考虑。 3. 能正确判断和分析。 2. 对大多数情况判断合理。 1. 不可靠。
团队合作与沟通技巧 权重：＿＿＿＿	4. 主动与同事和上司沟通合作，效果显著。 3. 满意，符合工作一般要求。 2. 有时不愿意就工作问题进行合作和沟通。 1. 多次不合作。
执行力 权重：＿＿＿＿	4. 想尽办法完成任何一项任务。 3. 能完成大部分任务，对未能完成的任务从不寻找借口。 2. 有时不能完成任务，偶尔为此寻找借口。 1. 经常不能完成任务，并寻找各种借口。
跨部门合作意识 权重：＿＿＿＿	4. 在跨部门的工作中，表现出较强的主动合作精神。 3. 在跨部门工作中，能主动合作。 2. 在跨部门的工作中，有时不能主动合作。 1. 在跨部门工作中，多次不合作。

3. 面试控制板

面试控制板是指将面试有关的目标、要点、要求、程序、需提问的问题、注意事项等一一记录在案，以保证面试的规范化。同时，也可以有效控制面试官始终围绕目标进行面试，避免"跑题"。

3.3.4 面试者的原则和技巧

1. 面试官组成的合理性原则

如果条件允许，正规的面试应该注意面试官队伍的合理组成。在年龄上，最好老中青结合;在专业上,应吸收有业务实践、业务理论研究且面试方面经验较丰富的权威人士。

2. 面试应试者机会均等原则

在面试中公平性和公正性尤为重要。公平性体现在对应试者用"一把尺子"衡量,机会均等;公正性体现在考官评分要客观、公平,克服主观随意性。

3. 围绕面试的目的展开

有时面试官往往不由自主地岔开主题,甚至和应聘者闲谈,最后却发现该问的问题没有问、该考察的内容没有考察。面试官必须借助各种工具使面试围绕着预期目标进行。

> **【小贴士】怎样才能收集到有效信息**
> - 关键问题,只问引导问题。"倾听是有效面试的根基"。
> - 不问没有针对性的问题。
> - 不要随意打断谈话。
> - 控制谈话的进程。
> - 不要只关注某一个(类)问题。
> - 做好记录。
> - 维护候选人的自尊。
> - 善于用非语言性暗示。

4. 对受试者一视同仁、充分重视

尊重是任何沟通活动的基础,面试也不例外。在面试中,面试官切忌表现出漫不经心或者高傲的态度,这将会使受试者产生抵触情绪或者过分紧张,从而无法正常地表现自己。面试官还要避免先紧后松或者先松后紧的问题。很多面试官在刚开始时精力比较旺盛,精神也较集中,提问也会比较仔细,而工作一段时间后,则会产生疲乏、厌倦的情绪,有时便草草了事。这样的面试不仅对应聘者不公平,而且也不会产生理想的面试结果。

5. 注意措词和非语言信息

面试过程中,面试官应尽量面带微笑并注视应聘者,而非咄咄逼人,或心不在焉。在对方回答时,要认真倾听并适时回应,比如点头示意(表示你在听他的回答)。如果遇到应聘者答非所问的情况,可以说:"对不起,可能是我没有讲清楚,我是说……";如果应聘者的声音太小,可以礼貌地提醒:"对不起,我听不太清楚,能否请你大声一点?"等。

6. 防止以偏概全和"似我"心理

以偏概全,是指面试官根据对受试者某一方面的好的或者坏的印象做出的总体评判;"似我"心理则是指面试官发现受试者某些方面如背景、经历、性格等与自己相似时,就很容易对其产生好感,从而会给出较高的面试分数。这些心理因素会对面试结果的公正性、有效性产生负面影响,作为面试官必须尽量避免。

7. 其他

比如,应该准时面试,不要让候选人长时间等候;说话时眼睛应注视对方的眼睛;已经清楚的内容不需要再问;避免重复问题;注意候选人的肢体语言等非语言行为;积极创造并保持和谐的气氛,让候选人感到舒服、自然;用鼓励的眼光与候选人沟通、交流等。又如,在提问时应将问题集中在候选人最近的情况和教育背景上,且问题应与工作相关;如果对候选人的回答有怀疑的,不要当场表示等。

【实用链接】3.14

提问行为事例问题的"STAR"原则

STAR 原则是指提问关于行为事件的问题时,要问清楚以下四个问题:S: Situation (情况)、T: Task(任务)、A: Action(行为表现)、R: Results(结果)。也就是事件发生的背景、需要解决的问题、应聘者在事件中的行为表现以及最终的结果如何。

S(情况)/T(任务):发生了什么情况? 需要解决什么问题? 包括应聘者的职务、上司或客户对应聘者提出的要求等。

A(行动):怎样处理的? 做出了哪些实际行动? 通过候选人当时的行为,可以了解候选人以往的工作表现和行为习惯,包括完成某项工作的步骤、如何筹备和进行工作项目、应付紧迫的工作或避免工作延误所带来的损失、本应实行但没有做的补救措施等。

R(结果):达到预期目标了吗? 也就是评价其行动是否适当和有效。

应聘者的回答一般可分为三类:完整有效的 STAR 描述,面试官可以直接做出评判;只有部分的 STAR,比如应聘者只阐明了 STA、STR 或者 AR,这时面试官应该继续追问;假的 STAR,这种情况下应聘者的回答一般会含糊、主观,大多是空谈,这时面试官可以转到其他问题上。要知道,不具真实性的行为描述是没有任何评判价值的。

3.4 应聘者的准备和技巧

【读一读】3.15

面试官反感的几种求职者

尽管越来越多的大公司试图用比较科学、客观的方法来挑选合适的人才,但是,求职者留给面试者的"印象"还是会在很大程度上影响面试的结果。调查显示,面试官对以下几种求职者特别反感。

1. 目的不明者

一些求职者对自己没有合适的定位,对应聘的公司或岗位更是不甚了解,甚至在面试中问面试官:您看我合适干什么呢? 这样的求职者只是想要一个"饭碗"而已。他们可能会摆出一副愿意听从组织安排的样子,但是,这会让面试官认为:你连自己该做什么、想做什么都不知道,又怎么可以做出成绩呢?

2. 夸夸其谈者

由于面试时间有限,求职者需要在有限的时间里让面试者尽可能多地了解自己的优点和价值,适时地表现自己是十分必要的。但是,有些求职者为了加深面试官对自己的印象,在面试中夸夸其谈,竭力表现自己无所不知、无所不能,似乎此岗位"非我莫属"。这往往会给面试官不好的负面印象。

3. 纠缠不清者

在经过一段时间的交谈后,面试官会明示或暗示求职者:"今天就谈到这里吧。"但是有些迟钝的求职者,继续缠着面试者问这问那。虽然面试官出于礼貌,一般会继续耐着性子解答这些问题。但是一种"缠不清爽"的厌烦情绪会油然而生,对求职者先前的一些好的印象也会大打折扣。

4. 反客为主型

有些求职者容易反客为主,不等面试者开口,就向面试官发问尤其是工资待遇之类的问题。面试中,有人可能会问:你们公司的福利待遇怎么样? 上下班有没有班车? 需要经常加班么? 这样很容易引起面试官的反感。其实,面试官是整个面试的主导者,而他们则希望求职者先问自己并告诉他们"我能为公司做些什么"。

5. 倚仗人势者

有些人自恃有亲戚、朋友或领导介绍,大谈特谈与介绍人的关系,意在向面试官施加压力。其实,这往往有很大的风险。首先,现代的大多数企业尤其是外企更加看重求职者自身的能力而不是"关系"。其次,如果遇到面试官和你的介绍人根本不认识的情况,你的解释显然也是无用的。更有甚者,如果你的介绍人恰巧和面试官曾有过节,那么不但起不到积极作用,反而会让你"哑巴吃黄连"。

6. "保姆"陪护型

有些求职者尤其是刚毕业的学生,常常由家属或朋友陪同到面试现场。而有些家长则爱子心切,主动提出陪同,甚至代求职的孩子填表、介绍情况,就差回答问题了。显然,这种求职者给面试官的印象是:事事由别人包办的"孩子",能独立应付工作的压力吗? 这样的求职者极有可能因此失去宝贵的工作机会。

作为应聘者,面试时总是难免紧张,因为短短几十分钟的面试会决定自己能否得到一份心仪的工作,甚至可能会决定今后的人生轨迹。但是,越在乎越紧张,越紧张就越容易出岔子。如同以上提到的几种令人反感的求职者,是我们应该引以为戒的。其实,面试者可以通过事前的充分准备以及相应面试技巧的掌握来克服过分的紧张情绪,做到从容不迫地面对面试官、应对其所提问题。应聘者的准备工作和技巧问题主要包括以下几个方面。

3.4.1 准备工作

1. 准备一份好的简历

好的求职简历是打开面试大门的钥匙,对于应聘能否成功极其重要。一份好的简历必须资料充分、重点突出,只有这样才能吸引面试者,获得面试机会。如何制作一份高质量的简历是一件很复杂的问题,涉及内容、用语、排版等多方面的学问。简单说来,则有以下三大原则。

(1)要"简"。关于简历有"YRIS"一说,就是"Your resume is scanned,not read"的简写。也就是说招聘人员看简历只是扫描式的,是"筛选",而不是对所有的简历都进行仔细的阅读。因此,写简历要熟悉行文格式,进行专业的写作。另外,简历内容要尽量控制在一页内。

(2)要突出"经历"。用人单位最关心的是应聘者的经历,从经历来看应聘者的经验、能力和发展潜力。所以,一份好的简历必须要重点突出自己的各种经历尤其是相关经历。但是,切忌夸大其词甚至编造、注水。谎言总有暴露的时候,即便简历可以使你蒙混过关甚至拿到 offer,一旦让人知道你曾经撒过谎,那么也将饭碗不保。

(3)要突出所应聘的"职位"信息。招聘者关心应聘者经历的目的主要是为了考察应聘者能否胜任该职位,而以往经历与该职位的相关性和匹配性就决定了面试官是否会把你留下。因此,无论是写自己的经历还是做自我评价的时候,都要紧紧抓住所应聘职位的要求来写。

【读一读】3.16

一份简历的重要性

在求职面试流程中,简历的第一轮筛选接近"光速",每份 5—15 秒。如果你的简历上表明你超过竞争对手的亮点不够亮或者是亮点不够多,马上就被删掉,没被删掉的简历在第二轮中的筛选时间会延长到 15 秒至 5 分钟,主要是进一步分析简历亮点的真实性,看每一个亮点有没有置信度超过 90％的证据。简历关的通过率为1％—15％,也就是说只有极少的人能够凭借一份好的针对型高档简历,进入企业的下一轮的面试。因此,写一份针对型高档简历是至关重要的。在撰写简历前,首先应该明确简历的主要作用。

1. 像做广告一样,多快好省地把自己"推销"出去,因此千万不要太冗长。通常而言,应届毕业生没有太多工作经验,有的也是实习或兼职经历,中英文简历各 1 页A4 纸的篇幅足以。个别经历丰富者可为 2 页。将主要经历列在一张纸上,能帮助阅读者在最短时间内看到你的优势和亮点。

2. 获得面试的机会,而不是获得工作。获得面试的机会和获得工作有何不同?简历是求职的第一步,它是让招聘者对你产生兴趣的。当然,简历要体现出你与应聘职位的相关性,但如果你希望通过简历告诉别人你能胜任该岗位,恐怕结果会令你失望。因此,简历中的信息不求事无巨细详述其上,但求简单明了意犹未尽,让人有进一步了解你的兴趣。

3. 使你在众多求职者中凸显出来。既然要获得面试的机会,就要与众不同又不失典雅。除了艺术设计类职位的应聘简历,使人凸显出来的往往不是别具一格的形式,而是专业规范的风格、重点突出的内容编排。这可以体现出求职人的专业素养,使人产生信任感。

4. 证明你是适合这份工作的最佳人选。尽管前面说简历的目的是获得面试的机会,而不是获得工作,却仍然需要证明你的能力和素质是适合这份工作的。这就要做到重点介绍相关经验,让人产生你适合这份工作的印象。

基于以上目标,以下原则有助于你在书写简历时将自身的个人能力更好地彰显出来。

1. 针对性:求职者本身要有明确的求职目标,并且在简历中围绕你的求职目标来体现与求职意向相匹配的知识,技能和经验;很多求职者在投递简历的过程中,习惯将所有职业经验都写进简历,而对于名企来说,选择过程是"优中选优",如果没有相对突出的重点,是很难能得到面试机会的。

2. 价值性:简历中要以量化的业绩、成功经历来证明你具备相应的技能和经验。那么如何证明自己呢? 其实,再华丽的语言都不如实实在在的业绩,如果你目前的业绩暂时不是很突出,那在跳槽前一定先给自己充充电,使自己的业绩提高,这样能大大增加你进入名企的机会。就算没能成功跳槽,这段时间的表现被领导看在眼里,想必领导也会对你更加重视,在未来的工作中,升职或是加薪的机会也能够随之提高。

3. 客观与条理性:文字尽可能以专业客观的方式表达,要体现出清晰的逻辑顺序,用"第一……第二……第三……"来展示,在简历最重要的地方体现你最具含金量的背景。清晰的逻辑,是一个人能应付复杂工作的重要保障。

4. 用倒序的手法填写简历:一份"一目了然"的简历,一定要把应聘者的最大特点放在简历最突出的位置,千万不要让筛选简历的人,从你的简历里挑选、寻找。所以填写学历、工作经验时,要把最高学历、最近的工作经验放在最前面。

5. 少即是多:很多同学在第一轮递简历时往往会附加很多证书,千万不要这样做。厚重的简历可能会让简历筛选者生厌。所以,最好不要在第一份简历后附加各种证书。因为公司人力资源部门以及招聘部门负责人,在第一轮筛选简历时,几乎不会花时间去看简历后附的内容。最好的做法是:在用人单位通知你参加笔试、面试时,才提交你那些与申请职位相关联的证书,而且一定是如实提供相关证书。大学生求职,除了要有一份有效传递信息的简历外,还需要有一种敢主动出击、积极争取的素质。

2. 收集相关资料

(1) 准备好自己的资料。首先,要准备一个大小合适的公文包,女士的话可以用比较职业一点的手袋,这样会使人觉得你办事得体大方,值得信赖。当然,这个包必须是"井然有序"的,可以把需要的材料全部放入而又有条不紊。

首先，要把毕业证书、学位证书、专业资格任职证书、获奖证书、身份证、推荐信等相关材料准备好，放入包中并随身携带，以备面试官随时查看。公文包里除了放置上述个人资料外，还可以装一些有关学习或工作的材料，以备不时之需。比如，面试官如提到自己意想不到的问题时，就可以拿出随身携带的笔记本："我前些时候看到一篇相关的文章，很感兴趣，顺便作了笔记，您是否有兴趣翻一下？"如此一来，面试官必定会对你刮目相看了。

同时，还可以准备一本书或杂志放在公文包里。一来可以在等待面试的时候阅读，消除长时间等候导致的烦躁情绪的产生，并且可以让人安静镇定。二来，如果遇到面试官迟到的情况，你手上有书或杂志，正好可以全神贯注地看，显出丝毫没注意的样子。如果面试官是无心迟到的，就会对你的专心读书产生欣赏之情，同时也会对你有意无意表现出的对其迟到的谅解产生好感。如果面试官是故意让你久等来显示自己的威风，你则可以借看书避免和面试官的正面冲突。可见，这时一本书的用处真是不小。

（2）收集招聘单位的资料。在面试中展示出自己对应聘公司有一定了解的应聘者，往往会有很大的机会被录用，因为这至少代表了应聘者对公司的兴趣和诚意问题。

首先，要尽可能了解招聘单位的性质和背景，比如它属于哪一行业？生产什么产品？是国企、外企还是私企？企业文化（包括口号和形象）是什么？同时，还要尽可能了解招聘单位的业务情况，比如企业的业绩怎么样？主要竞争者有哪些？发展前景如何？另外，对招聘单位的组织结构、工作条件、薪酬福利等也应该事先有所了解。所谓知己知彼，百战不殆。

那么，收集这些信息的途径有哪些呢？首先，可以通过电话、新闻报道、广告、杂志、企业名录及查阅其他书籍找到。第二，要善于利用身边人的信息资源，可以向父母、朋友、同学或亲戚打听，也可以向在该用人单位工作的朋友咨询。另外，访问招聘单位的网站也是一个重要途径，一般来说，公司的概况、组织结构、企业文化、产品介绍等内容在网站里都会有相关介绍。

如果一个应聘者对招聘单位一无所知，则必然会被拒之门外。曾经，某市场营销本科毕业的男生，满怀信心地去应试著名化妆品"雅芳"（Avon）公司的销售人员。他以为，以自己的专业背景应聘销售人员，简直就是大材小用、绰绰有余。但是，在面试中当美方主试人问及他为何应聘该公司时，他不假思索地回答说"因为我喜欢'雅芳'啊！"结果弄得严肃的主试人忍俊不禁。原来，他只知道"雅芳"是这家公司的名称，却不知道"雅芳"是女性化妆品品牌！对产品一无所知的人，招聘单位又怎敢录用？

【读一读】3.17

知己知彼，方能百战百胜

家乐福成立于 1959 年，是欧洲第一大零售商，世界第二大国际化零售连锁集团。家乐福于 1960 年开始进入国际市场，现拥有 11 000 多家营运零售单位，业务范围遍及世界 30 个国家和地区。

家乐福招聘人才依据的是下面这些标准：

(1) 忌自大；

(2) 忌自卑；

(3) 忌谈薪水；

(4) 忌衣冠不整；

(5) 忌不了解企业文化；

(6) 注重基本素质，重视耐心、踏实、自信与有学习能力。

下面是面试家乐福成功案例：吴小姐(某师范大学法语系毕业)的故事。

在投简历前，小吴先收集了一些资料，还特意跑去了连锁店实地考察，并把自己所观察到的细节和真实感受都写进简历当中。几天后，家乐福人事部来电话询问小吴愿不愿意应聘人事经理助理职位。小吴当即同意了。面试时，她提前到了 20 分钟，填写了报名表格，稳定情绪。这次面试分别要面对 HR 经理、收银区经理、销售经理和法国总监，一共四轮考验。先是面对 HR 经理的面试。其中有一个问题是："假设你在家请客，客人来后才发现某品牌红酒没有了，你会怎么办？有三种选择，第一是赶紧去附近便利店买其他品牌红酒替代，第二是找专卖店花高价买同一品牌红酒，第三是去大卖场排一个小时队买同一品牌红酒。你选择哪种？"我选择了第二种办法。

HR 经理解释道："这道题其实是测试如果大卖场某种紧俏商品缺货，你会怎么办。选择第二种办法相当于到同行中购买，缺点是成本太高，说明你成本控制有点问题。"

接着是收银区经理的面试。其中的一个问题是"如果顾客和收银员产生矛盾，你怎么处理？"小吴十分自然地回答道："当然是向顾客赔礼道歉，并给他一个改善服务质量的承诺。""可是你都没有问究竟是谁对谁错！"经理马上指出了小吴的缺点。小吴也很快地辩解："我们是服务性行业，顾客永远是对的。"另外，经理还问了些工作的细节问题，小吴都坦诚地告诉他："因为自己缺乏经验，所以回答不周，但我以后会努力学习的。"

等到走进销售区域经理的办公室时，我看到地上有几个大纸团，我很自然地就捡起纸团扔进废纸篓里。销售经理的问题全是关于家乐福的，"你认为家乐福应该怎样和沃尔玛、麦德龙竞争？"因为小吴曾收集过家乐福的剪报，所以对公司是有一定的了解的，于是回答道："家乐福的特色是服务人性化和购物环境舒适，关键是发扬优势，建设好特色区域……"刚答完，销售经理就爽快地在表格上打了钩。

在上述面试中小吴在一般性细节问题上表现得并不完美，但做得比较好的正是"提前研究公司情况，包括实地考察"，"面试时得体的表现"和关键时刻的"团队精神"。

资料来源：http://www.xzzp.net/hr-msbd/article-12454.html。

（3）收集面试官的有关情况。面试官对你的印象往往决定着面试的成败，因此有条件的话要尽量对面试官有一定了解。首先，要想办法知道面试官的姓名，并且能对其进行正确的称呼，比如王经理、张总监等。尤其是当面试官是外籍人士时，有些不常见的名字或姓氏，要事先在词典中查出其准确发音。然后要尽可能了解到面试官的性格、背景、兴趣、爱好等。只有对面试官的情况了如指掌，你才能在面试时能守能攻，自始至终立于不败之地。当然，有些面试是不会事先公布面试官名单的，如果这样，也不必强求。

3. 其他准备工作

除了以上准备工作，还应事先做些"功课"，主要包括：

（1）仔细"温习"自己的求职履历。有些求职者会将简历进行过度"包装"，甚至含有"水分"。于是，常常会出现面试时自己都记不清"工作经验"先后顺序的情况，一上阵便露出马脚，不战自败。需要注意的是，如今企业在选拔人才时会着重考察履历的真实性，包装过头的简历往往会适得其反。

（2）准备好开场词等语言。每个人都应对语言有所选择，面试不同于闲聊，每句话、每一个词甚至每一个字都应有所挑选。因此，可以针对面试中经常问到的问题事先做一些准备。

（3）准备好同所申请的职位相吻合的服装及配饰。不同职位对服装的要求各异，求职者必须注意服装、配饰与职位的匹配程度。比如，同样是女性求职者，如果应聘行政助理类职位宜穿米色系的职业装，表现亲和力强的特点，而如果是应聘广告部门，则可以穿得更加时尚、随性一些。但是，一定要把握好"度"。一般说来，求职时的正式装扮，应是比较典雅、成熟的，而不是有许多装饰品、褶边或蕾丝的服装。

【读一读】3.18

外企面试前的准备工作

1. 确定 3W

明确面试前的三要素——时间（When）、地点（Where）、联系人（Who）：一般情况下，招聘单位会采取电话通知的方式。你这时可要仔细听。万一没听清，千万别客气，赶紧问，对于一些大公司，最好记住联系人。不要以为只有人事部负责招聘，在大公司里有时人事部根本不参与面试，只是到最后才介入，办理录用手续。关于地点，若不熟悉，可以先跑去查看查看地形。

2. 知己知彼

（1）事先了解一些企业背景。也就是先在家做一些调查。具体了解的问题可包括：企业所在国家背景、企业所处行业整体情况、企业产品、企业客户群、企业竞争对手、企业热门话题以及企业的组织结构。若有可能最好再多了解些这个企业大老板和部门经理的情况。这些足以显示出你对该企业的热爱和向往。在当今这个信息时代，你不妨到企业的主页中转转，说不定会有意外的发现。当然尽管你暗地里为

自己灌输了这么多企业的信息,可千万别一股脑全倒给人家,自然而然地流露出来才能达到你真正的目的,不要有卖弄之嫌,他们了解的一定比你知道的更深刻,随时会给你打分。

(2) 准备问题。仔细考虑:他们会问我些什么呢;我想了解些什么呢。

(3) 模拟面试练习。在国企的招聘中也许没必要,但你若要应聘外企,模拟面试练习至关重要。而在校学生则应更多地争取这种锻炼的机会。学生们得到实战的锻炼机会,到真的面试时,就没那么紧张了。

3. 披挂上阵

(1) 着装:力求简洁大方,无论你穿什么,都必须充分体现你的自信。一般来说,所穿的服装要保证干净,而且适合此行业穿着。尤其是去外企,一定要穿比较职业的着装。男士应着西装,女士应穿套装。着装的好与坏非常能左右你的自信心。只有你的着装与周围人相融合,你才会感到融洽放松,你的自信心自然也会提升。那么是否一定要穿名牌呢? 其实真的没必要。大的外企不会看重这些,真正看重的是你的内在素养。

(2) 面试所带物品:带好简历。也许你会问:"他们不是都有我的简历了吗? 干嘛还要我再带?"第一,一般来说收你简历的人和面试你的人往往不一定是一个人。第二,参加面试的人很多,简历容易混淆。第三,别以为面试考官不紧张。他一紧张把你的简历搞丢也真说不准。第四,面试考官有时会问你要简历,倒不是因为他没有,而且你的简历可能就放在他手上。他问你要的原因只是要看看你办事是否细心、周到,是否是有备而来。而且你想想,考官手里的简历可能是多次复印的版本,或许已模糊不清,面目全非了。若这时你把一份纸张精良,制作完美的原版简历送到他面前,他必定会眼前一亮。就这一亮的工夫,你的"前三分钟印象值"便已经直线上升啦。例子:清华大学会计系的几位同学到某著名的国际会计师事务所面试。等了一会儿以后,主试官告诉他们,由于某些原因,找不到他们的简历了,问是否可以另外提供一份简历。当时只有一位同学多带了一份简历。后来那位同学被录取了。从这件真实的事情中,你是否得到了一些启示呢?

4. 心理战术

(1) 保证睡眠:不要采取消极态度,觉得能睡多少睡多少吧。一定要按正常作息,保证足够的睡眠。不过有些人可能会兴奋过度或娱乐过头,导致自己第二天疲惫不堪,无精打采;有些人打破作息规律,早早就上床,睡得自己头昏脑涨,眼睛浮肿;还有一些人呢,紧张过度,死活睡不着。那么办? 总而言之,放松自己,睡个好觉。精神饱满地迎接第2天的面试。

(2) 早饭:按日常习惯最好。为什么说要按日常习惯呢? 这不仅是个生理问题同时也是个心理问题。如果在面试时突然感觉饿了,就极可能一下子变得很紧张。越紧张就越觉得饿,而越饿就越紧张。这样恶性循环,使得一个小的生理反应变成了一个大的心理反应。所以为了使自己放松些,可以早晨起来慢跑一会儿,以保证一个好心情。

(3) 建立自信:对于失业者,再就业并重建自信心是很关键的。尤其是那些从"九重天"跌下来的人,摔得太狠,爬起来亦会更艰难。但一定要记住,阳光总在风雨后,乌云散了有晴空。还有一些人,由于面试了很多次,经常是到最后一轮给刷了下来。久而久之,信心全失,认为自己是等不到"中举"的那一天了。其实你一定要记住,付出了总会有回报,只是时间的问题。成功总属于执著的人。

最后要说的是,万一在面试当头的节骨眼,碰上了晦气的事情,怎么办? 其实想必大家都有这种体会,当一个人保持一种积极的态度和一个良好的精神状态时,坏事会变好,好事也会变得更好,无论什么事你都能泰然处之。但当一个人情绪低落,态度消极时,眼前看到的便全是黑色事件,倒霉的事接踵而至。其实这都是一些心理的主观因素在作祟。用一颗平常心、一颗充满阳光的心去看这个世界,你会发现其实这世界很美。乐观一些,你会天天充满自信。

3.4.2 面试中的技巧

1. 语言技巧

语言能力是面试中考察的一个重要指标,一般面试官都认定应聘者应该有社交能力,而在大家面前正确、恰当地表现自己就是最基本的技巧。如果一个人说话时经常用"恐怕"、"那"、"这"等口头语,就会给别人犹豫不决的印象。语言技巧从用词到语气、语调都有很多学问。

(1) 说话要简明扼要。在讲述同一件事情时,有些人说了很多话,让听众花了很多时间和精力,但还是无法把意思表达出来。而有的人用短短的几句话就把意思说清楚了。比如,在面试时,如果对方问你对自己的认识,你可以这样回答:我相信我自己。如果问你对公司的看法,你则可以这样回答:我以前是听说贵公司能让人发挥才能,而现在是感受到贵公司能让人发挥才能。总之,面试时要尽量用最简短的语言,传达尽可能多的信息,无论是自我介绍还是回答问题,都要措辞简练、言简意赅,切忌繁复冗长、絮絮叨叨,或口若悬河、答非所问。

(2) 表达要突出个性。富有创新精神的人才,往往是深受用人单位欢迎的。面试中,具有独创精神的语言和行动,能够给用人单位留下深刻的印象,获得用人单位的青睐。一家广告公司为了扩大业务进行招聘,参加面试的人很多。有位年轻人排在应聘队伍的第37位。面对众多的竞争者,他想出了一条对策。他走到主考官身旁说道:"先生,我排在队伍的第37位。在我没有面试之前,请您最好不要做出决定。谢谢!"广告公司就是要用这种善动脑筋且富有创意的人,这位年轻人别具一格的言行,让主考官在众多的应聘者中发现了他。最终,他凭着良好表现通过了面试。

（3）态度要真诚朴实。任何时候都不要说谎，因为任何一家用人单位都会对被录用的求职者进行了解和调查，因此，谎言最终只会害了自己。曾经有这样一件事：某公司组织招聘复试。主考官对一位求职者说："你上次面试时表现不错，但那次职位太少，这次对你的录用，我们会优先考虑的。"可这位求职者并没有来这家公司应聘过，于是他坦诚地回答道："先生，你弄错了，我并没有在贵公司应聘过。"主持人微笑着说："年轻人，我很欣赏你的诚实。我决定，不是优先，而是你的复试已经通过了。"可见，面试语言贵在真诚可信，要在充分展示个人优点和特长时，突出自己的思想境界和品德修养。

招聘者一般都认为做人优于做事。所以，面试时求职者一定要诚实地回答问题。一位企业的人事主管说，以前曾经面试过一个女孩，面试时她说自己有男朋友，进入公司后又说没有男友。问她原因，她说曾在一些书里看到，如果说有男朋友就会给人稳重、有责任感的印象。实际上这样做非常不好，面试时的欺骗行为是不利于以后发展的。

（4）称呼要得当。据心理学家研究，一个人对别人怎样称呼自己十分重视，称呼恰当，能使对方产生相容心理，感情就较融洽；称呼不当，可能会招致对方的不满或反感。所以，面试时，首先应称呼恰当，这对于参加面试的人来说很重要。这里不妨对各行业进行分类，如工厂、企业的同志，你可以称呼"师傅"、"老师傅"；对事业单位的知识分子，可以称呼"老师"；对外企人员可以称呼"先生"、"小姐"、"女士"；对党政机关部门人员可以称呼"同志"或者其职务"某科长"、"某局长"等。

（5）语气要得体。问话应朴实、简洁，不要过多的提问，以免使主考官产生厌烦情绪。另外也不要说一些漫无边际的话，让用人单位产生厌恶的感觉，比如"最什么"、"特什么"、"非我不可"等话，都显得应试者极不成熟。无论是哪一种语言对于各种句式都有语调规范。有些同样的句子，用不同的语调处理，可表达不同的感情，收到不同的效果，求职者讲话时应注意场合语气。

（6）不能过分使用语气词、口头语。例如，老是用"那么"，"就是说"、"嗯"等引起下文，或者在英语的表达中使用太多的"well"，"and"，"you know"，"OK"及故作姿态的"yeah"等，不仅有碍于语言的连贯，还容易使人生厌。

【实用链接】3.19

常问问题和最佳答案

根据保圣那管理顾问公司针对人事主管的调查，统计出 15 个人事主管最常问的问题和最喜欢的答案。

问题 1：你为什么想离开目前的职务？

A. 别的同仁认为我是老板前的红人，所以处处排挤我。

B. 调薪的结果令我十分失望，完全与我的付出不成正比。

C. 老板不愿授权，工作处处受限，缚手缚脚、很难做事。

D. 公司营运状况不佳,大家人心惶惶。

解答:超过一半的人事主管选择 C,其次为 D。选择 C 的回答,可以显示应征者的企图心、能力强,且希望被赋予更多的职责。选择 D,则是因离职原因为个人无法改变的客观外在因素,因此,面谈者也就不会对个人的能力或工作表现,有太多的存疑。

问题2:你对我们公司了解有多少?

A. 贵公司在去年里,长达 8 个月的时间,都高居股王的宝座。

B. 贵公司连续 3 年被××杂志评选为"求职者最想进入的企业"的第一名。

C. 不是很清楚,能否请您做些介绍。

D. 贵公司有意改变策略,加强与国外大厂的 OEM 合作,自有品牌的部分则透过海外经销商。

解答:以 D 居多。道理很简单,他们希望求职者对所申请的工作有真正的了解,而不仅仅是慕名而来。

问题3:你找工作时,最重要的考虑因素为何?

A. 公司的远景及产品竞争力。

B. 公司对员工生涯规划的重视及人性化的管理。

C. 工作的性质是否能让我发挥所长,并不断成长。

D. 合理的待遇及主管的管理风格。

解答:以 C 居多,因为公司要找工作表现好、能够真正有贡献的人,而非纯粹慕名、求利而来的人。

问题4:请谈谈你个人的最大特色。

A. 我人缘极佳,连续 3 年担任工会委员。

B. 我的坚持度很高,事情没有做到一个令人满意的结果,绝不罢手。

C. 我非常守时,工作以来,我从没有迟到过。

D. 我的个性很随和,是大家公认的好好先生(小姐)。

解答:这题理想的回答是 B。A、C、D 虽然都表示出应征者个性上的优点,但只有 B 的回答,最能和工作结合,能够与工作表现相结合的优点、特质,才是面谈者比较感兴趣的回答。

资料来源:http://yl.tmjob88.com/ViewArticle.asp?id=8471

2. 其他技巧

(1) 答问技巧。首先要把握重点,条理清楚,切忌答非所问。面试中,招聘者提出的问题过大,以致不知从何答起,或求职者对问题的意思不明白是常有的事。"你问的是不是这样一个问题……"将问题复述一遍,确认其内容,才会有的放矢,不致南辕北辙、答非所问。在招聘者中不乏刁钻古怪之人,可能故意挑衅,其实这是一种战术提问,可以测试应试者的适应性和应变性。最后要诚恳,知之为知之,不知为不知。面试中常会遇到一些难以回答的问题,诚恳坦率地承认自己的不足之处,可能会赢得招聘者的信任和好感。

（2）发问技巧。面试结束时,招聘者一般会问你有没有问题。这时可以适当提问,提问的重点应该放在招聘者的需求以及你如何能满足这些需求上。应该注意的是,所提问题要紧扣工作任务和职责。比如:该职位所涉及的责任以及所面临的挑战;该职位与所属部门的关系以及部门与公司的关系;该职位的工作应该取得什么成果等。但是,要避免问一些通过事先了解能够获得的信息,这会让对方质疑你的面试目的和真诚性。

（3）交谈仪态。面试时的心态是至关重要的,摆正自己的心态很大程度上关系着应聘的成败。首先,要展示自己的真实实力和真正的性格,切忌伪装和掩饰。有些应聘者在面试时刻意隐瞒自己认为不利的性格特点,比如本身不善言谈,较内向,面试时却试图表现得外向、健谈,结果却适得其反,让招聘者反感。其次,要以平等的心态面对招聘者。面试时如果以平等的心态对待招聘者,可以避免紧张情绪。最后,态度一定要坦诚,一个真诚的人是最能获得别人的好感的,这也是日常沟通活动的一个重要原则。

【实用链接】3.20

应聘者应该把握的"四个度"原则

面试过程中,应聘者一定要好好把握以下"四个度":

体现高度,在交谈中展示自己的专业水平。一方面是政治思想水平和强烈的敬业精神;另一方面是专业水平。对问题回答不能满足于"知其然",还要答出"所以然"。

增强信度,在交谈中展示自己的真诚。首先,态度要诚恳,交谈不要心不在焉;其次,表达要准,少用"可能"、"也许"、"大概"等模棱两可的词语;再者,内容要实,尤其对于自己的优缺点要一分为二,实事求是。

表现风度,在交谈中展示自己的气质。一方面要体现自身的外在美,另一方面更要体现内在的气质。言语是一个人内在气质、涵养的外在体现,要注意用自己的语言魅力展示自己。

保持热度,在交谈中展示自己的热情。要注意做到:主动问候,精神饱满,悉心聆听。

【实用链接】3.21

诱导式问题的回答

诱导式问题的特点是,面试官往往设定一个特定的背景条件、诱导对方做出错误的回答,因为也许任何回答都不能让对方满意。

这时需要用模糊语言。如:"依你现在的水平,恐怕能找到比我们更好的公司吧?"对此可以先用"不可一概而论"作为开头,然后回答:"或许我能找到更好的企业,但别的企业或许在人才培养方面不如贵公司重视,机会也不如贵公司多,我想珍惜已有的最为重要。"

还有一种诱导式提问似乎是一道单项选择题,但如果你选了,就会掉进陷阱。

比如对方问:"你认为金钱、名誉和事业哪个重要?"可以这样回答:"我认为这三者之间并不矛盾。作为一名受过高等教育的大学生,追求事业的成功当然是人生的主旋律。而社会对我们事业的肯定方式,有时表现为金钱,有时表现为名誉,有时两者均有。因此,我认为我们应该在追求事业的过程中去获取金钱和名誉,三者对我们都很重要。"

又如,你前去应聘一家公司的财务经理,面试官突然问你:"你作为财务经理,如果我(总经理)要求你在 1 年之内逃税 100 万,你会怎么做?"如果你当场抓耳挠腮地思考逃税计谋,或文思泉涌列出一堆逃税方案,那就上了圈套。这个问题正是用来测试你的商业判断能力和商业道德。要记住,遵纪守法是员工行为的最基本要求。

【实用链接】3.22

如何做一场成功的集体面试

许多企业因为考虑到人的主观性,大都会在第一或第二次面谈时,采用集体面试的方式。所谓集体面试,是指由两位以上的面试官,同时出席对应征者的考察,被考察对象在三个以上应聘者。这种方式,可以避免个别面试官的偏见,经由综合所有面试官的结论,对应聘者产生较客观公正的评价。

下面将针对销售型岗位,谈谈如何做一次成功的集体面试。对于销售型岗位,集体面试不仅可以考验人的抗压能力,还可以在集体面试的问题和模拟角色扮演的互动游戏中发现销售应聘者的创造性和竞争力。

一家房地产代理公司的需要进行大量招聘销售人员,想通过集体面试,我建议的方法如下:

(1) 如何设计销售类应聘者的集体面试。

A. 简历甄选:务必在集体面试前熟悉应试者的简历,了解个人的主要经历和业绩;

B. 进行无领导小组讨论,这个效果比较好,当面试官发现表现不够充分的人需增加追问;

C. 对重点关注的个人增加半结构化面试,提高准确性和效率。

考察要点:需要公司有胜任力模型,根据岗位的胜任特质进行考察就可以;如果没有胜任力模型,需要根据公司的特点和岗位要求进行分析,提出考察的要点。

简历甄选主要是考察工作经历是否符合贵公司要求；无领导小组讨论，主要是考察沟通能力、影响力、解决问题的能力、思维策略等；半结构化面试侧重了解工作经历的真实性，设计工作中的假设困难，请应聘者对工作中遇到的问题、如何解决问题进行反思等。

（2）集体面试注意问题。

A. 笔试时间：可以根据岗位情况使用不同情况的试题；

B. 主考官作公司简介：主考官要职业且有亲和力，介绍内容要客观真实且让应聘者充满兴趣；

C. 应聘者自我介绍：必须规定一下自我介绍的时间、重点，并要求所有人回答几个共通的问题；

D. 单独询问的问题：追问在个人介绍中没有提及岗位要求需要关注的事宜；

E. 无领导小组讨论：考察团队合作、领导能力、表达能力、逻辑思维能力等；

F. 结束语：说明后面的时间安排，并表示感谢。

（3）观察考核的角度。

A. 时间观念：约在同一个时间，应聘者来的时间肯定不一致，可以看出他们的时间观念，来得太早和迟到都不好，最好的是提前5分钟到。

B. 举止礼仪：在前台进行应聘者表格填写，面试官可暗中观察，填好的人有没有不耐烦的情况。面试官隐身，这个时候可能是他们最不加掩饰的时候，可以发现应聘者是否有不雅举止等。打招呼的方式，包括递简历的手势方式都可以作为考查的范围。

C. 落座位置的选择：引领应聘者进入面试区域，看看他们如何落座，落座的位置和坐姿等等。

D. 表达能力：自我介绍时间3—5分钟，看应聘者的语言表达和逻辑性，条理清晰度，是否完整但又简练能突出重点。同时，在发言者之外观察其他人此时的表情和反应。

集体面试的成功在于：第一，要通过招聘面试方案设计，在流程中找到合理时间。它向应聘者展示了公司舒适的工作环境或者优势条件，不仅为公司形象做了广告，并吸引了应聘者的认同和归属感，同时减少应聘者的面试压力；第二，需要利用应聘者之间的竞争，展示了应聘者的基本素质是否与职位匹配；第三，清晰招聘面试的目的性，首轮集体面试一气呵成，通过笔试、交流等形式删选出2—3名（根据集体面试人数决定，但每一批集体面试建议不超过10人）进行复试，复试根据招募职位的所需人数决定是否可以第二轮的集体面试。一个成功的集体面试，既可以节约招聘的时间成本，也会给应聘者留下公司选人高效精准的印象，并体现应聘公司的高效等企业文化。

3.4.3　结束时的技巧

多数情况下,面试结束时应聘者并不是能立即知道是否被录用,而是通常会被告知:"这样吧,××先生/小姐,我们还要进一步考虑你和其他候选人的情况,如果有进一步的消息,我们会及时通知你的。"事实情况是,许多公司尤其是大型跨国公司经常是经过两三轮面试之后才知道最后几个候选人是谁,而且还要再作最后的综合评估。所以,应聘者不能只是"等"通知,而应该注意面试结束时的技巧以及事后的追踪。

面试结束时,应该对用人单位的面试官抽出宝贵时间来与自己见面表示感谢,并且表示期待有进一步与其面谈的机会。这样不但能表现出自己杰出的人际关系交往能力,而且可以给面试官留下更深刻的印象,为自己增加制胜的筹码。

在告别时,最好是与面试官以握手的方式道别。离开办公室时,应该把刚才坐的椅子放回原来的位置,再次致谢后出门。经过前台时,要主动与前台工作人员点头致意或说声"谢谢,再见"。

面试之后,回到家里,可以发 Email 或者电话表示感谢。这样可以加深自己给招聘人员的印象,增加求职成功的可能性。在感谢信的开头应提及自己的姓名及简单情况以及面试的时间,并对招聘人员表示感谢。

面试后还要及时总结,将面试中所遇到的每个提问,每个细节都记载在专用的面试记录本里。一次面试的成功与否并不是最重要的,最重要的是从每一次面试中吸取经验教训,对这些不足重新做准备,以便在下次的面试中有所提高。

需要注意的一点是,一般情况下,招聘单位最后确定录用人选可能需要三五天的时间。在这段时间内,求职者一定要耐心等候,最好不要过早地打听面试结果。

【活动演练】3.23

绩效反馈式面谈

准备活动:准备以下材料。

1. 背景简介。

2. 张晓敏和李锐刚的评估表。

3. 观察者须知。

布置会议场所:室内居中摆一张桌子,作为经理的办公桌,桌两边摆两张椅子,椅子位置要适合员工和经理交谈,同时方便观察者观看。

步骤一:

1. 从班级学员中选出两人,一个扮演主管,一个扮演员工。

---

2. 其他的学员观察。

3. 每个参与者仔细阅读背景介绍。

4. 扮演主管的参与者请仔细阅读张晓敏的角色介绍,扮演员工的学员请仔细阅读李锐刚的角色介绍。两位学员在扮演过程中不要看相关的材料。

5. 观察者阅读观察者须知。

步骤二:

1. 两位学员准备好后,张晓敏进入办公室,在办公桌前坐定。稍候,李锐刚进来。演练开始。

2. 完成会谈的时间不定,通常设定为 20—30 分钟。演练要求到会谈结束。若出现激烈争吵,或毫无进展,也可结束。

步骤三:

讨论。分小组或整个班级,回答并讨论以下问题:

1. 简要总结面谈。

2. 描述张晓敏和李锐刚对彼此的看法和认识。这些对会谈有什么影响?

3. 评价整个面谈过程的沟通情形,张晓敏是否达到了最初的目的? 作为主管,他所选择的面谈方式,对面谈节奏的控制,是否恰当?

4. 他们相互的看法和认识正确吗?

5. 该面谈过程中,哪些是需要进行改进的?

背景简介

张晓敏是威龙童车公司的工程部电子科科长。工程部的职责是产品设计、制图、产品成本预算。设定产品标准、生产现场检查和产品生产跟踪。张晓敏负责八名一线主管,他们的职责是包括技术和管理两方面。

公司证词要求各科室的科长每年对手下的主管进行绩效反馈面试。面谈目的有三:(1)评估主管一年来的工作业绩;(2)对主管表现突出的地方给予嘉许和认可;(3)指出主管工作中的不足之处,并希望在今后的工作中提高。

今天张晓敏将与其指导的主管之一李锐刚进行反馈面谈。

李锐刚电子工程专业大学本科毕业后分配到此公司工作,已经工作了五年。李锐刚担任主管一职已经有两年了。除了负责部分技术问题外,他还指导七名部下工作,包括一名初级设计员和六名制图员。由于负责的技术问题对专业有很高要求,他的工资很高。他已成家,并育有一子。

资料来源:康青,《管理沟通》,中国人民大学出版社 2006 年版。

第4章 谈判

一人之辩,重于九鼎之宝;三寸之舌,强于百万之师。

——刘勰

内容提要

- 谈判的概念、特点、分类、基本要素与原则
- 谈判的一般程序与基本策略
- 基本的谈判技巧
- 不同文化背景下的谈判风格

【案例导读】4.1

乔布斯与默多克

默多克新闻集团旗下拥有《华尔街日报》、《纽约邮报》,遍布全球的地方报纸,福克斯电影公司及福克斯新闻频道(Fox News Channel)。乔布斯会见默多克及其团队时,他们也要求拥有通过苹果应用程序商店订阅的用户信息。但是,乔布斯拒绝了他们的要求后,有趣的事情发生了。默多克并非一个易被说服的人,但是他知道自己在这个问题上并无筹码,于是接受了乔布斯的条件。"我们希望能够拥有这些订阅用户,也奋力争取了。"默多克回忆道,"但是史蒂夫不肯在这种条件下合作,于是我就说,'好啦,那就按你说的合作吧。'我们觉得再继续浪费时间毫无意义。他不会退让,而且如果我站在他那个角度,我也不会退让,于是就同意了。"

默多克是新闻集团的董事长兼总裁。以股票市值来计算,新闻集团是世界上最大的跨国媒体集团,影响力只会比苹果更大。以个人资产来说,默多克和乔布斯不相伯仲。但80岁的默多克在谈判中完全让给55岁的乔布斯。

谈判实力从哪里来?比如你想买一本绝版书,你家财万贯,卖家穷困潦倒,谁更有谈判实力?很难说。如果人家不至于缺了你的钱就饿死,但你除了他这儿没有其他地方能买到,那么更可能让步的肯定是你。所以,谈判实力与地位无关、与能力无关,甚至与财力无关。谁更能承受得起谈判破裂的后果,谁的谈判实力更强。

在这个片段中,就双方谈判的事项而言,如果谈判破裂,那么乔布斯没有太大损失,但默多克就不能实现进军电子阅读的战略,所以默多克的谈判实力处于劣势。

资料来源:http://www.chaishubang.com/?p=72。

4.1 谈判概述

设想一下这样的场景：购物时，为了可以接受的价格与小贩讨价还价；课堂上，与同学们进行激烈的辩论，希望对方认同自己的观点；工作时，由于薪资问题与老板协商等等，其实这些都是谈判，每个人每天都在与谈判打交道，可以说谈判无处不在。有人形容生活就像一张大的谈判桌，那么到底什么是谈判？

4.1.1 谈判的概念

美国谈判学会主席杰拉德·尼尔·伦伯格（Gerard Neil Lemberg）于 1968 年在其名著《谈判的艺术》中对谈判下了这样的定义："只要人们为了改变相互关系而交换观点或为某种目的企求取得一致意见并进行磋商，即是谈判。"但他指出，凡是成功的谈判，对每一方来说都是有限的胜利者。并指出谈判实际上是一个"合作的利己主义"过程。尼尔·伦伯格坚持认为对人行为的认识是任何谈判的基本因素；需要和对需要的满足是谈判的共同基础。基于这样的观点他提出了谈判的需要理论，这一理论得到了众多理论家和实践家的肯定。

英国谈判学家 P.D.V.马什一直从事谈判策略和谈判的数学、经济分析方面的研究。并于 1971 年《合同的谈判手册》一书中对谈判的定义如下："谈判是指有关各方为了自身的目的，在一项涉及多方利益的事物中进行磋商，并通过调整各自提出的条件，最终达成一项各方都较为满意协议的过程。并且这个过程是在不断协调中完成的。"他还特别强调，在这一过程中调整各自提出的条件的重要性的结果就是折中。其对谈判概念的定义对于商务谈判有着现实的指导意义。

然而美国当代谈判学家雷法不主张对谈判下精确的定义。雷法说谈判既是"艺术"又是"科学"。所谓"艺术"是指谈判者社交的技巧，信任他人、说服他人并为他人所信赖的能力，以及知道何时和如何运用这些能力的智慧。所谓"科学"是指谈判者对所要解决的问题进行"系统分析"。雷法认为在人们对谈判领域还缺乏深入系统的了解前，过早地过于精细地确定某些概念，非常容易束缚谈判学的发展和完善。

在此我们对谈判概念定义如下：

所谓谈判，是一个过程。在这个过程中，两个人或多个人或群体各自阐述自己所关心的问题和利益，意欲达成一个双方都能够接受的协议。这个定义说明了双方都有投入精力进行谈判的愿望，并且都愿意为达成一个共同协议而合作。

4.1.2　谈判的特点

通过对谈判概念的分析,总结谈判具有以下几个特征:

(1)谈判的主要目标是让对方接受己方的观点、基本利益或者行为的方式,企图通过谈判来说服对方。

谈判主体中一方所要追求的目标可能并不是另一方想要追求的,同理,一些人所维护的利益可能和另一些人想要维护的基本利益正好相反。由于所处的自然环境和社会环境等因素存在差异,再加上各自的思想、文化素质、道德、心理发展等方面都有所不同,这就决定了谈判主体中各方追求的目标和所维护的基本利益可能并不一致。当一方希望自己所追求的目标和所维护的基本利益得到对方理解与接受的时候,就可以通过谈判来达到互相理解、协调。

【读一读】4.2

分橘子的故事

一天有两个孩子得到一个橘子,于是这两个孩子便讨论起来如何分这个橘子。两个人为此争论起来,为了各自分得的橘子不比对方少最终达成了一致意见。由其中一个孩子负责切橘子,而另一个孩子拥有优先选择橘子的权利。于是,这两个孩子按照原来商定的办法各自得到一半橘子,两个人高高兴兴地拿着自己的一半橘子回家去了。

第一个孩子把半个橘子拿到家,就把橘子皮剥掉扔进了垃圾桶,把果肉放到果汁机上打果汁喝。而另一个孩子回到家把果肉挖掉扔进了垃圾桶,把橘子皮留下来磨碎了,混在面粉里烤蛋糕吃。

从上面的故事可以看出,虽然两个孩子各自得到了看似公平的一半橘子,但各自的利益并未在谈判中达到最大化。如果他们在分橘子前做好了良好的沟通,彼此都很了解对方的利益诉求,那么一个小男孩会得到所有的橘子肉而另一个也会得到全部的橘子皮。

---

(2)信息交流和思想沟通是取得谈判成果的基础。

思想交流、信息交流和利益交换是谈判沟通特点所要求的,这三个方面既相互独立又相互影响。思想上的沟通依赖于信息的交流,信息交流、思想沟通的程度又同时制约或决定着谈判的结果。随着谈判的进行、信息交流的深入,谈判各方的思想会发生不断的变化。所以在谈判中,双方要及时地进行信息和思想上的交流、沟通。

(3)谈判是一个谈判各方互动的过程,单方面的行动并不能构成谈判。

谈判各方如果想要实现自己的利益、观点,必须在谈判的过程中不断地调整各方的利益关系。谈判各方都需要通过做出一定程度的妥协来达到谈判目标。否则,各方争执不下、互不相让,那么各方的利益都不可能得到实现。所以,不断地对各自利益需求进行调整是实现谈判目标的必然途径。

(4) 谈判者的语言与非语言艺术在谈判信息的传递中起着举足轻重的作用。

谈判的过程就是谈判各方交谈的过程。各方通过语言阐述自己的想法和意见,同时倾听对方的观点与看法。他们把己方的信息传递给对方,同时还要把接收到的对方的信息转化吸收。在谈判中,信息不仅仅靠语言来传递。谈判者也通过体态、表情等一系列非语言方式来传递信息,同时也通过这些非语言方式来接受、理解对方传递出来的信息。

4.1.3　谈判的基本要素

1. 谈判的主体

参与谈判的当事人即是谈判的主体。谈判总是在人的参与下才能进行。所以即使有时从表面上看是某些组织或组织之间的谈判,实际上仍然是这些组织中某些具体个人彼此之间的谈判。谈判的当事人可以是双方,也可以是多方。

谈判主体按其在谈判中的地位可分为主动方和被动方,而双方关系是在不断进行着转换的。为了使谈判取得圆满成功,谈判人员应具备良好的素质和修养。

【实用链接】4.3

成功谈判者的心理要求

为了保证谈判思维活动的正常进行,谈判者在整个谈判活动中应努力使自己具有并保持下面所要求的心理状态。

1. 深沉

谈判者应冷静沉着、掩而不露、从容不迫地应对面临的问题。尽量避免喜怒冲动于表、急躁心切于行。深沉可以为清晰思路创造良好的心理基础。惊恐、冲动、忙乱往往是谈判之大忌。并须指出的是谈判者并不是要让人"感觉到"或自己"做出深沉的样子",而是深沉体现于处理问题的每一个细微思维活动之中。这也就说明行为、表情、言语与内心思维活动之间是可以保持一定距离的。

2. 理智

谈判者对自己处理问题的能力必须非常清楚。对于自己无法处理、无法控制的问题切不可丧失理智。换句话说,能处理的问题一定要冷静地处理好;不能处理的问题必须寻求其他途径解决。有的谈判者由于无节制性,结果本来清晰的思路也被对方设置的圈套打乱。

---

3. 调节

谈判者必须注意根据实际情况变化和需要及时调节自己的心绪。一个人的心理平衡往往会因发布条件的变化而受到干扰甚至被打破，因此谈判者要通过相应的条件保持或重新建立起新的心理平衡。比如，对手的谈判条件发生变化、更换谈判人员、谈判环境改变、原有协议被新建议代替、双方谈判实力对比发生变化等，都会对谈判者的心理状态和思维活动产生影响。这时，尽快调节自己的心理状态，是谈判者应付外界环境变化或实现自己企图的重要心理基础。善于调节的谈判者，其思维方式虽然也会起变化，但能见机行事，能抓住那些转瞬即逝的机会，"见风转舵"，获得主动。

资料来源：张强，《谈判学》，华中科技大学出版社 2003 年版。

2. 谈判的客体

谈判的相关议题和内容即是谈判的客体。谈判的客体必须是与当事人各方的利益有某种程度联系的观点、提案或事物等。要成为谈判的客体要具备三个条件：

（1）它是双方共同关心并希望得到解决的问题。

（2）具备可谈性，即谈判的时机要成熟。

（3）必须涉及双方或多方的利益关系。

3. 谈判的目的

谈判各方当事人都会通过与对方打交道，并促使对方做出某种行动或做出某种承诺来达到一定的目的。如果只有谈判的主体和客体而没有谈判目的，那么就不能称之为真正意义上的谈判，而只能称为闲谈。这样的谈判是不完整的。

谈判和闲谈的主要区别在于：

闲谈并不涉及谈判主体各方的利害冲突和经济关系，不会导致各方当事人的尖锐对立和竞争，所以通常是在轻松愉快的氛围中进行的。

而谈判涉及谈判各方当事人的利益，并且通常是在存在尖锐对立或竞争条件下进行的。无论谈判主体表面现象是否轻松愉快、诚挚友好、坦率认真，谈判都是各方智慧、胆识、应变能力的交流或交锋。有无目的性和达到这种目的的手段，决定了闲谈与谈判在一定条件下相互转化的可能性。

4. 谈判的结果

谈判的结果标志着一次谈判过程的完成。不管这个结果是成功还是失败，是否达成了谈判双方的意愿，谈判都应有个结果，这样谈判才是完整的。而没有谈判结果的谈判活动我们称之为"不完整谈判"。陷入僵局的谈判或出现"怪圈"的谈判往往容易演变为"不完整谈判"。而"不完整谈判"极大地降低工作效能、耗费谈判者的精力，对谈判主体的自信心也会产生不利的影响。谈判者应该积极避免"不完整谈判"发生，向着谈判目的靠近。

4.1.4　谈判的分类

根据不同的标准,可以把谈判分为不同的种类。以下只简单介绍几种分类。

1. 商务谈判与非商务谈判

按照谈判所涉及的利益性质,可以将谈判分为商务谈判和非商务谈判。

商务谈判,其内容、议题、目的具有某种经济目的。常见的商务谈判有商品贸易谈判、代理谈判等。

非商务谈判是指以非经济目的为谈判内容、议题、目的的谈判。例如,外交事务谈判,家庭事务调解等都是以非经济为目的。

2. 正式谈判与非正式谈判

按参与谈判各方代表的身份与对谈判议题和内容的准备和关切情况,可将谈判分为正式谈判和非正式谈判。

正式谈判中各方代表的身份象征着官方或某一利益集团,并且谈判者对谈判议题和内容有着充分的准备,态度积极关切。

非正式谈判往往是接触性的、试探性的,对于谈判的议题和内容也许并没有做好充分的准备,一般起通报立场、情况,沟通关系的作用。非正式谈判往往为正式谈判铺路搭桥。

3. 分配性谈判与整合性谈判

分配性谈判。在这种谈判中,谈判方要完成对固定数额的利益分配。此类谈判中的关键问题是,谁将取得谈判中的最大利益,而其中一方获得的利益即是对方所付出的代价。分配性的谈判是在零和条件下进行,即双方的既得利益总和是固定的,一方的收益以另一方的付出为代价。买卖中的讨价还价即属于这种谈判。

整合性谈判。在这种谈判中,谈判各方为了取得最大利益,彼此合作将各方的利益都纳入合同中来。这类谈判促成的交易是由各方共同创造价值并进行利益分配。

普遍认为整合性谈判要优于分配性谈判。因为整合性谈判最能建立起长期的关系并促使将来的合作。它使得双方有所联结,并且在谈判完毕时都有胜利的感觉。都感觉到自己的利益扩大了,能够在谈判中获得好处。而在分配性谈判中由于利益是相互矛盾的,所以总有一方是输家,或者双方都会认为最终结果对自己并没有什么好处,或者自己的利益受到了对方的影响。所以分配性谈判造成双方对立不利于长期交易关系的发展。谈判中倡导双赢式的整合性谈判。

4.1.5　谈判的基本原则

随着谈判学理论的不断完善,现代谈判的各种原则逐步确定,谈判的技巧、策略等也不断成熟。不同的谈判原则适用于不同的谈判类型或不同的谈判内容,但是谈判的基本原则却是任何谈判都需要遵守的。

这里所指的基本原则是进行谈判的指导思想,是如何运用技巧、策略的指南。

1. 平等互利原则

平等互利指的是谈判人员享受平等的权利、承担平等的义务,在此基础之上求得各自有利的谈判结果。谈判主体的各方参与谈判的主要目的是为了获得一定的利益,这也是谈判产生的原因。谈判的这一特点要求参与谈判的各方都必须遵守平等互利的原则。所以谈判不是一场球赛,必须分出胜负或输赢。

首先在谈判中,我们必须积极贯彻平等互利原则,注意要着眼于双方的利益。谈判中出现的冲突或分歧往往是内在利益的冲突。而在谈判中人们又会错误地假设维护自己的利益就会遭到对方攻击。其实,双方的共同利益要大于冲突性的利益。其次,谈判各方的利益常常不止一种,而是多种,所以我们需要同时考虑双方的多重利益。

平等互利的原则适用于各种类型、各种层次的谈判。在谈判中应本着互惠互利、彼此尊重、相互理解的态度去谋求各方的共同利益。

2. 友好协商原则

和平协商原则实际上解决的是谈判中人际关系的问题。相互信任、友好的气氛关系可以使谈判顺利的进行。给对方留下良好印象也会使对方更加注意己方的利益。

既然是谈判,彼此间在利益问题上肯定会发生分歧甚至是冲突。所以我们常常会看到谈判的各方因为协议或合同条款发生冲突或分歧。不管分歧的程度如何,谈判的各方都应本着友好协商的精神来处理。同时还要避免使用强制、要挟、欺骗和人身攻击等不良手段。所以当冲突很深难以解决时,宁可暂停谈判,也不可以违背友好协商的原则。

在谈判时间中贯彻和平协商原则必须把握以下两点:

(1)正确地提出看法,共同讨论。消除谈判中双方分歧的最好方法就是把它摆到桌面上,各自提出看法来共同讨论。只要每一方设身处地为对方考虑,并以坦诚的态度来对待,那么双方都会冷静地考虑问题。但需要特别注意的是,不能为了保持良好的谈判氛围而在实质问题上做出让步。提出看法或观点时还要注意语言上的艺术,避免让对方感情上难以接受。

(2)准确清晰的传达己方信息。由于沟通困难而使双方产生误解、误会,也常常使谈判各方感到对方缺乏诚意。有时可能还会导致人际关系的对立。因此为了清晰表达出自己的观点,使沟通清晰有效,就要尽量使用简洁明了的语言。还应注意说明自己的感受与重申自己的看法和加深对对方看法的理解。

3. 对事不对人原则

所谓的对事不对人的原则是指,在谈判中把谈判对手本人和谈判中所讨论的问题、观点区分开来。任何的谈判都是由谈判的主体——人来完成的,而谈判中的"人"有自己的文化传统、价值观念、喜怒哀乐等。所以在谈判时应该把人和事分开,要学会客观冷静地分析事实及相互关系,要学会站在对方的立场考虑问题,不要指责对方,要理解对方的情绪。

所以为了尽量做到对事不对人,要多阐述客观情况,避免指责对方。还可以采用双方都参与提议、协商的方法,并积极适时地称赞对方的观点。

4. 原则和策略相结合

谈判的过程是一个调整双方利益以求得妥协的过程。谈判各方的立场不同、利益不同,引起冲突或分歧是不可避免的。而关键问题在于发生冲突或分歧时,应该秉持什么态度、根据什么样的原则来争取通过谈判达到最佳效果。

谈判中,我方既要坚持原则,又要留有余地。凡涉及我方根本利益的原则问题,我方必须寸步不让、据理力争。而对于一些非原则性的问题,可以在不损害我方利益的前提下做出某些让步,以换取对方在其他方面对于我方的让步。在此过程中,一定要坚持原则和策略相结合,坚持贯彻"有理、有利、有节"的方法。

4.2 谈判的一般过程与策略

谈判在当今社会扮演着越来越重要的角色。然而,想要在谈判中取得"双赢",谈判前的准备不可忽视。下面就谈判前的准备工作包括谈判前的信息准备、谈判主题和目标的确定及策略、谈判方案的制订,介绍如何做好谈判前的准备工作,确保谈判过程顺利进行。

4.2.1 谈判前的准备阶段

1. 谈判前的信息准备

在现代社会中,任何一项活动都离不开信息,我们每个人都是信息的传播体,也是信息的接受体。有了先进的科技作为基础,全世界的信息都能在短时间内获得。信息在谈判中也起着非常重要的作用。无论是对谈判对手利益需求的分析,还是对市场行情的估计,在很大程度上都取决于高质量的信息的获取。

【案例】4.4

业 务 洽 谈

某企业要向德国购买一套先进的机械设备,派一名高级工程师与其谈判。为了不辱使命,这位高工做了充分的准备工作,他查找了大量有关这个设备的资料,花了很大的精力对国际市场上该设备的行情及德国这家公司的历史和现状、经营情况等了解得一清二楚。谈判开始。当谈判购买机械自动设备时,德商报价230万美元,

---

经过讨价还价压到 130 万美元,中方仍然不同意,坚持出价 100 万美元。德商表示不愿继续谈下去了,把合同往中方工程师面前一扔,说:"我们已经作了这么大的让步,贵公司仍不能合作,看来你们没有诚意,这笔生意就算了,明天我们回国了。"中方工程师也没有挽留,公司的其他人有些着急,甚至埋怨工程师不该这么谈。高工说:"放心吧,他们会回来的。同样的设备,去年他们卖给法国只有 95 万元,国际市场上这种设备的价格 100 万美元是正常的。"

果然不出所料,一个星期后德方又回来继续谈判了。高工点明了他们与法国的成交价格,德商又愣住了,没有想到眼前这位中国商人对于价格如此的清楚,于是不敢再报虚价,只得说:"现在物价上涨的利害,比不了去年。"高工说:"每年物价上涨指数没有超过 6%。你们算算,该涨多少?"德商被问得哑口无言,在事实面前,不得不让步,最终以 101 万美元达成了这笔交易。

(1)谈判信息的作用。谈判信息不同对谈判过程的影响非常复杂,所以谈判信息在谈判中的作用也就有所不同。

① 谈判信息是制定谈判战略的前提。在正式谈判之前,如果缺少了信息,就无法确定谈判的方案与策略、洞悉对方情况,不能明确对手的风格和优势,这样就没有胜算的把握。

② 谈判信息是控制谈判过程的手段。能够掌握全面的信息并充分高效利用信息的谈判者才能控制整个谈判过程,最终控制谈判的发展方向。

③ 谈判信息是谈判双方交流的媒介。谈判过程就是相互磋商交流的过程。在磋商开始时,谈判者要明确对方开出条件的背后原因,及时对谈判形势作出判断。因此,谈判信息在双方中间扮演着中介的角色。

(2)谈判信息收集的主要内容。

① 谈判宏观环境的信息。一方面是国家有关政策法规的内容,详细了解有关国家或地区的政治状况、谈判双方有关谈判内容的法律规定、有关国家或地区的外汇管理政策和国内各项政策;另一方面应该分析国内外市场发展形势,掌握市场容量和消费需求、销售信息,产品竞争信息,从而有助于制定谈判目标,并掌握谈判的主动权。

② 谈判对手有关的信息。可以通过对手现在或过去的雇员、曾与对手打过交道的人、文献资料来收集信息,或者直接观察来收集信息。可以从以下几个问题入手:他们为什么想和我们谈判?他们为什么要现在谈判?他们真正的动机是什么?他们和我们谈判的备选方案是什么?关于他们的可信度、道德观、文化风格,我们知道些什么?我们是否了解谈判对手的个性特点?有的谈判队伍会分派出一些组员,甚至雇用咨询公司的成员。

(3)谈判信息的策略。

① 相关信息内容。在构建说服对方的论据时,谈判者需要确定应包含哪些主题和事实。这时需要考虑的是:

要使提供的产品或服务对对方有吸引力,在实际谈判中,许多谈判者花大量时间去解释产品或服务对于自己的吸引力,而不是对对方的吸引力。谈判者需要了解对方的资源、利益及需求、对方的目标以及对方的其他选择。掌握了关于对方需求和兴趣的信息后,谈判者就能够提出有高度吸引力的产品或服务方案。

谈判者需要有效组织信息、规范信息,以使对方信服。现实生活中许多人都经历过买新房,必须装潢才能入住的情况。首先购房者会确定一家值得信赖的装潢公司,这就需要我们花时间了解市场上装潢公司的基本信息,并从中挑选数家作为选择的基础。接着购房者会去了解,例如建材的现价、材料的优劣等。下一步就是要有效地组织这些信息,这样才能确保在同装潢公司进行谈判时,能够说服对方,从而做出最优的选择。

② 相关信息结构。人们所受到的影响还来源于谈判者如何安排其信息。放在陈述的开始、中间还是结尾。信息结构在这里就显示了重要的作用。

首先,注意信息的组成。例如,当某公司难以说服员工接受改变整套规则时,可以将整套规则拆分成特定规则,分别讨论在各部门间转移,工作种类的变动等。这样将复杂的问题拆分成较小的问题时,就有可能集中争论某个问题而导致谈判双方对许多问题进行换位思考,并在全面考虑后相互妥协。

其次,注意信息顺序的安排。谈判者必须在提到对方不爱听的话题之前及早表述对接受方有吸引力的信息。相反,当话题对于接受方来说不是那么有趣,不熟悉或不很重要时,最重要的观点应该放在最后说,以取得最新印象的优势,即最后提出的倾向性应该最容易记忆。但当信息接收方的当前观点可能有抵触时,最好慎重使用这个最新印象。

再次,注意信息重复的次数。谈判中有声语言的应用表现为面对面的双向传递,所以信息重复的次数对双方都有比较大的影响。电视和电台广告的经典回放画面就说明了重复的力量,可以加强信息的理解,然而,多余的重复就可能使人开始产生抵制反应。

最后,注意信息的结论。例如,有时买房者会提出许多问题,房子的采光、墙面油漆的材料、建造的时间等,在最后会让对方去得出结论,即让售房者自己去寻找结论(降低房价),这样往往会起到很有效的作用。但是,对于思维非常古板并固执的人,不陈述结论则等于将最重要的说服工作放在一边。通常,不要假设对方会得出自己希望得出的结论,并且要明确向听众讲明结论,以确保对方完全理解自己的意思。

2. 谈判主题和目标的确定及策略

(1) 谈判主题和目标的确定。

谈判的主题就是参加谈判的目的,对谈判的期望值和期望水平。不同内容和类型的谈判有不同的主题。一般一次谈判只为一个主题,因此在制定谈判方案时也多以此为中心。在表述主题的方式上应言简意赅。

在谈判的主题确定以后,接下来就是要制定谈判目标。这里可以分为最高目标、实际需求目标、可接受目标和最低目标。

最高目标也叫最优期望目标。它是己方在谈判中所要追求的最高目标,也往往是对方所能忍受的最大限度。在实践中,最优期望目标一般是可望而不可即的理想方向,是谈判开始的话题。

实际需求目标是谈判各方根据主客观因素，考虑到各方面的情况，经过科学论证、预测和核算后，纳入谈判计划的谈判目标。

可接受目标是指在谈判中可努力争取和做出让步的范围。它能满足谈判一方的部分需求，实现部分经济利益。

【小贴士】

让步三思而行：不要接受最初的价格；不做无谓让步；让步幅度不要过大；每做一项让步，都必须使对方明白争取不易；让步的幅度越来越小、数字越来越精确；不轻易提出最后的底价。

最近目标是谈判的最低要求，如果不能实现，宁愿谈判破裂也没有讨价还价、妥协让步的可能。在谈判中，表面上一开始要价很高，往往提出最优期望目标，实际上这是一种策略，保护的是最低目标，乃至可接受目标和实际需求目标。

（2）在不同目标之间做出让步的策略。

商业谈判的成功，某种程度上是双方妥协的最终结果。妥协就是让步。让步也要视双方的情况和谈判形势灵活决定。有时候需要一步，有时候需要分段让步。在这个过程中要注意以下几个方面：

① 不能过快地做出让步，否则很可能泄露自己的底线，并且使对方对我们产生不信任感。生活中，消费者在讨价还价买东西时，往往正是由于售货员过快做出让步，一下就满足了还价要求，消费者反而对商品的质量、性能等都产生怀疑，认为自己吃了亏。谈判中，做出大的让步，对方就难以信任并且也不愿意付出较高的代价。最好的让步应该是开始时采取较强硬的态度，然后在谈判中做出一些必要的和小幅的让步。

② 要留有让步的余地。卖方可以开出比自己实际出价高的价格，买方可以开出低于自己实际能承受的价格，做出让步的姿态，逐步接近成交价格。

③ 掌握谈判中让步的频率和程度。控制自己的让步幅度，不断修改己方谈判标准和满意程度的谈判者更容易获得谈判的成功。

（3）谈判方案的制定。

一个好的谈判方案必须做到简明、具体、灵活。谈判方案包括谈判目标、谈判议程、选择谈判地点和安排谈判人员等方面的内容。

① 谈判的议程，简单来说就是指谈判的议事日程。谈判议程包括谈判的时间安排、确定谈判议题、谈判议题的顺序安排、通则议程与细则议程的内容。

首先，谈判时间的安排是指要确定谈判在何时举行，为期多久。若是一系列的、需要分阶段进行的谈判，还应对各阶段的时间做出安排。谈判时间的安排是否恰当，会对谈判结果产生很大影响。一般来说，谈判者在选择谈判时间时，要考虑下面因素：

第一，谈判的准备状况。在安排谈判时间时要注意给谈判人员留有准备时间。

第二，谈判人员身体和情绪状况。谈判是一项精神高度集中，体力和脑力都消耗比较大的工作。谈判人员应尽量避免身体不适、情绪不佳。

第三，谈判的时机。谈判者应尽量避免在自己急于买进或卖出商品时才进行谈判。

其次，确定谈判议题。谈判议题是双方讨论的对象，凡是与谈判有关的都是谈判的议题。首先要将与本次谈判有关的问题罗列出来；其次，将罗列出的各种问题进行分类,确定问题是否重要;最后将对己方有利的问题列为重点问题加以讨论,对己方不利的问题尽量回避。

再次,谈判议题的顺序安排有先易后难、先难后易和混合型等几种安排方式。先易后难就是先讨论容易解决的问题,为讨论困难问题打基础;先难后易是指先集中精力讨论重要问题,再解决其他问题;混合型就是不分主次先后,把所有的问题都提出来进行讨论。要注意有争议的问题最好不要放在开头,以免影响以后的谈判。有争议的问题最好放在谈成几个问题之后,最后一两个问题之前。结束之前最好谈双方都满意的问题,以便给双方留下好印象。

最后,通则议程与细则议程的内容。前者是谈判双方共同遵照使用的日程安排,后者是对己方试审议同意后具体策略安排,供己方使用。通则议程通常解决双方谈判讨论的中心问题,一般由一方提出,或双方同时提出,经双方审议同意后方能正式生效。细则议程具有保密性,一般包括对外投资的统一,谈判的顺序,提什么问题等。

② 选择谈判地点。谈判效果也会因为谈判场所的不同而不同。通常来讲,对于重要的问题和难以解决的问题最好争取在本单位进行谈判,在本单位与对方谈判,具有诸多优势,例如向领导请示、查找相关资料和数据比较方便;对于一般性问题和容易解决的问题,或是需要到对方单位了解情况时,也可以在对方单位举行谈判,但必须做好充分的准备,在对方单位也有一些好处,例如便于观察对方公司情况,方便与对方上司和其他人士接触等;还可以找一个中间地带的场所,这样双方所在的条件就等同了。

【实用链接】4.5

谈判地点的选择

美国心理学家泰勒尔和他的助手兰尼做过一次有趣的实验,证明许多人在自己客厅里谈话更能说服对方。因为人们有一种心理状况:在自己的所属领域内交谈,无需分心去熟悉环境或适应环境;而在自己不熟悉的环境中交谈,往往容易变得无所适从,导致出现正常情况下不该有的错误。

日本的钢铁和煤炭资源短缺,而澳大利亚盛产铁和煤,日本渴望购买澳大利亚的铁和煤,在国际贸易中澳大利亚一方却不愁找不到买主。按理说,日本人的谈判地位低于澳大利亚,澳大利亚一方在谈判桌上占据主动地位。

可是,日本人把澳大利亚的谈判人员请到日本去谈生意。一旦澳大利亚人到了日本,他们一般行为都比较谨慎,讲究礼仪,从不过分侵犯东道主的利益,因而日本方面和澳大利亚方面在谈判桌上的相互地位就发生了显著的变化。

澳大利亚人过惯了富裕舒适的生活,派出的谈判代表到了日本不过几天,就急于想回到故乡去,所以在谈判桌上常常表现出急躁的情绪,而作为东道主的日本谈判代表可以不慌不忙地讨价还价,他们掌握了谈判桌上的主动权,结果日本方面仅仅花费了少量款待作"鱼饵",就约到了"大鱼",取得了大量谈判桌上难以获得的东西。

4.2.2　谈判接触阶段

在双方谈判者彼此开始接触之初,双方精力都比较充沛,所有谈判者的注意力也比较集中。这个阶段对整个谈判过程具有非常重大的影响,原因主要有:第一,开始接触时的谈判话题会对后面谈判的议题和解决问题的方式产生一定的作用;第二,各方会对从对方的言行举止中观察、分析对方,以此确定自己接下来的行动方式;第三,谈判接触阶段的气氛会对以后的人际关系和谈判气氛产生作用,进而影响谈判的最终结果。

谈判者们站着交谈一段时间后,开始走向各自的座位,这预示着正式谈判即将开始。入座后,用短暂的一段时间整理文件、调整座位,然后谈判开始。

在这个阶段,谈判者要发挥个人影响作用,努力营造一种易于使各方意见趋于一致的意向,创造出和谐的开场气氛,逐步引导谈判过程向达成共识的方向发展。切不可仅凭自己对对方的第一印象行事,也不要立即对对方的某些立场做出反应,应该多了解对方立场背后的需求和制约这些需求的条件。只有做到这些,发言才有力量。

4.2.3　谈判磋商阶段

谈判磋商阶段也叫做交锋阶段,磋商是体现谈判本质的过程,是谈判过程的核心内容。谈判人员在谈判的准备阶段和接触阶段已经通过不同的方法了解到一些对方的信息,但更多、更直接的信息还需要通过面对面交流才能掌握。

【实用链接】4.6

荷伯·科恩的经典谈判

谈判大师荷伯·科恩曾代表一家公司去购买一座煤矿。公司给荷伯可接受的价格是2 400万美元,但矿主对煤矿有深厚的感情,开口要价2 600万美元。荷伯出价逐渐提高:1 800万、2 000万、2 150万,但卖主毫不心动,谈判磋商陷入僵局。后来矿主终于说:"我的一个朋友煤矿卖了2 550万美元,而且还有一些附加利益。"

荷伯明白了症结所在,他对煤矿进行了深入的走访,发现了该矿主的另外一些需求:

1. 矿主对煤矿有很深的感情,他不希望将煤矿卖掉后就和煤矿没有关系了——这是从和他一同创业的一个同事那里了解到的。

2. 煤矿的大部分工人都在这里工作了很久,和矿主的关系很好。矿主担心煤矿卖掉后这些老兄弟会丢掉饭碗——这是从一位老工人那里了解到的。

---

　　3. 矿主提到的他朋友是他一直以来的竞争对手,他一直都不想输给他——这是荷伯和他一起吃饭时了解到的。

　　针对这些荷伯与矿主对交易的额外条件进行了磋商最后达成了几个附加条件:

　　1. 收购后的煤矿仍旧沿用老煤矿的名称,并聘用矿主担任技术顾问。

　　2. 煤矿中80%的工人与新东家签订劳动合同,继续为煤矿服务。

　　3. 公司一次性付清款项,这比他的那位朋友的五年之内付清的条件好得多。

　　不久谈判达成协议。最后以2 250万美元成交。

　　在这个谈判磋商期间,荷伯通过与对方公司面对面的交流等,抓住了关键性问题,从而赢得了谈判主动权。

1. 处理反对意见的方法

　　在磋商过程中,往往会遇到许多反对意见,下面将介绍一下处理反对意见的方法。

　　(1)举例法。举例法是指借用已有的先例来说服对方。使用这种方法的关键是例子必须真实确切,恰如其分,并给对方提供验证的机会和条件。

　　(2)正面回击法。对于那些出于不良动机的反对意见,可给出必要解释或置之不理。在某些特殊情况下,给以正面回击也是必要的。这种方法不要过多使用,容易产生对立情绪。

　　(3)移花接木法。就是先对对方的意见给以肯定,然后再陈述自己的主张,对对方的意见加以补充,婉转地指出其片面性。这种方法可以有效地避免对方产生抵触情绪。

　　(4)充耳不闻法。谈判人员有可能在谈判桌上表现出大发牢骚,甚至提出某些与谈判议题无关的意见,对此不要介意,一笑了之即可。

表 4.1　处理反对意见的方法

方　　法	注　意　事　项
举例法	例子必须真实确切,恰如其分,并给对方提供验证的机会和条件。
正面回击法	对于出于不良动机的反对意见,要给予必要解释,不宜过多使用。
移花接木法	可以有效地避免对方产生抵触情绪。
充耳不闻法	使用时要慎重,仅对某些与谈判议题无关的意见使用。

2. 谈判磋商阶段中的注意事项

　　(1)检查并核实对方所开列条件的全部项目,询问如此开价的原因。探索出该项目在对方心目中的分量。

　　(2)在开始磋商时对对方的答复要记下来研究,暂不发表评论。坚持己方立场,避免过早或过深地陷入个别问题的讨论中。

　　(3)千万不要主观臆断对方的观点和动机,更不能替对方讲话。随意推测会引起对方的不快,结论也未必正确。

　　(4)对于较复杂的谈判,有时也因客观条件的限制只能采取函电的形式进行磋商。

这时候谈判者要注意,如果不能到实地考察,一定不能正式签约。正式合同签订时,双方代表应同时在场以体现签约的严肃性。

综上所述,正式谈判是谈判过程中最紧张激烈的阶段,在谈判对手的操纵下,磋商阶段变得极富艺术性。一句话、一个眼神、一种姿态都可能使讨价还价的过程变得丰富多彩。这些都对谈判者的知识水平、谈判经验等提出了较高的要求。

4.2.4 谈判收局阶段

收局阶段是谈判的最后阶段,它标志着谈判即将结束。谈判协议日益成熟,最终交易形式也逐渐清晰。从表现形式上看,收局可以表现为成交和破裂。签订协议成交后,双方相关人员要按照协议上的细节进行付款。谈判双方要重视这个阶段的文字处理和后续工作,并尽量采取有效的策略以获得更大的收益。谈判成功自然皆大欢喜,破裂也不足为怪。谈判者要经得住考验,保证尽量少犯错误,给彼此留面子,为今后开展进一步的工作打好基础。

(1) 得寸进尺策略。这种策略是指在谈判中,对方总是提出这样或那样的小难题,阻碍整个谈判的进程,使得己方不断地解决小问题。对应这种策略的解决办法是要求对方一次性提出所有小难题,然后己方才进行回应。这样就会使"得寸进尺"策略的使用者感到尴尬。

(2) 过时不补策略。如果所有问题都陷入僵局,这种策略就成了有效的策略,其意图是施加压力。尽管对对方条件的某些方面都很满意,但迫于其他方面的压力,担心继续寻求更好的条件可能会影响此次交易,此时该策略就发挥作用了。对应这种策略的解决办法是,谈判者可以等待最终期限到来,观察此时的事态发展情况,从而辨别最终期限的真伪。

【读一读】4.7

丁 丁 的 故 事

丁丁是一个录音师,她控告唱片公司违约,在她录制的唱片中录入了未签入合同的广告。丁丁执意要上法庭讨说法。唱片公司很理性,研究出一套赔偿金额逐次递减的解决反方案:五天之内解决,赔偿22.5万元;十天之内,21万元;十五天之内,20万元;之后,他们就只肯出15万元。时间不等人,丁丁正在与它拔河。本来她可以好好考虑一下唱片公司提出的条件,可是她每迟疑一会儿就会付出极为昂贵的代价。唱片公司这一招使得丁丁答应接受条件。

在这个谈判案例中,唱片公司巧妙地运用了过时不补策略,向对方施加压力,控制住对方,最终达成协议。

（3）取舍由之策略。这种策略是在最后阶段使用时比较有效的策略。这种策略使用得越晚，可信度越高。因为谈判者此时会认为对方很可能是认真的。对应这种策略的解决办法是，依据实际情况判断虚张声势的可能性是否真的存在。

（4）"临时威胁"策略。这种策略是指在耗费了大量的时间和精力谈判后，即将签署谈判协议、双方情绪都很高涨时，突然停笔要求修改某些条款从而使对手让步。这种策略可以榨取对方更多的让步。对应这种策略的解决办法是，理清思绪，必要时提出请示领导，以便给己方更多的考虑时间。对方此时很可能会迫于时间限制，而不得不收回这样的要求。

表 4.2　谈判收局阶段策略

策　　略	具体解释	对　　策
得寸进尺策略	提出各种小难题，阻碍整个谈判的进程，使对方不断解决小问题。	要求对方一次性提出所有小难题，然后己方才进行回应。
过时不补策略	对对方条件的某些方面都很满意，但担心继续寻求更好的条件可能会影响此次交易时该策略就发挥作用了。	可以等待最终期限的到来，观察事态发展情况，从而辨别最终期限的真伪。
取舍由之策略	在最后阶段使用时比较有效。使用得越晚，可信度越高。	依据实际情况判断虚张声势的可能性是否真的存在。
"临时威胁"策略	在耗费了大量的时间和精力谈判后，即将签署谈判协议时，突然停笔要求修改某些条款从而使对手让步。	理清思绪，必要时提出请示领导，以便给己方更多的考虑时间。

4.3　谈判的技巧

4.3.1　提问的技巧

谈判中常运用提问来达到表达己方观点、摸清对方需要、掌握对方心理等目的。而提问的时机、方式、内容都是相当有学问的。如果能够在谈判中灵活运用提问的技巧，不仅可以使双方对议题进行充分的讨论，还可以使己方把握谈判的方向，从而获得谈判的主动权。

1. 提问的时机

（1）可以在对方发言之后进行提问。一方面是出于礼貌的做法，避免打断对方的发言，另一方面可以及时针对刚才对方的言论提出问题或疑问。这样做不仅可以体现出己方良好的修养，还可以及时、全面、完整地了解对方的真实意图、观点。

（2）也可以在对方发言的间隙或一个观点陈述完毕时进行提问。通常这种情况放在对方发言冗长，而重点不突出或者离题太远、与议题联系不强时。在此时提问有助于把握谈判节奏、争取谈判的主动权。例如，己方可以趁对方停顿时说，"这些细节问题我们可以以后再谈,请您谈谈对合同的主要意见好吗?"

(3) 也可以在己方阐述观点前后来提问。这时提问目的不在于让对手回答,而是自问自答。己方阐述观点前的提问旨在引起双方思考,为己方阐述主要观点做铺垫。而在陈述观点结束时的提问,通常是想让对方按照己方思路发展下去,从而可以进一步提出要求。

2. 几种特殊的提问方式

(1) 限制型提问。这种提问的特点是限制了对方回答的范围,对方的答复只能是"是"或"否"。限制型的提问可以使提问方获得特定的信息,是一种目的性很强的提问方法。但是有时也会得到较大的负面影响。例如,"贵方的订单是在本月的十日发货呢,还是在十五日?"

(2) 诱导型提问。诱导型提问的特点在于启发对方就某一方面或是某一议题进行思考,目的在于向对方的答案给予强烈的暗示,使对方回答符合自己的预期。例如,"鉴于我们以前的合作关系,贵方再给予我们 10% 的优惠是可以的,对吧?"

(3) 协商型提问。协商型提问是指为了使对方同意自己的建议,而采取商量的口吻向对方提问的方式。因为使用商量的语气和口吻,使对方较为容易接受己方的观点。即使对方并未采纳己方的观点,也能够使谈判在友好的氛围中进行,有利于谈判各方继续合作。例如,"把这个条款改为这样,贵方认为如何?"

(4) 强调型提问。这种提问的方法是为了突出强调自己的观点、意图,突显己方的立场和动机。有利于充分阐明己方的观点。例如,"怎么能够忘记我们已经达成的共识呢?"

4.3.2　回答的技巧

谈判是一个互动的过程,有"问"必然就会有"答",回答是提问的信息反馈。回答提问的水平通常可以反映出一个谈判者的专业素养,概括而言有以下几种回答的技巧:

1. 针对提问者的心理假设回答

在谈判中,提问者和回答者一般具有两种不同的心理假设,回答问题的人应该按照提问人的心理假设回答,不要考虑自己的假设。如果谈判者在没有深思熟虑、弄清对方的动机之前,就按照常规来作出回答,效果则会十分微小。而如果谈判者经过周密的思考,准确判断对方的用意,便可以作出一个高水平的回答。

【读一读】4.8

彭丽媛展开软外交:赞习近平年轻时很像都敏俊

2014 年 7 月 3 日,在习近平参加韩中首脑会谈时,彭丽媛前往位于首尔市中心的韩国古代宫殿——昌德宫,开始展开"软外交"活动。韩国青瓦台政务首席秘书官赵允旋作为"代理第一夫人"陪同彭丽媛参观。

彭丽媛走入昌德宫的正殿——仁政殿后表示,这里将现代和历史和谐地融合起

来让人印象深刻，仿佛走进了韩剧《大长今》。韩方向彭丽媛赠送了印有昌德宫芙蓉池纹样的纪念品和韩文"星星"和"花"字样的开瓶器。彭丽媛向韩方赠送了精美的白色碟子和画有紫禁城宫殿的丝绸画。

赵允旋提到在中国人气火爆的韩剧《来自星星的你》，并说，可以让习主席使用"星星"字样的开瓶器，彭丽媛使用"花"字样的开瓶器。彭丽媛说，我和女儿一起看习主席年轻时的照片，觉得很像《来自星星的你》的主人公都敏俊。

2. 不要彻底回答问题

有的问题并不需要彻底回答。在谈判中，对方提出的问题可能是为了了解己方的观点、立场、态度，也可能是为了确认某些事情。所以谈判者在回答问题时根据对方的意图区别对待。对于应该让对方了解或己方应该表明立场、态度的问题，己方应该做出明确的答复；而那些涉及己方关键的问题，为了避免泄密，又出于形象的考虑，便可以采用不彻底回答的方法。首先我们在回答问题时，可以通过对答复的前提加以修饰和说明，来缩小提问者的问题范围。其次也可以采用闪烁其词的方式作出不彻底的回答。

生活中我们常常会遇到这样的场景：一个推销员正在大力推介他们的产品，当消费者问及价钱时，他只是说价钱很公道并希望进一步向消费者说明产品的性能，而并未给出具体的价格，因为他知道在此时说出价格，消费者便会拂袖而去。

3. 使用提问代替回答

谈判中遇到棘手的问题是不可避免的，对于那些一时间难以回答或者不想回答的问题，谈判者便可以采用提问的方式来代替回答。这样既可以把难题再次踢给对方，还可以让对方自己寻求答案。例如，谈判的一方询问另一方"贵方认为我们这次合作的前景怎样？"善于处理这类问题的谈判者通常会用反问的方式来应付这种提问。当提问方听到回答方的反问时，还会与对方一起思考自己的问题，有利于打破尴尬的局面。

4. 回答前留有充足的考虑时间

谈判的过程中，回答问题的速度决不是衡量答案质量的标准。每次在回答对方提出的问题前，都应该深思熟虑、谨慎从事，要留有足够的准备时间。有时会碰到不断催促的提问者，迫使回答者在并未充分思考的情况下作出仓促的回答。这个时候，回答方可以通过点烟、喝茶、翻阅资料等动作来延缓时间，考虑一下问题。这样既显得自然、得体，又可以消除对方对己方的错觉。

5. 打消提问者继续保持追问的兴致

在很多的谈判中，提问者如果发现了回答者的漏洞，就会采取穷追猛打的策略，一直问下去，对于回答者来说是非常不利的。如果提问者事前做了非常充分的准备，常常会使应答者处于非常不利的境地。在这个时候，声称问题无法回答或彼此的侧重点不同，或者尽量淡化问题都是不错的应对措施。例如，"这个问题很常见啊"，"这只是个角度的问题"，"我们可以把这个问题放到最后来处理"等。

4.3.3　看的技巧

人的举止是心理活动的充分表现，人们在无意识或者潜意识的状态下做出的姿态和动作所传递出的信息，可能更加真实。所以在谈判中不仅要注重语言上的交流，同时还要注意捕捉对方的行为、表情等非语言信息。特别是在中国这个高谈判情景的文化背景下，通过仔细观察对方的言谈举止，可以帮助谈判者探索对方心理的真实想法，从而获得有用的信息。

同时谈判者还可以通过对方的行为、举止、表情等非语言传达出来的信息来判断对方有声语言所传达的信息是否真实。

1. 眼睛

眼睛是心灵的窗户，一个人的双眼最能表达内心的真实想法。人的喜、怒、哀、乐等思想感情的变化都可以通过眼神传递出来。

谈判者可以通过观察对方目光凝视己方发言者的时间长短来判断对方的心理感受。如果倾听的对方眼睛接触发言者脸部的时间在30%到60%间，说明他对于讲话的内容较感兴趣。而眨眼的频率也有着不同的意义。一般而言，每分钟眨眼5—8次是正常的。过快的眨眼表示神情活跃，或过分的紧张。特别要说明的是，瞳孔所传达的信息是无法用人的意志所控制的。瞳孔放大，炯炯有神表示此人处于欢喜或兴奋状态。经试验证实，一个人在撒谎时瞳孔往往也会放大。

2. 体态语言

处于不同心理活动的人会表现出不同的体态语言。体态语言能够昭示或掩饰内心真实的情感。同时谈判者还可以通过一定的体态语言表现出自己的风度及气质，给谈判的对方留下良好的印象。或者利用体态语言对己方阐述进行有利的补充。

例如身体向后倾斜15度以上表示其非常的放松，向前倾斜20度是极为平常、自然的交往姿态。双臂交叉放于胸前，显示出一个人消极的防御态度。如果是双臂紧紧地抱于胸前则往往是怀有敌意。拳头紧握，表示向对方挑战或处于自我紧张的情绪。分腿而坐，表明此人信心十足，并愿意接受对方的挑战。双足交叉而坐，对于男士来说则常常代表着压制自己情绪的意思。

眼睛、体态传达出的信息还要放到不同的民族、地区和文化背景下去审视，切不可生搬硬套。而且观察对方动作、姿态、表情时也不能脱离对方讲话时的语音、语调。只有综合分析，才能得到真实的信息。

4.3.4　听的技巧

沟通中有一个漏斗原则：人们心里所想的是100%，用语言表达出来就可能是

80％,而别人听到的最多只有 60％,听懂的只剩下 40％,最后根据所说的事情去行动时就只有区区 20％了。这个漏斗原则说明了谈判中倾听的重要作用。倾听是谈判各方信息传递的基础和前提。由于谈判中环境的干扰、注意力结构问题等因素的影响,妨碍了谈判各方的有效倾听。

> **【想一想】4.9**
>
> ### 我们到底沟通了多少
>
> 100％所想×80％所说×60％别人听到×40％被理解＝?％沟通

（1）积极的倾听态度。要实现积极的倾听,首先就要做到耐心、专心、虚心。

（2）全身心地听。表现在两方面:首先必须与说话者保持目光的接触,做出相应的动作表示你在听;其次把注意力集中在对方的发言上;最后适时做出回应。

（3）表达出自己的理解。对于听到的陈述和观点,特别是关键的问题,要通过适当的方式得到进一步的证实。例如,"贵方的意思是……对吗","您刚才提到的那个是指?"切不可自以为是、曲解对方的原意。

良好倾听不仅可以使谈判各方信息交流顺畅,还可以表现出对对方的尊重从而营造友好的谈判氛围,有利于谈判的进行。

4.3.5 拒绝的技巧

拒绝固然令人遗憾,但在谈判中却又难以回避。谈判的过程是一个充满着同意与拒绝的过程。所以在拒绝时必须以得体的方式进行,把对方的不满和不快控制在尽可能小的限度内。与此同时,适时的拒绝还会为自己在谈判中增添不少的筹码。拒绝是需要勇气的,但更需要技巧。一般而言,在拒绝别人的时候要注意以下几点:

1. 措辞要委婉

在拒绝之前先表示同情、理解,而后再巧妙拒绝,使拒绝之辞委婉而含蓄。和直接拒绝相比,它更容易被接受。因为它更大程度上顾全了被拒绝者的尊严。而直接拒绝过于生硬,令人难以接受。

据说有一次马克·吐温向邻居借阅一本书,邻居说:"可以,可以。但我定了一条规则:从我的图书室借的书必须当场阅读。"一个星期后,这位邻居向马克·吐温借割草机用,马克·吐温笑着说:"当然可以,毫无问题。不过我定了一条规则:从我家借的割草机只能在我的草地上使用。"马克·吐温用委婉机智的措辞拒绝了邻居的要求,使双方的关系并未因此事而闹僵。

2. 态度和蔼

拒绝时的态度是非常重要的。不要以一种高高在上的态度拒绝对方的要求,更不要蔑视对方,这些都是没有修养的具体表现,并且会激起对方的反感甚至是逆反心理。从听取对方陈述要求和理由,到拒绝对方并陈述我方的理由,都要始终保持一种和蔼的态度和面貌,表示出对对方的好感和真诚之心。

3. 阐述拒绝的理由

如果能在拒绝对方的同时给出我方拒绝的理由,会让对方感情上更加容易接受,把不愉快与不满降至最低。而理由本身也应该十分令人信服,反之会让对方感到被愚弄,从而收到适得其反的作用。

例如,当有朋友向你借钱时,切不可说"我也正没钱呢",这会使他人认为你并不想帮忙。这时你最好摆出自己的理由,也许可以说"哦,我恰巧这个月交了半年的房租"。

4. 适时拒绝

虽然一再强调拒绝时应该注意措辞、态度和理由,但在面对处理某些关键性问题时也要直接、适时地拒绝。该拒绝的时候拒绝,不但不会影响谈判,而且能使对方意识到己方立场、原则和态度的坚定。当己方一再对某一问题拒绝时,对方就会相信那是不可让步的,最终也会接受我方的意见。

【经典导读】4.10

精 明 的 麦 迪

英国足球经纪人麦迪,善于把握时机的拒绝,为一球员争取到丰厚的报酬。这名球员叫做约翰逊,身体素质和球技都十分出色。有两家足球队争取他。一个是帕尔玛队,另一个是马德里队。

麦迪思考一番后,竟然给两个球队打电话,都拒绝了他们的邀请。出乎意料的是,第二天两个队的老板都同时飞到麦迪的身边,经过一番讨价还价,最终达成了协议,这时的报酬已经是刚开始谈的好几倍了。

麦迪适时的拒绝给球员带来了巨大的收益。

4.3.6　激将法的使用技巧

《孙子兵法》中有:"怒而挠之。"就是说对于易怒的敌将,要用挑逗的方法来激怒他。目的是使他失去理智、轻举妄动,使我方有机可乘,其实这就是激将法。而在谈判中如果能够巧妙地运用激将法,便可以得到出乎意料的效果。

谈判中应用激将法是为了调动对方积极性,开启对方谈判的兴致。有时还可以给对方施加压力,促使对方迅速地做出决定。激将法的使用有一定的环境、条件。

(1) 使用激将法要选对目标。使用激将法之前,一定要看准目标,此人应该能够被我方的激将法激起来,还要有强烈的自尊心。只有选对了使用目标,激将法方可生效。

诸葛亮是使用激将法的高人,每次派人出战都要使用这小小的激将法,可谓屡试不爽。战马超之前要先激张飞,说谁也打不过马超,要请关云长来;打张颌前要激黄忠,说除了张飞谁也敌不过张颌;擒孟获时又激赵云、魏延。这些成功经验使诸葛亮在司马懿身上也使用了激将法,但司马懿却城府极深,并未被诸葛亮激起。从中可以看出,使用激将法时首先要看准对象目标。

（2）必须注意方法和技巧。使用激将法,最好是利用暗示的方法,一定要把握分寸。不能够一下子将对方激怒,使谈判各方僵持不下。所以在谈判中,也可以适当地赞美对方,满足对方的自尊心和虚荣心,从而分散其注意力,解除对方的戒备心理,以期达到最佳的效果。

4.4　全球文化下的谈判

4.4.1　文化对谈判的影响

中国有句俗语叫"十里不同风,百里不同俗"。文化差异是客观存在的,了解谈判对手的文化背景是谈判成功的基础。由于不同的文化风俗,来自不同地区和国家的谈判人员具有不同的习惯、立场、行为方式等,各自拥有不同的谈判风格。所以在谈判前,谈判者必须了解对手的国情民俗、传统习惯、宗教信仰、风格技巧等文化。

【案例导读】4.11

竖起大拇指

一个英国商人在伊朗谈判,一个月来事事顺利,同伊朗同事建立了关系,在谈判中尊重伊斯兰的影响,避免了任何潜在的爆炸性的政治闲谈。执行官兴高采烈地签署了一项合同。他签完字后,对着他的波斯同事竖起了大拇指。几乎是立刻,出现了紧张空气,一位伊朗官员离开了房间。英国的这位商人摸不着头脑,不知发生了什么——他的伊朗主人也觉得很尴尬,不知如何向他解释。

事实上,在英国,竖起大拇指是赞成的标志,它的意思是"很好";然而在伊朗,它是否定的意思,表示不满,近似令人厌恶,是一种无礼的动作。由此可见,英国商人这次谈判失败,是由于他们不了解伊朗文化。

4.4.2　各国谈判者的谈判特点

1. 中国

儒家文化在中国一直占有极其重要的地位,它从社会现实关系着手,把人放在一定的人际关系中进行定位,如朋友、父子、夫妇、兄弟、上下级等,并注重相互间的责任、义务。把社会整体秩序放在首位,个体则在这样一种人伦关系中寻找自己合适的位置。所以中国也是一个集体主义倾向的国家,但同时又关注个人的权威。

(1) 注重全局性的观念。

中国的道家思想强调所有的事物都是相关的,所以塑造中国人的思维模式是整体取向。在谈判时,中国人常采用的方法是从整体到局部,由大到小,从笼统到具体,从总体原则达成共识,再以此去指导具体解决问题方案的制定。中国谈判者在谈判开始时总是首先对有关合同双方所共同遵守的总体性原则和共同利益进行讨论。只要总原则确定,合作的意向达成,其他问题都会好说好商量,其他细节性的东西也会随着迎刃而解。所以,中国人认为具体细节的制定一定要在总的原则确定后再进行。

谈判时也不存在明显的次序之分,东方人常常在谈判的最后做出让步和承诺,从而达成协议。西方人则截然不同。由于分析思维模式的影响,西方人最重视事物之间的逻辑关系,重具体胜过整体,谈判一开始就急于谈论具体条款。

(2) 讲集体责任,重个人决策。

集体主义和权威主义倾向是中国文化的又一个特点。集体主义倾向使中国人谦虚,谨慎,相互合作,讲究团队精神。但是权威主义又要求人们做到"克己守道","贵有自知之明","循规蹈矩","安于现状","自我压抑","与集体或领导保持一致"。

在中国文化中,注重个人所属的群体,而群体又是以某个领导为代表的。这个领导就是一个控制全局的决策者。所以,在谈判时,中国的谈判小组在谈判之前、谈判当中以及谈判之后通常都要一再交换意见以协调整个小组的行动,而当对方的提议超出中方代表的权限范围时他们就要请示上级,谈判人员需要报请上级领导,由领导做出最终决策。而在西方通常是每个人负责决策谈判议题中的一个方面。

【实用链接】4.12

耐克广告失败

广告"The Chamber of Fear"是耐克广告公司设计的在全球播放的一则广告。广告设计成电子游戏的形式,一名美国职业篮球运动员过五关斩六将,击败太极大师,杀死了中国龙,把敦煌仙女打成了碎片,取得了胜利。这则广告引起了中国观众的强烈不满。

中国属于集体主义的、高语境文化社会。人们习惯从集体的角度间接的并且使用象征符号来看待事物。儒家思想根深蒂固,看重社会和谐与面子的维护。相比而言,美国属于个人主义、低语境文化社会。个人只代表他们自己,他们直接明确地表达和理解事物,强调竞争和胜利。通过以上分析,本则广告失败的原因就再清楚不过了。所以本则广告应该注意以下几点:

1. 在广告中尽量避免使用敏感的文化象征符号,比如,龙、中国功夫、飞天等都代表了中国。

　　2. 把血腥争斗的场面换成和谐安详的场景,使之成为双赢的结果。

　　3. 选择著名的中国运动员作为主人公,在中国播放会更加受到中国观众的认同和接受。

　　资料来源:http://www.xzbu.com/7/view-3004752.htm。

　　(3) 注重关系,讲究面子。

　　关系和面子是中国人交往的核心。中国人的关系是指人际关系或社会资本。由于中国是个信任度较低的国家,所以人与人之间的信任常常要建立在关系的基础之上。谈判时,要获得中方谈判者的信任,也要首先建立良好的关系。所以美国人重网络、信息和制度,而中国人则重朋友、亲戚和伙伴间个人关系。中国人谈判会动用一切关系网以促使谈判往己方有利的方向发展。

　　面子在中国被视为一个人在关系网中的地位,是一种表面上的收益。然而中国人常常为了这项表面收益,可以承受实际上不存在的收益或损失。历史上,中国常常自称为“天朝上国”,以周边小国前来进贡为荣。但是皇帝每每以价值三五倍的东西回赠。实际上,我国并没有得到任何实际收益,关键也是为了一个面子。这个时候面子成为了个人甚至国家的行为方式。在描述和修改谈判建议时,考虑面子问题是非常关键的。在中国,谈判让步的决策权力通常在领导手中,给领导留面子成为获得让步的关键。

　　(4) 高情景的文化背景。

　　中国被西方国家视为高情景的亚洲国家之一。所以在谈判中应该特别关注非语言因素的影响。而有时,书面合同、文件的社会背景要比正式的合同、文件重要得多。同样一句“是吗?”也许表达的是一种疑问,而在另一种情景中可能传达的是惊奇的信息。所以在谈判中,相对于诸多沟通清晰等过程变量,情景因素更可能决定着谈判的结果。

　　2. 日本

　　日本人的谈判风格不仅与西方人大相径庭,就是与亚洲其他国家的人相比,也有着比较明显的区别。日本人吸取了中国儒教文化中的等级观念、忠孝思想等,再加上多年来积淀的日本自身的习俗特征,形成了一种具有大和民族色彩的一种文化。日本国内非常强调社会信念的一致性,全国民族统一向心力大。这些传统和特点都使日本形成了如下特性:进取心强、工作态度认真、等级观念强烈、不轻信人、注意做人的工作、考虑交易的长远影响、善于开拓新领域,他们还慎重、礼貌、自信。

　　在国际谈判舞台,日本人被称作“世界上最难对付的谈判对手”。美国一位知名谈判学家马奇根据自己与日本人谈判多年的经验,把日本人谈判的特点总结如下:

　　第一,日本独具特色的文化也使其谈判对手颇为迷惑。

　　第二,个性强、说话间接含蓄,并且彬彬有礼。

第三，日本人在争论时，并不会表现出一副争论的架势，也不会同对方进行激烈的争吵。

由于日本的文化背景，日本人的谈判方式形成如下的特点：

（1）看重身份与地位，礼仪周全。

众所周知，日本是一个特别讲究礼仪的国家，日本人十分注重礼仪。所以，如果要与日本人谈判，第一件事情就是要了解与尊重他们的礼仪习惯。如果在谈判中违背了其礼仪习惯，或者稍有失礼行为都可能导致与其谈判的失败。谈判时不仅言谈举止要谦虚，还要特别注重身份是否相称。例如，主要负责人在资格、职称，甚至是年龄、性别上必须要和对方相当，以此表现其对谈判的诚意。

日本人非常重视信任和友谊，只有在与对方相处感觉到和睦融洽时才会认真讨论谈判事宜。而且在谈判的过程中日本人常常表现出谨慎小心、彬彬有礼的。但是在日本人殷勤谦恭、笑脸相迎的背后却是心中必胜的信心。特别是在与外国人面对面谈判时，对于强大的对手，日本人表现得更是彬彬有礼，甚至是充满了崇敬之情，然而在其背后却隐藏着一定要"赢"的战略。欧美的谈判者普遍认为日本人的礼貌背后隐藏着刀子。

（2）群体意识强，集体参与决策。

日本是一个典型的集体主义文化为主的国家。日本人非常重视群体意识，一般由集体参与、自上而下地做出决策，善于发挥集体的力量。在他们看来，积极精神、合作观念和体谅他人是值得称颂与学习的美德。熟悉日本谈判方式的人都知道，日本的谈判团成员一般由以前曾经共事的成员构成。彼此之间信赖程度很高，并且协作关系良好。即使是初次共事的成员相互之间配合也是非常默契。日本人还比较重视与领导的沟通，并听取他们的意见。

日本谈判团内部角色分工、等级都十分明确。但是，他们更喜欢采用集体的智慧，强调每一个谈判团成员都积极地参与到谈判工作中来。通常参与谈判的每一个人都有对谈判某一方面的决策权，因此在与他们谈判时要重视每个成员的作用。

（3）善于使用策略，注重情报的收集。

日本人的情报和信息意识十分强，非常注重情报的收集，也非常注重自己信息的保密工作。日本人认为"沉默是金"，是贤明的表现，只要保持沉默就可避免不必要的麻烦。通常他们的业务往来都是从情报开始的，又以情报为依据而做出决策。

日本人善于通过接触谈判对手代表团的各个成员来了解对手的情况。日本人喜欢"投石问路"。在正式会谈之前，他们常举行一些带有社交性质的聚会，以试探对方意图、个性和可信程度。在这种场合，日本人"毫不经意"地问这问那，显得异常热情与真诚。这种"醉翁之意不在酒"的聚会，既是一种礼貌，也是一种策略。打折扣吃小亏、抬高价得大便宜也是日本人惯用的手段。

3. 美国

熟悉日本和美国谈判风格的人都知道，日本人和美国人对谈判中冲突的理解是不同的。日本人在谈判中所提出的意见或建议都是经过深思熟虑的，所以他们一般不会在谈判桌上妥协。而美国人则恰恰相反,美国人认为谈判中出现妥协是非常正常的事情,谈判中双方的妥协带有道德的味道。

美国是一个移民国家,早期欧洲大批的拓荒者冒着生命危险来到北美洲,凭借他们顽强的毅力和勇敢的开拓精神,开创并建立了新的生活。同时这批欧洲移民深受犹太民族追求商业利益的影响,重利益、重实际。再加上美国是一个年轻的国家,形成美国善于吸收新思想、新事物、勇于竞争的精神。

在美国文化中,个人主义是核心,突出表现为自主动机、自主抉择,通过自力更生达到自我价值的实现。在美国人的价值观念中,极为推崇自我奋斗型的成功。美国人价值观的另一个特点是实用主义,并体现在美国社会生活的方方面面。简单来讲,实用主义就是注重实现、追求利益,而且实用主义成为社会评价的主要标准。美国人做交易,往往以获取经济利益作为主要目标,一旦达成交易,就非常重视合同的法律性,合同履约率较高。

美国人谈判的特点:

(1)自信心与优越感强。在美国谈判人员的身上不难看出其与生俱来的自信和优越感。通常,美国的谈判人员喜欢在双方接触的初始就阐明自己的立场、观点,并推出自己的方案,希望争取主动权。如果双方出现分歧他们只会怀疑对方的分析、计算,而坚持自己的看法和立场。

(2)坦诚、直率。美国人习惯用简洁明确的语言来表达自己的观点,一些模糊的暗示常会被他们忽视误解。办事干脆利落,不兜圈子。在谈判中,他们精力充沛,感情洋溢,不管在阐述己方观点还是表明对方的立场态度,都比较直接坦率。如果对方提出的建议他们不能接受,也会毫不忌讳地直言相告。

(3)法律意识强。美国是一个高度法制的国家。据有关资料披露:平均450名美国人就有一名律师。美国人信奉"Business is business",即生意归生意、朋友归朋友,讲究公事公办。生意上不讲情面。美国人的法律意识根深蒂固,生活中的一切方面都可以诉诸法律。美国人认为,交易最重要的是经济利益。为了保证自己的利益,最公正,最妥善的解决办法就是依靠法律,依靠合同,而其他都是靠不住的。这一点与注重关系和面子的亚洲人有很大的不同。因此与美国人谈判时,合同的条款要特别详细。因为美国人会十分认真地阅读合同,并特别重视合同违约的赔偿条款,一旦双方执行合同条款中出现意外情况,就按双方事先同意的责任条款处理。

(4)时间观念强。美国人的时间观念很强,做事雷厉风行,在谈判中,他们十分重视办事效率,尽量缩短谈判时间,力争每一场谈判都能速战速决。美国人常常会带着空白合同随时准备签约。一旦约好时间就会准时走进谈判会场,并且立即谈"正事"。在美国有句名言:"不可偷窃时间。"在美国人的观念中,时间也是商品,时间就是金钱。如果你占用了他的时间,就等于你偷了他的金钱。与美国人谈判一定要与对方约定时间,并保证按约定时间遵守,既不能早去也不能晚到。如果不恰当地占用他们的时间就是侵犯了他们的利益,这样就很难确保谈判的顺利进行。

【实用链接】4.13

美国人的谈判风格

同美国人谈判,"是"与"非"必须保持清楚,这是一条基本的原则,如果我们无法接受对方提出的条款时,要明白地告知对方,而不应含糊其辞,使对方存有希望。有些人为了不致失去继续洽谈的机会,便装着有意接受的样子而含糊作答,或者应以后作答而实际上又迟迟不作答复,都会导致日后纠纷的产生。对任何一项条款,我们同意就是同意,不同意就是不同意,并将我们的想法和建议明白无误地告诉对方,这样才能使谈判得以继续进行。如果谈判成功了,双方就能愉快友好地进行贸易合作;即使双方的期望值相差太大,未能达成交易,双方至少也交了朋友,将来仍有谈判、合作的机会。

4. 俄罗斯

冰雪覆盖着伏尔加河,

冰河上跑着三套车,

有人在唱着忧郁的歌,

唱歌的是那赶车的人,

小伙子你为什么悲伤,

为什么低着你的头,

是谁让你这样的伤心,

问他的是那乘车的人,

你看吧我这匹可怜的老马,

它跟我走遍天涯,

可恨那财主要把它买了去,

今后不能再等着它……

这是俄罗斯民歌《三套车》,描述了皑皑白雪中蜿蜒的伏尔加河,还有唱着歌的年轻车夫,他正在悄悄地诉说着自己的心事。

提起俄罗斯,人们会想起寒冷的冬天、刚烈的伏特加酒、黑麦面包,还有高尔基的雨燕等。俄罗斯位于欧亚大陆北部,它横跨了北亚和东欧的大部分地区。俄罗斯在亚太地区、乃至世界上有着强大的影响力。中国同俄罗斯有7 600多公里长的边界线,在很多边境的地区,可以看到中俄两种文字标示的商店、价格标签等等,在那里两个国家民族文化很好地融合在一起。中国是俄罗斯进入亚太地区的要塞,俄罗斯是中国通向欧亚大陆的重要通道。

当前俄罗斯努力从原有的计划经济向市场经济转轨,这为中国的企业扩大、加深与俄同行的交流与合作提供了广大的机遇。而且中俄贸易的互补性强。中俄能源合作有着得天独厚的优势,一方面俄罗斯油气资源丰富,是世界上石油出口大国。并且中俄领土相邻,运输便利。而另一方面中国高速发展的经济又需要大量进口的能源。中国的消费品供给充足,有很多中国人在俄罗斯出售中国产的日用产品。而俄罗斯的日用商品匮乏。

建交以来,中国与俄罗斯的关系取得了巨大的进展。俄罗斯作为中国最大的邻国和战略协作伙伴与中国越走越近。由于俄罗斯横跨欧亚大陆,幅员辽阔、民族众多,每个民族都有自己的风俗习惯和传统,这些都影响到了俄罗斯人的谈判风格。了解俄罗斯的礼仪与谈判特点,不但能够使我们在谈判中做到知己知彼,争取主动,而且能够增进双方的友谊与合作。

总的来说,俄罗斯人在谈判时主要表现为以下几个方面的特点:

(1) 俄罗斯人非常注重礼仪。

俄罗斯是个注重礼仪的国家,俄罗斯的谈判者也非常注重谈判时的礼仪问题。在谈判时,他们通常会以握手礼为主。而且俄罗斯人相信"左为凶,右为吉",所以通常只用右手与人接触。当然在与尊贵的女士见面时,也行吻手礼。如果谈判双方并非第一次合作,而且是关系较为亲密的好友,俄罗斯人也会主动与对方拥抱和亲吻脸颊。但要注意的是,与陌生的女士见面,俄罗斯的男士不会主动握手,也不会表现得过于亲热。

特别需要提出的是,俄罗斯人对于初次见面非常的重视,要首先打电话预约。而对于预约好的时间、地点都要严格遵守,不会提前和迟到。如果遇到某些事情不能赴约,他们也会提前通知对方人员。

谈判开始或休息期间,俄罗斯人习惯夸奖对方的外表和风度等,而很少对别人的身体情况作出评价。因为对于俄罗斯人来说,诸如"气色好"等言语传递着相反的效果。

【实用链接】4.14

俄罗斯人对数字的偏好

与俄罗斯人谈判时应该了解俄罗斯人对数字的偏好。俄罗斯人一向不喜欢数字 13,因为他们认为 13 是非常不吉利的数字,尤其是 13 日正好也是一个星期五,则会被俄罗斯人称为"黑色星期五",而且人们会认为这是一个倒霉的日子。

据俄罗斯古文献记载,夏娃给亚当吃禁果即是 13 日星期五。而耶稣被犹大出卖,被钉死在十字架上也是 13 日星期五。因此,这一天禁忌社交和探亲访友。所以这样的日子也不适合安排谈判。

---

(2) 计划性强,但缺乏灵活性。

由于原苏联是个外贸管制的国家,所以原来高度计划的外贸体制仍然影响着现在的俄罗斯。苏联解体后,俄罗斯也由计划经济逐步向市场经济转变,外贸政策发生了巨大的变化。在原来的计划经济体制中,企业没有自主进口、出口的权力。

受到高度集中体制的影响,俄罗斯人形成了按章办事的风格。所以在谈判中,会非常容易发现俄罗斯人有着较强的计划性,处处喜欢按计划行事。

（3）善于在价格上讨价还价。

俄罗斯人被公认为是最难对付的谈判对手，并且善于与外国人做生意，更善于在谈判桌上讨价还价。俄罗斯人在谈判桌前非常聪明。由于对价格的重视，他们总是会千方百计地迫使对方降价。即使是对方的首轮报价已经很低，他们也会继续努力而决不会接受对方的首轮报价。

通常俄罗斯人首先会就某个项目对外招标，用以吸引众多的供应商。然后他们会从中进行挑选抉择，并竭尽全力让供应商间竞相压价，最后渔翁得利。

【经典导读】4.15

第 22 届奥运会转播权

数十年来，出售奥运会电视转播权一直是主办国的一项众大权益。1980 年，第 22 届奥运会在莫斯科举行，苏联人当然不会放过这一机会。

在苏联人出售莫斯科奥运会电视转播权之前，购买奥运会电视转播权的最高出价为 1976 年美国广播公司购买蒙特利尔奥运会转播权创下的 2 200 万美元。那么，苏联人会怎么办呢？

早在 1976 年蒙特利尔奥运会期间，苏联人就邀请了美国 3 家电视网的上层人物到停泊在圣劳伦斯河上的苏联轮船上参加了一次十分豪华的晚会。苏联人的做法是：分别同三家电视网的上层人物单独接触，要价是 2.1 亿美元！这个价格比历史上最高的奥运会转播权的售价高出了近 10 倍。不管别人如何想，苏联人就是这么出价的。之后，苏联人就把美国国家广播公司、全国广播公司、哥伦比亚广播公司的代表请到了莫斯科。曾有一位美国广播公司的员工形象地描述："他们要我们像装在瓶子里的蝎子一样互相撕咬，两只死了，最后一只胜利的也被咬得爬不起来了。"

于是到了谈判的最后阶段，三家电视网的报价分别是：全国广播公司 7 000 万美元，哥伦比亚广播公司 7 100 万美元，美国国家广播公司 7 300 万美元。

这个时候，通常都会认为美国国家广播公司会得到这次转播权。不仅因为他们开出了最高的价格，还由于美国国家广播公司曾多次进行奥运转播，经验丰富。但是，哥伦比亚公司这时从德国请来一位职业中介，并表示愿意提高价格。

谈判进行到这里，大家都以为哥伦比亚公司对这次的转播权已稳操胜券，却没有想到，苏联人又在 1976 年 12 月初宣布了另一轮的报价。

可是到了 12 月 15 日，苏联人向三家广播电视公司的代表申明：时至今日所得的结果只不过是每家都有权参加最后一轮的报价。这一举动使美国人极为愤怒，于是纷纷离开。

但这时的苏联人并没有彷徨而不知所措，而是宣布转播权已属于美国一个极小的公司。这一举动使美国人看到了重新夺得转播权的希望，并在中介的帮助下，三大广播公司重新开始了新一轮的竞争。

　　最后的结果是,苏联人以 8 700 万美元的价格把 1980 年莫斯科奥运会的转播权售给了美国国家广播公司。而这个价格是上一届奥运会转播权售价的 4 倍,比苏联人原先预期的还要高出 2 000 万美元。

　　资料来源:孙玉太等主编,《商务谈判名家示范》,山东人民出版社 1995 年版,有删改。

　　(4) 谈判队伍庞大。

　　俄罗斯的谈判队伍中,不仅有商务代表,还会有相关专业的各种专家。这样当然免不了扩大了谈判的队伍。同时,如果在一次谈判中各位专家意见相左,也会相应的延长谈判时间,拖延谈判进程。再加上俄罗斯人习惯自己的工作节奏,不会迁就别人的时间安排,因此,与俄罗斯商人谈判时要有足够的耐心,切勿急躁。

　　如果细心观察,还会发现,俄罗斯谈判成员的年龄都偏大。因为俄罗斯人相信没有长时间的工作经历(15 至 20 年的工作经验)根本不能代表公司的利益。

　　(5) 对技术细节感兴趣。

　　俄罗斯人特别重视技术的具体细节,对诸如车间设计图纸、零件清单、设备装配图纸、原材料证明书、化学药品和各种试剂、各种产品的技术说明、维修指南等等都非常感兴趣。

　　在与俄罗斯人谈判前,要就我方提供的产品或技术的资料进行充分准备。因为俄罗斯人对技术内容和索赔条款特别地重视。在谈判中他们随时会就某个技术细节展开追问,所以谈判前的准备工作尤为重要。而且为了能够准确和及时地对有关技术问题进行阐述,在己方谈判队伍中要配置技术方面的专家。谈判时的用语务必精确、简练。

　　兵家有云:知己知彼,百战不殆。在谈判活动中,不仅要清楚己方的谈判特点,还要特别注意谈判对手的文化背景和谈判风格。如果在谈判时忽视了对方的文化与己方的差异,或是历史、社会等因素,就会使谈判难以成功。当然,在充分尊重对方文化、风俗的前提下,己方也应该保持自己的价值观念。

【案例讨论】4.16

中、日 谈 判

　　中国某公司与日本某公司在上海著名的国际大厦,围绕进口农业加工机械设备,进行了一场别开生面的竞争与合作,竞争与让步的谈判。

　　谈判一开局,按照国际惯例,首先由卖方报价。首次报价为 1 000 万日元。这一报价离实际卖价偏高许多。日方之所以这样做,是因为他们以前的确卖过这个价格。如果中方不了解谈判当时的国际行情,就会以此作为谈判的基础,那么,日方就可能获得厚利;如果中方不能接受,日方也能自圆其说,有台阶可下,可谓进可攻,退可守。由于中方事前已摸清了国际行情的变化,深知日方是在放"试探气球"。于是中方直截了当地指出:这个报价不能作为谈判的基础。日方对中方如此果断地拒绝了这个报价而感到震惊。他们分析,中方可能对国际市场行情的变化有所了解,因而己方的高目标恐难实现。于是日方便转移话题,介绍起产品的特点及其优良的质量,以求采取迂回前进的方法来支持己方的报价。这种做法既回避了正面被点破的危险,又宣传了自己的产品,还说明了报价偏高的理由,可谓一石三鸟,潜移默化地推进了己方的谈判方案。但中方一眼就看穿了对方在唱"空城计"。

因为,谈判之前,中方不仅摸清了国际行情,而且研究了日方产品的性能、质量、特点以及其他同类产品的有关情况。于是中方运用"明知故问,暗含回击"的发问艺术,不动声色地说:"不知贵国生产此种产品的公司有几家?贵公司的产品优于 A国、C 国的依据是什么?"此问貌似请教,实则是点了对方两点:其一,中方非常了解所有此类产品的有关情况;其二,此类产品绝非你一家独有,中方是有选择权的。中方点到为止的问话,彻底摧毁了对方"筑高台"的企图。中方话未完,日方就领会了其中含义,顿时陷于答也不是、不答也不是的境地。但他们毕竟是生意场上的老手,其主谈人为避免难堪的局面借故离席,副主谈也装作找材料,埋头不语。过了一会儿,日方主谈神色自若地回到桌前,因为他已利用离席的这段时间,想好了应付这一局面的对策。果然,他一到谈判桌前,就问他的助手:"这个报价是什么时候定的?"他的助手早有准备,对此问话自然心领神会,便不假思索地答道:"以前定的。"于是日方主谈人笑着解释说:"唔,时间太久了,不知这个价格有否变动,我们只好回去请示总经理了。"老练的日方主谈人运用"踢皮球"战略,找到了退路。中方主谈人自然深谙谈判场上的这一手段,便采取了化解僵局的"给台阶"方法,主动提出"休会",给双方以让步的余地。中方深知此轮谈判不会再有什么结果了,如果追紧了,就可能导致谈判的失败。而这是中日双方都不愿看到的结局。

此轮谈判,从日方的角度看,不过是放了一个"试探气球"。因此,凭此取胜是侥幸的,而"告吹"则是必然的。因为对交易谈判来说,很少有在开局的第一次报价中就获成功的。日方在这轮谈判中试探了中方的虚实,摸清了中方的态度。同时也了解了中方主谈人的谈判能力和风格。从中方角度来说,在谈判的开局就成功地抵制了对方的"筑高台"手段,使对方的高目标要求受挫。同时,也向对方展示了己方的实力,掌握了谈判中的主动。双方在这轮谈判中,互道了信息,加深了了解,增强了谈判成功的信心。从这一意义上看,首轮谈判对双方来说都是成功,而不是失败。

第二轮谈判开始后,双方首先漫谈了一阵,调节情绪,融洽感情,创造了有利于谈判的友好气氛。之后,日方再次报价:"我们请示了总经理,又核实了一下成本,同意削价 100 万日元。"同时,他们夸张地表示,这个削价的幅度是不小的,要中方"还盘"。中方认为日方削价的幅度虽不小,但离中方的要价仍有较大距离,马上还盘还很困难。因为"还盘"就是向对方表明己方可以接受对方的报价。在弄不清对方的报价离实际卖价的"水分"有多大时就轻易"还盘",往往造成被动,高了己方吃亏,低了可能刺激对方。"还盘"多少才是适当的,中方一时还拿不准。为了慎重起见,中方一面电话联系,再次核实该产品在国际市场的最新价格,一面对日方的二次报价进行分析。

根据分析,这个价格,虽日方表明是总经理批准的,但根据情况看,此次降价是谈判者自行决定的。由此可见,日方报价中所含水分仍然不小,弹性很大。基于此,中方确定"还盘"价格为 750 万日元。日方立即回绝,认为这个价格很难成交。中方坚持与日方探讨了几次,但没有结果。鉴于讨价还价的高潮已经过去,因此,中方认为谈判的"时钟已经到了",该是展示自己实力、运用谈判技巧的时候了。于是,中方主谈人使用了具有决定意义的一招,郑重向对方指出:"这次引进,我们从几家公司中选中了贵公司,这说明我们成交的诚意。此价虽比贵公司销往 C 国的价格低一点,但由于运往上海口岸比运往 C 国的费用低,所以利润并没有减少。另一点,诸位也知道我有关部门的外汇政策规定,这笔生意允许我们使用的外汇只有这些。要增加,需再审批。如果这样,那就只好等下去,改日再谈。"

这是一种欲擒故纵的谈判方法,旨在向对方表示己方对该谈判已失去兴趣,以迫使其做出让步。但中方仍觉得这一招的分量还不够,又使用了类似"竞卖会"的高招,把对方推向了一个与"第三者竞争"的境地。中方主谈人接着说:"A 国、C 国还等着我们的邀请。"说到这里,中方主谈人把一直捏在手里的王牌摊了出来,恰到好处地向对方泄露,把中国外汇使用批文和 A 国、C 国的电传递给了日方主谈人。日方见后大为惊讶,他们坚持继续讨价还价的决心被摧毁了,陷入必须"竞卖"的困境;要么压价握手成交,要么谈判就此告吹。日方一时举棋不定,握手成交吧,利润不大,有失所望;告吹回国吧,跋山涉水,兴师动众,花费了不少的人力、物力和财力,最后空手而归,不好向公司交代。这时,中方主谈人便运用心理学知识,根据"自我防卫机制"的文饰心理,称赞日方此次谈判的确精明强干,中方就只能选择 A 国或 C 国的产品了。

日方掂量再三,还是认为成交可以获利,告吹只能赔本。这正如本杰明·富兰克林的观点所表明的那样,"最好是尽自己的交易地位所能许可来做成最好的交易。最坏的结局,则是由于过于贪婪而未能成交,结果本来对双方都有利的交易却根本没有能成交"。

资料来源:中国口才网,www.koucai.cn。

【思考题】

1. 在此次谈判中,中方把握主动的关键因素有哪些?

2. 这些成功的因素对我们有什么样的启示?

第5章 演讲

> 真理和美德是演讲的两个挚友。任何一个想成为演讲家的人首先必须是一个有德行的人,是一位思想精深、道德高尚、学识渊博的人。
>
> ——狄德罗

内容提要

- 演讲的概述
- 演讲的准备
- 演讲稿的撰写
- 演讲者的其他技能

【案例导读】5.1

告 别

——华科校长李培根2013毕业典礼演讲稿

亲爱的2013届毕业生同学们:

你们好!首先,向你们完成学业表示最热烈的祝贺!

过几天,你们中间的大多数就要告别大学生活,告别你们的同学、老师,告别华中科技大学。

你们即将告别抢座位的日子,告别没有空调的宿舍,告别你怎么都不相信没赚你们一分钱的食堂;告别教室里的乏味,告别图书馆中的寻觅,告别社团中的忘我;告别留下你浪漫、青涩的林间小道和石凳;告别你至今还未看懂、读懂的华中科技大学,告别你们背后的靠山——喻家山。

同学们,不知道你们是否真正懂得,为什么而告别?还应当告别什么?

你们应当为了成人而告别。

你的大学生活也许一帆风顺。成绩优异,运动场上吸引过不少异性的目光,社团中也不时留下你的身影。你觉得自己成人了,其实未必。也许,不久的将来你恰恰就会告别一帆风顺。你可能已有鸿鹄之志,志向满满没什么不好,但谨防志向成为你人生的束缚和负担。不妨让自己早一点有告别一帆风顺的思想准备,让志向成为你人生的一种欣赏,一种尝试。

要离开学校了,也有少数同学突然发现要成人的恐惧。想着终将逝去的青春,自己似乎还未准备好,懵懵懂懂怎么能一下子走向社会?睡懒觉的时候很香甜,玩游戏的时候很刺激,翘课的时候很自在,挂科的时候很无奈,拿不到毕业证时两眼发呆……可生活还得继续,只是要永远告别游戏人生的态度。

为了成人,你们需要自由发展,这是华中科大教育的真谛。在日后寻求自我的过程中,你们要告别浑浑噩噩,告别人云亦云,告别忽悠与被忽悠。保持一份独立精神,那才不枉在华中科大学习过几年。

为了成人,你们又得告别过分自我。别太把自己当回事。在华中科大几年,你可能不觉得受到过学校的呵护甚至宠爱,你可能就像天之骄子。可是,真正到社会上,没有人再把你视为天之骄子,社会甚至会让你面目全非!为了成人,你们需要告别过分的功利、过分的精明。

我相信,你们的告别更多的是为了相约和再见。很多同学踌躇满志、跃跃欲试。你们相约,十年、二十年再相见。那时候,你们可以交流服务国家社会的心得,可以交流奋斗的体会,可以分享成功的喜悦;那时候,你们再来瑜园,让母校以你们为荣。告别了,有一天,与老师相约,与母校相约,与同学相约,与初恋相约!有些告别特别艰难。

告别某些风气或习俗也很艰难。尽管如今有拼爹的现象,但毕竟不是成功之道。有一个"好爸爸",不妨告别对你爸的依赖;没一个"好爸爸",那就告别羡慕嫉妒恨。过几年你们可能面临谈婚论嫁。要结婚,是否一定要有自己产权的房子?有些年轻人为此而不惜"啃老"。华中科大的小伙子们、姑娘们,千万告别"啃老",告别"俗气"。

在物欲横流的世风下,很容易忘记人的意义与生存价值,忘记信仰和独立精神等。中华民族的复兴可不能仅仅是经济的跃进,还需要精神的崛起。同学们,希望你们要有告别麻木,告别粗鄙,告别精神苍白的自觉,为国家,为你们自己!

虽然人生在不断地告别,但有些东西是不能告别的。

亲情是不能告别的。我的一个已经去世的工人朋友,有一个儿子,上了大学,出国了,多年不与母亲联系。他可是告别了亲情啊!我就不明白亲情是在什么情况下能告别的呢?

学习是不能告别的,你们可以告别学过的知识,但不能告别学习的习惯;努力奋斗是不能告别的,不然,你一生大概都会不断地告别机会。

改革与开放是不能告别的,如果你们尚有家国天下之情怀,一定铭记于心。

同学们,关于告别,很难说尽,关键还得靠你自己体悟。

不多说了,我也要向你们告别啦!让我们告别,其实也将是各自新的抵达!

5.1 演讲概述

演讲活动源远流长,伴随着人类文明的发展而发展。在古希腊时,人们把鼓励听众、传递演讲者意图的实践活动称为"诱动术",即现代人所称的演讲。随着演讲在沟通中作用的日趋凸显,演讲也就越来越受到人们的关注,并逐渐发展成为一门学科——演讲学。演讲已经成为现代人必备的技能之一。

5.1.1 演讲的概念

演讲又被称为讲演、演说等,是"演"与"讲"的结合。我国古籍中较早出现演说一词的是在《北史·熊安生传》中:"公正(尹公正)于是有所怀疑,安生皆为一一演说,咸究其根本。"在此,演说是明辨是非、解除疑惑的意思。从中不难看出,演讲是一种言语上的表达。

演讲者(主体)、听众(客体)、沟通的媒介、主客体沟通时的情景是演讲必备的四个条件,缺一不可。其中演讲的沟通媒介主要为有声语言、体态语言、主体形象、辅助手段等。

有声语言是演讲中的"讲",是演讲的主要媒介,是演讲者传递信息的主要载体。演讲者的语言对演讲的成败起着至关重要的作用。总的来说,有声语言要求清晰、准确,语气、声音、音调、节奏要富于变化,从而使演讲富于感染性。

体态语言指的是演讲者的姿势、动作、表情等,是一种无声的语言。体态语言不仅可以很好的传达演讲者的真实意图,还有利于听众对演讲内容的把握。同时体态语言还可以在一定程度上弥补有声语言的不足。

主体的形象也是一种无声的语言。演讲者通常是以整体的形象出现在听众的面前,那么演讲主体的发型、衣着、容貌等都会呈现在客体的眼前,形成一定的感官认识。而主体形象的好坏又会影响演讲的效果。

随着科学技术不断发展,演讲的辅助手段已经从简单的演讲道具拓展到了集动画、色彩为一体的媒介,主要有多媒体投影技术等。

无声语言在演讲中充当着"演"的角色。演讲者必须处理好"讲"与"演"两者的关系,在演讲中要以"讲"为主,以"演"为辅。二者相互交织、渗透和相互促进,而"讲"在演讲活动过程中是主体,起着主导的作用。

综上所述,演讲就是演讲者(即演讲的主体)在一定的情景下、通过一定的沟通媒介(有声语言和体态语言),面向广大听众(即演讲的客体)进行信息交流的实践活动。

5.1.2 演讲的特点

演讲作为一种与大众沟通的主要方式,它与其他的沟通方式有哪些区别呢?这是每个演讲者都需要了解和掌握的。

1. 鼓动性

鼓动性是成功演讲的重要标志,是演讲的显著特征。如果演讲失去鼓动性,也就不能称之为演讲。古希腊演讲家德摩斯梯尼是一位民主政治家和爱国主义者,他曾经说道："你所讲的，只令人说个'好'字，而我却能使听的人一起跳起来，异口同声地说：'让我们去抵抗吧！'"这就是演讲的效果，演讲的鼓动性。下边这段演讲节选自习近平2014年在坦桑尼亚的重要演讲（节选部分），体味一下其中的鼓动性。

【读一读】5.2

永远做可靠朋友和真诚伙伴

中非关系正站在新的历史起点上。非洲雄狮正在加速奔跑，中国也继续保持着良好发展势头。推进中非合作是双方人民共同心愿，是大势所趋，人心所向。新形势下，中非关系的重要性不是降低了而是提高了，双方共同利益不是减少了而是增多了，中方发展对非关系的力度不会削弱，只会加强。

第一，对待非洲朋友，我们讲一个"真"字。我们始终把发展同非洲国家的团结合作作为中国对外政策的重要基础，这一点绝不会因为中国自身发展和国际地位提高而发生变化。

第二，开展对非合作，我们讲一个"实"字。只要是中方作出的承诺，就一定会不折不扣落到实处。中国将继续为非洲发展提供应有的、不附加任何政治条件的帮助。

第三，加强中非友好，我们讲一个"亲"字。中非人民有着天然的亲近感。我们要更加重视中非人文交流，积极推动青年交流，使中非友好事业后继有人。

第四，解决合作中的问题，我们讲一个"诚"字。中方坦诚面对中非关系面临的新情况新问题，本着相互尊重、合作共赢的精神加以妥善解决。

---

2. 艺术性

演讲不仅是实用性和应用性很强的实践活动，同时还是一门艺术。演讲为了达到启迪心智、感人肺腑的目的，需要借助一些艺术表现方式来创造感染力。演讲中的艺术是一种活动的艺术，这种艺术体现在对于演讲中各种因素的整合而表现出的美感。所以成功的演讲不仅可以使人备受感染，还能使人体味出活动的美感，这就是演讲的艺术性所在。

3. 现实性

演讲向广大演讲客体公开陈述演讲主体的观点、看法、主张、情感，是一种现实的活动，属于现实社会活动的范畴。演讲的现实性表现在演讲者的活动、演讲反映的对象和使用的手段、表现形式等方面。现实性是演讲的首要特征，演讲者不要刻意追求戏剧化的效果。

4. 工具性

演讲是人们沟通的工具。演讲者综合运用有声语言和体态语言来向听众传递信息。任何类型的演讲，都有一定的目的，而演讲是达到演讲者目的的工具。众所周知，演讲是最普遍、最基本的传播手段和工具。

秋瑾女士在《演说的好处》一文中写道："什么地方都可以随时演说；不要钱，听的人多；人人都听得懂……"从中不难看出演讲是一种在公共场所经常使用且效果显著的沟通工具。

5. 情感性

演讲贵在打动人心,而要打动人心离不开演讲者的情感注入。演讲者要以真挚的感情把握听众的心,要以理服人,从而达到演讲的目的。因此演讲本身就是一个感染和被感染的过程。所以无论在演讲的开始、过程或高潮部分,乃至演讲的结束,演讲者的神形都应随着演讲情节的变化而变化,富有情感性。在演讲的过程中,演讲者和听众是通过语言、非语言等多种方式交流着彼此的情感。

怎样才能使演讲的语言生动感人呢?方法有三:一是运用比喻、比拟、夸张等形象化的语言、手法把抽象事物转化为具体易懂的语言;二是运用诙谐幽默、自然风趣的话语加强演讲稿的表现力;三是注意声调的和谐和节奏的变化。

优秀的演讲者情感都非常丰富,可以使听众感受到演讲者的内心。只有演讲者的情感富于变化,才能激起听众的感情波澜。所以演讲是否具有情感性是评价演讲效果的又一重要标准。

5.1.3 演讲的分类

按照演讲的功能、目的、形式或根据演讲者身份的不同,可以把演讲分为不同的类别。着眼点不同,分类的标准也不同。

1. 按照演讲内容分类

政治演讲:即为达到一定政治目的、出于某种政治动机的演讲。演讲者通过政治演讲传达了一定的政治思想,政治立场或政治策略。比如外交演讲、军事演讲、政治宣传演讲等。政治演讲较为严肃,宣传的色彩更为浓烈。通常在政治演讲中,演讲者的立场鲜明,观点明确,言辞有强大的说服力。

经济演讲:简单地讲,经济演讲就是和经济内容有关的演讲,服务于经济的发展和经济活动的开展。例如,企业公关演讲、商品推销演讲等。在经济演讲中,为了更好的服务经济效益,需要演讲具有高度真实性、语言的准确性、信息的及时性等。经济演讲多以解说为主,并讲究演讲中的策略。

学术演讲:介绍科学研究成果、传递科学知识、汇报学术思想的演讲即为学术演讲。例如,大学里一系列的讲座、学术报告、科学讨论、论文答辩等都是学术演讲。各个地区和国家都采用学术演讲的方式来传播文化、兴办教育。学术演讲要求内容科学严谨、语言准确、观点有一定的独创性。

此外按照内容分类,还有军事演讲、法律演讲、道德演讲、生活演讲等。演讲的内容决定了演讲的形式,内容分类是演讲的基本分类方法。

2. 按照演讲表达形式分类

命题演讲:根据事先规定好的主题或限定好的题目,在演讲前做好充分的准备,并撰写好演讲稿反复练习的演讲。因为命题演讲事先做好了充分的准备,所以演讲较为严谨且针对性强。命题演讲较之即兴演讲或辩论演讲具有内容稳定的特点,受到较少的环境限制,所以灵活性较差。

即兴演讲:与命题演讲相对应,即兴演讲就是演讲者在演讲前并未做好充分的准备,就当时的情景、事物有感而发,临时发表的演讲。例如,婚礼祝辞、欢迎致辞、丧事悼念、聚会演讲等都可以是即兴演讲。因为是演讲者有感而发,所以篇幅通常短小精悍,时境感强。但它要求演讲者能够紧扣主题、抓住由头、言简意赅。即兴演讲的要领:台下排好提纲;台上逐段填空;事先有所准备。

【经典导读】5.3

莫言就职开场白

2013 年 1 月,诺贝尔文学奖获得者莫言受聘成为母校北京师范大学文学院的教授,同时收到一份特殊礼物,当年在学校的所有档案材料。拿到教授聘书时,莫言说:"这也是我获得北师大的本科入学通知书。不管什么时候我都是农村作家。"大家风范不改谦逊本色。

辩论演讲:双方或多方,因为某个问题产生了不同意见,而展开的面对面的语言交锋。其目的是坚持真理、明辨是非等。辩论演讲具有针锋相对、短兵相接的特点。辩论演讲可以分为日常争论、专题辩论、赛场辩论等。在辩论演讲中,演讲者要具备正确的思想、较强的灵活性、严谨的论证等素质。

【经典导读】5.4

基辛格说:"美国不是第三者"

在这么多年的外交活动中,李肇星除了与外国外交官们唇枪舌剑的交锋,私下也会结交一些朋友。退休后朋友之间对话相对比较轻松,但涉及国家利益时还是会以国家利益为第一位。

2013 年秋天,李肇星和基辛格在钓鱼台主持一次座谈会。会场比较轻松,可以随便问答,但要求问题要短,回答也要短。

有个外国记者请李肇星谈谈对钓鱼岛的看法。李肇星回答:"钓鱼岛是中国的。回答完毕。"

这位记者紧追不舍,继续问道:那钓鱼岛问题怎么搞得那么错综复杂,看起来没完没了?

李肇星回答说:"错综复杂的主要原因是第三国插足。回答完毕。"

这时候旁边的基辛格说:"美国不是第三者。回答完毕。"

李肇星马上回应道:"我没有提谁是第三者,你不一定要对号入座。回答完毕。"

资料来源:http://news.ifeng.com/exclusive/official/detail_2014_01/21/332026920.shtml。

通常人们会有一种错误的认识，认为命题演讲只是念稿子或背稿子罢了，每个人都可以做出命题演讲。而即兴演讲才能表现出演讲者的真实水平和学问，所以很多人都非常的推崇即兴演讲。其实命题演讲和即兴演讲并没有好坏之分。学习演讲不能有厚此薄彼的态度。

高水平的即兴演讲是在长期演讲能力的基础上表现出来的，而命题演讲恰恰为我们创造了锻炼演讲能力的好机会。

3. 按照演讲目的分类

以信息传递为主要目的的演讲。演讲者的立足点在于使听众清楚、明白自己的观点、看法，而不是鼓励或煽动。

以使听众信服为目的的演讲。这种演讲是在上述演讲的基础上更进一步，不仅要使听众清楚、明白自己的看法，还要使别人信服，所以这种演讲的重点就在于如何说服听众。

以激发听众产生某种行为为目的的演讲。这种演讲不仅让听众明白、信服，还要在此基础上使听众产生某种行为，对演讲者的要求更高。

以活跃氛围为目的的演讲。这种演讲旨在调节情绪，能使听众在轻松的氛围中接受演讲者的观点、看法。通常在婚礼、茶话会等场合较为常用。

5.2　演讲的准备

凡事预则立，不预则废。每个演讲者在演讲的准备阶段，都必须回答以下问题：

为何演讲——即演讲的目的是什么？

为谁演讲——即演讲的听众是谁？

讲些什么——即演讲的内容是什么？

何时演讲——即什么时间演讲，演讲持续多长时间？

何地演讲——即在什么地方进行演讲？

如何演讲——即使用什么样的方式演讲？

5.2.1　演讲的目的

任何成功的演讲都绝非是单纯的口舌功劳，而是演讲者经历艰苦的脑力劳动的结果。演讲是有目的、有计划地在广大听众面前发表的演说。

由于每位演讲者经历、身份、学识、观点的不同，演讲的目的也不尽相同。一般来说，演讲者进行的演讲可以是以信息传递为目的的演讲，称为"使人知"的演讲；以使听众信服为目的的演讲即"使人信"的演讲；以激发听众产生某种行为为目的的演讲即"使人动"的演讲；以活跃氛围为目的的演讲即"使人乐"的演讲等等。

5.2.2　演讲的听众

虽然演讲的听众是演讲的客体,但却是接受信息的主体。演讲的最终目的是向听众传递信息。演讲者不能把演讲的重点仅仅集中在演讲的内容、语言、技巧或演讲者本身,而忽视了听众的特点与心理需要。只有当演讲者真正把握了听众的特点和心理需求,才能有效地开展演讲,从而使演讲成功,达到演讲的目的。

成功的演讲必然是演讲者和听众的完美耦合。听众在接受信息的同时,通过点头、鼓掌等一系列反应与演讲者进行着信息的交流。听众现场的各种反应同时也影响着演讲者。

1. 了解听众聆听演讲的目的

在分析听众的特点以前,首先要清楚了解的是听众听取演讲的目的。换而言之,即是听众对于演讲有什么样的需求、希望、难题等。有的听众希望通过演讲增长见识,有的听众希望通过演讲解决自身的难题,有的听众可能仅仅碍于面子才出席演讲,只有在演讲前掌握和了解听众参与演讲的目的,才能做到有的放矢。

演讲者可以通过演讲主办方了解听众的目的,也可以在演讲前小范围与听众沟通,或者利用公共媒体来获取自己需要的信息。

2. 了解听众的心理特点

把握好听众的心理特点是演讲成功的基石,听众的心理特点主要有:

(1) 精力难以长时间集中。

一般来讲,听众很难长时间地听一个人滔滔不绝地演说,所以要求演讲的篇幅尽量短小而精悍。心理学的研究表明:在 45 分钟的演讲中,听众在前 15 分钟注意力集中,获得的信息较多,其后的 30 分钟效果很差,受益也很少。听众注意力的集中程度向演讲者的能力提出了挑战。

(2) 信息的选择性。

选择性注意:所谓的选择性注意是指在演讲中,听众往往只关心、注意他们熟悉、感兴趣或与他们息息相关的演讲内容,而那些关联性不大的内容则被他们略去。

选择性记忆:所谓的选择性记忆是指在演讲中,听众往往是根据自己的爱好、经历、兴趣等特点,有选择的记忆演讲者的演讲信息。听众在记忆信息时有很浓的感情色彩和倾向性。和自己生活较为贴近、与其喜好相同的信息,往往容易被听众所记住。

选择性接受:所谓的选择性接受是指在演讲中,听众总是乐意接受与自己观点、见解一致的信息,从而保持心理的平衡感。而那些与自己看法不一致的内容往往会被听众屏蔽掉。

演讲的听众是个集合,由许许多多不同的个体组成,每个听众都会根据自己的爱好、兴趣来有选择的聆听演讲。再加上听众本身教育、年龄等因素的差别,听众的认知活动有很强的主观色彩。演讲者只有了解自己和听众、听众和听众间的差异,认识到听众对于信息的选择性,才能更好地选取演讲材料、改进演讲方式。

（3）首因效应。

心理学中的首因效应是指在短时间内以片面资料为依据而形成的印象,也被称为"第一印象"效应。心理学研究发现,与一个人初次见面,45秒钟内就能产生第一印象。这一印象在脑海中形成并占据着主导地位。这种先入为主的第一印象是人的普遍的主观性倾向,会直接影响到以后的一系列行为。

正因为有了首因效应的影响,演讲者必须要有精彩的开场白来引起听众的兴趣,并建立良好的印象。

（4）独立意识与从众心理。

独立意识是指听众独立思考、独立判断的意识。随着人们文化水平的不断提高,人们的独立意识不断增强。这给演讲者说服听众带来巨大的困难。

从众心理是指个人受到外界人群行为影响,在自己的知觉、判断、认识上表现出与公众舆论或多数人的行为方式相一致的现象。在一般的情况下,多数人的意见可能是正确的。但自己在缺乏分析、不作独立思考的基础上盲目从众,则是不可取的。

演讲是群众性很强的实践活动,个体在这个环境中易受到他人的影响,出现少数服从多数的从众现象。在人们受到他人意见影响的同时,还会具有较强的独立意识,听众的心理是独立意识和从众心理矛盾的统一。

3. 其他因素

通常来说,人数越多人们就越容易产生从众心理。年龄的差别不仅反映在听众兴趣爱好的差异,还会影响到演讲者选择什么样的演讲方式进行演讲。此外演讲者还应该注意到听众性别、职业、文化水平的不同,尽量满足听众的要求。

5.2.3 演讲的内容

演讲者根据演讲的目的、听众的特点选择演讲的主题。演讲的主题是演讲的灵魂。同时演讲的主题又决定了演讲的题目和演讲材料的组织。

1. 确定演讲主题

叶圣陶老先生曾经说道:"一场演说,必须是一件独立的东西……用口说也好,用笔写文章也好,总得对准中心用功夫,总得说成功写成功一件独立的东西。不然,人家就会弄不清楚你在说什么、写什么,而你的目的就难以达到。"这个"独立的"东西即为演讲的主题。演讲的整个过程,要突出和强化这个主题,这样才能使听众把握演讲者的观点,从而达到演讲的目的。

海因茨·雷德曼是德国著名的演讲学家,他在《演讲内容的要素》一文中指出:"在一次演讲中不要期望得到太多。宁可只有一个给人印象深刻的思想,也不要五十个听完即忘的观点。宁可牢牢地敲进一根钉子,也不要松松地按上几十个一拨即出的图钉。"所以说一篇演讲最好只有一个主题,演讲者可以围绕着这个主题层层展开。如果一篇演讲涵盖了较多的主题,在有限的时间内既不容易把每个主题都阐述清楚,还可能出现重点不突出的问题,使听众失去兴趣。所以主题要鲜明、正确、新颖。演讲的主题至关重要,通常可以从三个方面来选取主题。

(1)现实社会的"焦点问题"。

这类主题体现出了时代感,通常是听众平时比较关注的,与听众的各种利益关系极为密切。选择这类内容作为演讲的主题比较容易引起广大听众的兴趣,同时也突出演讲的社会价值。在选取"焦点问题"作为演讲的主题时,演讲者一定要把握好国家有关的方针、政策,切不可马虎大意。

(2)选择自己擅长的专业领域。

对于专业知识的演讲,演讲者在选择主题时一定要选取自己最为擅长的专业领域。这个领域最好是演讲者一直关注或有所研究的领域,所以把握、理解得都较为深刻。并且由于演讲者自己独到的见解使听众的注意力容易集中,演讲效果较好。还会使听众在演讲中有所收获,利于塑造演讲者良好的口碑。

在选取这类主题时,由于演讲者掌握的资料详实,演讲时可以深刻而全面地阐述演讲者的观点。但演讲者切不可沉浸在自己的演讲中而忽视了听众的反应,也不要因为掌握资料全面而使演讲主题不突出。所以,演讲前不管演讲者对所选主题是否有充分的准备,选题都不要太大,把主题定在某个问题的一点或几点上,这样才能使主题鲜明。

(3)听众的兴趣爱好。

选择这类主题的基础是基于对听众的深刻熟悉和了解,不然可能会适得其反。如果演讲所选的主题是听众感兴趣的话题,自然会唤起听众对演讲的极大热情,引起听众的好奇。听众往往是带着某种欲望来到演讲现场的。对于演讲者来说,选择这类主题的难度较大。首先对这个主题要有深刻的理解,切不可一知半解,更不能连具体的概念都不清楚,就贸然去讲。要知道台下的听众可能对于这个主题非常熟悉。演讲者要在演讲中坚持正确方向和自己的立场,不要被不同的观点或见解干扰而偏离了自己的航向。

在确定了演讲的主题后,演讲者还要对所确定的主题不断地进行锤炼。演讲者可以从事物的不同侧面来提炼主题,也可以应用归纳、演绎、比较的方法来提炼主题,还可以运用逆向思维提炼演讲的主题,以达到主题突出、明确的目的。

2. 明确演讲标题

演讲的标题也可以称作演讲的题目、名称等,是演讲稿不可或缺的部分。一个好的、新颖的演讲题目是演讲成功的一半。题目选得好,演讲就容易受到听众欢迎,演讲的目的也就容易达到;反之,就难以引起听众的兴趣与共鸣,更不用提达到演讲的目的。

一般来说,演讲的题目可以根据演讲者自身的特点、风格挖掘,这样容易体现演讲者本身的优势;也可以从媒体、书籍等媒介提取,通常体现了时代的特点;还可以从与他人的交谈中得到灵感。

【小贴士】 标题三忌	
一忌	冗长难记
二忌	深奥难懂
三忌	内容空泛

在确定题目时，一定要明确这些问题：题目是否符合演讲的内容；题目是否具有吸引力；感情色彩是否浓厚；题目的范围是否恰当。除此之外，还要做到符合演讲者的身份、符合演讲的时间要求、符合听众的实际。

3. 演讲材料的收集

在明确了演讲的主题和标题之后，演讲者要寻找、选择合适的材料对演讲内容进行丰富和补充。演讲者要根据一定的原则收集、筛选和使用素材。

（1）把握好选择材料的方向，防止盲目性和随意性。面对大量素材时，切不可只注重材料的趣味性而忽视了其与主题的匹配度。

（2）保证素材的真实性。演讲者所用的素材应该是客观世界确实存在、符合事实的。任意虚构的材料说服力不强，还可能因为与真实情况不符而被揭穿。

（3）保证材料的新颖。如果演讲者在其演讲中能够应用新颖特别的素材，就能较好地激起听众的好奇心，并有助于演讲者深化演讲的主题。

【举例】5.5

维德摩迪的选题方法

美国19世纪的大演讲家维德摩迪在选择了一个题目后，就把题目写在一个大信封上。他有许多这样的信封，倘若他读书时遇到了好的材料可以用作演讲时参考，他便把这些材料抄写下来放到适当题目的信封内。他还经常带着一本记事本，在听别人演讲时，把切合他题目的内容写下来，也放进相应的信封内。有时这些材料存放很长的时间也用不上，但是一旦需要，即可随时取出派上用场。

5.2.4 演讲的时间与演讲的场所

1. 演讲的时间

明确演讲的具体时间后，演讲者应该确保有充足的准备时间。演讲者可以列出一个详细的时间表，上面写出计划在什么时候完成哪些准备工作。准备工作不仅要包括书面的材料，还要涉及演讲所需要的演示材料等。演讲者还要在演讲正式开始前留有足够的时间与负责演讲的有关部门沟通，以确保演讲能够准时的进行。

2. 演讲的时间要求

一般来说，听众很难长时间地集中精力听演讲者一个人滔滔不绝地演讲。所以演讲者在准备演讲材料时要注意尽量短而精。一个优秀的演讲者就如一位烹制鲜美菜肴的厨师，不仅懂得选取上好的食材进行组合，还懂得把握好菜肴的火候。同理，只有演讲者把握好演讲的"火候"，才能"烹出"美味的演讲。否则，讲的时间过长，听众可能早已没有了兴趣；讲的时间过短，听众就会觉得意犹未尽。

对于演讲者来说,越是短小的演讲难度越大。有人曾问过美国第 28 任总统伍德罗·威尔逊:"准备一份十分钟的讲稿,需要花多少时间?"威尔逊回答:"两个星期。""准备 30 分钟的讲稿呢?""一个星期。""准备两个小时的讲稿呢?""不用准备,马上就可以讲。"这个故事告诉我们,其实越是短小的演讲,越需要充分得准备,不可掉以轻心。

【经典导读】5.6

《在马克思墓前的讲话》

1883 年 3 月 14 日,马克思与世长辞。恩格斯作了《在马克思墓前的讲话》的著名演讲。演讲草稿是这样开头的:"就在十五个月以前,我们中间大部分人曾聚集在这座坟墓周围,当时,这里将是一位高贵的崇高的妇女最后安息的地方。今天,我们又要掘开这座坟墓,把她的丈夫的遗体放在里边。"恩格斯考虑后进行了修改,写成:"三月十四日下午两点三刻,当代最伟大的思想家停止了思想。让他一个人留在房里总共不过两分钟,等我们再进去的时候,便发现他在安乐椅上安静地睡着了——但已经是永远地睡着了。"两者比较,后者入题较快,演讲一开始就抒发了对逝者的无限敬爱和万分惋惜的心情,使现场的人们也沉浸在对马克思的缅怀与崇敬之中。正是这种认真的态度和精心的修改,才为恩格斯的每次演讲的成功提供了有力的保证。

---

3. 演讲的场所

一般来讲人们对于陌生的环境都会感到紧张,所以演讲者在演讲开始之前最好亲自到演讲的现场查看一下,提前熟悉演讲的场地环境。演讲的场所可能安排在室内或者室外,室外的场地通常是露天的。如果在室内演讲,演讲者必须清楚空间的大小、灯光的配置、座位的安排等情况。如果演讲是在室外进行,演讲者特别需要关注演讲场所周围的环境。观察一下可能会有哪些因素干扰演讲,做到心中有数。

时空环境会对演讲起到一定的反作用,会制约演讲的内容、语言、演讲者的语调、表情、动作等等。演讲者必须根据时空环境的变化来调整演讲的内容、语言和自己的表情动作等,以适应新的时空环境,从而达到预期的演讲效果。

5.2.5　演讲的方式

在演讲的准备阶段,演讲者还必须明确用什么样的方式来演讲。

(1)演讲者要清楚本次演讲是正式演讲,还是一些引导性的谈话。

(2)演讲的主要形式有照读式演讲、背诵式演讲、提纲式演讲和现场演讲。演讲者要根据时间的情况、自身的演讲风格或有关方面的要求来决定到底采用何种形式的演讲,并为此次演讲设计或选择恰当的道具。

（3）演讲者还应该根据演讲的目的、时间安排、听众的特点决定在演讲中是否要穿插与听众互动的活动，例如，听众提问、有奖问答等。如果有互动性的活动，演讲者还应在演讲前估计听众会有什么样的问题或反应，做好相应的准备，以使演讲可以按照原定的计划顺利进行。

在演讲的准备阶段明确了以上问题后，演讲者可以同时开始编写演讲的提纲。演讲的提纲应该涵盖演讲的主题、标题、使用的材料等。提纲编写的过程本身即是确定框架、思考主题、选择材料的过程。

5.3 演讲稿的撰写

合理的演讲结构是演讲成功的基础，在确定了演讲提纲以后就要开始布局谋篇、设计演讲的结构、撰写演讲稿。结构是在提纲的基础上更深一步地推敲怎么开头、如何收尾、哪一部分是演讲的重点、哪些内容可以简单略过、怎样铺垫、怎样承接等问题的工作。所以，确定演讲的结构是个复杂的工程。

科拉克斯是古希腊著名的演说家，他提出：一个好的演讲结构应该包括开场白、正文和结尾。开场白通常提出问题，在正文中进行分析，最后在结尾时给出问题的答案。三个部分首尾呼应，良好配合，形成了统一的整体。这个结构被沿用至今，本节内容也是在这个结构的基础上进行阐述。

5.3.1 开场白

中国有句俗语："良好的开端是成功的一半"。对于演讲来说，也是如此。开场白对整个演讲极为重要，如果一开始就没有吸引住听众，会为稍后的演讲带来更大的困难。所以掌握开场的技巧是每个演讲者所必备的。

开场白可以简单介绍此次演讲的背景，或是演讲者当时的心情感受。成功的开场白就如好文章的开头，能够为整篇文章奠定感情的基调，还可以自然地引出演讲正文的分析和阐述。一般来说，成功的开场白要满足以下条件。

1. 必须紧扣演讲的主题

演讲的开场白要针对某个演讲的具体情况来组织、安排、构思，没有固定的模式。紧扣演讲主题、围绕主题进行阐述和论证是每个演讲开场白必须具备的，是保证演讲结构完整、严谨的关键问题。切不可出现"下笔千言，离题万里"的现象，也不要讲一些与演讲主题毫不相关的话。

如果一篇演讲有多个主题，演讲者还要分清这些主题的主次和先后顺序。找出主题间的逻辑关系，并在开场白中有所体现。如果忽视了这个问题就会出现结构复杂、主题模糊，使听众难以把握演讲的重点。

2. 快速吸引听众的注意

开场白的主要目的是吸引听众的注意,激发听众的好奇心,为接下来的演讲铺平道路。但是演讲者切不可故弄玄虚或偏离演讲的主题,这种开头只能使听众丧失兴趣,且不利于演讲主题的进行。下面简单介绍六种吸引听众的开场方法,演讲者应该综合考虑主题的内容、个人演讲的风格、听众的特点、周围的环境等因素,来决定采取什么样的方式开场。

【实用链接】5.7

吸引听众的几种演讲开场法

"良好的开端是成功的一半",演讲的开场白极为重要。然而"万事开头难",要想用三言两语的开场白瞬间抓住听众的心,并非易事。如果演讲一开始就不能赢得听众的好感,不能吸引听众,则后面再精彩的言论也将黯然失色。因此,有经验的演讲者,总是创造出新颖独特、有奇趣、显智慧的开场白,以吸引听众,控制现场,为接下来演讲内容顺利地搭梯架桥。常用的方法主要有:

1. 欲擒故纵开场

开场先顺着听众的情绪讲,待听众的情绪稳定之后,再慢慢陈述自己的观点,使听众在不知不觉之中,逐步接受演讲者的观点。例如,佩特瑞克·亨利在弗吉尼亚州议会上的演说,是这样开始的:"诸位可敬的先生们已向议院提出了请愿,我比任何人都赞赏他们的才干和爱国之心。然而,对同一事物往往各人有各人的见地。虽然我的观点与他们截然不同,但当我毫无忌讳、畅所欲言时,但愿不被认为是对先生们的不恭。现在不是客气礼让的时候,议院所面临的问题是我们国家正处于兴败存亡之际。我认为……"演讲者欲抑先扬,巧妙自然地引入了正题。

2. 幽默自嘲开场

在开场白里,用诙谐的语言巧妙地自我介绍,会使听众倍感亲切,无形中缩短了与听众间的距离。例如,胡适在一次演讲时这样开头:"我今天不是来向诸君作报告的,我是来'胡说'的,因为我姓胡。"话音刚落,听众大笑。这个开场既巧妙地介绍了自己,又体现了演讲者谦逊的修养,而且活跃了场上气氛,沟通了演讲者与听众的心理,可谓一石三鸟,堪称一绝。

3. 奇谈妙论开场

人云亦云的论调是很难引起听众的兴趣的,倘若说人未说,发人未见,用别人意想不到的见解引出话题,造成"此言一出,举座皆惊"的艺术效果,使听众急不可耐地听下去,就能达到吸引听众的目的。

一上台就开始正正经经地演讲,会给听众生硬突兀的感觉,难以接受。不妨以眼前人、事、景(天气、心情、会场布置、某个发言等)为"媒介",巧妙过滤,把听众不知不觉地引入演讲之中。例如,一位司仪主持婚礼时,这样开头道:"阳光明媚,天降吉祥,在这美好的日子里,在这金秋的大好时光,我们迎来了一对情侣幸福的结合……"这里,司仪就眼前的天气说起,把听众很自然地引入正题。

4. 讲述故事开场

用形象性的语言讲述一个故事开场,会引起听众的莫大兴趣。例如,1962 年,82岁高龄的麦克阿瑟回到母校——西点军校。一草一木,令他眷恋不已,浮想联翩,仿佛又回到了青春时光。在授勋仪式上,他即席发表演讲,他是这样开头的:"今天早上,我走出旅馆的时候,看门人问道:'将军,你上哪儿去?'一听说我到西点时,他说'那可是个好地方,您从前去过吗?'"这个故事,情节极为简单,叙述也朴实无华,但饱含的感情却是深沉的、丰富的。既说明了西点军校在人们心中非同寻常的地位,从而唤起听众强烈的自豪感,也表达了麦克阿瑟深深的眷恋之情。接着,麦克阿瑟不露痕迹地过渡到"责任—荣誉—国家"这个主题上来,水到渠成,自然妥帖。讲述故事时要遵循这样几点原则:要短小,不能成了故事会;要有意味,促人深思;要与演讲内容有关。

5. 制造悬念开场

人都有好奇的天性,一旦有了疑虑,非得探明究竟不可。在开场白中制造悬念,往往会收到奇效。例如,我党的早期革命家彭湃,一次到乡场上准备向农民发表演讲。怎样才能吸引来去匆匆的农民呢? 他想出了一个好主意。他站在一棵大榕树下,突然高声大喊:"老虎来啦! 老虎来啦!"人们信以为真,纷纷逃散。过了一会,才发现虚惊一场,于是都围上来责怪他。彭湃说:"对不起,让大家受惊了。可我并没有神经病,那些官僚地主、土豪劣绅难道不是吃人的老虎吗?"接着,向大家宣讲革命道理。

吸引听众的演讲开场法还有很多,如讲述新闻式、赞扬听众式、名言式、实物式等等。总之,演讲者只有因具体语境灵活、创造性地运用最恰当方式,才能创造出赢得听众的开场白。

资料来源:《发明与创新》,2006 年 8 月,有删减。

3. 与听众建立良好的关系

俗语说得好:"一句良言三冬暖,一句恶语六月寒。"成功的开场白能够沟通演讲者与听众的情感,使听众对演讲者的好感油然而生。优秀的演讲者懂得在演讲开场时能够迅速地与听众建立良好的关系进行感情上的交流。精心设计的开头能够用简单的话语就缩短与听众的距离、拉近演讲者与听众的关系,使听众与演讲者产生情感上的共鸣,从而有利于演讲。

这时演讲者可以通过赞美演讲所在地的文化、历史、风土人情,或是利用演讲者和听众的共同点来拉近距离。不过在用这种开场白时应注意:赞美是发自内心深处,要自然、真诚。而且赞美的分寸要拿捏得适当,不然还会适得其反,为演讲带来更大的困难。共同点要选的恰当,解释得令人信服。

4. 开场白力求简短

开场白要尽量的简短,不要在演讲主体没展开前阐述的过多。因为演讲时间的限制,演讲者要把握好各部分的时间安排,不能使人产生头重脚轻的感觉。

注意了以上四点,我们便可以设计出一个好的开场白。好的开场白最好符合上述规则的两三点,这样可以体现开场白的多种作用。不过,优秀的演讲者还会根据具体演讲的地点、听众、主题特征来设计特定的开场白。通常,听众可以根据一位演讲者的开场白来判断这究竟是一位怎样的演讲者。

5.3.2　演讲的主体

1. 演讲的主体是一篇演讲的核心

演讲主体既要自然地紧承开场白的内容,又要使主题清晰、层次清楚。在这个主体部分,演讲者综合运用各种方式,以达到传递信息、说服感染听众的目的。演讲稿的主体也要满足几个基本的条件。

（1）主题明确。

演讲的主题贯穿于整个主体,是演讲稿的灵魂,是演讲者观点的浓缩与提炼。缺少或偏离演讲的主题就会使演讲稿黯然失色。

要使主题突出,最好在演讲稿中只安排一个主题、一个中心。特别是对于初学演讲的人来说,难以驾驭多个主题,不妨把精力放在一个主题上尽量阐述清楚明白。还可以在演讲中反复申述自己的观点,在听众脑海中留下深刻的印象。最后,演讲者在阐述主题时要使用强有力的材料加以说明,这样也会使听众理解的更加透彻。

（2）层次分明。

如何统筹安排好各种材料与内容,是每一个演讲者都不得不面临的问题。演讲中如果没有层次、不分轻重缓急,演讲者必定手足无措、眉毛胡子一把抓、东一榔头西一棒子、乒乒乓乓乱讲一通。这时,听众必然如坠云端,不知台上的演讲者所云为何,演讲收效甚微。清晰的条理,主次的分明都可以给听众留下良好的印象。

同时又因为演讲是口头表达,声音转瞬即逝,所以演讲主体各部分的层次关系不可过于复杂。

成功的演讲者,在其头脑中都会有一幅演讲稿的三维立体图,一幅活生生的、立体的、错落有致、层次分明的图画。演讲者自己对于演讲稿层次的把握,直接影响着演讲的效果。

（3）高潮突出。

演讲最忌讳平铺直叙,必须高潮迭起紧紧抓住听众的心。演讲的高潮就是演讲者与听众在感情上达到共鸣,双方的情绪都非常激动、精神最为振奋。在进行了层层论证、说明、分析之后,演讲者运用简洁明快的语言、鲜明的态度来向听众表达演讲者肯定的是什么、否定的是什么。演讲的高潮部分是演讲主题最为明确的地方。在演讲的高潮中,演讲者的感情也极其强烈、语言极富感染力,喜怒哀乐尽显于色。

国内外的学者一致认为,好的演讲应如大海波涛般跌宕起伏,一个高潮接着一个高潮,当演讲快结束时,演讲的高潮也应该达到顶峰。演讲者可以根据演讲内容的需要设置多个高潮层层递进。此时,演讲者一定要谨防"高潮不高"的问题。只有高潮设置的恰到好处,才能传递出强大的感染力。

2. 演讲主体的结构

任何演讲都是按照提出问题、分析问题和解决问题的思路进行。演讲者根据演讲的内容、主题和演讲者的动机决定设计什么样的演讲形式。

(1)纵向结构。

在纵向的结构中,按照时间的顺序可以分为:直叙式和纵进式。

直叙式以事情发生、发展或变化的过程为顺序。这样安排的演讲内容主次分明,轻重有别。内容的层次结构简单,事情的来龙去脉非常清楚。但运用这种方式切忌不可平均用力,要突出演讲的主题。

纵进式是指按照事情的层递关系或认识的过程安排结构,多采用"叙事—说理—结论"的模式,由外到内、由浅入深、由易到难的顺序。纵进式摆情况、找原因、下结论、说理透彻、论辩性强,符合人们认识思维的过程。

(2)横向结构。

横向结构是指演讲内容可以按照事物的组成部分展开,可以按照事物的空间分布展开,或者按照事物的归纳关系展开。这种演讲结构适合于具有多种属性的事物,有利于从不同方面把演讲主题阐述清楚。

(3)纵横结合结构。

纵横结合结构是指既考虑到时间发展的顺序,又考虑到事物的性质及事物间的内在联系。按照具体顺序,可以分为先横后纵式和以纵带横式两种。前者的特点是能将复杂的演讲内容清楚的阐述出来;后者的特点是以时间发展为经,以事件矛盾焦点为纬,经纬结合。

5.3.3 演讲稿的结尾

演讲稿的结尾和开场白一样重要,结尾在一场演讲中具有战略性的作用。俗语"编筐编篓,难于收口"说的就是这个意思。精心设计的结尾能使演讲达到"余音缭绕,绕梁三日不绝"的效果。结尾部分通常也是最容易被听众长久记忆的部分。精彩的演讲结尾要起概括演讲的主题、再次表明演讲者的观点看法,使听众意犹未尽,遐想不止的作用。演讲结尾的方式主要有以下几种。

1. 总结概括式结尾

苏格拉底曾经说过:"演讲的结尾就是要总结性地将所讲过的内容重复一遍,将同样的内容,用不同的语言再叙述一遍。"

苏格拉底提到的这种结尾方式就是总结概括式的结尾,这种结尾的方式适合于演讲篇幅长、演讲内容多的演讲。演讲者在演讲结束前,用简明扼要的语言对已阐述的思想和观点作一个高度概括性总结,突出中心、强化主题,给听众留下完整深刻的印象。还能使演讲首尾相呼应,起到画龙点睛的作用。

2. 感召式结尾

感召式的结尾往往是发出号召、提出请求。演讲者在演讲结束时号召听众采取行动的时间已经来到、时机已经成熟。优秀的演讲者总能在演讲的结尾满怀激情的感召听众,使听众有一种马上要离开现场去行动的冲动。

感召式结尾要遵守以下原则:一、要明确地指出感召听众做什么事;二、感召的事情必须是在听众能力之内的;三、尽量使听众易于根据感召采取行动。

3. 抒情式结尾

采用这种方式,通常是在演讲者在叙述过生动的事例后,有感而发。这类结尾方式会使听众感到意犹未尽,激发听众在演讲后的思考。

【经典导读】5.8

奥巴马就职演说结尾

美国总统奥巴马在 2013 年就职演说时这样结尾:

"现在让我们相互拥抱,怀着庄严的职责和无比的快乐,这是我们永恒的与生俱来的权利。有共同的努力和共同的目标,用热情与奉献,让我们回应历史的召唤,将珍贵的自由之光带入并不确定的未来。

感谢你们,上帝保佑你们,愿上帝永远保佑美利坚合众国。"

---

4. 幽默式结尾

演讲者在演讲中使用幽默或诗句是最能被听众接受和记忆的结尾方式。在结尾中充分、灵活地运用幽默的手法,将会起到画龙点睛的作用。这样,既能深化主题,又能使演讲的气氛轻松和谐;既可调整演讲的节奏,又可使听众消除疲劳,使听众在轻松的氛围下接受演讲者的观点。演讲者具有幽默感,并能在演讲中恰如其分地把握住演讲的气氛和听众的心态,才能使演讲结束语收到轰动效果。

老舍先生在某市作的一次演讲中,开头时说"我今天给大家谈六个问题",接着,他第一、第二、第三、第四、第五,井井有条地谈下去。谈完第五个问题,他发现离散会的时间不多了,于是他提高嗓门,一本正经地说:"第六,散会。"听众起初一愣,不久就欢快地鼓起掌来。老舍先生在这里巧妙运用幽默收到了甚好的效果。

5.4 演讲的技巧

从某种程度上说,演讲就是语言的艺术。演讲语言运用的好坏直接影响着演讲的效果。古今中外优秀的演讲者都非常注重演讲语言的训练。老舍先生曾经说过:"我们的最好的思想,最深厚的感情,只能用最美妙的语言表达出来。若是表达不出,谁能知道那思想与感情怎样好呢?"究竟怎样进行演讲语言训练才能使之成为艺术?

5.4.1 演讲语言运用的原则

演讲语言的运用要遵循一定的原则:

(1)演讲语言要准确。演讲具有一定的科学性,所以演讲的语言要准确。只有准确的语言才能够准确的阐述事物、表达深刻的道理,才能使听众准确地把握演讲者的意图。演讲者只有思路清晰、词汇丰富、感情真挚、修辞恰当才能够准确的运用语言。

(2)演讲语言要通俗。演讲语言作为一种有声语言,主要依靠口头表达方式进行传播。俗语说得好:"话需通俗方传远。"通俗的语言不但易于听众理解、记忆,还便于听众传播。

要使演讲语言通俗易懂,演讲者就要多多使用口语化的语言。但演讲中运用的口语化语言需经过演讲者反复推敲、加工提炼,去掉演讲内容中啰嗦、不准确、不通顺的部分口语语言,其特点为简洁、准确、鲜明、生动。这时演讲者可以多使用成语、谚语、歇后语等生活中常用的语言。由于口语化的语言有较多的停顿,所以在演讲中要尽量多使用短小、简单的句式。而且还要注意语言的变化性。

(3)演讲语言要个性化。演讲者在演讲中表达的是自己的观点、是自己真情实感的流露。优秀的演讲者总是能够用个性化的演讲语言,即用自己的语言讲出自己的思想感情、看法、观点等。通常我们可以从语言风格上来判断是谁的演讲。演讲者个性化的语言是其经历、学识、思想、风格、修养的集中表现。

(4)演讲语言形象化。要使演讲语言形象化,演讲者就要在演讲中多使用语言修辞。比喻是最常使用的修辞方法,它可以使深奥的事物浅显易懂、妙趣横生,还可以调节演讲现场的气氛。排比的应用可以达到增强语言节奏感、加强语言气魄的效果。除此之外,常用的修辞方法还有引用、借代、比拟、设问等等。恰当地使用这些有助于演讲语言的形象化,能够帮助演讲者表达自己的感情。

鲁迅先生在《在上海中华艺术大学的演讲》结束时说:"以上是我近年来对于美术界观察所得几点意见。今天我带来一幅中国五千年文化的结晶,请大家欣赏欣赏。"说着,他一手伸进长袍,把一卷纸慢慢从长袍中拿出,打开一看,原来是一幅病态丑陋的月份牌。顿时全场大笑。鲁迅先生借助恰到好处的道具表演,与结束语形成鲜明的对比。

成功的演讲总是演讲语言与演讲动作的完美结合。演讲语言本身就包括动作,演讲者随着声音的发出自然会有一定的动作与声音联系在一起,来表达或加强某种感情或观点。所以说演讲的有声语言和演讲者的动作是有内在联系、不可分割的。所以演讲者要在演讲中恰当使用演讲动作,增加自己语言的形象化。有时候,演讲动作也是演讲风格不可分割的一部分。

【经典导读】5.9

希特勒的演讲动作

有人评价希特勒是史上最具蛊惑力的演讲者,也有人说他内心深处有一股压抑不住的演讲欲。但是,几乎没有人会怀疑希特勒演讲的才能,迄今为止也许也没有一个人能够在演讲方面超过希特勒。有的资料显示,希特勒在一场短短十几分钟的演讲中竟然运用了 36 个动作。他的演讲超出了语言和动作的简单结合,已经达到了完美的境界。如果可以用演员的标准来评价希特勒,恐怕他早已是个专业的演员了。希特勒在其演讲中毫无畏惧地表达自己,并使用独特的、富于魔力的肢体语言来向听众传达着信息。借鉴和学习表演艺术以使自己的演讲生动、形象,恐怕是我们需要从这位战争狂人身上学习的东西。但是,很少有人注意到希特勒的演讲风格,也是经过他长时间的演讲演练而练就的。有时候,希特勒为了准备一场演讲,可以把自己关在房间里废寝忘食的练习,直到自己满意为止。所以,"刻苦精神"是我们需要学习的第二个地方。

5.4.2 有声语言的技巧

演讲是一种听觉的艺术。其中有声语言是听众与演讲者信息交流的主要载体。而语言中蕴藏着丰富的艺术魅力,不仅能够传达思想、表达情感,而且还能激发听众的兴趣。所以演讲者必须有意识地训练语言技巧,提高演讲的效果。演讲的有声语言分为语音表达和语义表达两个方面。可以从音长、音量、音调、重音等反面进行把握。

1. 音长

音长,就是声音的长短,它由音波振动时间决定。振动的时间长,声音就长;反之,声音就短。通常用语言的速度来表现音长,语言的速度也称为语速。为了表达不同的内容与情感,演讲者在演讲时会根据具体需要把握语速的快慢。例如,人们在表达兴奋、欢乐、愤怒、惊恐、激动的感情时,速度相对地快一些;而在表达忧郁、痛苦、失望、迟疑、悲伤、沉静、崇敬、景仰的感情或回忆往事时,速度往往较慢。一般来讲,在听众容易理解的地方,演讲者的语速可以稍快;而在不易理解的地方,语速应该放得较慢。

2. 音量

音量,即音的强弱(响亮)程度,是声音的一种基本特性。音的强弱是由发音时发音体振动幅度(简称振幅)的大小决定的。音量的强弱与发音体震动幅度成正比,振幅越大则音越"强",反之则越"弱"。演讲中,演讲者要根据听众的特点和演讲场地的具体情况来把握演讲音量的大小。既要使最后一排的听众能够轻松地听到演讲的内容,又要在听众的承受范围内。演讲者的音量要自然、顺畅地变化。持久、强烈的声波会使听众的差别感受度降低,也就难以获得良好的演讲效果。

3. 音调

音调,指的是发音音域的高低变化,主要是由声音的频率决定。在现代汉语中有四种音调,即平直调、高升调、弯曲调和降调。平直调平缓而无变化,表达的是一种庄严或冷淡的情绪。高升调逐步上升,表达的惊讶、号召等意思。弯曲调先升后降,表现出自信、感慨等情感。而降调逐步下降,传达出了自信与坚持等。

在演讲中,音调表现为声音的高低等起伏和变化。声调的变化不仅使语言更加富有抑扬顿挫的效果,而且能够更好地表达出演讲者的感情色彩。演讲者要根据演讲的内容、性质、要求、听众的情绪特点等情况来灵活运用音调。同时,演讲者的音调不仅要与演讲动作相配合,还要考虑到听众的习惯。经研究,听众的有效注意力每隔 25 分钟左右就会有所松弛,这时演讲者可以变化语言的音调,来调节或消除可能产生的注意力松弛现象,以期收到较好的演讲效果。

4. 重音

重音,是指在演讲中加重某些词和句的读音。重音的巧妙运用使演讲听起来高低起伏、抑扬顿挫、美感十足,加深了听众对演讲内容的印象。重音是整个句子的一部分,重音前后一定要自然协调。通常一个句子中最能突出演讲者感情的地方即为需要重音处理的地方,这个地方也是整个句子的灵魂。同时还要根据演讲的主题,句子在整个演讲内容的地位和作用,来确定重音。准确地识别和处理重音,是演讲者提高演讲效果的关键。

在句子中,除了感情突出的地方需要重读外,属于对应、排比、照应、重复的地方也要重读。演讲中的重音不是一成不变的,要恰如其分的强调某些词句来加强表达的效果。且重音不宜太多,要处理好重音与非重音的关系。

演讲者可以使用多种方法达到重读的效果:

(1)音量、音调控制法。演讲者想要突出某个方面,可以采用欲高先低、欲强先弱的方法。高低可以通过控制音量达到,强弱可以通过变化的音调达到。但同时要指出的是,无论演讲者是使用高低音还是运用强弱音都必须是自己感情的自然流露。

(2)音长控制法。运用音长也就是运用语速的快慢来达到重读的效果。用较快的语速来表达非重音或次重音的部分,用较慢的语速来表现重音的部分。同时,演讲者还可以在重音前后使用停顿等技巧进行处理,使重音和非重音部分自然衔接。

(3)虚实控制法。声音的虚实是指声音飘逸与扎实。虚表现在声音低沉、缥缈、气息富于变化,通常在感叹、惊讶、想象的情形下使用。实表现在声音洪亮、清晰、较少的气息变化。演讲者可以根据演讲的内容,虚实结合达到重音的效果。

5. 停顿

停顿,是演讲者在词语、语句或段落间刻意保留的沉默。如果把演讲比喻成一段优美的乐曲,那么停顿就像是这段乐曲中不可或缺的休止符。缺少了这些"休止符",乐曲就缺少了节奏的美感。停顿是为了使演讲语义、感情的表达更加准确鲜明,并能使这些意思和情感通过非语言的方式延伸下去。所以演讲者要在演讲中恰当处理停顿,使演讲达到"此时无声胜有声"的效果。

演讲中的停顿根据使用目的不同可以分为:

(1) 语法停顿。语法停顿又可以称为自然停顿,是演讲者根据语法结构安排使用的停顿,能够满足演讲者在演讲中自然换气的需要。语法停顿通常可以用标点符号表示出来。在较长的主语和谓语间、动词与宾语间都可以使用语法停顿,以使句子或段落的层次更加分明。例如,"我深深懂得/只有真正爱别人才能得到别人的爱"。这个句子的补语较长,所以在补语前停顿。

(2) 心理停顿。心理停顿是为了表达演讲者内心复杂和微妙的心理感情所设置的停顿。心理停顿能够激起听众的好奇、使听众注意力集中。在演讲时,演讲者可以通过拖长音节的发音,再辅之体态语言来达到心理停顿所要表达的心理感情。它常来表达演讲者激动、回忆、疑虑、思考、沉吟不决等情感。例如,"我赢了"。这样的表述只是对赢这个状态的一般描述。而"我/赢了"。则表达了"我"复杂的心理活动,有一定的内涵。

(3) 逻辑停顿。演讲中的逻辑停顿通常是为了强调某一词义所特别安排的。逻辑停顿是在语义停顿的基础上,根据句子词语间的逻辑关系,配合演讲现场的氛围来确定停顿的时间。逻辑停顿要合理、自然、恰当,不能违背日常的语言习惯。如果要表达的语义较短,一般按照句子标点符号来停顿就可以了;如果句子的结构比较复杂,演讲者即可以根据语义划分出若干逻辑停顿。

【读一读】5.10

下 雨 天 留 客

古时有一栈房东家,此人颇有些斯文且素有洁癖,凡住店者,必须衣冠整齐,不得拖泥带水,否则不让住店。

一日,天降大雨。黄昏时分,东家见泥泞的路上一人冒雨匆匆而来。心想:此人必是来住店的,如此拖泥带水,岂不要弄脏客栈? 于是,赶紧写一纸条,上书"下雨天留客天留我不留",贴于大门之上,然后关门进屋,避而不见。

不一会儿,只听"嘭! 嘭! 嘭!"的敲门声传来,且一阵紧似一阵。东家好不生气,打开大门,果然是适才所见雨中之人。便道:"请问客官,何事敲门?"来人道:"住店。"东家道:"客官识字否? 怎不见门上所写之字?"来人道:"鄙人略识几字,正是见东家门上字条方才敲门的。"东家道:"客官既然识字,可否将门上之字念来听听?"来人念道:"下雨天,留客天,留我不? 留!"原来,过去的字,俱是从右至左,自上而下而写,且不加标点的。东家所写字条,本意是说,下雨天留客,天留我不留。

资料来源:http://blog.sina.com.cn/s/blog_4aee8a790100065g.html。

恰当的停顿都能产生哪些效应呢？总的说来，表现为以下几点：

（1）能够产生标点的效应。演讲者通过停顿表达出演讲稿中的标点。

（2）产生气息效应。恰当的停顿调节演讲者的气息，使有声语言的表达效果更加突出。

（3）恰当的停顿产生幽默的效应。著名的幽默小说家马克·吐温曾说过："恰如其分的停顿经常产生非凡的效果，这是语言本身难以达到的。"

听众听演讲的过程也是信息双向流动的过程。演讲者要根据演讲的具体内容，把握演讲有声语言的语速、音量、音调、停顿等因素，尽量做到以情带声、疾缓有致、快慢结合、有张有弛，使听众能够清楚地领会演讲的内容以及各部分的逻辑关系。

【实用链接】5.11

演讲中巧用"转折"

这里的转折是指用"虽然……但是……"或"可是"、"然而"、"却"等词连接而成的转折句式。用好"转折"可掀起"波折"，抓住听众的审美情感。

1. 开篇陡"转"，掀起微澜。这是用转折句式直接开头的一种方法。

维克多·雨果在纪念法国思想家伏尔泰百年祭日的演说中第一句说："一百年前他死了，但他的灵魂却是不朽的。"用一个转折句抖起旗帜，推出了自己对伏尔泰的评价与颂扬。

2. 缓铺急"转"，路转峰回。这种转折与陡转一样，都是用在演讲开头，所不同的是，它往往要在"拐弯"之前先务虚铺一段路，然后再急转弯回到正路上来。

爱因斯坦《要使科学造福人类》开头的一段演讲："我可以唱一首赞美诗，来颂扬应用科学已经取得的进步；并且无疑地，在你们自己的一生中，你们将把它更加推向前进……但是我不想这样来谈。"他先用真诚肯定的话语把人们的情绪调动起来，之后却很巧妙地将话锋一转说"我不想这样谈"。这时人们急切地想听听他的"下回分解"。

3. "转"后翻"转"，一波三折。演讲中，有时还会两个转折连用，将内容翻回到原处，感觉就像穿梭在波峰与波谷之间的小船，自由而灵活。

4. 对举排"转"，起伏连绵。这是指在演讲中用偏正复句或转折短语构成的排比。它既有奔腾起伏的气势，又有辩证统一的内涵。演讲家刘吉在一次对话中运用转折说道："青年成熟的标志是温柔而不软弱，成熟而不世故，谨慎而不拘泥，忍让而不怯懦，刚强而不粗暴……"。

5. 转折点睛，哲理兴波。富有哲理的演讲往往更引人沉思。而演讲的高手往往擅长用转折句式来"点睛"，以此串起全文，掀起一个个情感波澜，给人以智慧和启迪。

6. 直言婉"转"，溅起漩涡。这种转折没有明显的转折词语，而是在直言了主旨以后,又用"当然""不过"等词来代替"但是"进行婉"转"来补充前面的内容。这样的好处是,避免了生硬,而富有打出去又拉回来的幽默感。

7. 收篇逆"转",挽起高潮。在演讲"卒章显其志"时用转折句收束,可收到征服和鼓舞听众的最佳效果。

黑人演说家约翰·罗克发表《奴隶制就是战争本身》结尾时讲道:"我们的事业正在前进,正如太阳一样,它常常会被乌云挡住,但我们发现乌云最终是要被驱散的。(掌声)诚然,在反对奴隶制方面,政府现在的表现,比战争一开始时并未前进很多;但是,在为它本身生存的斗争中,它已经不得不扼住奴隶制的咽喉,并早晚必定要将它卡死!"(热烈的掌声)

5.4.3　体态语言的技巧

毋庸置疑,演讲是一种有声语言活动,通过有声语言的形式来传递信息。但正如伯德惠斯特尔所说的,"仅依赖文字语言我们永远也不会明白一个人说话的完整含义"。我们使用的有声语言不能完全表达出我们要表达的内容。而从听众的角度来看,有声语言又具有无形性、隐藏性、间接性的特点,所以我们在演讲中应该使用体态语言来弥补有声语言的不足。不仅如此,体态语言还可以加强演讲的语气,表达出演讲者内在的情感、态度、观点、意见等。综上所述,语言艺术的演讲,不只是单一的话语活动,而是有声语言和体态语言的结合。

1. 面部表情

阿尔卡特·蒙荷拉比是美国一位非常有名的心理学家,他曾使用一个公式来说明语言的表达效果,如下:语言的影响力＝声×15％＋色×20％＋姿×25％＋表情×40％。这个公式说明了人在进行信息交流时,语言影响力的40％来源于面部的表情,远远大于其他因素的作用。总的来说,面部表情要自然、鲜明、真实、灵敏,还要把握好分寸不可矫揉造作。

俗语说:眼睛是心灵的窗户。眼睛是人面部最重要的器官,眼神是面部表情中最为重要的部分。眼睛传达出的情感往往是言语难以表达的。演讲者除了利用有声语言与听众进行信息交流外,最主要就是利用眼睛与听众进行沟通。所以演讲者在演讲的过程中,要注意与听众进行眼神的交流,来加强语言表达的效果。

在运用眼神交流时,应注意以下问题:

首先,眼神的应用应该根据演讲内容的变化而变化,不能脱离演讲者所要表达的感情;其次,演讲者不能只与一小部分听众交流,其眼睛扫描的范围应该是整个演讲场所;最后,眼神的表达方式也应该富于变化,形式不能太死板。

【经典导读】5.12

让眼神点亮你的演讲

美国著名演讲家爱默生说："人用眼睛会话时，其优点几乎与舌头完全一样，眼睛的语言完全无需借助字典，全世界都能理解这种语言。"作为一种特殊的态势语言，眼睛的动作和神态能够表达几万种含义。演讲者与听众之间的交流，很大程度上讲都是依靠目光传递。用眼神表情达意，可以使演讲效果更好。

用眼神展示风采

内在涵养和外在形象是魅力之源，眼睛往往具有很强的吸引力和感染力。眼睛炯炯有神，熠熠生辉，整个人就会活力四射，神采奕奕。

一位演讲者上台之前情绪有点不稳定，但她按照预定的解决方案迅速做了调节，稳步走上讲台。她放眼全场，眼中透出自信。"作为一个女人，在生活中要扮演多重角色，但我认为检察官这个角色最重要，我要用忠诚书写检察官的风采……"伴随着演讲的开场语，她的目光坚毅而凝重，配合着演讲内容把交流的热切愿望和真心沟通的诚恳态度传达给听众，让听众感受到了她的亲切及和蔼。

用眼神调控现场

听众心态复杂多变，素质参差不齐，这使演讲现场难以预料，谁都可能遇到意外，如听众看报、走动、喧哗等，这很正常。但出现这种负面反应，说明交流中遇到障碍，如果任之发展或控制不好就会影响效果，甚至会导致失败。采取指责、呵斥的办法更是行不通的，因为这不仅不能消除听众的不良反应，反而会激化矛盾，加剧情绪的对立。这时，倘若选用眼神传递控制信息，则是十分有效的方法。

某大学开学，新生座谈，内容是自我介绍。来自农村的牛敏，刚说句"我姓牛，来自乡下"，不知谁小声说了声"乡下小牛进城喝咖啡了"。班上许多人笑了起来，牛敏很镇定："是的，我是来自乡下的小牛，我进城来'啃'知识，以便回乡耕耘。我吃的是草，挤出来的是'奶和血'，我愿永做家乡的'孺子牛'。"讲这些话的时候，牛敏目光充满自信，直视那名捣乱者。见演讲者盯在那里，有些听众也转过去看那个人，使得他很不好意思地低下了头。

用眼神增强活力

好的思想观点，需要灵动的表达，才能展示见解的独特、语言的个性。眼睛作为"另一张嘴"，可以使有声语言生动、形象起来，跳跃而富有感染力。

一位演讲者描述"尼加拉瀑布的伟大"时，这样讲道："25万块面包，60万枚鸡蛋，越过悬崖而坠落，在河流中形成一块巨大的鸡蛋饼！白布从织布机上流到4 000尺宽的河流中！一座大百货公司漂在河边上，坠下悬崖，摔得粉碎！你可以想象一下尼加拉瀑布的感染力如何？……"这些话语本身就很形象，加之演讲者眼睛随着演讲内容的挑眉皱眉，似笑非笑，以及深邃的凝望，使得听众听演讲如同看电影一样栩栩如生，形象更可感。

　　巧妙运用眼神,可以使演讲深入内心,激发听众做出演讲者所希望的反应。目光的力量是巨大的,只要充满正义,饱含激情,便自然会发挥出独特的魅力,使你的演讲更有吸引力。

　　资料来源:http://www.koucai.com.cn/Item/407.aspx。

2. 姿态语言

　　早在《诗大序》中就有这样的记载:"情动于中而形于言,言之不足,故嗟叹之,嗟叹之不足,故咏歌之,咏歌之不足,故手之舞之,足之蹈之也。"从这段话中不难看出,通过演讲或通过其他语言方式进行交流时,在运用语言文字的同时还可以根据实际情形设计一些手势和动作来配合言语的表达。

　　有人把演讲时所运用的手势或动作称为身段表情,其作用与面部表情相同,都是为了配合演讲的内容。一般来说,演讲者叙述或在阐述事情时较为平静,这时可以使用自然而平稳的动作;当达到演讲主题的高潮或是需要重点突出的地方,演讲者可以运用急剧而有力的手势表示出感情的升华等等。演讲者在运用这些动作和手势时也要注意以下问题:第一,设计的手势或动作是为了配合演讲的有声语言,只是起到辅助的作用,不能出现喧宾夺主现象。所以手势或动作要自然、简单、协调。第二,由于演讲的特点,演讲者的动作幅度要适当,一般动作范围仅限于胸前,腰部以下可以不设计动作而保持站立的姿态。第三,动作和手势的频率不应过高,每个手势或动作应是精心设计的,或起到暗示作用、或起到引导作用等。

　　演讲的手势或动作没有固定的章法,演讲者要因事、因时、因人来设计具体的动作。演讲者还要在日常的生活中多多思考、揣摩各种合适于不同场合的动作,为每次演讲打下扎实的基础。

3. 站姿

　　著名演讲家曲啸曾在介绍演讲经验时说:"演讲者的体态、风貌、举止、表情都应给听众以协调的、平衡的、至美的感受,要想从语言、气质、神态、感情、意志、气魄等方面充分地表现出演讲者的特点,也只有在站立的情况下才有可能。"所以演讲者的站姿对于演讲的效果非常重要。

　　一般来讲,演讲者的站姿应该遵循以下规范:

　　第一、后背挺直,胸略向前上方挺起,头微微抬起。并且注意要收腹、有精神。

　　第二、演讲者要把两肩放松,用脚掌脚弓来支撑身体的重心,否则就会显得紧张而僵硬。脚要绷直,稳定重心的位置以免紧张时左右摇晃。

5.5　演讲的其他技能

5.5.1　克服怯场

　　怯场是演讲者在演讲中遇到的最大问题,特别是对于初出茅庐的演讲者来说,临场紧张会使思维、记忆、动作的准确性降低，产生心跳加快、行为紊乱、情绪失调等现象。美国小说家马克·吐温刚开始练习演讲时，也出现怯场的情况，常常语塞说不出话。英国首相丘吉尔曾说，每次演讲前他都觉得胃里放了一块冰。大多数人都有怯场这种心理现象，但过于紧张就会影响演讲者水平的正常发挥。一般来说，怯场现象会随着演讲次数的增多、演讲经验的丰富而消失。但有的演讲者可能每逢临场就过于紧张，进而发展成为习惯性怯场。

1. 怯场的原因

如果想解决好怯场的问题，首先要清楚怯场的原因。总的来说，怯场可能是由主观原因引起的，也可能是由客观原因引起的。

主观原因：

（1）演讲者缺少实战经验。有些演讲者的演讲经验不足，不知道在演讲过程中应注意哪些问题，出现问题后也不知道如何处理，所以在演讲前异常紧张，出现怯场的情形。

（2）演讲者主观上太在意得失，自我意识过强。这种演讲者成功欲很强，过于看重演讲结果，而害怕失败。所以这样的演讲者通常思想压力很大，出现怯场的现象是在所难免。

（3）准备不够充分。若演讲者自己心里觉得自己对演讲准备并不充分，总是觉得有"出丑"的可能，失去演讲的信心，必然导致怯场。

客观原因：

（1）评价忧虑。任何存在评价的场合，人们都难以发挥自己原有的水平。在演讲中，听众不仅在接受信息，还时时对演讲者的演讲进行着评价。所以演讲者会有较多的忧虑，心理负担重。

（2）听众特点的影响。首先，如果对于演讲者来说，听众的地位越高、权力越大，演讲者的心理负担越重，表现往往越不自然。其次，听众的人数众多，往往也会给听众带来强大的压力。最后，如果演讲者对听众的了解不够，特别是听众对于演讲主题的观点并不清楚，也会造成演讲者的紧张。

2. 克服怯场的技巧

上面分析了造成怯场的主要原因，下面是几种处理怯场的方法：

（1）演讲者在每次演讲前都要明确演讲目的。演讲者的演讲是为了发表自己的某些观点、看法或抒发自己的感情，而不是为了名利，所以演讲者不必患得患失。在正确的演讲观点指引下，怯场的情况也就会很少发生。

（2）演讲前做好充分的准备。很多演讲者怯场，是因为他们并没有做好演讲的准备工作，如果演讲者对这次演讲作了充足的准备，无论从主题还是选材都是经过深思熟虑后决定的，演讲者也会很好地发挥出正常水平。"腹有诗书气自华"正是说的这个道理。

（3）加强演讲的训练，丰富实践经验。演讲者可以在日常的生活中多多参加各种演讲的活动，积累自己的实践经验。也可以在每次演讲前找个安静的环境自己彩排几次。反复的练习，可以增加演讲者的熟练程度，还可以帮助演讲者把握好演讲的时间。丰富的实践和训练是克服怯场的最好方法。

（4）采取一些消除紧张心理的方法。如进行积极的心理暗示,演讲前与听众进行目光的交流,演讲前做几次深呼吸等。

【实用链接】5.13

心理暗示在消除怯场中的应用

心理暗示,是指人接受外界或他人的愿望、观念、情绪、判断、态度影响的心理特点,是人最常见的心理现象。它是人或环境以非常自然的方式向个体发出信息,个体无意中接受这种信息,从而做出相应反应的一种心理现象。心理学家巴甫洛夫认为:暗示是人类最简单、最典型的条件反射。从心理机制上讲,它是一种被主观意愿肯定的假设,不一定有根据,但由于主观上已肯定了它的存在,心理上便竭力趋向于这项内容。我们在生活中无时无刻不在接受着外界的暗示。

演讲者可以应用积极的心理暗示,来消除怯场的心理,在演讲前不妨对自己说:"只要我勇敢地走上讲台就没事了","我一定行","我已经做了充分的准备","演讲其实没有什么的"。或者演讲者还可以闭上双眼,想象一下自己站在演讲台上,成功完成演讲时的场景。相信这些都可以有效地帮助演讲者克服演讲中的胆怯。

5.5.2　演讲中的视听辅助手段的使用

随着以计算机为代表的多媒体技术迅猛发展和大屏幕显示技术的日益完善,越来越多的演讲者在演讲中开始使用多媒体技术。所谓多媒体是指用来传递信息的各种媒体(声音、图像、动画以及文本)。多媒体技术的使用可以起到强化演讲效果的作用。演讲者运用多媒体视听技术还可以填补由于听众信息接收的速度和演讲者接收信息速度不同步所产生的空白。

在使用多媒体设施时,也应该注意以下的规则:

第一,演讲者一定要清楚多媒体技术只是演讲的辅助手段,而不能替代演讲。演讲者的语言等才是演讲的主体。

第二,在使用多媒体视听技术的同时,也不能忽视了直观教具的选择。为需要更多解释的观点选择直观教具。仔细阅读演讲稿,标出一些需要通过直观教具才能做出更好解释的地方。

5.5.3　演讲中解答的技巧

演讲的听众总是希望能够提出一些问题与演讲者讨论,所以演讲者通常在演讲的最后会留有听众提问的时间。而这段时间对于演讲者来说是个巨大的挑战。特别是对于那些由于听众没有听清楚演讲的内容而提出的问题,演讲者要以平和的心态来应答。

如果不能很好地处理听众的问题,可能会使演讲大为失色。所以对于每个演讲者来说,解答问题的技巧必不可少。

(1) 演讲前做好充分的准备。演讲者在演讲前应该针对演讲内容中材料不详实的地方,努力准备。同时还可以在演讲开始前,对听众进行了解,确定他们的兴趣点,然后有针对性地准备问题,做到有的放矢。

(2) 演讲者要重复问题。这样不仅可以使演讲者充分理解问题的本质,也能使其有足够的时间来判断问题的优劣,还可以赢得宝贵的思考时间。另外,演讲者重复问题,可以唤起其他听众的关注,也可以引发其他听众的思考。

(3) 自信地回答问题。不管遇到什么样的问题,演讲者都应该保持一个自信的态度。同时也应该注意不能和提问者大声地争执,尤为不能用鄙视或嘲弄的语气回答问题,尽量做到温文尔雅。

(4) 回答问题要有技巧。其实有些问题,演讲者可以立即回答,有些问题可以推迟到演讲结束时再作答,还有些问题,演讲者可以拒绝回答。根据提问内容,可以把问题分为几类,其回答的方法也是不同的。

对于一些解释性的问题,演讲者一定要回答,因为这是演讲者强化自己观点的绝好时机。有些问题可能根本与本次演讲的目的和内容没有关系,那么对于这些问题演讲者只需要作简要的答复以及感谢就可以了。而有些问题是关于细节的,需要较长的时间解释清楚,这时演讲者便可以采用推迟回答问题的方式。

(5) 诚实地应对。有些时候,听众的问题可能超出了演讲者的能力范围,这时演讲者应该如实地回答。切不可为了顾全面子而不懂装懂。

据说 2005 年有位诺贝尔奖获得者面对听众提出的难题,一时无法回答,就十分坦率地说:"对不起,这个问题已经超出了我的知识范围,我不能回答。"这时台下响起一片掌声。"我不能回答"丝毫没有损害到这位诺贝尔奖获得者的形象,反而使人们更加敬佩其诚实、严谨的精神。

(6) 善于总结和提升答案。当演讲者回答完问题时,不妨再次对自己的回答进行总结。这样可以使听众更加清楚和明白自己的思维方式及回答的重点,也可以借此机会使自己的答案得到进一步的提升,使演讲更加精彩。

(7) 感谢听众的提问。不管你的作答如何,都应该感谢别人的提问。可以用"那是个有趣的问题"、"很高兴你能从这个角度来提问",一些诸如此类的话语,既可以与提问者在问题上达成共识,肯定提问者,又可以表现出演讲者的优秀素质,同时起到了鼓励和激发其他听众踊跃提出自己问题的作用。

【经典导读】5.14

米歇尔·奥巴马在民主党全国代表大会上的演讲

过去的几年来,借由作为第一夫人的非凡殊荣,我几乎游遍了整个美国。而无论我去到哪里,从我所见到的人们,所听到的故事中,我都看到了最真切的美国精神。在人们对我和我的家庭,特别是我的女儿们那难以置信的友善和热情中,我看到了它。

在一个濒临破产的学区的教师们不收分文、坚持执教的誓言中,我看到了它。在人们在突如其来的紧急召唤下化身英雄,纵身扑向灾害去拯救他人、飞过整个国家去扑灭大火、驱车数小时去援助被淹没的城镇时,我看到了它。在我们身着军装的男女军人和自豪的军属身上,在告诉我他们不仅会再次站立行走,而是会奔跑的受伤战士们身上,甚至参加马拉松时在一位于阿富汗因炸弹而失明的年轻人"为了我所做的和我还将要做的,我宁愿失去我的眼睛一百次。"这样轻描淡写的话语中,我看到了它。

每一天,我所见到的人们都鼓舞着我每一天,他们都令我骄傲每一天,他们都在提醒我,能够生活在这样一个伟大的国度中是多么的幸福。

……

如你们所知,养育巴拉克和我的两个家庭都没有太多金钱或物质财富,但是,他们却给予了我们更为珍贵的东西——无条件的爱、大无畏的牺牲,以及到达他们自己从未想象过的目标的机会。我的父亲是城市水厂的一名泵浦操作员,在我和哥哥很小的时候就被诊断出患有多发性硬化症。即使当时还小,我也知道他常常被病痛折磨我知道有许多清晨,仅仅连起床对他来说都是一场痛苦挣扎。

然而,每天早晨,我都看到父亲面带微笑地醒来,抓紧他的助步器,用浴室的洗脸池支撑着自己的身体,缓慢地刮好胡须,扣好制服。然后,当他在漫长的一天工作后,我和哥哥会站在通往我家小公寓的楼梯顶上,耐心地等着迎接他回家我们注视着他弯下腰,举起一条腿,然后是另一条腿,慢慢地爬上楼梯,迎向我们的怀抱。

然而,无论多么艰难,我父亲从未请过一天假。他和我母亲决心要让我和哥哥受到他们梦寐以求的教育。当哥哥和我终于升上大学的时候,我们几乎所有的学费都来源于学生贷款和补助金。但是我父亲仍不得不自己掏腰包来支付我们学费中的一小部分。每个学期,他都坚持按时支付学费账单,在他捉襟见肘的时候,他甚至宁可去贷款。能送自己的子女去上大学,他是如此地骄傲,他从未让我们因为父亲姗姗来迟的支票而错过任何一个报到截止日期。你们瞧,对我的父亲来说,这是身为一个男人的责任。就和我们中的很多人一样,这就是他衡量生命成功与否的方式——能否靠工作让自己的家庭过上体面的生活。

当我逐渐开始了解巴拉克之后,我发现虽然他在美国的另一头长大,他的成长经历却和我惊人地相似。巴拉克成长在一个单亲家庭里,他的母亲依靠努力工作来维持家庭生活,在她实在无力支持的时候,祖父母也会伸出援手。巴拉克的祖母最初在社区银行当秘书她升职很快但就和其他许多女性一样,她的升职最终还是受到了性别限制。数年间,那些不如她有能力的男性员工——事实上,还是她亲手培训的男性员工——都被提升到了比她高的职位,挣的钱越来越多,而与此同时,巴拉克一家只能勉强度日。但一天又一天,她仍然早起去赶公车比其他任何人都早到公司她总是做到最好,从不抱怨,从不懊悔。而且,她常常这样告诉巴拉克:"只要你的孩子过得好,巴,其他什么都不重要。"就和许许多多美国家庭一样,我们俩的家庭都知足常乐。他们并不嫉妒其他人的成功,也不在意其他人是否比他们拥有更多事实上,他们为此心存感激。他们就是心怀着最根本的美国希望,即是说,哪怕你出身贫寒,只要你努力工作,做好本职,那么你就能让自己过上体面的生活,而你的子女和他们的孩子也会过得越来越好。他们就是这样把我们养育成人并且成为了我们的学习榜样。我们学会了做自尊正派的人——努力工作远比挣钱多少重要帮助别人比自己争先更有意义。

我们学会了做诚实守信的人——要讲究真相不能妄图走捷径或耍小伎俩以及公平争取来的成功才算数。我们学会了感激和谦卑——我们的成功依靠许多人的帮助,从启迪我们的老师,到保持学校整洁的校工。我们学会珍惜每个人的贡献,并以尊重待人。这些是巴拉克和我——以及在场的众多人士——都试图传递给子女的价值观。我们就是这样的人。四年前,站在你们面前的我知道,如果巴拉克成为总统,我不愿意这些价值观产生任何改变。那么,今天,在那么多的艰苦奋斗和胜利,以及我的丈夫所经历过的那么多我从未想象过的考验之后,我亲眼认识到,当总统并不会改变一个人——它只会揭示一个人。

……

他知道想要让下一代和下下一代过上更好的生活意味着什么。巴拉克懂得什么是美国梦,因为他正用一生去实践它。而他想让生活在这个国度里的每一个人都拥有同样的机会,无论我们是谁,无论我们从哪里来,无论我们肤貌如何,无论我们爱的对象。而且他认为,当你努力工作,获得成功,并且跨越了那扇机遇的大门之后,你不应该砰地一声关上身后的大门,你应该伸出援助之手,将成功的机会同样给予后来之人。因此,当人们问我,入主白宫是否改变了我的丈夫的时候,我可以诚实地说,无论是从他的性格,他的信念,他的心灵来看,巴拉克·奥巴马都仍是许多年前我所爱上的那个男人。

他仍是那样一个人,会在自己的事业起步期拒绝高薪工作,而走入一个因钢铁厂的倒闭而陷入困境的社区,为社区的重建和人们重获工作而奋斗,因为对巴拉克来说,成功并不等于你挣的钱,而是你给人们的生活带来的改变。他仍是那样一个人,当我们的女儿刚出生的时候,隔不了几分钟就急匆匆地查看摇篮,确认她们仍在好好呼吸,并骄傲地向我们认识的每个人展示自己的宝贝女儿。

他还是那个几乎每晚都会坐下来陪我和女儿们吃晚餐,耐心地回答她们关于新闻事件的问题,并为中学生间的友谊问题出谋划策的人。

他还是那个,我常常看到在万籁俱寂的深夜里,仍趴在书桌上钻研人们寄来的信件的人。写信来的有努力工作支付账单的父亲,有保险公司拒绝赔付医疗费用而命在旦夕的癌症女病人,有具有无限天赋潜力却得不到机会的年轻人。

我能看到他眼里的忧虑,我也能听出他声音中的决心,他说:"你不会相信这些人们在经历些什么,米歇尔,这不对。我们必须继续工作,直到解决这些问题。我们还有更多事情要做。"我看到人们的这些生活故事——我们所收集的这些奋斗、希望和梦想——我看到这些都是推动巴拉克·奥巴马每一天工作的动力。

……

因为今天,我的经历告诉我,如果我真的想要为自己的女儿们,以及我们所有人的儿子和女儿们留下一个更好的世界,如果我们想要给予我们所有的孩子们实现梦想的基础和与他们的潜力相称的机遇,如果我们想要让他们感觉到无限的可能性——相信在这里,在美国,只要你愿意为之努力,就一定会比现在更好,那么,我们就必须比从前更加努力地工作。我们必须再次团结起来,支持这个值得我们信任,会推动着这个国家继续进步的人,我的丈夫,我们的总统,巴拉克·奥巴马总统。

感谢大家,上帝保佑你们,上帝保佑美国。

【思考题】

第一,对于米歇尔·奥巴马的演讲,你有什么感受?可以再多找一些米歇尔·奥巴马的演讲来阅读。从中总结她演讲的风格是什么。

第二,自由选题,在班级上进行一次小小的演讲比赛。

提示:演讲的内容最好能紧紧贴住听众的需求,同时能够运用多种表达方式。大家对于演讲的评判标准应该包括演讲者上台的姿态、演讲的内容、语言表达、非语言表达、声音的应用、对于问题的解答技巧等内容。演讲结束后,大家可以针对此位演讲者的表现发表自己的看法,推选出演讲比赛的冠军。并且详细地分析一下这位冠军哪些方面表现得尤为突出,值得大家参考和学习,哪些方面是需要继续改进的。

【实用链接】5.15

演讲能力自测

很多步入演讲台的人都想知道自己是否是这块料,能否成为一名优秀的演讲者。下面的28道题会帮助你立刻得出正确的答案:

1. 演讲时,你是否想"别人在想什么"? 能否自然地把自己置于别人的位置?

2. 你是否乐意帮助别人解决问题?

3. 你使用"你"字多于"我"字?

4. 每当你看电视上(或其他地方)的辩论时,都想到"这正是我要干的"?

5. 看电视上的抢答题时,你是否有时在抢答人回答问题之前就已经有了答案?

6. 你的记忆力好吗?

7. 你喜欢下棋吗? 你能发明一种棋类吗?

8. 你对别人的反应敏感吗?

9. 当交谈进行到热烈的程度时,你是否发现自己出于喜欢争论而有时标新立异呢?

10. 你能通过海阔天空的谈话找出观点,并让每个人都明白和赞同吗?

11. 你的讲话能力很强吗? 别人是否比你慢?

12. 你听过自己的声音吗? 感觉如何?

13. 你看过自己的照片或录像上的形象吗? 你是怎样摆布自己的举止的?

14. 你有啦啦队队长的气质,经常带头喝彩吗?

15. 你愿意告诉别人你所知道的事情,并能讲得很生动吗?

16. 你的思路清晰吗? 当你谈话时,能看到自己头脑中的画面吗?

17. 如果你毫无准备地从窗子向外看,能详细说出所看到的一切吗?

18. 你喜欢提问前的模拟练习吗?

19. 你是个好编辑吗? 能把很多资料整理成简明的材料吗?

20. 你喜欢被控制的感觉吗?

21. 你能压住自己的怒火,心平气和地回答挑衅性的问题吗?

22. 你愿意告诉他人自己的成就和怎样取得这些成就的吗?

23. 你愿意示范和表现你所讲的事情吗?

24. 你是个能很快恢复活力的乐观主义者吗?

25. 你在中学时代是开玩笑能手吗?

26. 当你对别人说话时,你看着别人的眼睛吗?

27. 当别人对你说话时,你看着别人的眼睛吗?

28. 结束会议时,人们都转向你吗?

如果上述问题,你的答案有一半以上都是肯定的,恭喜你,这说明你能够成为一名优秀的演讲者;如果成绩并不理想,你需要为成为优秀的演讲者而继续努力了。

第6章　书面沟通

> 书面文本是一个产品……它像戏剧一样,只有当作者和读者相遇时,沟通才开始启动……书面文本的工作对象是语言,它消解了我们用于日常交流、表达、传意的语言,重构出另外一种语言,浩浩荡荡,既无底也无边……
>
> ——罗兰·巴特

内容提要

- 书面沟通概述
- 有效书面沟通的策略
- 备忘录、通报、会议纪要、通知、请示、报告
- 简历的撰写

【案例导读】6.1

通用汽车公司的书面沟通

通用汽车公司副总裁艾克蒂斯(Ron Actis)发现公司缺乏良好沟通,劳资双方缺乏相互信任,严重影响了产品的生产率和员工的士气,于是他决定"让适当的信息通过适当的媒介在适当的时间到达适当的受众"。

他首先从各种专业刊物上复印了数篇论文与报告,发给每位高级主管,让他们认识到有效的沟通能够提高组织绩效。接着,他和顾问们一起重新设计了沟通系统。艾克蒂斯更新了人手一份的公司报《每日新闻》的内容,从侧重行业信息到侧重公司消息。同时,他还创办了多种出版物。例如,《GM员工》向员工家属报告公司发生的重大事件;《主管须知》向管理人员介绍沟通技术;《联系活动》探讨如何改进劳资关系,论述减少成本、提高质量、保持优势的各种措施;《焦点透视》刊登对经理、顾客、员工、供应商、工会官员等的访谈录。除书面沟通之外,艾克蒂斯还为劳资双方安排了一系列面对面会谈。会谈每周举行一次,双方坦诚地讨论各种管理问题。

沟通审计表明,艾克蒂斯的努力取得了极大成功。以前,只有不到一半的员工相信公司发布的信息;现在,80%的员工不但信任管理层,还对公司的沟通系统表示满意。更重要的是,公司的运营成本减少了5%,销售额却提高了40%。

资料来源:http://wenku.baidu.com/view/1dd5a8126c175f0e7cd1375e.html。

6.1　书面沟通概述

书面沟通是指以书面或电子为载体,运用文字、图表进行的信息传递过程。无论是企业和供应商、客户等外部部门之间互相协调沟通,还是企业内部部门之间互相协调沟通,都应当有书面沟通函件。很多业务联系函件,如简历、通知、报告、合同、方案等的撰写都是需要一定的书面沟通技巧、原则的,有效的书面沟通有助于生产环节顺利地进行,从而有利于与客户建立良好的关系,进而达到组织目标。

6.1.1　书面沟通的特点

与口头沟通相比,书面函件成本高、效率低、时间长,所以很多企业,尤其是规模小的企业会选择直接打电话,进行口头沟通。但如果出现诸如订货型号、送货期限不清的问题,书面函件就是最好的依据。所以书面沟通具有是非分明、内容清晰可查、具体明确、具有证据力等优势。因此,我们对生活中的一些关键事件要采用书面形式来沟通。形成良好的习惯,并监督执行到位。

表 6.1　书面沟通与口头沟通的比较

	书　面　沟　通	口　头　沟　通
优 点	适合传达文件、意见、事实 便于保存以备日后查阅 可以细致的考虑,采用更为精确的词 准确性高 更正式,具有权威性 保证不在现场的相关人员也能获得相同信息	适合表达感情、感觉 成本低 可以及时改正、调整 个性化更强
缺 点	沟通双方的时间地点选择更灵活 成本高 反馈速度慢 耗时 形式单一,缺少非语言形式的补充作用	成本低 反馈速度快 不便保存 缺少思考、选择合适词语的时间准确性低

6.1.2　书面沟通的原则

1. 思路清晰

有效的书面沟通开始于清晰的思路。弄清楚沟通的最终目的、理清思路,按时间顺序来组织文本可以很清晰地体现出事件发展的整个过程。在起草会议安排计划、培训安排时，一般会选择按照时间顺序的思路。

【举例】6.2

2014 年联合国大会第 68 届会议议程(3 月)

时　间	会　议　名　称
3 月 1 日	零歧视日(联合国艾滋病规划署)
3 月 6 日至 7 日	高级别活动:2015 年后发展议程,妇女、青年和民间社会的贡献
3 月 8 日	国际劳动妇女节
3 月 20 日	国际幸福日
3 月 21 日	纪念消除种族歧视国际日大会特别会议
3 月 21 日	消除种族歧视国际日
3 月 22 日	世界水日
3 月 24 日	世界防治结核病日
3 月 25 日	奴隶制和跨大西洋贩卖奴隶行为受害者国际纪念日

这个案例中会议日程安排就是按照时间顺序来组织的,可以确保没有遗漏任何环节。所以这种方法应用非常广泛。在进行书面沟通前,如果是明确了要采用对比或类比的思路,那么可以考虑将平铺直叙的文字换成各种图示的形式,如曲线图、图表、矩阵、清单、饼状图等。

2. 多用清楚、熟悉的词语

一份好的书面信函应该使读者能够准确地把握其中的信息,所以为了方便读者应尽量使用准确、清楚、熟悉的词语。注意定语、状语、补语的位置,近义词的选用,技术性、专业性术语的适当运用。

【举例】6.3

法律文书中的歧义

周某于 2009 年 8 月进入某电子公司任车床操作工,月薪 2 500 元。

2010 年 10 月 25 日凌晨,周某轮值夜班,同事王某用周某的笔记本电脑看电影,被主任发现。几天后,公司人事主管找到周某,说公司决定解除与她的劳动合同,并拿出一份事先印刷好的"解除劳动合同证明"签收回执单,要她看完后签字。周某马马虎虎看了两眼就签了字。

第二天,周某向劳动仲裁机关申请仲裁,要求公司支付违法解除劳动合同的经济补偿金 8 000 元,未获支持后,周某诉至法院。

庭审过程中,公司出示周某当天签字确认的回执单。公司表示,"已悉阅并同意按照该证明内容执行"表明周某同意公司解除合同的事实和理由。周某表示,自己同意执行的是解除合同的事实,不等于同意解除的理由,公司也没有向她解释这句话的意思。

日前,青浦区人民法院依法判决,公司向周某支付违法解除劳动合同赔偿金7 500元。

3. 句子简短

在保证句子完整性的基础上,还要考虑到句子的长短。过长的句子会给人以形式上的压抑感,要将比较长的句子拆分成几个较易理解的短句,让读者能够直截了当地读懂每个分句。在修改文章时,还可分析较长句子的逻辑关系,利用主语、主被动形式的不同来分解句子。

【举例】6.4

简 短 的 表 达

请看下面这个电子邮件小例子:

A:周六把你的车借给我吧。

B:您是哪位? 为什么借我的车?

A:我是刘副经理啊。

B:您是哪个部门的刘副经理?

A:事业部刘副经理。

这个案例中句子虽然够短,可是没有把信息表达清楚。所以,一定要把信息表达清楚,然后再精简多余的话语,切不可一味地追求句子的简短而忽略语义表达的完整性。

4. 换位思考

要使文章有效的打动读者,就要从读者角度来考虑问题,从读者的需求出发,选择读者易于接受的方式写出文章。运用换位思考的方式可以使沟通更有说服力,同时也能树立起良好的信誉。

要想让书面沟通真正地被读者接受,首先要考虑下面的几个问题:

第一,读者期待的是什么?

第二,这封书面文本能给读者带来什么?

第三,如何能让读者心甘情愿地做出我方期待的让步?

第四,如何能把双方的利益有效地结合起来,做到双赢?

【小练习】6.5

找出更好的表达方式

分别对比以下几组句子,挑出更易被接受的表达方式:

1. 明天下午我们会把你们 3 月 2 日预订的羽绒服 200 件装箱发运。

   你们订购的 200 件羽绒服将于明天下午装箱发运,预计在 3 月 12 日抵达贵公司。

2. 你的报价单……

   你的第 ZS-628 号报价单……

3. 我们很荣幸授予你 3 000 元最高信用额度。

   你的交通银行信用卡有 3 000 元的最高信用额度。

4. 你会很遗憾的听到你没能通过本公司的入职考试。

   你没能通过本公司的入职考试,感谢你对本公司的关注与支持。

从换位思考的角度来考虑上面几组句子,不难发现,在进行书面沟通时,要注意以下几点:

(1)褒奖时多用"你",贬抑时则尽量少用"你",这样能够为读者保持住自尊心,也为自己树立了良好的形象,为进一步进行良好的往来活动打下基础。

(2)尽量省去自己的感受,直接进入主题,直截了当地提出问题,避免不相关的话语。

(3)为读者提供具体的信息,以便读者能够尽快意识到是哪份订单、哪批货物等。

(4)不要猜测读者会有什么感受,一旦妄加揣测遭到对方不满,将会严重影响双方进一步的交流关系。

(5)时刻让读者能感到他们可以得到什么,主动参与其中,而不是你能为读者做什么。

综上,在书面沟通过程中,要从读者立场看问题,只有这样才能建立起良好的人际关系,达到沟通的最终目标。

6.1.3　书面沟通的种类

书面沟通按不同的组织群体可以有不同的分类方式,有人将书面沟通分为个人书面沟通和组织书面沟通,还有人将书面沟通分为家庭书面沟通、企业书面沟通和政府书面沟通等。这里只对企业组织中的常用书面沟通形式进行简要分类(见表 6.2)。

表 6.2　企业的书面沟通分类

内部使用	外部使用	内部使用	外部使用
策划书	广告、宣传单	会议纪要	会议纪要
方　案	操作指令	合　同	合同、备忘录
报　告	运营报告	信件、建议书	信　件
章　程	年度报告		

　　上表的分类,可能不是很全面,但是涵盖企业的主要书面沟通内容。对内的书面沟通和对外的书面沟通存在交集成分,例如会议纪要、合同、信件往来等,但是内容要求等是有区别的。此外,不同的书面沟通形式,在格式、内容、语言等方面都会有较大的区别。

6.2　有效书面沟通步骤及策略

　　英国有句谚语:没有目标的生活,就像没有舵的船。那没有明确目标的书面沟通又怎么会有效果呢? 所以书面写作也要遵循一定的步骤顺序。

6.2.1　第一步——做调查

　　1. 确定书面沟通的目标

　　明确书面沟通目标是在整个过程中最为重要的一个环节。应清楚地了解通过这次书面沟通要达到的效果,有什么特殊意义,代价是什么。

　　2. 确定并分析目标读者

　　(1) 分析目标读者的性格特征。

　　俗话说"见什么人,说什么话",换言之:要根据不同性格、地位、身份、背景的人采用不同的沟通风格。所以先要弄清楚目标读者的性格特征。性格特征极大地影响读者对生活的态度和习惯的行为方式。

　　性格大体分为四大类:活泼型、力量型、完美型、平和型。(见表 6.3)。

表 6.3　性格分类及优缺点

	优　　点	缺　　点
活泼型	善于社交,乐观,感情外露	散漫,唠叨,好表现,善变
力量型	富于冒险,反应敏捷,意志坚定,坦率	专横,急躁,统治欲,易怒
完美型	善于分析,体贴,井井有条,忠诚	忸怩,不合群,多疑,不喜交际
平和型	适应力强,顺服,贯彻始终	胆小,优柔寡断,冷漠

性格的形成有先天因素和后天因素,除了先天遗传因素外,长期所接受的教育和生活环境等后天因素也对性格特征的形成有重要影响,所以,在分析目标读者的性格特征时,可以从读者的这两个因素入手来搜集资料。

（2）要分析目标读者的喜好习惯。

目标读者是哪个年龄段的,年轻人、中年人和老年人的喜好习惯可能是大相径庭。从目标读者的职业来看,商务人士、农业劳动者和工人们的喜好习惯也可能迥然不同。在对目标读者的喜好习惯有了较为详细的调查研究后,才能有的放矢地进行交流。要时刻关注目标读者的兴趣、爱好,有条件的话进行实地调查,这些都是进行有效书面沟通必要的准备活动。

【举例】6.6

阿迪达斯 2012 年报宣传册设计

众所周知,德国人以严谨做事著名于世。体育品牌巨头阿迪达斯集团在 2012 年设计德国宣传册时,特聘请德国设计机构 Strichpunkt 为其专属设计。Strichpunkt 对其设计也进行认真的准备和考虑。最终决定将外包装设计成一件运动 T 恤的样子,宣传册从上部抽出。封面赫然映入眼帘"PUSHING BOUNDARIES（打破界限）",鲜明揭示阿迪达斯本期的品牌主题。德国严谨简洁的设计风格和巧妙的创意结合,充分地展现了阿迪达斯的品牌主题。

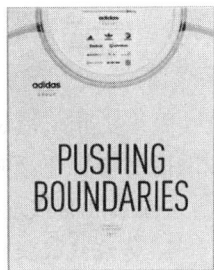

（3）分析目标读者的需求。

【举例】6.7

一 张 生 日 卡

公司的员工小张早上刚穿上鞋准备上班,突然听到"咚！咚！"的敲门声,打开门,邮递员递上来一张贺卡,翻开一看署名竟然是自己的老板,送走邮递员后立即读起贺卡:"小张,非常感谢你这一年来为公司付出的一切……今天是你的生日,愿这张小卡片能带给你快乐,祝生日快乐！"小张自己都忘记今天是自己的生日,可老板那么忙还能记得寄来张贺卡,此时小张带着欣喜奔向公司。

一张小小的贺卡,却满足了员工情感上的需要。在管理过程中,可以采用书面沟通来表达一些较为含蓄的情感,用适时的语言和心情进行沟通。

美国著名的社会心理学家、人格理论家和比较心理学家马斯洛（Abraham Maslow）的需求层次理论将需求分成生理需求、安全需求、社交需求、尊重需求和自我实现需求

五类。明确读者在接到书面文本后所采取的行动是为了满足哪些需要。

但在这里要说明的是,商务书面沟通可以适当"含情",但不可"滥情"。像前面的案例中小张收到的生日贺卡中,老板所流露出来的感情就是恰当的。具体而言,运用情感要注意以下事项:

第一,表达情感要有节制。上面的老板是用一张贺卡来辅助性地构建员工对公司的归属感,情感只是起辅助的作用。切不可无节制、无控制地表达与这个目的无关的情感,那样很容易使公司员工分散精力,从而达不到提高工作效率的效果。

第二,表达情感时要注意文种。会议纪要、通知、备忘录等纯粹事务性公文就不适合运用感情。

第三,表达情感要注意方式。进行商务书面沟通时的情感表达可以通过一定的语言风格,包括修辞、句式等来表现的。但和文学作品如小说、散文等还是有非常大的区别。

商务书面沟通是"因事而作",作者如果能认识到情感的特殊效用,恰如其分地给书面信函注入情感因素,那么,就一定能创作出非凡的作品来。

6.2.2 第二步——组织思路

收集了相关信息,也对目标读者情况有了非常详细的了解,下面就可以将相同或类似的信息组织在一起,形成不同的板块,再运用不同的方法将各组之间的关系呈现在纸上,这样就能有效地组织好思路。组织思路的方法有很多种。

1. 传统线性提纲法

传统线性提纲法是用罗马数字和字母把搜集起来的资料建立起一定的先后关系,一级一级地将主要观点穿起来的方法。

【举例】6.8

传统线性提纲法的应用

某杂志社主编对最近几个月杂志社的经营情况有了详细的调查研究后,决定要对所有编辑人员提出提高文章质量的要求,在起草时采用了传统线性提纲法:

1. 提高文章质量的原因

(1) 有些文章已经明显呈现出质量不高,没有实质性内容的现象。

(2) 通过对读者进行问卷调查得知,已经有大量读者对杂志的文章质量表示不满意。

(3) 最近新出现同类杂志社数家,对本杂志造成了不小的冲击力。

2. 列举提高文章质量的措施

(1) 承包制度:每个编辑人员要对确定的某个板块负责。调查问卷的结果来决定该编辑人员的工资级别。

> (2) 每篇文章要经过三个副主编全部审核通过后,才能登出。
>
> 3. 征求建议
>
> 这位主编在理清了这样的思路后,很容易就写出了一份书面材料。显然,这种方法是很有效的。

2. 环形关系法

这种方法不需一定遵守着严格的等级规则来整理思路,一般是想到某两个方面有什么关系就将这两个方面用线连接起来,当把所有的关系都建立起来之后就可以开始比较清晰的组织文章思路了。如图 6.1 所示。

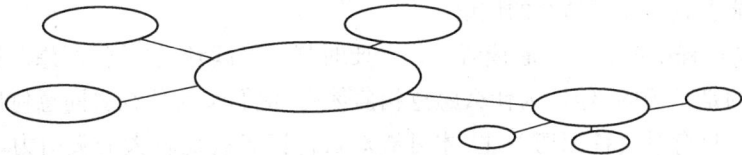

图 6.1 环形关系法

除了以上两种重要方法外,有人还提出了单向观点图法和金字塔观点图法等。

6.2.3 第三步——草拟初稿

做好调查,理清思路后就可以着手草拟初稿了。

1. 选择恰当的结构

(1) 时间顺序结构。如果 APEC 峰会主席组织会议事项,命令秘书列出详细的会议安排,秘书如何选择合适的组织结构呢? 这样的问题很容易让人选择时间顺序结构。从当天的时间安排上入手,进行适当的描述,将会是不错的选择。选用时间顺序结构的好处是,能够突出事件的发展脉络,清晰连贯。

(2) 分类别结构。使用分类别的方法,能使说明的内容更加清楚,避免重复交叉的现象。例如,图书管理员为图书馆列出资料查询单时,就可采用分类别的方法。此外,建议书、电子邮件和通知书等,也多使用这种结构。

2. 高效率草拟初稿的写作技巧

书面沟通比起口头交流,可以保留更多的信息,使得双方的交流不受空间的限制,也增加了准确性,然而要想使得书面沟通能够更加有条理,那么就需要注意使用一些书面沟通的写作技巧,这样才能在书面沟通中增加理性成分的比例,有助于达成沟通目的。

(1) 把所有的观点都平铺于纸上。在刚刚开始起笔时,可能头脑里会有很多想法,一时间不知道该从哪里写起,先写自己的感受? 还是先分析目前的状况? 好像应该先提一提上次的通信吧？类似这样的问题可能都会充斥着大脑。那么这个时候不妨把想到的观点、案例、建议等都一一罗列在纸上。完成这项任务后，就可以反过来对所有观点进行筛选、检查，最后做出取舍。这能够使思路更加清晰缜密。

（2）注意使用恰当的称呼，进而与读者建立合适的关系。如果不注意正确使用称呼，就会失掉礼仪和礼貌，对正常的往来产生极为不利的影响。在书面沟通中选择正确的称呼，反映了自身的修养和对对方尊敬的程度，甚至体现双方关系发展所达到的程度，称呼的运用情况也反映了社会的风尚，因此称呼不能随意乱用，要规范、适宜。

在引用读者姓名时，要注意，在正文中引用人名时，一定要谨慎，因为那样会显得过于亲昵。如果关系不是特别亲近，例如商务信函，在完成书面信函后，多读几遍，体会称呼是否合适、自然。如果不清楚对方的名字，可以只称呼"先生""女士"即可，一定要避免使用有可能引起不友好情绪的词语。

（3）行文过程中要时刻记着读者。作者要时刻记着读者，想他们所想。读者为什么会认为你说的是正确的，他们为什么愿意相信你呢，他们又为什么要同意付出一定代价来同你合作。只有对读者深切关注，才可能对目标读者有比较大的吸引力。写完整篇文章后，从读者的角度再读几遍，如果发现能够被打动，那么你的这篇文章就很可能达到有效沟通的目的。

（4）尽量描述共同利益，以寻求切入点。你曾同你的目标读者一同滑过雪吗？你想同你的目标读者继续下笔订单吗？在你的书面文本中适当提一些曾经共度的快乐时光，让他们感到一丝惬意，感到跟你合作是那么轻松自然，那么顺理成章，在他们感到这样的沟通是那么舒服时，就是答应你要求的时候了。这都归功于你在书面沟通中使用了小小的技巧，使得你的文章更具感染力。所以，在开始构思时，想想你们曾经历的一幕幕吧！

（5）可以综合使用各种方法来安排文章结构。有些人可能就是不喜欢绞尽脑汁来想用哪个逻辑关系或是哪种方式来把文章串起来，那么就可以考虑自己擅长什么样的书面表达方式。如果对PPT很擅长，那就把主要观点罗列出来，发给读者，然后再配以说明也是不错的选择。如果你是在组织一个社交活动，那么你送给朋友、亲属的请柬上就不必采用分类别、画图表等太呆板的形式，你可以加入一句两句你们之间的昵称、私下对彼此的称呼等。这些都是可以根据不同情况综合使用的。为了使文章变得更加有生气，可以不拘泥于一种形式。

（6）行文要一气呵成，不要停停顿顿，边写边改。有人为了达到语言的优美，写文章时总是为了斟酌词语、选用句式，使用修辞等写写停停，这样仅局限在细节性的问题上，中断自己的创作思路进而影响整个文章完整性的写作方式不利于思路的连贯性。文章的创作是一个连续的过程，保证拥有一个连续的思路是至关重要的。反之，如果断断续续地写，就很难准确地把握住文章的主旨，或者是会浪费很多时间来重新整理思路。

（7）跟着感觉写初稿，不需要拘泥写作先后顺序，这样不容易漏掉要点。在刚刚提笔写时，可能摸不到头绪，不妨把题目、要点写下来，不要拘泥于写作的先后顺序。总的来说，就是要从自己最有把握的部分着手。在写作过程中，可能会联想起适合其他某部分的写作方式，这时可以直接跳到那个部分把想法写下来，这样有助于文章的完整性。

如果在某处写不下去了,也不用一直停在那里,尽管跳过去,进行其他部分的写作。不要强迫自己一定要完成这句话,否则很容易耽误整篇文章的进度,甚至会影响写文章的心情。在思路实在堵塞的时候,可以考虑看看相关的图表、表格,可能会对重新整理混乱的思路有所帮助。甚至也可以采用这样的方法,当实在没有办法继续写作时,可以尝试改变自己的活动,试着去和别人交流,给自己放个小假,放松一下紧绷的思维,来回走动,适当的休息会对再次回到工作有很大的帮助。

(8)使用恰当的语气。哪怕是极其微妙的语气,读者都可以感受到是否被尊重。所以,要想书面沟通真正起到作用,就一定要考虑到读者的身份、文化背景等因素,用恰当的语气来行文。比较下面前后两封函件的主体部分,哪个语气更容易被对方接受呢?

【举例】6.9

恰当的语气举例

张丛:

　　我写这封信是为了昨天开会的事。我对这次和××公司进行公司业务谈判进程不了解,我根本不清楚你们的整个安排,但在会议上你却一直要我对整个进程提意见。我也是这个谈判组的成员,希望你以后能够把工作安排事先告诉我。而不是像昨天那样,到会上再问我的意见,甚至是我通过对方公司才了解到你的一些工作进展。

孙茂

张丛:

　　你好! 非常感谢你让我参加了昨天的会议。从会议上我们都能看得出来,你和其他团队成员做了很多谈判前的准备工作,以后你们平时讨论时能否也通知我以便能够及时得到谈判进展的最新信息呢?

　　这是我的邮箱地址××@yahoo.com.cn.

孙茂

大家读第一封信后是什么感觉? 是不是觉得语气过于激烈。如果你是张丛,你会有何反应呢? 这样的语气可能会影响到双方的关系,甚至会给今后的工作带来一定的障碍。第二封信在用语方面做了大量的调整,这样就把读者和作者的关系拉更近了,有利于提高团队合作的效率。所以,在书面沟通过程中,一定要选择恰当的语气来交流。

6.2.4　第四步——校对修改

　　首先,整体把握文章文意的完整性。应从以下几点来把握文章的完整性:文章是否已经将所有要表达的意思都囊括其中;有没有需要再补充的内容;这些内容是不是很恰当地被安排到文章里了;这样的文意能否体现创作水平。这些都是这一环节需要考虑的事情。只有从宏观上把握住这些要点,才能控制住沟通的基础环节。

其次,检查文章语言、结构。文章的语言要确保简洁明了、语法准确,要认真对待语言的使用。文章的结构在这个环节上要给予重视。目前这种结构安排是否对交流沟通有利,是否对读者更有吸引力,这些问题都要在校对修改时仔细斟酌。

最后,全面检查文章细节。到了最后收尾工作时,还要考虑文章的篇幅长短,每个句子的长度控制得怎么样等。综合检查这些问题,会对文章的修改有一定的帮助。

由于书面文稿,可能是会和某个目标团体进行沟通时使用,所以,通常会很复杂、很正式,不能有任何疏忽,所以要细致地对待每个词语、每个句子甚至是文章的标点。一旦出现疏忽,将会带来非常严重的后果。实际上要对每一个环节进行重新整理,甚至是全面细致的写作过程,包括写作、编辑和审校,任何一个都不能少。

6.3 几种实用文体的撰写

6.3.1 备忘录

备忘录通常用于公司内部传递信息,将信息进行传阅。备忘录包括如下固定格式。

```
日期:
收文人:
发文人:
主题:



   (正文)
```

其中收文人,在其姓名后可以加上先生、女士等,也可加上职位和部门。发文人,其姓名一般不加尊称,但姓名后同样可加上职位和部门。内容主题,应力求简明、确切,一般用词语即可。在上述字样下面空两行写正文,直入主题,用简短的句子做简略陈述列出最重要的信息,然后可以具体说明事由、情况等,最后可以根据具体情况稍作结尾即可。需要指出的是,在备忘录的末尾不需要签名,也不用结尾礼词。

6.3.2 通报

《国家行政机关公文处理办法》明确规定,通报适用于表彰先进、批评错误、传达重要精神或者情况。它的内容十分广泛,不论是工作中的新问题、新动态,单位里好人好事的表彰,还是需要批评的不良行为,都可以以通报的形式公布于众。一般来说,通报对象是本单位、本部门和与本单位有关的企业。

1. 通报的特点

(1) 典型性。通报的人和事总是具备一定的典型性,能够起到告诫作用,真实地反映、揭示事物的本质,具有广泛的代表性和鲜明的个性。这样的通报发出后,才能使人引起足够的重视。

(2) 严肃性。通报是正式公文,是企业或政府的上级针对事实情况制发的,无论是哪种形式的通报,都是十分严肃、正式的。

(3) 时效性。通报必须是用刚刚发生的事实来教育大家,要想使通报能够发挥出最大的作用,就要抓住时机,及时对员工进行教育。

2. 通报的分类

根据《国家行政机关公文处理办法》的界定,通报可以分为表彰性通报、批评性通报和情况通报三种。

(1) 表彰性通报。用来表彰先进个人或单位,通过对典型事件的宣传来鼓励大家学习、进步的通报。

(2) 批评性通报。用来批评被通报个人或单位,目的是要和大家一同吸取教训的通报。

(3) 情况通报。传达重要精神和动向的通报。

3. 通报的写作

通报的标题一般采用的形式是由发文机关、事由和文种组成,有时可以省略发文机关。下面分别介绍这几种通报类型的写作。

(1) 表扬性、批评性通报的写作。

正文一般是由通报事实、评价以及最后的奖惩决定、号召部分构成。

这里要特别注意的是,既然是事实,就一定要做到要实事求是,不能任意夸大、渲染、歪曲事实。所选择通报的一定是具有代表性的事例,突出重点,使读者能够很容易地了解整个事件的来龙去脉。

分析评价过程就是要引导读者透过事情的现象,认识到事情的本质,起到倡导、警戒、沟通的作用即可,切不可夸大事实。

对于奖惩的决定,要明确具体办法。号召与倡导一定要从通报的实际内容和本单位的实际情况出发,针对当时形势需要有感而发,力求符合实际,有针对性。切不可千篇一律、喊口号、不做实事。

(2) 情况通报的写作。

情况通报的写作,首先是要认真负责地说明通报的信息、工作,切实把事情核对清楚,包括事情发生的时间、地点等,但也要注意详略得当,无关紧要的可一笔带过或略而不记。语言要讲究分寸,必须谨慎小心。

【举例】6.10

通 报 范 文

表扬性通报范文：

××市××区精神文明建设办公室关于表彰2014年"美德少年"的通报

各中小学校、幼儿园、片区学校会计统计室：

为贯彻落实《中共中央国务院关于进一步加强和改进未成年人思想道德建设的若干意见》(中发〔2004〕8号)精神，弘扬中华民族优秀传统美德，全面提高未成年人思想道德素质，切实把社会主义核心价值观融入学校教育全过程，深化文明创建及"立德树人"活动。

……

附件：2014年××区"美德少年"名单

广元市朝天区精神文明建设办公室(盖章)

2014年6月9日

批评性通报范文：

关于对2014年施工监理企业在我市进行项目诚信登记的第三期通报

各县(市、区、山)建设行政主管部门、本市及外地驻市施工、监理企业：

为加快我市建立公开、公正、公平的建筑市场环境，构建诚实守信、统一开放、竞争有序的建筑市场秩序，根据《关于调整××市建筑业企业诚信备案管理的通知》(九建建字[2013]103号)的要求，我们对6月1日前中标或进场的施工(监理)企业进行了诚信登记。根据诚信登记及考勤情况，现对未按要求进行诚信登记的企业和未按要求进行日常考勤的人员分别处理如下：

……

附件　1.记不良行为企业名单；

2.通报批评企业名单；

3.记不良行为人员名单。

××市建设规划局(盖章)

2014年7月11日

6.3.3　通知

通知和通报，在沟通情况和传达信息方面有类似的地方，但还是存在区别的。通知一般是要求贯彻执行的,具有约束力,而通报则仅仅起到倡导、沟通的作用。

1. 通知的特点

作为各个组织使用最多的通知,有许多特点,总结起来主要是:

(1) 时效性强。通知事项一般是要求立即执行的,不容拖延。有的通知如会议通知,就只能在一定的时间范围内有效,过了这段时间,该通知立即失效。

(2) 适用范围广。通知不受发文机关级别高低的限制,任何需要其他部门、组织知晓的事宜,都可以选用通知这种文体。

(3) 发送方向不确定性。通知可以是上级机关向下通知某项工作的实施政策,也可以用来传达给同一级的其他相关部门或单位。

2. 通知的分类

(1) 批转(转发)性通知。批转性通知是上级对下级部门公文进行发布,而转发性通知是下级对上级、不相隶属的部门给予公文的发布。

(2) 指示性通知。指示性通知是对下级部门某些工作做出指示安排,要求下级部门认真贯彻执行时经常使用的一种通知。

(3) 知照性通知。知照性通知主要就是用于传递相关信息,对某些人员任免、结构设置的改变等一系列公司、单位的活动情况进行公布,例如会议通知、任免通知都属于这一类。

3. 通知的写作

通知一般由标题、正文和落款三部分组成。具体写法如下:

(1) 标题。

通常有三种形式,一种是由发文机关名称、事由和文种构成,例如《国务院关于支持农村经济改革的若干经济政策的通知》;一种是由事由和文种构成,例如《关于2015年元旦放假的通知》;一种是由文种"通知"或在"通知"前加个定语作标题,例如《紧急通知》、《临时通知》等。

(2) 正文。

在写正文之前,要在标题之下、正文之上顶格写出被通知对象的名称,在名称后加冒号,或将名称以"抄送"形式写于最后一页的最下方。

正文由开头、主体和结尾三部分组成。开头主要交代通知缘由、根据;主体说明通知事项;结尾提出执行要求。

由于通知的类型不同,正文也有所区别。

批转(转发)性通知的正文。批转性通知在这部分里要明确地指出批转机关的名称和态度,"同意"还是"不同意",而转发性通知则不写转发机关的名称和态度。有些单位对于转发的文件等通知内容有补充意见以强化其部分内容,这部分应该简单扼要,让读者能够读懂要点即可。

指示性通知的正文。前言部分可按照实际需要阐述工作的作用,说明该通知的目的并指出问题所在。前言之后通常以"现就有关事项通知如下"承接。主要内容部分要表达清楚,语言要精练。要使读者明确需要解决的、领会的是什么,以便下一步采取措施、行动。

知照性通知的正文。知照性通知包括很多,例如机构增设、启用新印章、任免通知和会议通知等。各自都有不同的要求。任免通知里就需要写出任免决定的法定部门、任免的会议名称,有关文件名称及任免时间等。会议通知的正文则一般必须包括与会人员、会议名称、会议议题、时间、地点、主办单位等。

(3)落款。

落款需要明确发文机关名称和发文时间。如已在标题中写了机关名称和时间,这里可以省略不写。

通知写作的常见问题是通知的对象的不明确和通知信息的不清楚。例如时间、地点的通知没有明确等。所以,在书写通知时,一定要明确表达内容,只有这样,才能达到有效沟通的目的。

【举例】6.11

会议通知范文

关于召开全省社会主义精神文明建设工作会议的通知

各市、县(区)党委和人民政府,省直有关单位:

省委、省政府决定召开的广东省社会主义精神文明建设工作会议,现定于11月24至26日在广州召开。现将有关事项通知如下:

一、会议的议题。

表彰一批在精神文明建设中取得显著成绩的文明单位和文明户标兵;研究进一步加强社会主义精神文明建设的任务、对策和措施。

二、参加会议的人员。

1. 各地级市来2人,其中:市委或市政府主管精神文明建设工作的负责同志1人,市文明办或市委宣传部主管精神文明建设工作的负责同志1人。

2. 各县(市、区)党委或政府主管精神文明建设工作的负责同志1人。

3. 省直有关单位负责同志,省直文明单位代表和新闻记者(名单附后)。

三、请各市以地级市为单位,省直机关以省委机关工委、省府机关工委、省委高校工委、省军区、省农垦总局、民航中南管理局、广州铁路(集团)公司为单位,将参加会议同志的姓名、职务、性别于×月×日前用书面或电传送省委办公厅第二秘书处。参加会议的同志请于11月23日到××宾馆××号楼报到。

四、各市可来一辆工作用车。其余自带车辆司机食宿自理,大会不予安排。

中共广东省委办公厅
广东省人民政府办公厅
×××年×月×日

6.3.4　会议纪要

会议是工作中避免不了的一个非常重要的环节,通过与会人员的探讨,原本很棘手的问题往往会迎刃而解。会议纪要就是对于会议情况和议定的事项进行记载、传达的一个书面文件。这里需要清楚的是,会议纪要和会议记录不是一回事。会议记录是原始记载,与会人员怎么说就怎么写,实事求是地写,而会议纪要是在会议记录的基础上,通过分析,对发言者的主要内容进行总结,按照一定的顺序整理出来的文章。

1. 会议纪要的特点

(1) 纪实性。会议纪要是在会议记录的基础上整理出来的,不能随意增减或更改任何内容,不得写入任何不真实的材料。

(2) 概括提要性。纪要,就是用文字记录的要点。所以会议纪要就需要用极为简洁精练的文字,将会议的内容进行高度地提炼和概括。

(3) 条理性。在会议纪要中,通常使用分类别的方法对会议内容分层次予以归纳、概括,使得原本纷繁芜杂的讨论内容等变得更加有条理。

2. 会议纪要的分类

会议纪要根据分类角度的不同,分类方式有很多种。根据内容的不同,会议纪要分为专题型纪要和综合性纪要。根据会议性质不同,会议纪要可以分为办公会议纪要和专项会议纪要。但通常情况下,会议纪要有以下两种形式:

(1) 决议性会议纪要。决议性会议纪要是阐述领导经过集体讨论所形成的决议性意见的纪要。它约束力很强,具有明确的指示性。

(2) 讨论性会议纪要。这类会议纪要不具有法定的约束力,一般没有贯彻执行要求。它既可以按问题类别进行整理,也可按发言人的先后顺序整理。

3. 会议纪要的写法

会议纪要一般由标题、正文构成。具体写法如下:

(1) 标题。例会、办公会议纪要的标题,只要求标明哪个单位、什么性质的会议。这种纪要的标题,在一个单位内是固定的。座谈会纪要主要是把会议讨论的问题简要地标出来,每次会议的内容不同,标题也不同。不论什么样的标题,都要起到使人一目了然的效果。

(2) 正文。开头要写清楚会议的基本情况,要求在标题下面写明会议的主持者、出席者、列席者、时间和地点。重要的会议纪要需要写明召开会议的动因和目的。接下来主要写会议的主要内容。包括会议上与会人员所反映的情况,需要解决的问题,以及解决问题的办法等。

4. 会议纪要写作注意事项

(1) 会议纪要必须以会议的内容为基础。会议纪要的撰写者不能弄虚作假、夸大事实、断章取义、甚至歪曲事实,要实事求是地概括、提炼会议精神。

（2）会议纪要必须真正抓住要点。撰写纪要应抓住会议的中心议题，认真分析研究与会者的发言，这就需要做好准备，会议记录工作要认真对待，只要做到这些，才能有根据、提纲挈领地反映会议的主要成果。

（3）要学会使用会议纪要的习惯用语。经常会使用"会议认为"、"会议强调"、"会议希望"、"会议提出"、"会议决定"等这样的语言。

（4）会议纪要必须注意说理性。在写会议纪要时，不能只是埋头写。会议上由于与会人员都是即兴发言，可能会出现与本意有偏差的情形，故在会议结束后对于拿不准的部分应该主动去核实，尽量完善其观点。一定要避免自己发挥、不管实际情况到底是什么只是自己臆想的现象出现。

【举例】6.12

会议纪要范文

市政府会议纪要

时间：××××年×月×日上午八点半至十二点

地点：市政府常务会议室

主持：市长×××

出席：副市长×××、××、××、×××办公室主任×××

请假：×××（出差）

列席：×××、×××、×××

记录：×××

现将会议讨论及决定的主要事项纪要如下：

会议主要研究了当前外商企业在生产运作中遇到的问题，通报了第 69 次协调会关于退还电费保证金问题的进展，同时宣讲了近期国家出台的利好政策。现纪要如下：

一、对外商企业反映的具体问题的协调处理

（一）关于办理历史遗留工业用地手续问题

（二）关于取消电力附加费问题

（三）关于企业反映收取三资企业场地使用费问题

……

××市人民政府办公室

××××年×月×日印发

6.3.5 报告

报告是下级机关用于向上级机关反应情况、汇报工作、答复上级机关询问的公文。

1. 报告的特点

(1) 行文单向性。定义明确指出，报告是下级向上级的单向性公文。

(2) 使用频率高。公司、单位里任何情况都可能被要求向上级报告，质量检查情况、审计情况、市场调查情况等，都需要使用报告这样的公文，所以，报告是极为常见的一种公文。

(3) 内容广泛。无论是市场部的市场份额调查，还是党政工作政策性文件的宣传工作，报告都是不可或缺的重要公文形式。有时，一文一事，有时，一文可以多事。

(4) 写作方式灵活多样。因为报告的种类较多，形式也就变得多样化了。应视具体情况选择不同的写作方式，这样才能满足不同情况的要求。

2. 报告的分类

报告可以从不同角度进行分类。从内容上看，报告可以分为工作报告、建议报告、答复报告、情况报告等。从性质上看，报告可分为专题报告和综合报告。从时间期限来看，可分为定期报告和不定期报告两种。下面就对按内容划分的几种报告进行解释说明：

(1) 工作报告。用于向上级机关或重要会议汇报工作情况的报告。

(2) 建议报告。根据工作中的情况动向和存在的问题向上级机关提出办法、建议和方案的报告。

(3) 答复报告。对上级机关向下级机关提出询问或要求，经过调查、分析后回答问题的报告。

(4) 情况报告。用于向上级反映工作中的重大情况、特殊情况和最新情况等的报告。

3. 报告的写法

报告主要是由标题、主送机关、正文和尾部这四部分组成。

(1) 标题。报告的标题常见的形式有两种，一般由发文机关、事由和文种构成，如《××部关于××质量和检查工作情况的报告》，其中有时可以省略发文机关，只由事由和文种构成，如《政府工作报告》等。

(2) 主送机关。报告的主送机关就是上级有关领导机构。需要注意的是应顶格写于文首，其后用冒号。

(3) 正文。报告的正文一般由开头、主体和结尾三部分组成。

开头主要简单说明写这个报告的缘由、背景知识，相当于全文主要内容的概括性提要，然后用"现将有关调查情况报告如下"等引出下文。

主体是报告最重要的部分，主要是承接上文，对具体事项进行较为详细的阐述，对所要反映的工作按一定的顺序、逻辑关系——展开，切忌将毫无关联的事情都堆积在一起。正文中报告事项的内容侧重点可能会根据不同类型的报告而有所不同。工作报告要重点提出工作安排意见，大多都用数字列出来。建议报告则应重点陈述建议和理由。总之，在写任何报告时，要时刻明确侧重点是什么，这样写出的报告才可以达到有效沟通的目的。

结尾经常另起一段用"特此报告"、"以上报告，请审阅"这样的句子结束文章主体部分。

（4）尾部。包括署名和成文时间，如果标题中有发文机关名称，这里不再署名。通常情况下，需要签上单位及主要负责人姓名，最后加盖单位公章和主要负责人的印章。这样就完成了一篇报告。

4. 报告写作的注意事项

（1）报告中不要加入任何请示性内容。收文机关没有对报告答复的义务。如果一定要请示某些事项，则需要另写"请示"，再交于相关部门。

（2）报告的主题要明确。一定要避免重点不突出且行文冗长，讲空话、大话的现象。这就需要作者在起笔之前就明确该报告的目的、重点，并在遣词造句过程中要深思熟虑。

（3）内容要真实。报告都需要全面、真实地向上级部门反映情况，无论是工作有了进步还是出现了错误，都应该实事求是，千万不可虚构。

【举例】6.13

报 告 范 文

省政府法制办关于集中解决"四风"问题专项调研情况的报告

省党的群众路线教育实践活动办公室：

根据《关于开展解决"四风"问题专项调研活动的通知》（赣群组字[2013]1号）要求，我办近期开展了"恭听问计，推进政府法制建设"专题调研活动。现将调研情况汇报如下：

一、开展专项调研活动的基本情况

二、调研中反映我办"四风"方面存在的问题及具体表现

三、调研中搜集到的对我办整治"四风"问题、加强作风建设的意见建议

四、需要省里研究完善的制度和措施

江西省人民政府法制办公室（盖章）

二零××年×月××日

6.3.6　请示

请示是用于向上级机关请求指示、批准的书面文体。请示与报告虽然都是向上级递交的公文，但是也存在不同之处。

首先，目的不同。报告是为了汇报工作，答复询问，而请示是为了解决本单位自身

的某些事情而要求上级给予帮助和支持。

其次,内容不同。报告中一定不要含有期待回复、批复的句子,而请示就是为了得到上级领导的答复,所以在行文中应该提到希望上级给予答复的语言。

再次,内容容量不同。报告可以一文多事,但是请示必须要一文一事。

最后,行文时间不同。报告是在任务或事件完成后再成文,而请示是在事前行文,待上级批复后再决定是否行动。

1. 请示的特点

(1) 前置性。请示要在事前递交上级,直到得到批复后才能决定是否采取行动。

(2) 时效性。请示如能针对本单位当前工作中出现的情况和问题,争得上级机关指示、批准,就能及时解决有关问题。

(3) 行文单向性。请示是将本机关单位权限范围内无法决定的重大事项向上级机关递交的文件,不能同时给下级传送。

(4) 单一性。请示必须一文一事,要有针对性地对某一件事进行请示。

(5) 呈批性。请示是希望上级机关对呈报的请示事项批示的,无论结果如何,上级都必须回复。

2. 请示的分类

(1) 请求指示的请示。这类请示是对不明确或没能深刻理解的政策、法规和工作中的新情况等向上级寻求批示的一类请示。

(2) 请求批准的请示。这类请示是指为完成上级交办的事情时因缺少某些资源而不能完成时,上报上级机关的一类请示。

3. 请示的写法

格式包括标题、正文、落款和日期。

(1) 标题。请示的标题一般是由发文机关、事由和文种组成,有时可以省略发文机关。例如,《关于处理调整公司资产产权中几个问题的请示》。

(2) 正文。首先应该写明事由,提交该请示的原因,用说理或叙事的方式将事实说清楚。接下来再将具体问题事项和事情的来龙去脉理清楚。将在工作中遇到的问题、困难用精练的语言概括出来,以便上级领导正确、迅速地做出批复。要写得具体,条理清楚,说服力强。请示内容包括提出请示事项和阐述说明道理或事实两项内容。提出请示事项要详细,阐述说明道理要充分。最后需要单独另起一段,加上"当否,请批示","妥否,请批复","以上请示,请予审批"这样的句子。

(3) 落款和日期。在正文后右下角写发文单位名称和成文时间。

4. 请示的注意事项

(1) 不能越级请示。请示的上级只能是主管上级。

(2) 一定要坚持一文一事。

(3) 文章目的明确,内容具体有条理。

(4) 主送机关只写一个,抄送机关里不允许有下级机关。

【举例】6.14

请 示 范 文

关于在物流港新建公办小学急需资金的请示

市财政局：

××市××区地处市区,承担着全市城区小学教育的义务,近年来,市城区发展速度较快,常住人口大幅度增加。建市以来,城区及周边未规划公办学校,原有的小学处于老城区,规模小,无发展空间,适龄儿童就读小学十分困难,现有学校大班额现象十分突出。区委、区政府高度重视,并于2014年5月召开了政府常务会,认真研究并通过了在××区物流港新建公办标准化小学一所的决议。

该小学建成以后,可容纳小学生1 200余名。计划投资3 000万元,新建校舍8 000余平方米及运动场、围墙、管网、绿化等相关工程及采购设备设施。其中,区财政解决资金××万元,资金差口××万元。由于船山区财政资金十分困难,特请市财政转报省财政厅解决新建公办小学差口资金××万元,以确保此工程如期开工,缓解市城区适龄儿童入学困难的矛盾,保证社会稳定。

妥否,请批示。

××市××区财政局

二〇一四年十二月十七日

6.3.7 建议书

建议书是针对某项具体工作或规划向领导或个人提出建议的一种文体。其包含的范围广泛,像各种精神文明活动的开展、弘扬雷锋精神、援助边远山区儿童读书等,都可以写建议书。建议书是面对群体的,虽然也带有建议,但仍然是写给大家来学习的,当然也就具有一定的号召性。

1. 建议书的主要内容

建议书的主要内容是,首先要把现有的情况写出来,让读者对情况有个总的掌握。接着要有针对性地说明问题或困难,阐述作者的想法,进而提出相关建议。提建议的时候最好有条理地提出几点,希望读者能够采取什么样的行动,这是文章的重点部分,要着重写。

2. 建议书的写法

(1) 开头。有说服力的开头会更容易感染读者。由于时间紧,读者可能仅用短短的几分钟就要完成对建议书的批阅。所以,开头在整个建议书中的地位至关重要。开头尽量用简短、有力、摘要性的话语。

（2）正文。正文可以选用一些特殊句式等来设法抓住读者的注意力。写给总经理就要注意收益情况，写给党委书记就应该考虑对党的建设性。总而言之，要设法利用各种数据、事实、图表等来充实建议书的理由，清晰地表达出建议。

（3）结尾。多采用"以上建议千虑之一得，仅供领导参考"这样的句子。这可以让读者感受到被尊重，有利于进一步交流。最后是署名，跟其他公文要求是一致的。

3. 建议书的写作注意事项

（1）认真策划建议书结构。建议书的结构安排在写建议书的整个过程中是非常重要的。具体应考虑提出建议的目的和内容、实施这些建议的作用、提出这些建议的顺序等因素。

（2）建议书完成后校对工作要仔细。语气要热诚，态度要谦逊、平和，要对集体充满热爱，对前途抱有信心；内容要充实、完整，表达要清楚，语言措辞上更要避免过激。这样，有效的建议才容易被人接受。

【举例】6.15

建议书范文

关注鲁甸"8·03"地震：维护灾区环境倡议书

人民网昆明 8 月 8 日电 （徐前）2014 年 8 月 3 日 16 时 30 分，鲁甸县发生 6.5 级强烈地震，给灾区人民生命财产造成重大损失。8 月 8 日，"8·03"地震省市县环境应急联合工作组发出倡议：维护灾区环境，确保安置点周围环境的清洁。倡议书全文如下：

2014 年 8 月 3 日 16 时 30 分，鲁甸县发生 6.5 级强烈地震，给灾区人民生命财产造成重大损失，在此，对在地震中罹难的同胞表示最沉痛的哀悼。地震发生后，党中央、国务院高度重视，习近平总书记、李克强总理第一时间作出重要指示，要求全力做好抗震救灾工作，千方百计救援受灾群众。解放军、武警官兵和各方面救援队伍赶往灾区，争分夺秒，全力抢救灾区人民的生命财产。震灾无情，人间有爱，一方有难，八方支援，来自四面八方的志愿者为灾区抗震救灾做出了贡献。

地震发生后，震中环卫设施和设备损毁严重，近几天以来，灾区尤其安置点生活垃圾遍布，给灾区的环境安全、疾病预防带来了难度。卫生无法保障，细菌、疾病极易滋生传播，容易引发疫情等次生灾害。在当前这一个特殊时期，自觉维护灾区环境卫生，是每一公民的责任。为此，发出倡议，请灾区群众、志愿者、工作人员自觉增强保护环境的意识，维护环境卫生，确保安置点周围环境的清洁；请志愿者积极组织开展义务劳动，清理环境卫生，认真履行宣传、维护和监督义务，引导教育群众自觉维护环境卫生。

最后，让我们再次向在"8·03"地震中遭遇不幸的罹难者表示深切的哀悼，向受灾人民致以诚挚的问候！我们相信灾区人民一定会战胜重重困难，重建美好家园。

"8·03"地震省市县环境应急联合工作组
2014 年 8 月 3 日

6.4 简历的撰写

一份好的简历就是迈向成功的第一步。它将在很大程度上决定求职者能否得到面试机会。简历是对一个人的背景、经验、受教育程度,以及技能水平等高度个人化和个性化的总结,所有这些因素都将会决定一份简历的最终面貌。当然,简历应当随着你申请应聘的工作种类的不同而有所侧重。最应该引起应聘者注意的是,问问自己,为什么公司会要在你身上花费时间和金钱来选择你,你简历里的工作经历、技能、教育经历、综合技能真的反映出你是独一无二的人选了吗?

6.4.1 简历的类型

从不同角度,可以给简历进行不同的分类。以下是几种典型的分类方式。

1. 根据地域的不同

(1) 美式简历。美国法律明文禁止雇主对谋职者施行各类歧视,包括年龄、种族、性别、国别、宗教信仰等类歧视,且基于尊重隐私的理由,雇主也不敢要求谋职者或雇员交出会泄漏身世或家族背景的简历。美式简历的特点在于只需交代与个人工作、才能有关的信息,不必提个人身世或家族背景。国际大公司中比较流行美式简历,它的书写格式也有十几种,有些书籍登载了上百种样本。美式简历尤以美国著名商学院简历格式为代表,简洁明了,一页纸,沟通信息比较高效。20 世纪 90 年代末这种简历开始在京沪著名高校的 BBS 上流传开来,并被越来越多的人认同和使用。

(2) 港式简历。在香港出版的简历书写技巧书籍中都会看到有些公司是要求应聘者写年龄、婚否,报纸的招聘广告中还要求求职者写上工资现状及预期工资等隐私问题,这与当地的生活方式、习惯有关系。而在美国,这样的隐私问题则是不会提及的,以免引起不必要的诉讼。

(3) 英式简历。与港式简历很相似,但个人资料没有港式说得那么多,比起美式简历,可以很明显看出它的篇幅更长,但对于工作经验的描述就显得不够具体和鲜明。

(4) 中式简历。中式简历中,常包括政治面貌、性格等。性格是一个主观的东西,有经验的招聘人员从来不相信任何人自己写的性格。

2. 根据职位岗位的不同

(1) 中高层主管类岗位求职简历。包括像 CEO、副总、主管、专业人员和经验丰富的项目经理等高级职位的简历,是针对公司关键职位的简历。这类简历的撰写非常专业。

(2) 普通职位求职简历。这类简历涵盖包括金融、销售、市场、广告、会计、采购、生产等非常多的行业。专业的、对该领域有比较透彻了解的简历,会让你在某个领域里,从众多竞争对手中脱颖而出。

（3）技术类岗位求职简历。这类简历主要是针对像 IT 业人员、锅炉工程师等一些专业性较强的行业中求职的人，简历应该涵盖有关专业技术描述部分，例如软硬件操作掌握能力，相关资格证书等。

3. 根据求职者喜好的不同

（1）时序型简历。

有许多招聘专家认定时序型格式是简历格式的首要选择，因为这种格式能够显示出持续和向上的职业成长全过程。这种按时间顺序排列求职者信息的方法比较适合有无可挑剔的相关工作经历者或者没有什么相关经验的应届毕业生等。

时序型格式以渐进的顺序罗列曾就职的职位，按照与实际工作时序相反的顺序写，每份工作还要简述职责、受雇时间以及业绩。

时序型简历的优点是，撰写比较容易；能够突出职业资历以及在一个工作环境下持续工作和发展的习惯等。其缺点是，可能会让人产生厌倦感、没有突出求职者具备的可转移技能、可能会让人觉察到职业发展过程中的间断期间，还有可能使得年龄较大的求职者不能显示出优势。

（2）功能型简历。功能型简历也是许多公司认为比较有效的简历。功能型简历可以使应聘者更具创造性地将自己展现给公司。这种简历比较适合工作经历有限者、在工作经历中有很长一段时间空白的求职者、曾经参加过志愿者或课外活动的求职者、想更换职业的求职者和各种工作经历之间没有联系的求职者等。

功能型简历一开始就强调技能、能力、资信、资质以及成就，但是并不把这些内容与某个特定雇主联系在一起。这种类型的简历关注的焦点集中在你所做的事情，而不在于时间长短等问题。

功能型简历的优点是，为展示求职者的能力和成就提供了发挥空间；可以根据职业方向来填写相应的技能；不会被安排在不喜欢的职位上；能够掩盖工作经历之间的间断；从更微妙的角度来展示求职者拥有的能力。其缺点是需要花很多时间和精力来撰写简历；对方公司在面对比较长的经历时会感到厌烦。

（3）履历型简历。履历型简历是说资信完全能够说明一切并且不需要其他信息的简历。履历型简历比较适合专业技术人员、应聘的职位仅需要罗列出能够表现应聘者资信的情况。例如医生就是使用履历型简历的典型职业。只要罗列出如就读的医学院、实习情况、从业资格、就职的医院以及相应著作即可。

（4）复合型简历。复合型简历可以被认为是功能型简历和时序型简历的结合。复合型简历既强化了时序型格式的功能，又避免了使用功能型格式而招致怀疑。使用这种简历的求职者可以突出同目标职位联系更大的技能和知识，同时也能满足对方公司希望了解求职者的工作经历和时间的要求。

（5）目标型简历。目标型简历适合对职位了解得非常透彻、对就职的行业、环境非常熟悉的求职者。通过对职务的名称、行业、职责的了解，可以明确自己将要从事的职业，在目标型简历里就要强调那些能够满足对方要求的技能。简历的内容应当尽可能偏向于满足对方要求的一面。

(6) 资源型简历。资源型简历适合那些通才求职者们。他们拥有多种选择甚至是不清楚自己将从事什么职业。资源型简历可以向不同的公司来展示自己的多项优势，可以用比较宽泛的方式强调应聘者的成就和技能。

6.4.2　简历的结构

无论使用哪一种类型的简历，成功的求职简历设计都至少要包括抬头、求职意向、工作经历、教育背景以及其他专长这几个部分。

1. 抬头

抬头一般包括姓名、地址（含邮政代码）以及电话号码。一般都是采用居中式的抬头。这种方法对任何简历都是有效的，包括那些将会接受计算机扫描的简历。

名字是你赖以求职的"个人品牌"，在招聘者眼中名字就代表了你。所以在整张纸最显眼的地方写上名字，来加强视觉冲击力。如果在字与字之间空出一格，则会产生更加美观的效果。

电话号码通常也要安排在比较醒目的地方。电话号码的写法很有讲究，需要引起注意的有：(1)电话号码前面一定要加区号，如(021)。(2)8 个号码之间加一个"-"来分节。可以按照国际上通行的电话号码分节方法，采用"三四分"或者"四四分"的方法比较好，例如 6613-4375，219-9255。(3)写手机号码或者向别人通报手机号码时，要用"四三四"的分节原则，例如"1365-181-6694"。

2. 求职意向

求职意向应该是对所寻找的职位的简单描述。它是简历的"主题"，必须能够回答最初的问题，"想做什么"或者"能给公司提供什么价值"，因此在这一部分要给予重点考虑，并要尽量表达得简明扼要。

要避免使用通用型的求职意向。要针对不同的职位、不同的公司来撰写。避免吹嘘自己。相反，要尽量强调能为对方公司做什么。

3. 工作经历

在大多数情况下，工作经历是简历最重要的组成部分（在读准学士、硕士等例外）。工作经历应当反映出求职者所拥有的技能和知识，给对方招聘人员良好的印象。为了达到较好的第一印象，在这一部分里应该着重突出自己的职业生涯，重点强调所取得的成就。根据简历的类型，可以采用不同的方法。在时序型简历中要注意按照相反的顺序列出经历，即一般是始于最近的职位，然后回溯。

4. 教育背景

首先列出你的最高学位，然后再回溯。如果你未能完成某所学校的学习，那么不要说你没有毕业，而是要写出修完的学分数即可。一般来说，教育背景和工作经历二者哪个更具优势就应该把谁放在前面。如果工作经历有限，那么教育背景的内容就应该写在简历的前面部分。如果工作经历更占据优势,那么所获得的经验、技能以及成就就应该写在前面。这里需要注意的是,在写自己的学校、学院、专业、学位等时一定要写全称,不要使用缩写。

5. 其他专长

其他专长是最能反映出个人的发展潜力的,但"专长"一定要能真实反映出自己的水平。例如外语水平、特殊成绩证书、专业的培训等。在写这一部分时问问自己,如果这些信息能增加获得面试的机会,那么就写进去。如果答案是否定的,或者是不清楚结果会怎样的效果,那就不要写进去。尽量使简历简单明了。

6.4.3　简历的撰写步骤

完成一份成功的简历,除了在最初定好职位、根据自身特点锁定一个目标外,接下下就要遵循几个步骤来写简历了,而每个步骤都需要求职者认真对待、仔细考虑。

1. 起草简历

这里主要是选定格式、篇幅、语言等任务。

哪种格式更适合你的简历风格? 下面是几种常见的格式,可作参考。同时在一些软件里也会有不同的格式可供选择。

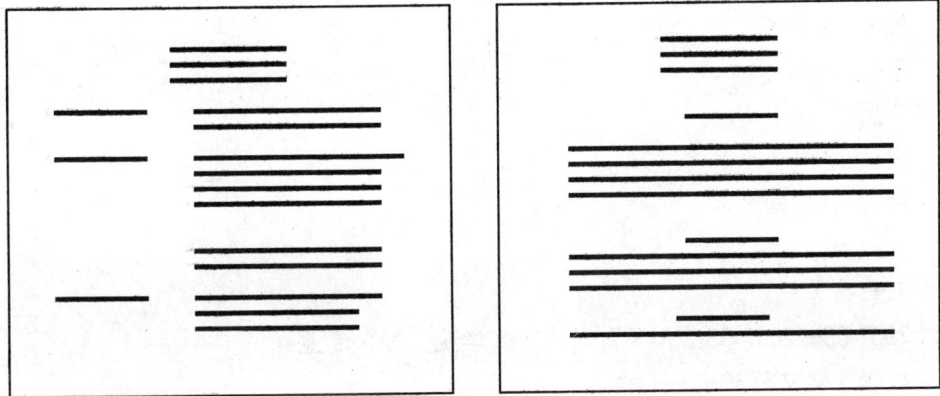

简历的篇幅要多长也是要充分考虑的。简历,就是要用清晰简明的语言来展示求职者的能力、成绩,怎样在有限的空间里来安排各项呢? 是不是一定要像有些人说的那样限在一页内完成呢? 其实不见得。但是最好不要超过两页,如需特殊说明比较重要的部分,不得不占用第三页,也是勉强可以接受的。关键是能最大程度地反映求职优势。招聘经理面对成百上千份求职简历,能在几秒之内注意到你,就达到效果了。

语言要力求简练。对于求职者来讲,目的明确、语言简练是重中之重。如在教育背景中写相关课程,一定要写相关的课程,不要把选修课、与职位没有一点联系的课程也写上。

2. 编辑简历

完成上一步后,就可以开始编辑简历了。根据不同的类型,按照简历的布局,将自己的信息一一誊写在上面。需要注意的是所选用的纸必须是白色的纸,千万不要使用彩色的纸,那样会给对方公司很不礼貌的感觉。在充分注意到格式、真实性、适用性、吸引力和竞争力后,把需要突出的重点部分再多加思考,最终完成初稿的编辑工作。然后要反复琢磨,仔细考究措辞,如果可能的话,交由在写简历方面有经验的人,再做修改。

3. 撰写简历的后续工作

撰写简历的后续工作,主要就是简历的外包装问题了。简历的字体是否合适,黑体还是斜体,看起来是否干净、清晰,是要打印出来还是要手写体的简历等等,这些问题都是要仔细对待的。那是不是就要夸大事实地来包装呢?一名学生对记者说:"简历不作假,典型一大傻"。这就犯了禁忌,做人要诚实守信,做简历更要实事求是,过度包装将会让求职者离面试更加遥远。

【案例】6.16

比较两篇简历

简历一:

简　　历

姓名:×××

学校:××

学历:××

电话:×××××

邮件:××@××

教育背景

2007.09—2010.03　××大学　××学院　××专业

校学生会文艺部核心干事

社区楼管会文体部核心干事

社区中秋国庆二胡独奏

2003.09—2007.07　××(北京)××学院　××专业

院三等奖学金

优秀共青团员

院二等奖学金

全国大学生英语竞赛二等奖

校第一届羽毛球混双比赛四强

学术研究

×× 科研项目　核心成员

×× 科研项目　核心成员

社会活动经历

参加过青年志愿者活动,还从事过家教。曾在 ×× 公司、×× 公司、×× 公司等企业生产实习等等。

个人技能

英语 4 级考试优秀;熟练操作 Word, Excel, PowerPoint 等工作分析软件。

简历二:

×××

学校:××

学历:××

电话:××××××

邮件:××@××

求职意向:希望能在贵公司市场部门谋求合适的岗位。本人沟通能力、团队合作能力强。

教育背景

2007.09—2010.03　××大学　××学院　××专业

2003.09—2007.07　××大学　××学院　××专业

学术研究

×× 科研项目　核心成员

×× 科研项目　核心成员

社会活动经历

1999.9—至今　法国××公司动物营养部　市场助理

拟订市场调查方案,提供市场预测,完成调查报告/拟订广告计划,编辑广告文字与图片并实施/组织展览、促销会议/与政府部门沟通和联络,疏通关节/其他行政事务

1997.10—1999.7　瑞士大昌洋行　行政助理

汇总销售数据,完成销售报表/协调公司与北方各区分销商关系/与政府主管部门疏通关节,解决问题/库房管理

1996.7—1997.9　华威食品公司　行政助理

协调进口食品的销售及其服务部门的协同运作/与政府部门沟通联络,疏通关节/负责进口食品的报关和检疫工作/开展新产品的市场调查/其他行政事务个人技能

个人技能

英语 4 级考试优秀;熟练操作 Word, Excel, PowerPoint 等工作分析软件。

院三等奖学金,全国大学生英语竞赛二等奖,优秀共青团员。

上面两个简历是同一个人的简历。通过前后对比,发现第二个简历主次更分明,并且在实习经历上的笔墨比较多,更注重实践能力。普通的简历和优秀的简历是有很多不同之处的,下表列出的是它们之间比较明显的不同。

表 6.4 普通、优秀简历对比

对比项目	普通简历	优秀简历
标 题	"简历"和"resume"	自己的名字
低级错误	多,包括拼写、语法、时态、字体不一致、大小不统一等	极少
文 字	不规范、大小、字体不统一	规范、统一大小、统一字体
排 版	十分讲究	很差,不讲究
直观印象	杂乱无章、无主次之分	精美舒畅、有重有轻
个人信息	全面,类似人口普查或征婚启事	简单、但最主要的信息全面
求职目标	无,万能简历	有,针对性强
教育背景	很多课程名和奖励情况	少量相关课程,奖励单独进行介绍
工作经验	堆积,没有轻重之分,也不进行详细描述	有主次之分,每份工作都有详细描述
获奖情况	罗列较多,没有归纳,没有分析	除描述之外,还对奖项进行归纳、分析和交代
个人性格特点特长	罗列较多,没突出自己独特之处,不太会的也列上	选择性很强。要有一定水平了才会写上去
页 数	感觉像是小说	1 页或很少几页
真 实 度	造假	艺术性的放大
纸 张	五颜六色、过轻、不统一	白色、80 g 以上,讲究
打 印	不整齐、彩色、喷墨打印	整齐、黑色、激光打印
文字风格	平铺直叙、大段描述	言简意赅、分点交代

每个人都应该准备一份随时可以投出去的简历,按照上表所列出的要求,准备一份满意的简历,为自己准备一个向导,为今后的职业发展迈出决定性的第一步。

6.4.4 撰写简历的常见问题

很多求职者应聘失败其实不是应聘者不够优秀,其实就是由于他们忽视了简历制作中的一些问题。

问题一:忽略细节。

忘记附件、资料不全等细节问题总是会在求职者的简历中出现。在电子邮件中文中明明写着"请看附件中的简历",可是附件里却什么都没有,显然是求职者忘记附上简历了。

在准备投简历时,一定要根据招聘信息上列出的要求把材料准备齐全,如果资料不全,审核人就会认为你的求职态度不端正,更严重者会被质疑简历的真实性,不可相信。所以注重细节是最基本的要求。

问题二:重点不突出。

有些求职者为了省事,就只制作一份简历,然后投给多个公司。不同的公司,可能会侧重不同方面,而这样的简历没有重点,也不清楚自己的优势是什么,这势必会给人不确定自己工作方向的感觉。所以,如果对不同的岗位都感兴趣,不妨准备不同的简历。

问题三:格式不当。

简历的格式在这里已经较为详细地讲述过,但在实际写作过程中,是不是选择了最适合自己的格式了呢? 目标型还是履历型? 最易被人接受的是使用复合型,因为它最能传递求职者的信息。

问题四:缺乏洞察力。

什么叫简历缺乏洞察力? 实际上就是说,在简历中很少是从招聘公司的角度来考虑问题,只是一再地强调自己的毕业院校、专业,而自己的能力、发展潜质以及能给公司带来什么却没有提,而往往正是后者在招聘人员眼中起着关键的作用。简历虽然是要突出"简",但是不能把重要的、闪光之处给减掉。简历的目的是把你带到下一轮面试中去。在写简历的时候首先要考虑对方公司的需求。从对方公司的角度来考虑问题,就能找到突破口。

【实用链接】6.17

名企衡量求职简历的标准

投放简历,是求职者找工作的第一步,而简历也就成了求职的敲门砖。是否有机会参加下一步的考核赢来工作的机会,全看这"敲门砖"好不好。而从企业角度来看,如何对待简历又是选用人才的关键一步。那么,各大公司、企业又是如何筛选简历的呢? 下面,就介绍一下名企衡量简历的具体标准。

中国移动通信集团公司:先看专业再挑学校背景

中国移动采取多种方式进行招聘,包括招聘会、报纸、杂志、猎头等,用得最多的是网络招聘。同时,还会针对招聘项目,进行校园招聘、社会招聘和内部竞聘。移动已经将很多工作外包给专业人才网站,因而在筛选简历、笔试和面试时都遵循着一个既定的程序和标准。一个优秀人才应聘移动,需要经过以下几个程序:

软件系统筛选简历→人工筛选简历→第一轮面试→笔试→第二轮面试

自动软件系统会通过考查五个方面来挑选简历,即学校和专业、学习成绩、班级排名、英语能力和项目经验。这些都是应聘中国移动的五大拦路虎。中国移动青睐那些来自重点院校、专业对口的大学生,而名校背景,突出的英语能力以及担任过班长、学生会干部、社团组织者的经历,都会成为应聘中国移动的加分亮点。

ABB(中国)有限责任公司:言简意赅的简历最受欢迎

首先,ABB是根据每个职位的岗位描述和招聘需求来筛选简历的。之后,人力资源经理把选中的简历发到对应的业务部门进行第二轮筛选。在业务部门经理和人力资源经理沟通、协商之后,产生面试名单。

一份干净整洁、言简意赅的简历是最受 ABB 欢迎的,长度在 2—3 页纸比较合适。个人信息、工作经验的叙述越接近招聘职位的要求越容易赢得入围机会,而那些特别精美或者花里胡哨的简历并不见得就受欢迎。简历的真实内容才是考核的重点。

对于应届毕业生的简历,ABB 会比较注重对方的相关社会经历,比如参加过哪些社会活动,是否当过学生干部等。而招聘社会人员时,对方的工作经验是最受关注的。实际上,ABB 集团的销售人员也需要严格的专业教育背景和行业工作经验。

北京松下电子有限公司:从简历判断求职者的思维特点

对于市面上蜂拥而现的大贴艺术照和写真照的简历,北京松下电子有限公司并不赞成。企业用人是根据岗位需求和个人情况来选择的,简历再漂亮也起不到决定性的作用,尤其是应届毕业生更不该如此制作简历。

至于筛选简历的根据,针对不同岗位的需求,会有不同的考察重点。比如招聘技术型人才时,看应届毕业生的简历会比较注重其专业成绩,在校是否有过相关作品;如果招聘的是管理型人才,除了看所学专业和学习成绩外,还会注重他在校时担任的学生会工作、参加的社会活动等。看社会人员的简历时,除了硬件必须符合招聘岗位需求之外,主要看他的工作经历。

实际上,简历行文里透露出来的信息是很重要的。对方表述自己的语言,行文方式,简历撰写的层次性、逻辑性、流畅性、重点性,都能流露出作者的思维特征。

朗讯科技(中国)有限公司:书面表达与诚信

很多人发来的简历只表示希望来朗讯,却没有说明申请的职位。如果应聘者连简历都写不完整,公司会觉得不是他能力有问题就是太过粗心,这都不是朗讯的首选人才。还有简历的性别栏中不写男女,用染色体 XY 来表示,让人哭笑不得。简历版面干净、符合规范、清晰明了是最好的,人力资源部通常不在意照片,但也不要太简单。

朗讯非常在意职业道德和职业诚信,通常会注意查看简历内容的完整性、真实性,应聘者工作的连续性和稳定性。朗讯并不在意应聘者有其他方面的工作经历、不够良好的教育背景和中断的工作时间,但隐瞒和欺骗则会使公司对你个人的诚信和职业道德有所怀疑。为此,人力资源专员会关注简历细节的描述是否冲突。朗讯会保存每份投来的简历,建立简历档案。很多人为没有受到很好的大学教育而感到遗憾,所以会在简历中把教育背景模糊掉。其实,他不写反而令人猜想更多。此外,很多应聘者也知道企业非常关注职业的连续性,有些人可能有一段时间没有工作,但在简历中会把时间归到某段工作中,这些都会在做背景调查时被查出来。

介绍工作经历的时候,在某公司工作的时间,应该精确到月而不是年。要有公司的全称(也可对公司做简要介绍)、担任的职位名称及所在部门名称、主要工作职责、主要工作业绩等。也可以简要介绍上下级关系,比如直接上司的职位、所辖下属的人数等。公司更习惯于用数字说话,"非常出色"、"做出很大的贡献"这些用词都是不合适的。最好能够改成"我完成了多少销售业绩","联系了多少家公司"。如果数字过于敏感不适宜表达,可以用百分比,或者用企业的表彰来表达,还可以写上获得的证书。有些不像销售部门那么容易量化的部门，比如行政部门，可以通过办公设备的维护和采购、降低成本、客户满意度、如何及时维修等方面做出说明；HR部门可以通过客户满意度、招聘周期、人岗的匹配、离职率等来体现。

资料来源：http://www.lz13.cn/zhichanglizhi/4304.html。

【举例】6.18

一封投诉信

　　××律师事务所致力于为从事商务活动的客户提供专业的法律服务。在海事海商、金融保险、资本运营、国际贸易、国际投资、房地产和公司法律事务等方面，××律师事务所的服务尤胜一筹。

　　聚集优秀的人才，为优异的客户提供优质的法律服务是××律师事务所的建所宗旨；"务实敬业、做今日事，合作制胜、创百年所"，是××律师事务所共同的执业理念；成为专家型、学者型的律师，为客户提供高质量、高效率、专业化的法律服务，是每一位××律师事务所律师的最高追求。

　　××律师事务所在对待每一封来信时，都处理得十分恰当。下面这封投诉信并不是客户的投诉信，但是他们处理得也十分有技巧，双方通过几封信函就将事情处理得十分恰当。

尊敬的××律师事务所领导：

　　你好！

　　无意中在网站上看到了贵所的广告，就想与贵所的领导说几句话。我是本市一家国际货运公司的经理，早在数年以前便与贵所的张××主任有过一面之交。大抵是某D货运公司搞诈骗，骗了N家公司，包括敝公司和这家货代的船代公司S，张大主任是S公司的法律顾问，给我寄了一封律师函称其代理D公司处理收尾账目，无论应收还是应付。而我打电话过去，张主任却说只负责收钱，不负责付钱。这是我对贵所的第一印象。

　　后来，我通过越来越多的朋友了解到，××律师事务所是一家非常不错的律师所，律师的整体素质非常之高，办案水平及在青岛司法界的影响都应该属一流水平。我便开始对××律师事务所刮目相看。

　　直到两年前的一件案子，又让我感到困惑了：S公司的一位办事处经理私存公款，贵所又一次作为其代理把只是与这位经理有过业务联系而与此款无关的我送上法庭，一审之后是二审上诉，法院均判敝公司不承担相关责任。而贵所的刘×律师却有着锲而不舍、一心为当事人着想的执著精神，又在另一家法院起诉我。法院当然不予立案，又一次驳回。时隔不久，刘律师又一次以同样的理由将我送上法庭。

如果这样折腾下去，恐怕把贵所的威望和形象都折腾没了。

关于此案的结果，我已经与原告负责人沟通过了，对方也非常理解，双方达成了共识，还把与此无关的业务款项付给了我，我也承诺尽力协助他们追回此款。这位负责人还说他们不想打官司了，是贵所的这位刘律师坚持要接着打。

不才敢问贵所领导：你们知道这个小得不起眼的案子吗？能告诉我这位刘律师的动机和目的吗？

我和我的很多同行、朋友都对贵所怀着崇高的敬意，我本人也曾想聘请贵所的某位律师做我的常年法律顾问，一直因为本案未结束被耽搁。

在此，我呼吁贵所领导能够了解案情，了解事实真相，及早结束无休止的纠纷，还大家一个清静。因为，你们都是大律师，都有非常重要的事情要做，这种于人于己都有害无益的事，就不要再做了吧！

衷心希望贵所领导能够满足我的这点小小的请求。

祝你们事业腾飞，越做越强。祝××律师事务所名震岛城，称雄国内，走向世界！

张×

2005 年 7 月 7 日

第一封是张总对××律师事务所的某些律师进行投诉的信件，在字里行间，我们可以看到这位张总用语十分客气，很有分寸，虽然对这家律师事务所的某些律师的做法很不解，但是为了有效处理问题，他还是以积极的口吻来写这封信。前四段主要是开场并将事由说清楚，一共提到了两个案件，并对涉及这两个案件的相关律师的做法都进行了清楚的说明。

第五到九段是对问题的分析部分，从对方事务所的角度出发，一一分析到位，态度可谓是诚恳至极。"如果这样折腾下去，恐怕把贵所的威望和形象都折腾没了"、"不才敢问贵所领导"、"我和我的很多同行、朋友都对贵所怀着崇高的敬意"等语句就已经充分说明了这点。

最后三段是对律师事务所的呼吁、对对方提出希望，并非常有礼貌地给信函画上句号。这样的一封投诉信，可以说，是非常成功的。既说明了问题，又给对方保留了面子，那么当对方负责人接到此投诉信时，会怎么回答呢？

尊敬的张总：

您好！

首先非常感谢您的邮件，感谢您对××律师事务所的关注，感谢您在邮件中提出的批评和建议。

您的邮件转到我这里，经商本所主任同意，我愿意就您邮件中提出的若干问题给予解释。

关于您反应的"数年以前"的第一件事，不知是否是当年 ML 公司青岛办事处违规向美国发运货物案? 由于时间久远,非常抱歉我已经没有什么印象了,真的记不起发过律师函后又不认账的事。但既然您印象深刻,我宁愿相信确有其事,哪怕是源于误解。为此我表示抱歉,也为自己执业过程中的不妥之处让您对××所留下了并不良好的第一印象而感到遗憾。我将引以为戒,并真诚地对您的善意指正表示感谢。

关于第二件事,我比较清楚,因为我和您提到的刘×律师是工作搭档。作为××律师,我们从不敢怂恿客户轻易诉诸法庭,因为我们深知讼累沉沉,了解诉讼的风险。也因此,我们乐于协助客户将很多纠纷解决在法庭之外,或者在判决之前达成和解。在 HF 船代诉帝航一案中,我们的一切行动都是遵照客户的指示。作为律师,我们基于对本案法律关系和相关证据的理解,尽量以客观的心态为客户提出分析意见,最终根据客户的决定进行操作,无论是执著前行,还是立即止步,都唯客户马首是瞻。作为律师,我们或许有究根问底的冲动,但毫无疑问,我们力求始终将客户的利益和意愿放到第一位,因此我可以说,除了服务客户之外,刘×律师代理此案并无其他动机。

我们不是大律师,当然愿意处理一些重大的案件,但同样我们不敢怠慢一些小案件。只要客户需要,并且能够就委托事宜达成协议,一旦接受委托,我们就会全力以赴。受人之托,忠人之事,这是我们对自己的职业要求。如果因为这样为对方当事人带来不便,我们只能深表遗憾。

我们将与 HF 船代联系,如果如您邮件中所说,我们的委托方不愿继续打下去了,我们将立即按照委托方的指示办理相关手续。

再次对您对本所的关注以及您在邮件中提出的批评和建议表示感谢,并祝愿贵公司生意兴隆,兴旺发达!

张××
××律师事务所
2005 年 7 月 8 日

律师事务所的有关人士对张总的回信也是非常真诚的,无论是称呼上,还是行文词语的运用上,都非常认真。"我们不敢怠慢"、"我将引以为戒,并真诚地对您的善意指正表示感谢"、"再次对您对本所的关注以及您在邮件中提出的批评和建议表示感谢,并祝愿贵公司生意兴隆,兴旺发达!"这些语句的使用,都把××律师事务所对待张总的诚恳态度表达得淋漓尽致。通过这样的书面沟通后,双方对彼此的态度都比较了解,为以后的工作做好了铺垫。不但有利于这次事件的解决,对以后进一步的沟通也起到了积极的作用。双方在接下来又互通了几次信,如下:

张主任:

您好!

非常感谢您的回复。区区小事让您如此费心,我深感不安,但愿没有给您增添麻烦。在海事法院与您打过几个照面,都没打招呼,因为您太忙了。这件事就算过去了吧,希望不会影响我们以后交往,说不定哪一天还会拜到您门上。

ML 那件事情，真难得您还能记起来，可见您工作的细致和记忆力之强。

关于 HF 一案，我是跟于健副总经理联系的，您可以落实一下，情况基本属实，两次在市南法院，实属不该，于总曾经说过此事不再向我方追究，而是直接找潍坊方。

再次感谢，日后登门请罪。

恭祝

事业腾达！

张×× 拜

2005 年 7 月 8 日

张总：

您好！

谢谢您上周五的邮件。没想到我们此前还有过几面之缘。

HF 船代的事刘律师已经跟于健联系过，我们将按照客户的意愿去推动或终止目前的诉讼。无论哪一种选择，希望都能得到张总的理解。

从业十余年，尽管总是代表一方征战沙场，诉讼结果动辄涉及几百万甚至数千万，但记忆中几乎从未与对方律师及当事人结下梁子。很多对方律师成了我的朋友甚至是同事，部分对方当事人后来成了我们的客户，不是因为我们在当时的案件中放了对方一马，往往是因为我们在代理过程中尽职尽责，在维护自己客户利益的同时也赢得了对方律师和当事人的认可。在 HF 船代与贵公司案件了结后，希望也能有机会与张总把酒言欢！

张××

2005 年 7 月 11 日

张主任：

您好！

您谦逊认真的工作作风让我感到惭愧。我从心里佩服您。

这样吧，这件事就算过去了，我们都不再提它了，好吗？无论案情进展如何，结果如何，都不影响我们之间的关系，不管是业务关系还是相互之间的友谊。

有机会一定向您请教。

祈

宏图大展！

张×× 敬呈

2005 年 7 月 13 日

至此，双方的函件使双方的关系到达了一个新的阶段，通过一系列的书面沟通，两个人对这个案件有了更深刻的思想对话，并且两个人的友谊也有了进一步的发展，可谓一石二鸟。试对他们之间的书面沟通做进一步探讨，有没有值得改进的地方呢？

第7章 非语言沟通

即便有人可以管住自己的嘴巴、保持缄默,但他们的一举一动都会泄露秘密的蛛丝马迹。

——弗洛伊德

内容提要

- 非语言沟通的含义、特征和作用
- 非语言沟通的类型
- 常见形体语言的辨析

【案例导读】7.1

完美的非语言艺术——《千手观音》

可还记得 2005 年春节联欢晚会的舞台表演《千手观音》? 舞蹈通过 21 名聋哑男、女演员,模仿莫高窟的"千手观音"像,塑造出丰满鲜活的舞台形象,巧妙地把吉祥如意、爱心与帮助的新涵义传达给观众,让观众的感官和心灵受到了一次洗礼和震撼。

整齐划一、天衣无缝的表演达到了一个极致的完美境界,对于正常人来说,做到这一步尚且困难重重,对于一群无法表达也听不到这个世界的聋哑演员而言,要达到今天的效果,付出的努力与艰辛常人无法想像。因为对于这些演员而言,所有外界的声响都没有意义,最多只能感受到音箱与地面发生的震动。为了让演员感受到音乐的节奏,准确地同时出手,他借助手语老师来为演员传递信息,用手语告诉演员舞蹈的一招一式。演出时,四个手语老师分别站在舞台四个角,她们的手成为聋哑演员的耳朵,手语传达出音乐节奏,聋哑演员便在"节奏"中摆弄出优美的舞姿。

《千手观音》的成功正如邰丽华所"说":"因为我们无法用语言去表达,可以通过手,通过表情,通过我们的肢体语言向关心我们的好多善良的人送去祝福,给关爱我们的人们带来幸福,带来平安,来感谢所有关爱我们的人们。"

7.1 非语言沟通概述

7.1.1 非语言沟通的定义

也许很多人在人际交往的过程中都遇到过这种情况:在你和别人交谈时,他时不时地看表,并对你不自然的笑。这时,你就应该知趣地告辞了。那么你是从什么地方知道对方不愿意再听你讲下去了呢? 这就是非语言信息。对方时不时地看表,说明他可能另有安排;他对你不自然的笑,说明他不好意思打断你的话,并告诉你他想要请你离开了。

加州大学洛杉矶分校的一项研究表明,个人给他人留下的印象,7％取决于用词,38％取决于音质,55％取决于非语言交流。从上面的数据中我们可以看出非语言沟通的重要性。因而我们可以断言,与有声语言表达相比,非言语行为的真实性和可靠性要强得多。特别是在情感的表达、态度的显示、气质的表现等方面,非语言行为更能显示出它所独有的特性和作用。

所谓非语言沟通,就是指不通过口头语言和书面语言,而是通过其他的语言形式进行沟通的技巧,如运用声调、肢体语言、空间距离等来进行信息的传递。由于非语言沟通大多通过身体语言体现出来,所以通常也叫做身体语言沟通。人们有时候会有意识地运用非语言沟通的技巧,而有时候非语言表达又是下意识的行为。

在非语言沟通中,沟通双方相互作用的本质是十分明显的。沟通双方没有说一个字,你就能通过衣着、面部表情、姿势或任何其他非语言信号来沟通。当你走在校园里,迎面走过来一个女孩,你会想"多漂亮的大衣,不知道是在哪里买的?"当你在操场上见到一位男生的时候,你可能会想"他个子这么高,一定是个篮球高手吧。"当然,当你从别人身边经过的时候,他们同样也在对你进行着评价。

当你第一次听一位新教师上课时,或是第一次听领导做报告时,你对教师、领导所做出的判断也是建立在非语言行为上的。当他们把讲稿拿出来,给同学们说明这个课程的教学目的和任务,或是今年工作任务的时候。通过与以前碰到的其他类似的教师或者领导进行对比,你就可以得出这位教师或是这位领导的基本评价,自己应该如何应付,应该怎么做。反过来,作为老师或领导也在不断评价你,通过姿势衣着来判断,回想他以前遇到的与你相似的学生或员工,并且估计你是哪一种类型的学生或员工,今后的学习或工作过程中应该如何和这类学生或员工打交道。

《三国演义》中脍炙人口的故事"空城计",诸葛亮正是妙用了无声语言的技巧,才克敌制胜的,真可谓是"眉来眼去传情意,举手投足皆语言"。巧妙地运用语言和非语言两种信息,不仅可以使人们听到绘声绘色的讲述,还可以通过丰富多彩的表情、姿态、动作,获得形象的感受。同时,准确、优美的身体语言还可以体现管理者高尚的文化修养,增加对沟通对象的吸引力。

7.1.2　非语言沟通的特点

1. 非语言沟通是由文化决定的

身体语言是在人类漫长的历史中逐步形成的,在历史长河中,不同的文化群体创造了各种不同类型的文化。即便是表示同一意义所采用的身体语言交际方式不同,而在各种不同的文化背景下,相同的身体语言方式却可能表示不同的含义。

【实用链接】7.2

不同民族的打招呼方式

如果说人类语言是变幻莫测的话,那非语言更是多姿多彩。即便是一个简简单单的打招呼,在不同国家和民族就有不同的方式。

中国人见面打招呼是一只手(或双手)与对方握手或点头表示。欧美人常以拥抱和亲吻来表示。爱斯基摩人用拳头捶打对方的头和肩来表示。萨摩亚人用互相嗅闻对方来表示。瑞典的拉普人用互擦鼻子来表示。太平洋群岛上的波利亚人见面时常用边拥抱,边抚摸对方的后背来表示。拉丁美洲有些地方用拍背来表示。

很多非语言沟通对我们所隶属的文化或亚文化而言是独有的。一般来说,大多数非语言行为是在孩童时期学到的,由父母和其他相关群体传授的。特定的社会和文化群体,往往会形成特定的风格和习俗。当人们第一次相遇时,美国人把目光接触看得很重要,身体接触仅局限在有力的握手上。而波兰男子在第一次遇到一位女子时,男方可以吻女方的手。太平洋的麦克尼西亚群岛人既不说话也没有身体接触,相反他们通过挑起眉毛或者点头问候对方。

又如"笑"和"哭","笑"一般总表示高兴或友好,"哭"一般总表示痛苦或悲伤。但是在很多国家表示的含义却是与此相反的。在沙特阿拉伯,有时"笑"是最不友好的表示,谈恋爱必须"不苟言笑",只要对方一笑,恋爱就吹了。在美国一个小岛上的少数民族,流行一种礼俗:哭是最好的礼节,举行婚礼或接待贵宾,都要"开怀大哭"。

非语言沟通还带有亚文化特征。同在中国,东北人更为豪爽,身体动作幅度相对更大一些。即使是欧洲人的亲吻,各个国家也有差异。在互相熟悉的异性脸颊上亲吻,最常见的是左右脸颊各亲吻一次,但在法国南部一般是两次。在比利时和荷兰南部,关系亲密的亲吻三次;在法国巴黎,尤其是年轻人,常常为了表示亲热而亲吻达四次之多。

2. 非语言沟通具有时代性和社会性

非语言沟通都是植根于本国的历史文化传统的,不同时代的生活风貌和习俗也会对非语言沟通的形式产生影响,使得非语言沟通带有很强的时代烙印。希腊历史学家希罗多德在其《历史》一书中,曾描述古代波斯人接吻的习惯:如果是身份相等的人,他们则不讲话,而是相互吻对方的嘴唇;如果其中一人比另一人的身份稍低,则是吻面颊;如果二人的身份相差很大,则一方就俯拜在另一方的面前,现在这些体态语都成为"历史"了。

非语言沟通形式还与社会因素存在着某种密切的联系,在绝大多数文化中,男性的非语言行为和女性的非语言行为也存在着很大的差别。黛博拉·坦南从不同年龄的男性和女性间沟通的录像带中观察到,不论是女孩还是妇女坐着的时候,都会靠的比较近,互相直视对方。而男孩子很爱相互错开而坐,不直接甚至不看对方。她发现男子通常以一种放松的、手脚伸展的方式坐着,不管是在男子群体中还是在男女混合群体中。相比之下,当女性在混合群体中时,她们的坐姿是女性化的,但是当她们在都是女性化的群体中,她们手脚伸展着、放松地坐着。这是性别造成的差异。

3. 非语言信息在很大程度上是无意识的

很多非语言沟通是在无意识中进行的。你感到身体不舒服,你的同学马上就注意到了,并问你:"哪里不舒服?"他是从你脸上表现出来的痛苦表情中知道的。愤怒的时候,你会不自觉地握紧拳头;开心的时候,你会在嘴角挂满笑容。但是通常情况下,我们意识不到自己的非语言行为。比如,和喜欢的人站在一起,你会靠得很近;听到不赞同的观点,你会表现出嗤之以鼻的神情;在说到某个数字或者方向的时候,我们会不自觉的做出相应的手势。

4. 非语言信息可能与语言信息相矛盾

有时候你会发现,一个人所表达出来的语言信息和非语言信息是相互矛盾的。在这个相互矛盾的信息中,非语言信息通常比语言信息更加可信。一个人很容易学会操纵语言信息,但要想操纵非语言信息却是很困难的。当某人在争吵中处于劣势的时候,嘴里却颤抖地说道:"我怕她,笑话!"事实上,从说话者颤抖的嘴唇不难看出,她的确感到恐惧和害怕。正因为身体语言具有这个特点,因而身体语言所传递出来的信息常常可以印证有声语言所传递出来的信息真实与否。

在现实交际中,人们常会出现"言行不一"的现象。正确判断一个人的真实思想和心理活动,要通过观察他的身体语言,而不是有声语言。比如,一位顾客在首饰店柜台前,指着金灿灿的手链说:"请把这款项链拿给我看看。"服务员一定会认为是顾客发生了口误,这时服务员通常会认为顾客要的是手链,而不是项链。

5. 非语言沟通表明情感和态度

面部表情、手势、形体动作及目光的使用方式,都向他人传递了我们的情感和情绪,包括愉快、悲哀、惊讶、恐慌、愤怒和兴趣。研究也表明,绝大多数人能通过声音来准确的识别所表现出来的情绪,比如高兴的时候,声音就会自然地高亢;而失望的时候,声音就会很低沉,显得没有力气。

非语言沟通也能表现出一个人的工作态度。在工作中,态度比能力更加重要。如果你总是表现出烦躁的情绪,尤其是在刚开始工作的阶段,老板就会把你归入"群体外的人"。"群体内的人"获准去做称心的工作并给予最灵活的工作时间安排,而"群体外的人"却只能得到辛苦的工作以及最不称心的工作时间安排。

7.1.3　非语言沟通与语言沟通的关系

1. 非语言沟通与语言沟通的联系

在沟通中,非语言沟通与语言沟通关系密切,而且经常相伴而生。在语言信息中经常会夹杂着非语言的信息。比如我们说话时不同的音调和重音的不同位置,都会代表着不同的意义。从这个层面上来看,非语言沟通对语言沟通起着加强语气的作用。再比如我们在说到某个方向或者某些数字的时候,我们总是会习惯性地做出相应的手势,这时非语言沟通就对语言沟通起到了解释和强调的作用。当然了,我们在进行非语言沟通时,如果辅以语言沟通的话,就会使得沟通双方更容易相互交流,尤其是在跨文化交际中,在不同的文化背景下,不同的手势或者动作会代表着截然相反或者毫无相关的含义,这时候就需要语言沟通了。

2. 非语言沟通和语言沟通的区别

语言沟通和非语言沟通作为沟通的两个强有力的方式,它们之间相互包含,相互渗透,相互作用。两者你中有我,我中有你。但是语言沟通和非语言沟通之间还是有很大的差别。二者的差别主要体现在以下几个方面:

(1) 沟通环境。语言沟通就需要沟通双方面对面的进行。而非语言沟通中,沟通双方只需要运用到眼睛,因此可以不必和别人直接接触。当你走进一个人的房间,看到他家里主要位置放的家庭成员照片,说明主人特别重视生活和家庭情感;当家里放置有大量的音乐 CD 时,说明主人是一位具有音乐品位的人;墙上挂了许多名人字画,说明主人是个书画爱好者。如果他对朋友的难处能够感同身受,说明他很关心朋友,重朋友义气。如果他对弱者能够慷慨解囊说明他非常富有同情心。如果一个人请人在比较高档的饭店吃饭,说明他们的关系不一般。如果在一个简陋的饭店吃饭,说明招待的不是重要的客人。当然,我们也可以通过一个人的着装、动作来判断他的性格和喜好。

(2) 反馈方式。在语言沟通中,我们对对方的反馈是通过语言形式来表达的。在非语言沟通中,我们也可以对他人所给予的信息,进行大量的非语言反馈。我们的很多情感反应是通过面部表情和形体位置的变化表达的。通过微笑和点头来表示对别人说的内容感兴趣,通过坐立不安或频频看手表来表示缺乏兴趣。

(3) 连续性。语言沟通从词语开始并以词语结束,而非语言沟通是连续的。无论对方在沉默还是在说话,只要他在我们的视线范围内,他所有的动作、表情都在向我们传递着某种信息。比如你在一家书店里,一个学生拿起几本参考资料又放下,不时又问问参考资料的情况,这表明他拿不定主意。一位顾客在排队,他不停地把口袋里面的硬币弄得叮当响,这清楚地表明他很着急。几个小孩子试图确定自己的钱可以买收款处附近糖果罐的多少糖果,收款员皱着眉头叹了口气,这表明她已经很不耐烦了。所有人都在用动作和神态向我们传递非语言信息,并且是连续的,直到他们从我们的视线中消失。

（4）渠道。语言沟通中信息的表达利用的就是语言这一条渠道。而非语言沟通经常不止利用一条渠道。例如,在观看一场足球赛时,任何人都会知道你喜欢哪支球队,因为你穿有该队代表色的衣服,或者举着牌子。当该队得分时,你跳起来大声叫喊。这样,在你的非语言沟通中,你既使用了视觉渠道,又使用了声音渠道。又比如一次会议,地点在五星饭店,配有最好的食物,高层领导出席,每个人都着装正式。这些都表明此次会议非常重要。

（5）可控程度。我们很难控制非语言沟通,其中控制程度最低的就是情感反应。高兴时你会不由自主地跳起来,愤怒时会咬牙切齿。我们的绝大多数非语言信息是本能的、偶然的,无意识的。这与语言沟通不同,在语言沟通中,我们可以选择词语,我们可以根据不同的情境选择不同的词语来恰如其分地表达我们的思想和观点。

（6）语法结构。很多的非语言沟通是在无意识中发生的,它的顺序也是随机的,并不像语言沟通那样有确定的语法和结构。如果坐着和人交谈,你会思考你下一步要说什么话,但你不会计划什么时候跷腿、什么时候从椅子上站起来或者什么时候看着对方,这些非语言动作对应着交谈期间发生的情形。仅有的非语言沟通的规则就是:在某种场合下某些行为是否恰当和合适。比如,在一些正式场合,即使你遇到再高兴的事,你也不能跳起来,更喜怒不行于色。

（7）习得方式。语言沟通的许多规则,如语法、格式,是在结构化、正式的环境(如学校)中得以传授的,是经过系统的学习获得和掌握的。而很多非语言沟通却没有被正式传授,主要是通过模仿学到的,比如小孩子模仿父母、兄长和同伴,下属模仿上司等等。

非语言沟通不仅有社会性,还具有生物性,常常是人们的意志难以控制的,是一种无意识的、不自觉的表现,而且是立体化、连续性的。因此,它所传达出来的内容常常是有声语言所不能或不敢、不便传达出来的,甚至几倍几十倍地高出有声语言的涵盖能力。比如当一个人说"好"的时候,我们必须同时注意他说话时的神态表情等身体语言。东张西望说明心不在焉,咬牙切齿表明反话正说,眉目含情说明真情一片。"执手相看泪眼,竟无语凝噎",在分手的时候,两人默然相对,声音语言不存在了,但眼神和肢体语言却不自觉地表露出二人依依难舍的心迹,散发出无尽的缠绵悱恻之意。《红楼梦》中宝黛之间的爱情,从来没有直抒胸臆式的热辣辣的表白,有的只是两小无猜嬉戏打闹,有的只是四只泪眼"怔怔地望着",而这无声之中的真情和深意却远非有声语言所能描述得清的。

非语言沟通的真实性也远远大于有声语言,这是由非语言信息是先天的生理机制确定的,非语言沟通是人们不自觉的下意识活动,会将人真实的教养、心态表露无余。人们常说"言为心声",这只说对了一半。"言为心声"是有声语言和人物的心态一致的时候表现出的状态。"纵我不往,子宁不来"的思念之情与"宛兮达兮,在城阙兮"的外部动作是一致的。"辗转反侧"的动作与"寤寐思服"的内在心情也是一致的。但是,人们也常常会有"口是心非"、"言不由衷"的时候,语言可以做假,但身体语言却是无意识的,它常常会将这种外在与心理的悖反真实地反映出来,所谓"察言观色",说的就是这个道理。

【实用链接】7.3

如何有效地察言观色

我们常说在与人沟通的时候要察言观色,其中观色就是指观察人的脸色,获悉对方的情绪。人们"看脸色"的能力是自幼养成的。

有些人非常善于控制自己的表情,喜怒不行于色,不好揣摩。我们不能只简单地从表情上判断对方的真实情感。在以表情判断对方心理时特别要注意以下几个方面:

1. 没有表情不等于没有感情。生活中,我们有时会看到有些人不管别人说了什么,做了什么,他都一副面无表情的样子。其实,没有表情不等于没有感情,因为内心的活动,倘若不呈现在脸部的肌肉上,那就显得不自然,越是没有表情的时候,越可能是感情更为冲动。

有些职员对主管的言行不满,可是敢怒不敢言,只好故意装出一副无表情的样子,显得毫不在乎。但是,其实他内心的不满很强烈,如果你这时仔细地观察他的面孔,会发现他的脸色不对劲。碰到这种人,最好不要直接指责他,或者当场让他难堪。最好这样说:"如果你有什么不满,不妨说出来听听!"这样可以安抚部属正在竭力压制着的感情。但是这时候你也不宜说话过多,避免正面交锋,而应另择时间,开诚布公地与下属交换意见,这样就可以圆满解决与下属的这种低潮关系,主管的好形象就表现出来了。

2. 愤怒、悲哀或憎恨至极点时也会微笑。通常人们说脸上在笑,心里在哭的正是这种类型。纵然满怀敌意,但表面上却要装出谈笑风生、落落大方的样子。人们之所以这样做,是觉得如果将自己内心的欲望或想法毫无保留地表现出来,无异于违反社会的规则,甚至会成为大众指责的罪首,不得已而为之。

我们在个人和职业生活中,也要注意控制一些不利于良好沟通的面部表情。如板着面孔、面无表情等表示不满、不高兴或不屑的表情,都很不利于沟通。

7.1.4 非语言沟通的作用

身体语言是无言的心声,是交际双方心理状态和思想情感的自然流露。人们可以通过身体语言表达自己的态度、观点或者情感,也可以通过身体语言观察、分析对方话语的潜台词,从而达到有效的交流和沟通。身体语言主要有下面三个作用。

1. 辅助作用

与有声言语相比,身体语言只处在从属的地位,辅助有声言语更好地表情达意,使有声语言更加具有感染力。当我们想要表达某种意思或者进行某种指示的时候,如果在语言之中加入了非语言要素的话,就不至于使得语言显得那么空洞和乏味。一位经理想要强调某一件事情的时候,他可以敲击桌子或者拍一下同事的肩,或通过提高语调来引起下属的注意。通过这些非语言的信息,可以使得语言信息得到补充和强化。

2. 替代作用

在语言交际遇到障碍时,有时为了不使对方感到难堪,或者在某些不便说、不愿说的场合中,运用身体语言,可以起到代替言语交际,维持和挽救交际,避免出现尴尬局面的作用,从而收到无声胜有声的效果。作为一种形象的"语言",它可以产生语言沟通所不能达到的交际效果,既省去不少口舌,又能够达到"只可意会,不可言传"的效果。比如,你的一位同事从经理办公室走出来的时候,一副伤脑筋的样子,不用说,他和领导的见面很糟糕。这时候直接过去问他情况怎么样,显然是不合适的。这时你只需要一个眼神或者一个动作就可以表达你对他的关心。

3. 塑造形象的作用

非语言信息中的服饰可以表露出个人的思想感情和文化修养。俗话说"人要衣装,佛靠金装"。穿着打扮可以反映一个人的精神面貌、文化素养和审美水平,同时也反映出其地位、归属、遵循的规范等等。一件用得好的服饰好似画龙点睛,可以塑造更加完美的形象,给他人和公众留下至关重要的第一印象,有助于取得最佳的交际效果。

正因为非语言沟通具有强大的语言交际功能,甚至在某些方面有着语言沟通所不可替代的作用,非语言沟通在人与人的交往中显得越来越重要。我们每个人只有很好地把握非语言沟通的技巧,才能够在与人的交流沟通方面取得意想不到的效果。一个高明的沟通者应做到"五到",不仅要"耳到",更要"口到"(声调)、"手到"(用肢体表达)、"眼到"(观察肢体)、"心到"(用心灵体会)。

【小事深思】7.4

老李为何气恼

　　小王是新上任的经理助理,平时工作主动积极,且效率高,很受上司器重。那天早上,小王刚上班,电话铃就响了,为了抓紧时间她边接听电话边整理有关文件,这时,有一个姓李的员工来找小王,他看见小王正忙着,就站在桌前等着。只见小王一个电话接着一个电话。最后,他终于可以和小王说话了。小王头也不抬地问他有什么事,并且一脸的严肃。当他正要回答时,小王又想起什么事,与同室的小张交代了几句,这时老李已经忍无可忍,他发怒道:"难道你们就是这么当领导的吗?"说完,他愤然离去。

　　1. 这一案例的主要问题出在谁的身上? 为什么?

　　2. 如何改进其非言语沟通的技巧?

　　3. 假如你是小王,你会怎么做?

资料来源:康青,《管理沟通》,中国人民大学出版社 2006 年版。

7.2　常见非语言沟通的形式

7.2.1　辅助语言

辅助语言是由伴随着口头的有声暗示组成的。我们表达方式所体现的含义与词语本身所体现的含义一样多。一位家长用一种温和的声音告诉孩子去打扫他的房间,而两个小时过去了,房间仍然保持原样时,这位家长说:"如果你不马上做,你就会有麻烦。"听到这样的口气,这个孩子一定会赶紧行动。

每天我们和不同的人讲话——从顾客、客户、供货商到经理、总经理等。我们发现,令我们喜欢的,是他们的声音;令我们讨厌的,可能还是他们的声音。不同的口气、声调和节奏,对我们的思想和评价会产生不同的效果。每个人的声音都非常与众不同,一个研究者发现,当人们戴上蒙眼布去听 20 位演讲者演讲时,听者能区分出演讲者的民族背景、教育水平、性别以及误差不超过 5 岁的年龄。

辅助语言包括速率(说话的速度)、音调(声音的高低)和音量(响度),当这些因素中的任何一个或全部被加到词语中时,它们能修正语言的含义。据研究者估计,沟通中有 39% 的含义受语言表达方式的影响。在英语以外的语言中,这个百分比甚至更高。

1. 速率

速率指我们说话的速度。人们说话的速率能对接收信息的方式产生影响。研究表明普通人说话的速率为每分钟 120—261 个字。研究人员发现,当说话者使用较快的速率时,他被视为更有能力。当然,说得太快,人们跟不上,说话的清晰度也可能受到影响。一个不能很好地控制其说话速率的人,只会给别人留下缺乏耐心或是缺乏适当风度的印象。人们趋于信任那些说话速率适中、音量中等的人士。

把握好说话的速率能够为说话人增添魅力和分量。例如,当说话人感到听众能很好理解他时,他可以说得更快一些,以使他的话听上去更为活泼、富有感召力。但如果发现听众听得很吃力的时候,他就应该把速度慢下来,以取得理想的效果。毫无疑问,听众会很欣赏他的这种做法。有时当说话人谈到一个严肃问题时,他甚至可以暂停片刻,这将给听众一个机会来思考这一问题。如果我们能够很好地把握说话的速率,那么对于我们来讲,速率已不再是什么问题,而是一个供我们支配的工具。

说话快慢是打破深层心理的重要因素。如果对于某人心怀不满,或者有敌意态度时,许多人的说话速度就会变得迟钝。如果有愧于心,或者说谎时,说话的速度自然就会快起来。比如,一位男士每天下班都按时回家,而这一天下班后却要留在办公室和同事打扑克。回到家时,他马上就跟老婆说他加班了,而且还诅咒现在为什么有这么多干不完的活之类的话。他的说话语调也一定会比平时快,因为这样,可以解除他内心潜在的不安。

2. 声调

声调决定一种声音听起来是否悦耳。一般来说,当听到高声说话时,不管其内容是如何重要,人们会感到不舒服。这是因为高音调的说话往往使听话人感到紧张。此外,它听上去感觉更像是训斥,而不像是谈话。当然,声调也不是越低越好。较低的声调难以被听到,用低音说话的人似乎是胆气不足,所以可能会被认为是没有把握会或是害羞。研究发现,如果说话者使用较高和有变化的音调,则被视为更有能力。

3. 音量

音量可以为语言增添色彩,同时从音量的高低,我们也能看出对方是什么性格的人。如果对方说话声音一贯洪亮,那么她一定是个外向的人,相反那些内向的人,说话的声音一般都比较低。

音量的高低还可以表达出很多含义,比如一个经理看见员工在生产产品时,忽略了环保的要求。这时他说话的声音就会比较大。这表明了他很关心产品生产,同时也表明了他很注重产品生产过程中的环保要求。

柔和的声音在任何时候都能起到稳定人心的作用。当一名顾客拿着新买的衣服,愤怒地抱怨衣服做工有问题的时候,营业员自始至终用着柔和的声音在给顾客解释,那么从营业员柔和的声音中我们可以看出她的职业素质很高。

我们在与人交流时,要根据不同的场合,不同的社交需要,采取不同的音量,这样才能够取得较好的效果。比如一位有经验的老师,想要保持课堂正常的教学秩序,他总是知道什么时候增加或减低音量。

同样的一句话,我们在不同的词语上面加重音量,就会产生截然不同的含义。我们可以通过下面的这个例子,来看看不同位置的重音对语言表述的作用。

(1)我会给你涨工资。

(隐含义:"别的主管是不会的"或"我才有权决定你的工资涨落"。)

(2)我会给你涨工资。

(隐含义:"它不是你挣得的"或"好吧,你赢了,我并不同意,只是答应你从而摆脱你罢了"或"我也是刚刚才决定给你涨工资的"。)

(3)我会给你涨工资。

(隐含义:"本部门没有其他人能得到这种待遇,只是给你一个人涨工资"。)

(4)我会给你涨工资。

(隐含义:"你就不再可能得到提拔或其他想要的东西了"。)

(5)我会给你涨工资。

(隐含义:"这是你应该得到的"。)

7.2.2 形体语言

形体语言又称身体语言,是指借用人体的动作来表达特定的思想和态度。人类的身体语言表达大多数是下意识的,是思想的真实反映。人可以"口是心非",但不可以"身是心非"。换句话说,要伪装语言符号容易,但伪装身体符号就困难多了。所以,身体语言往往比口头沟通更具有可信度。一个善于沟通的人应特别重视对方身体所透露的信息。比如,在报告会上,如果台下听众耷拉着脑袋,双臂交叉在胸前的话,台上讲演者的"直觉"就会告诉自己,他的讲话没有打动听众,必须换一种方式才能吸引听众。

形体语言是所有非语言沟通形式中最丰富、最复杂、使用频率最高的形式。在人际沟通中,形体动作对应着大量的非语言信息。

1. 象征

象征是指可以用词语来解释的形体动作。比如沿途搭车的旅客,他只需要伸出手,不需要别的语言信息,司机便知道这是"请停车,我要搭车"的象征。当别人取得成功,或是即将去参加某项活动的时候,我们会用手指做出"V"字形,代表 victory(胜利、成功)的意思。当别人征询我们意见的时候,我们经常会用点头和摇头来表示,点头和摇头就代表着同意与否的意思。在我们的社会中,绝大多数人都知道这些象征的含义,并通过它去传递一些特定的信息。

通常情况下,象征在不同的文化是不能通用的。就拿我们通常用的点头摇头这个象征动作来说吧,在保加利亚,人们点头表示否定,摇手示意肯定。不同的亚文化中同一个象征动作表示的含义也是不一样的,如在 NBA 比赛中,姚明做出的某个手势或眼神,恐怕这只有他的队友才能明白其中的含义。

2. 说明性动作

说明性动作常用来强调词语的含义,加深印象。如果某人问你的衣柜有多大时,你或许会用词语描述它,并伴随着手势去比划它的尺寸。如果某人给你指路时,她或许指向前面的路并在适当的地方做出向左或向右的手势。当你的一个朋友告诉你,他今天钓了一条很大的鱼,可能他描述了半天你还是没有一个形象的了解,但是这时候他要是用手比划一下大小的话,你的脑海中就会很快出现这条鱼的模样,对朋友所说的大鱼也会有一个比较感性的认识了。这些说明性动作的运用会使得沟通更加形象具体。

3. 情感表露

情感表露是通过面部和形体动作来展示情感的激烈程度。如果你走进经理办公室,经理说:"我可以看出你的心情不好",他是在对你面部表露出来的有关情感做出的反应。你也可以用形体姿势表明:"我要和你对企业存在的一些问题进行探讨"。

4. 调整性动作

调整性动作保持交流的流畅性,它包括点头、手势、变换姿势和其他表明开始和结束相互作用的形体动作。在非常简单的情形中,当老师指向下一个发言人时,他可以用一个眼神来示意。在更微妙的情形中,当你说话时,对方可能略微转开,这表明对方不喜欢听或不愿意继续交谈下去。

【读一读】7.5

神奇的形体语言

手势是非语言交际不可或缺的一部分。在跨文化商务沟通中,来自不同文化的商务人士经常使用各种手势来表达自己的情感、态度、意见。有时语言交际失败,他们可以依赖手势来沟通。

在保加利亚,人们点头表示否定,摇手示意肯定。美国文化中表示赞同的手势与其他文化中的意义可能大相径庭。在美国和西欧大部分国家,竖起大拇指表示"干得好"或同意、支持,但同样的动作对希腊人来说则是粗鄙而带有侮辱性的。把拇指和食指做成圆在美国意味着"好",但在意大利南部这是个猥亵的动作,而在法国和比利时意思却是"你一文不值"。

在跨文化商务沟通中,商务人士如果按照自己的风俗习惯去使用手势,去理解他人的手势,往往会引起误解,有时后果会非常严重。中国某公司同伊朗一公司商谈电机出口事宜,一切进展顺利,双方达成一致意见,准备签订合同。中方代表是个我们常说的"左撇子",他习惯用左手签字。没料到所有在场的伊方人士面色大变,伊方代表也拒绝签字。此案例中谈判失败的原因何在? 用左手签字在中国并无不妥,却犯了伊朗的禁忌。在伊斯兰国家,左手是不干净的,不能用左手触摸人或食品。在商务活动中,也不能用左手握手或示意,更不能签合同,否则被视为对他人的一种侮辱。

7.2.3　体触

体触就是指交际双方身体某一部位的接触。不同国家,不同文化背景和不同的交际环境下,人们的体触观念也是不一样的。

1. 拥挤中的体触

中国人大多已习惯生活在拥挤的环境中,尤其是在公共汽车上,在地铁车厢或商店里。这种拥挤使人随时感到有人在脖子上面喘气,有人时刻簇拥着你,甚至使人感到有一种"监视"的目光不断袭来。中国人对待拥挤的态度是,仍然站立不动或者在行进中听之任之。这种毫无反应的表现首先会给英语国家的人以感觉迟钝的印象。我们对待无可奈何的拥挤,似乎有着"习惯——默认——忍受"的心理。这一心理只是内心的回避。

英语国家的人对待拥挤的态度极为敏感。他们在拥挤的电、汽车上,在地铁车厢或电梯里,通常遵守着一条不成文的规约:身体紧缩,力争不与他人接触,尽量保持着一张"扑克牌"似的脸,随时注意不与他人目光相遇,不与任何人说话,包括认识的人。空间一旦被侵犯的人常常采取躲避或退让的方式,要么将身体转向一侧,要么后撤,要么设法完全摆脱这一困境。正如莱克·布罗斯纳安先生所说："我们所要求的最小领地范围是能保证'自身'的完整不受侵犯"。

中国人对待拥挤的这种内心回避的方法为英语国家的多数人所无法接受。他们很容易将其误解为有意触犯他人或给人以"无言对抗"的感觉。他们对此反感不已。他们绝不会像中国人的一般看法那样把这种默视为对他人面子的照顾。英语国家人的"退避三舍"也令一般中国人想到你是否很"尊贵"或"高傲"。

有时两个中国人(同性或异性)挤坐在电、汽车的一个座位上。英语国家的人会认为,这么近的体触,如异性,那一定是情人;如同性,无非是同性恋者了。事实上,中国人在公共场合下,同性好朋友之间此种方式的亲密体触,是很普遍的,与西方人在同等情况下的亲密体触是不能相提并论的。

2. 握手时的体触

中国人握手一般在几秒钟之间进行,有时也遇到长时间的握手。这要视双方是否久别和关系的亲疏而定。如知己朋友在久别后重逢的问长问短中,竟一直两手相握而不肯松开(多见于同性)。

美国人握手也只有几秒钟,但是却坚定有力。在美国文化中,软弱无力的握手象征人性格的懦弱。他们称不坚定的握手为"死鱼式握手"。而中国人在握手时,一般没有用力习惯,也没有把握手的力度和性格的坚定与否相联系。在中国文化中,握手只是一种社交的见面礼节。如果过于用力,把别人手握得有不能挣脱之感,反而使人觉得唐突和不舒服。因此中国人给英语国家人的印象是,握手时,手多是在松弛状态下进行的,甚至是软绵绵的。英语国家的人不可一味从握手不用力的特征上得出中国人性格上不坚定的结论。中国人也不要将西方人的非"死鱼式"握手误解为一种无言的"挑战"。

3. 近体度接触

中国人异性交往的"近体度"一般都比较大。封建时代的中国信奉"男女授受不亲",恪守"男女之大防"。甚至未出阁女子不能同陌生同龄男子相见。当然,过去的许多封建意识现已不再被人们所接受。然而至今大多数人仍旧保留和遵循着一定的传统习俗和道德规范。根据我国社会习惯,中小学生男女同桌常常界线分明。在成年的异性交往中,一般也注意根据与对方的熟悉程度而采取"远近适宜"或保持"敬而远之"的近体度。

西方人的近体度接触就相对来说会多一些,以至于很多中国人认为西方人比较随便。如在美国的"情人节",英国的除夕午夜,男女之间即使互不相识也可以在光天化日之下,在操场上,在特定的公共场所相互接吻。这时"近体度"几乎等于零。中国人往往感到英语国家的人行为放纵,认为青年女子更是放荡不羁。而英语国家的人认为,中国人同性之间体触很多,似乎是"同性恋的天堂"。

7.2.4 面部表情

面部表情就是通过面部器官的动作、姿态所展示出来的信息。美国学者巴克经过研究发现,光是人的脸,就能做出大概 25 万种不同的表情。在交际过程中,交际双方最易被观察到的"区域"莫过于脸部。人的基本情感及各种复杂的内心世界都能够从面部表情真实地表现出来。面部表情也是所有非语言信息沟通形式中最重要、使用最频繁、表现力最强的形式。罗曼·罗兰说过:"面部的表情是多少世纪培养成的语言,是比嘴里讲的复杂千倍的语言。"可见面部表情对于有效沟通的重要性。

【读一读】7.6

面部表情小测试

心理学家曾做过这样一个实验:以 100 个人作为受试者,然后让他们分别来判断眼前出现的几个人的照片,说出对哪个人的印象最好,哪个人的品德更好,能力更强。这几个人的面部表情是不一样的:有的人面露凶相,咬牙切齿;有的人情绪平淡,面部表情冷漠;有的人面带微笑;有的人仰面大笑。受试者对这几张照片上的人都是一无所知,完全凭借观看照片得出的基本印象来做判断。结果 90% 的受试者不约而同地指出面带微笑的人给人留下最好的印象,其品德最好,能力最强;而对面部表情平静但略显紧张的人的能力、品德持怀疑态度。这个实验明确地得出了一个结论:人们往往通过别人的表情对其做出判断。

---

1. 眼神

孟子曰:"胸中正,则眸子瞭焉;胸中不正,则眸子眊焉。"一个人的眼神可以表现出他的喜、怒、哀、乐,反映他心灵中蕴含的一切内容。表现情感最显著、最难掩饰的部分,不是语言,不是动作,也不是态度,而是眼睛。言语、动作、态度都可以用伪装来掩盖,而眼睛是无法伪装的。

人们内心深层次的欲望和感情,首先反映在视线上,视线的移动方向、集中程度等都表达不同的心理状态。人们总是凝视自己喜欢的人,又回避对方目光;遇到自己不喜欢或感到不舒服的人时,却把目光挪向别处;遇到麻烦,人们总是习惯垂下眼皮;而有信心的人往往正视对方。

行为科学家断言,只有当你同他人眼对眼的时候,也就是说,只有在相互注视到对方的眼睛时,彼此的沟通才能建立。在沟通中,保持目光接触是十分重要的,甚至有的民族对目光接触的重视远远高于对语言沟通的信赖。在阿拉伯国家,阿拉伯人告诫其同胞"永远不要和那些不敢和您对视的人做生意"。在美国,如果你应聘时忘记看着主考官眼睛的话,就别想找到一份好工作。加拿大人、澳大利亚人以及很多西方人认为:沟通时目光的直接接触所传递的,是一种诚实、坦诚和坦率的信息。

加拿大社会心理学家杜勒斯曾于 1978 年做过一个实验,他将若干法律系的大学生分成两组,通过电视看一个虚构的法律调查。两组学生所看到的证人和证词是完全一样的,所不同的是,第一组学生看到的证人在作证时,目光正视前方;第二组学生看到的证人在作证时,目光却总是躲闪不定。事后,要求学生们分析时,第一组的都认为证人的证词是可信的,而第二组的学生则大多数都对证词的可信性提出了怀疑。

一般来讲,管理者说话时,目光要朝向对方,适度地注视对方的脸和眼,不要仰视天上,不要俯视地面,也不要不停地眨眼或者用眼角斜视对方。既不要一动不动地直视,也不要眼球乱转。前者会使人感到滑稽可笑,后者会使人莫名其妙。

【读一读】7.7

曾国藩的识人术

某日,李鸿章带了三个人去拜见曾国藩。请曾国藩给他们分配职务。恰巧曾国藩散步去了,李鸿章示意那三个人在外厅等着,自己走到里面。不久,曾国藩散步回来了,李鸿章禀明来意,请曾国藩来考察那三个人。曾国藩摇手笑言:"不必了,面向厅门、站在左边的那位是个忠厚人,办事小心谨慎,让人放心,可派他做后勤供应一类的工作;中间那位是个阳奉阴违、两面三刀的人,不值得信任,只宜分派一些无足轻重的工作,担不得大任;右边那位是个将才,可独当一面,将大有作为,应予重用。"

李鸿章很是惊奇,问:"还没有用他们,大人您如何看出来的呢?"

曾国藩笑着说:"刚才散步回来,在厅外见到这三个人,走过他们身边的时候,左边的那个态度温顺,目光低垂,拘谨有余,小心翼翼,可见是一小心谨慎之人,因此适合做后勤供应一类只需踏实肯干,无需多少开创精神的事情。中间那位,表面上恭恭敬敬,可等我走后,就左顾右盼、神色不端,可见是个阳奉阴违、机巧狡猾之辈,断不可重用。右边那位,始终挺拔而立,气宇轩昂,目光凛冽,不卑不亢,是一位大将之才,将来成就不在你我之下。"

曾国藩所指的那位"大将之才",便是日后立下赫赫战功并官至台湾巡抚的淮军勇将刘铭传。

资料来源:王磊,《管理沟通》,石油工业出版社 2001 年版。

---

2. 眉毛

眉毛的运动也可以传递非语言信息。比如和一个老朋友的见面,你可以不必用语言去问候,或者用手势去招呼,而仅仅挑起一下眉毛,就可以相互示意。西方人能运用眉毛来传递 28 种不同的信息。当然,其中一些眉毛的运动被认为是东西方所共有的,像紧缩眉头表示焦虑、眉毛扬起表示惊讶等。

俗话说"眉目传情"。眉和目总是相连在一起来传递信息。词语中以"目"、"眼"、"眉"构成的词语是很多的。如"眉来眼去"、"眉开眼笑"、"挤眉弄眼"、"横眉冷目"等等。眉毛的运动可以帮助眼神的传递。如果你眯起眼睛,眉毛稍稍向下,那就可能表示你已陷入沉思当中;当你眉毛扬起时,看上去可能是一种怀疑的表情,也可能是心情兴奋。

3. 微笑

微笑是面部表情的基本形式,是不显著、不出声的笑。微笑是待人诚恳、友好的表露,是有文化、有风度、有涵养的体现。它表示的是友好、愉悦、欢迎、赞赏等含义;有时也可以用来表示歉意、拒绝和否定。

在非语言沟通中,微笑是一种很常见但却很有效的沟通方式,微笑对他人有着心理学上所谓的"移情"的效果。俗语说,"笑有传染性"。微笑的作用是巨大的、多方面的。善于交际的人在人际交往中的第一个行动就是面带微笑。一个友好、真诚的微笑会传递给别人很多信息。微笑能够使沟通在一个轻松的氛围中展开,可以消除由于陌生、紧张带来的障碍。同时,微笑也显示出你的信心,希望能够通过良好的沟通达到预定的目标。真心和诚实的微笑就像是"魔力开关",能立即建立与他人的友好感情。

【读一读】7.8

微笑,是最好的沟通

沟通方式从多讲变成多听,但唯一不变的,就是脸上永远挂着微笑。

哈根达斯(Häagen-Dazs)总经理黄洁霞从香港调到台湾,那时的她只听得懂一点普通话但却不大会讲,跟同事还用写的来做沟通;两年半后的她,讲起普通话来不输给台湾人,不仔细听还听不出她是个外地人。

到台湾升任总经理后,黄洁霞在职场上的沟通技巧也随之转变,在香港担任小主管的时候,黄洁霞一向都是跟部属说应该怎样做,但后来她发现这样做的结果是员工遇到问题不会自己解决,原来,这种沟通是单方面的。在台湾担任总经理,黄洁霞会听完员工的想法之后,先用一些语言像是"这样的想法很不错哦"来肯定对方,然后再问原因。如同她自己所讲的,她还是随时随地微笑,因为微笑是最好的沟通。

资料来源:《30》杂志 2006 年 7 月号,第 23 期。

微笑是友好善意的标志。笑容是一种令人感觉愉快的面部表情,它可以缩短人与人之间的心理距离,为深入沟通与交往创造温馨和谐的氛围。在大多数情况下,人们有一种共同的期待:希望看到笑脸。这种自觉或不自觉的心理期待,是想从微笑中获取信息。友好和善意,这是微笑传达出的最直接,最明确的信息。

微笑是宽容大度的表现。冷静、真诚的微笑,可以以柔克刚,以热克冷,缓和气氛,化解矛盾,从而摆脱困境。这不是畏惧、退缩,而恰恰是宽容大度的最好写照。

微笑是打动人心的通行证。发自内心、表达真情实感的微笑,能消除对方的戒心,使其获得精神上的慰藉,得到认同,就为成功地说服人铺平了道路。

希尔顿酒店是以微笑享誉全球的。已故希尔顿董事长康纳·希尔顿向各级员工问得最多的一句是:"今天你对客人微笑了吗?"康纳·希尔顿先生对于微笑有一句美妙的比喻:若旅馆里只有第一流的设备而没有第一流服务员的美好微笑,正好比花园里失去了春天的阳光和风。从这位成功人士的比喻足见微笑的魅力之大。

微笑是巧妙回避的"模糊语"。微笑作为无声语言,有时其含义是鲜明的,有时其含义却是含蓄的,甚至是神秘的,令人捉摸不透。笑而不语,不置可否,使对方不得不作种种推测,这无声的模糊语,似表态又无明确态度,可以达到巧妙回避的目的。

微笑也是人际交往中的"润滑剂",是人们相互沟通、相互理解、建立感情的重要手段。英国诗人雪莱曾经说:"微笑是仁爱的象征、快乐的源泉、亲近别人的媒介。有了微笑,人类的感情就沟通了。"正因如此,所有行业的服务规范中都列出了微笑服务的要求。

作为一名管理者,要非常清楚地知道微笑对你处理客户、上下级关系的重要性。如果你想让微笑成为友好感情的使者,那么必须从内心深处发出这种微笑。为了赢得客户的好感和融洽处理上下级关系,就要让他们在潜意识里了解你内心的感情,而不是你简单的表情。要做到发自内心的微笑,可以从以下两个方面来改善。

(1)微笑要真诚自然。大凡令人心动的微笑,无不透着真诚的情感,自然的神韵。一个与人为善的人,一个尊重人、关心人的人,一个古道热肠的人,他的微笑一定是发自内心的,代表的是一种友善、愉快和热情,会在对方的心中会产生轻松、愉快和可信的感觉。而虚情假意的笑,僵化呆板的笑,停留在表面的微笑,只会给人以做作的印象,甚至会招人反感。

(2)微笑要适度得体。微笑有不可忽视的作用,但又不能总是笑口常开。不论对象、场合,时时处处的微笑,只会适得其反,弄巧成拙。要使微笑适度、得体,需要有自我克制的能力。心情愉快时,容易露出笑脸;心情不好,就绷着脸,把微笑抛到脑后,怎能达到与人沟通的目的呢?遇到挫折而仍能真诚地微笑,才难能可贵。多想些美好的事情,多为他人着想,对工作、对生活充满信心,你就会多献给这个世界上一点有价值的微笑。

7.2.5 仪容仪表

仪容仪表通常是指人的外貌、健康状况、姿态、举止、服饰、风度等方面的外观。生活中人们的仪容仪表非常重要,它反映出一个人的精神状态和礼仪素养,是人们交往中的"第一形象"。天生丽质,风仪秀整的人毕竟是少数,然而我们却可以靠化妆修饰、发式造型、着装佩饰等手段,弥补和掩盖在容貌、形体等方面的不足,并在视觉上把自身较美的方面展露、衬托和强调出来,使形象得以美化。

仪容庄重大方,斯文雅气,不仅会给人以美感,而且易于使自己赢得他人的信任。相形之下,将仪容修饰得花里胡哨、轻浮怪诞,是得不偿失的。

仪表则主要是指人们的服饰。现代社会中,服饰这种静止的无声语言,也是一种重要的体态信号,它无时无地不在向世人展示主人的形象和风度。服饰穿着是一门艺术,反映了一个人文化素质的高低,审美情趣的雅俗。

【实用链接】7.9

仪表修饰的原则

1. 适体性原则:要求仪表修饰与个体自身的性别、年龄、容貌、肤色、身材、体型、个性、气质及职业身份等相适宜和相协调。

2. 时间(time)、地点(place)、场合(occasion)原则:简称 T.P.O.原则,即要求仪表修饰因时间、地点、场合的变化而相应变化,使仪表与时间、环境氛围、特定场合相协调。

3. 整体性原则:要求仪表修饰先着眼于人的整体,再考虑各个局部的修饰,促成修饰与人自身的诸多因素之间协调一致,使之浑然一体,营造出整体风采。

4. 适度性原则:要求仪表修饰无论是修饰程度,还是在饰品数量和修饰技巧上,都应把握分寸,自然适度,追求虽刻意雕琢而又不露痕迹的效果。

具体说来,服饰既要自然得体,协调大方,又要遵守某种约定俗成的规范或原则。服装不但要与自己的具体条件相适应,还必须时刻注意客观环境、场合对人的着装要求,即着装打扮要优先考虑时间、地点和目的三大要素,并努力在穿着打扮的各方面与时间、地点、目的保持协调一致。小王是国内一家效益很好的大型企业的总经理,经过多方努力和上级有关部门的牵线搭桥,德国一家著名的家电企业董事长终于同意与小王的企业合作。谈判时为了给对方留下精明强干、时尚新潮的好印象,小王上身穿了一件 T 恤衫,下穿一条牛仔裤,脚穿一双旅游鞋。当他精神抖擞、兴高采烈地带着秘书出现在对方面前时,对方瞪着不解的眼睛看着他上下打量了半天,非常不满意。这次合作最终还是没能成功。

7.2.6 空间距离

美国西北大学著名文化人类学家爱德华·霍尔教授提出四个为大多数人接受的明显空间距离概念,即亲密距离、人际距离,社交距离和公共距离。

1. 亲密距离

以握手为例,有时中国人会感到英语国家人的握手距离远得令人难以忍受。通常采取的做法是,握手后,还要向对方走近一些。英语国家的人会认为此举误入了他们习惯的亲密区域 45 厘米。在英语国家,这一区域只有在他们的父母、配偶、子女、亲属或亲密朋友之间才可享用。

在亲密距离范围内,人们不仅可以言谈话语,还可包括身体接触。如母亲和婴儿在一起时,她或者抱着他、抚摸他亲吻他,或者把他放在腿上。她不仅能抚摸婴儿,甚至可以气味相闻,体温相知,就连呼吸的快慢,脸色和皮肤的生理变化对方也能一清二楚。

在恋爱关系中以及亲密朋友之间,我们也保持着亲密距离。亲密距离存在于我们感到可以随意触摸对方的任何时候。

当在特定的场合下,倘若不能进入亲密距离的范围内,人们就感到不安。例如在拥挤的公共汽车上,如亲密的人不能在一起坐,或是在亲密距离之内,有了他人,使得两人不能在一起时,往往用目光接触来应付这种情况。用这种方法,我们即使不能在身体上也要在心理上保护自己的亲密距离。

对于这一范围外的一般人,他们就后退到他们认为习惯和舒服的距离。为此中国人又认为这是一种冷落他人和不友好的表示。因为英语国家的人在一起时,如果有局外人走进 45 厘米的范围,即使在大庭广众之中,也一定会被看成是一种侵扰,而在中国人看来,公开场合就是绝对的公开。

2. 人际距离

每一个人都生活在一个无形的空间范围圈内,这个空间范围圈就是他感到必须与他人保持一定间隔的区域。在某些场合,当你侵犯或突破另一个人的范围圈时,对方就会感到厌烦和不安,甚至引起恼怒。这一点英语国家人的区域概念远胜于中国人。

每个人的空间范围圈到有底有多大呢?由于各国之间,习俗之间的差异,这个问题很难有一成不变的答案。但这一范围圈大小的本质,取决于不同民族与文化。即使在同一个国家、同一个部落里,还取决于不同的场合。

在西方,人们把人际距离定位在 45 厘米到 120 厘米之间,认为这是进行非正式的个人交谈最经常保持的距离。这个距离近到足可以看清对方的反应,又远到可以不侵犯他人的亲密距离。如果我们移到 45 厘米以内,对方可能后退,如果在 120 厘米以外,就有交谈被他人听到的感觉,交谈将会困难。

【趣闻轶事】7.10

不同文化背景下空间距离的大小

一个美国人到某阿拉伯国家谈生意。双方对商谈的进展都很满意。中间休息时,美国人与他的阿拉伯同行聊天。一边说那位阿拉伯经理一边向美国经理这边靠近,美国经理对此感到惊讶,只好稍稍后退以保持距离。阿拉伯经理同样也是一副惊讶的神情,又进一步地朝美国同行移动。美国经理有些不高兴,但又不愿意破坏这次谈话,只好一再后退,直到他的背碰到了墙。这里两位经理对出现的状况都非常沮丧,阿拉伯经理只是想表达自己的诚意,欲与对方建立更可靠的关系。美国经理因为不了解阿拉伯文化中的空间距离而造成双方沟通的障碍。

我们再来观察一个日本人和美国人的交谈,你会发现这两个人会绕着屋子走。因为他们都在维持让各自感到舒适的距离。美国人为保持一定距离而不断后退。日本人也在为保持理想距离而频频靠近。日本人通常只有 25 厘米左右的个人区域。当他在不断向前以调整他的空间需要时,即侵入了美国人 45 厘米的亲密区域。

调查者还发现，英国人与日本人交谈时，双方都在缓缓地调整着各自的距离以至转起圈来。

英语国家的个人区域大致在45—120厘米。如美国人认为，交际中的个人距离应在50厘米上下为宜。这一距离适用于鸡尾酒会、办公室开会、公司集会、宴会和朋友聚会等。

总的来说，交谈中的中国人和美国人、英国人的个人区域范围圈相近，如同我们一般人谈话时的间隔——一臂远。与中国人相比，日本人、非洲人、阿拉伯人、丹麦人、墨西哥人、希腊人和意大利人等的个人交际区域都较小。相比之下，瑞典人、德国人和澳大利亚人的个人区域范围较大。

3. 社交距离

对于英语国家的人来说，身体互不接触，并保持适当距离是遇到偶然相识的朋友和不熟悉者的习惯作法。这一距离大致在120—360厘米之间。这类人可以包括拜访者、邮递员、商人、维修工人、新来的职员及售货员等。在这些人之间，隐私问题也就不大涉及了。交谈的话题相对来说也不涉及具体某个人。第三者的介入一般也不认为是侵扰。这种距离的交谈别人很容易听到，也很容易插话，人们也可以自由地加入或退出谈话。如果交谈者在三人以上，其他人介入或离去时也都不必表示歉意。英语国家人在一起工作或进行社交活动时一般就是保持在这种区域，人们各司其事，用不着与周围的人交谈。

中国人在类似的活动中，人与人之间的距离往往不到英语国家的一半。他们可以只隔一张桌子面对面坐着干自己的事。在跨文化交际中，只要有可能，人们都希望与别人之间的距离拉大一些，而不愿过于接近。但这不能消除区域概念差异上交错重叠的干扰。这些干扰有时会造成难以挽回的后果。中国人自认为不那么隐蔽的某些行为往往被英语国家的人误认为很神秘。中国人会认为英语国家的人与他们的体距拉得过大，使人感到不好接受和不那么友善。

4. 公共距离

公共距离，即超过360厘米的距离，通常被用在公共演讲中，在这种情况下，人们说话声音更大，手势更夸张。这种距离上的沟通更正式，同时人们互相影响的机会更少。

在观察人们之间交谈时距离的大小，我们可以判断哪些人处于密切的关系中，哪些人处于更为正式的关系中。如果你走进大学校长的办公室，他继续坐在办公桌前，可以设想你们的谈话是正式的；如果他安排你坐在办公室一角的椅子上，与你并肩而坐，这就意味着接下来的交谈将会是非正式的。

空间的利用除了表明人们之间的关

【小贴士】

在西方国家，一对夫妇经常处在亲密距离之内，然而，如果他们婚姻出现问题时，双方的沟通是在人际距离进行，当他们协商离婚时，他们的沟通则是在社交距离上进行。

系密切程度,还可以表明社会地位。总经理、大学校长和政府官员都有带豪华窗户和精制家具的办公室,而他们的秘书和辅助人员却在较小的空间里,通常是许多人共同使用。在一个家庭中也不例外,孩子们的空间通常是最小的,即使他们有自己的房间,这个空间也是受成年人控制的。通常由成年人设计和装饰孩子的房间,并且成年人为利用这个空间指定规矩。有时成年人也通过剥夺孩子们的空间来惩罚他们,像"回你的房间去"或"离开我的房间"。用这样命令的方式限制孩子进入家里的特定空间。

人的空间观念是后天习得的,人们的空间关系在每种文化中都具有特定的规则和程序。尤其是在正式的聚会或者会议中,坐什么座位,怎样坐,都反映了人的深层心理。坐什么位置,直接反映出社会、集团传统的上席、下席或优势、劣势的意识。即便在现在,拘泥于形式的聚会或老年人多的聚会上,谁坐什么位置就使主持者头痛,在会议参加者之间常常发生不必要的相互推让或争执。

【读一读】7.11

中西方领地观念对比

1. 个人物品领地

西方人几乎将身上全部穿着均看成自我的一部分,因此服装已成为个人领地范围的延伸。在西方,服装归个人所有,可以把它赠送他人,但决不能把它与他人共有。西方人要比中国人更注重个人物品的处置权。他们视衣着为他人无权触碰的私物。西方人可能会赞赏或评价别人的衣装,但决不轻易地去触摸,就像不轻易触摸他人的身体一样。

中国人往往将衣着看成体外之物,与自身关系不那么密切。他们不仅对他人的时髦衣衫(或其他个人物品)进行触摸、"品味",还要追问其价钱、购处等。

2. 家庭领地

西方女子喜欢将厨房、起居室当成自己的个人领地。男子一般把个人私用的小房间、书房、地下室、车库和院子等作为其个人领地。另外家庭领地还包括个人喜欢的家具(如椅子)、夫妇的卧房、停车场等。

中国人在家庭中的个人领地观念,远不如英语国家的人那样强烈,范围也不那么大和固定。它表现在局部或某一物件。如男子的工具箱,种花、养鱼、钓鱼等用具;女子的厨房炊具、餐具、电熨斗、缝纫机等。

3. 办公室领地

在西方国家,个人物品,如办公桌上的个人用品、主人的椅子等,未经允许,决不让他人随意翻动,即使主人可能会客套一番,其"单独占有"意识是强烈的。中国人在相同情况下,虽然有时表现得不愉快,但也没有西方人那么强烈的个人占有观念和"单独占有"意识。

4. 教室领地

在学校的教室里,中西方学生对座位的排放反映出的领地观念可谓大相径庭。中国的中、小学生习惯于排座位。座位排好后,学生一坐至少就是一个学期不变。因此从客观上承认了相对固定的个人领地范围。学生也懂得如何去维护自己的这一领地范围。

一个西方国家的学生对座位的占用权只不过是一节课时间,很少一个学期不变。西方国家的学校不排座位,每次上课学生自由入座,没有固定领地。不过学生也都是去坐自己常坐的座位。一旦它被别人占用时,会感到瞬间的不愉快,但很少去争抢。

5. 公共场所领地

在公园里有许多长椅,英语国家的人普遍反应是,如愿与他人共享长椅,则坐在一端;如想一人独占,就座于中间。因此凡已占有长椅的人与即将要坐的人对此都心照不宣。

在中国的公共场所里,人们没有这样强烈的占有或排斥欲。不论一个人坐于中间位置或坐于一端,只要有空地,其他人想坐的话,走过去坐下便是。如果礼貌,客气地表示一下,自然更好。大家对此类事情也都司空见惯。已坐的人不会觉得领地被他人侵占,后坐的人也不会认为这是侵扰他人领地的行为。

中国人喜欢以群体的形式占有领地。如道边,路灯下,凉爽或可作避雨的地方,出现了"扎堆儿"打牌、下棋、聊天和乘凉的人群。此种对领地占有的方式在英语国家中颇为少见。莱杰·布罗斯纳安先生说过,"中国人和谐生活、旅行、工作和游戏的空间范围如果突然变成了相同数量的英语国家人的聚居地,那就可能要发生一场头破血流的殴斗了"。

中国人这种爱"热闹"的聚集式领地占有体现出一种相互亲切相处,彼此和睦感情的传统风尚。英语国家的人也愿意享受人群聚集的欢乐,不过往往集中在体育场馆、酒吧间、夜总会、舞厅和新年庆祝活动等有限的场合,寻求的是一种刺激。

7.2.7 时间信息

在我们的生活中,几乎一切活动都有时间性,一切都要受到时间的限制,如上课、休息、工作等。时间作为无声交际的一种形式,在交际中起着至关重要的作用,它不仅关系到对话双方的真正意图,而且也是对话双方之间关系、地位、身份及权力的象征。在工作中我们会发现时间是不同地位、权力和身份的标志。一般情况下,上级在时间上有较大的支配权,这种支配权包括自己的时间和下属的时间。而下级则必须严格地按照所规定的时间行事。

　　时间的意义和重要性也因文化而异。西方国家如美国人、瑞典人非常看中时间,他们每一刻钟的工作计划都要填入日程表。在商务活动中人们很守时,而迟到的行为是要受到惩罚的。而有些国家比如巴西,人们对待时间就比较随意。巴西商务活动迟到是常有的事,有时候让合作伙伴等上一个小时也是不足为奇的。另外,东西方文化对"准时"和"效率"的观念也存在差异。在正式商务会谈中,西方人往往单刀直入,很快进入正题。而东方人则认为"欲交易,先交友"。在谈正事前东方人会花很长时间建立人际关系。

　　文化不同,对时间的期求和处理的原则也不同。在一家在华的美国公司里,美国老板对任何工作或项目的完成都要提及一个概念"deadline"。每当他问中方雇员能否在最后期限之前完成时,得到的回答往往是"差不多吧"。老板对这种回答相当头疼,他宁愿听到否定的答案。这种分歧产生于美国人严格的时间观念。而中国雇员之所以不愿意干脆的回答,一方面是因为要给老板留"面子";另一方面又要给自己留余地。这种模棱两可的方式也是中国人在沟通中更注重人际关系的表现。

【小事深思】7.12

美籍经理和希腊员工的时间观

　　经理(美籍):你需要多长的时间来完成这个可行性评估?

　　员工(希腊籍):我不知道。应该要多长时间?

　　经理:你应该最有资格判断需要多长时间。

　　员工:10 天吧。

　　经理:给你 15 天时间。你同意了?

　　15 天后:

　　经理:评估报告呢?

　　员工:估计还要 2 天吧。

　　经理:什么? 我们不是说好 15 天的嘛?

　　在这段对话中,显然美籍经理和希腊籍员工对时间的信息解读是不一致的。双方在两个问题是上有不同的假设。首先,在时间限度上,美籍经理把 15 天看成是合同,是不可随便更改的"死期(deadline)",这对美国人来说是再习惯不过的事情了。但是在希腊籍员工看来,15 天只是一个约定,不需要严格遵守,只需要在 15 天左右完成就可以了。

　　其次,在对时间决定权上,两个人也有不同的假设。美籍经理认为他应该采用参与管理的办法,邀请员工参与到决策过程中来,所以他没有直接告诉员工应该在几天内完成任务,而是征求他的意见。但希腊籍员工却认为,主管应该给下属明确的指示,不应该让下属来决定。所以当经理问他的时候,他没有准备,就随便给了个估计。

　　资料来源:魏江、严进等,《管理沟通》,机械工业出版社 2006 年版。

7.3　常见形体语言的辨析

一个正常的人,他的情绪变化,无论他本人是否感受得到,都会有意或无意地通过语言、动作等表露出来。当语言沟通与非语言沟通结合起来时,语言沟通起的是方向作用,而非语言沟通却能准确地反映出话语的真正思想和感情。

非语言沟通是一种"无声语言",如果你留心观察别人的体态语,不仅可以比较准确地觉察别人的内心世界,也可以懂得对方此时其实是向你暗示什么,从而帮助你做出恰当的反应。比如,当你正在侃侃而谈时,发现对方开始做一些似乎是无意识的小动作,如搔头、摸脸等,你就要意识到这是一种对你的话题不感兴趣的暗号,这时你就要及时转换话题或尽快结束谈话。下面是人们交际中一些常见的形体语言的辨析。

7.3.1　身体姿势

一个人的身体姿势能够表达出是否有信心、是否精力充沛。通常人们想象中的精力充沛的姿态是:收腹、肩膀平而挺直、胸肌发达、下巴上提、面带微笑、眼睛里充满着必胜的信心。

1. 走路的姿势

走路的姿势最能体现一个人是否有信心。走路时,身体应当保持直立,不要过分摇摆,也不要左顾右盼,两眼平视对方,两腿有节奏地交替向前、步履轻捷不要拖拉、两肩在身体两侧自然摆动。正确的走路姿势要做到轻、灵、巧。男士要稳定、矫健;女士要轻盈、优雅。如果你的工作要求你经常出入别人的办公室,你一定要养成随手带些材料或者夹个文件夹的习惯,这不仅不让你的手空着,而且你所表现出来的讲求效率的形象,会得到同事和领导的赞许。

2. 站姿

站立是人最基本的姿势,是一种静态的美。站立时,身体应与地面垂直,重心放在两个前脚掌上。站立的姿势可以体现出一个人的修养、文化水平以及与他人交往的诚意。站立时,身躯要挺直,头、颈、腿与地面垂直,两眼平视前方,挺胸收腹,整个姿态显得庄重平稳,切记东倒西歪,耸肩驼背。站立交谈时,双手随说话内容做一些手势,但不要动作过大,以免显得粗鲁。在正式场合,站立时不要将空手插入裤袋里或交叉在胸前,更要避免一些下意识的动作。如摆弄手中的笔、打火机、玩弄衣带等,这样不仅显得拘谨,给人一种缺乏自信、缺乏经验的感觉,站就要像松树一样舒展、挺拔、俊秀。

3. 坐姿

坐,也是一种静态造型。端庄优美的坐,会给人以文雅、稳重、自然大方的美感。正确的坐姿应该:腰背挺直,肩放松。女性应两膝并拢;男性膝部可分开一些,但不要过大,一般不超过肩宽。双手自然放在膝盖上或椅子扶手上。在正式场合,入座时要轻柔和缓,起座要端庄稳重,不可猛起猛坐,弄得桌椅乱响,造成尴尬气氛。不论何种坐姿,上身都要保持端正,如古人所言的"坐如钟"。

在公共场合我们要做到尽可能舒服地坐着,但不能降低自己的身份,影响交流的正常进行。如果笔直地坐在一张直靠背椅上,你的坐姿会显得僵硬。最好的方式是将身体的某一部分靠在靠背上,使身体稍微有些倾斜。当你听到对面或旁边的人谈话时,你可以摆出一种轻松的而不是紧张的坐姿。在听别人讲话时,可以通过微笑、点头或者轻轻移动位置,以便清楚地注意到对方言辞的方式,来表明你的兴趣和欣赏。当轮到你说话时,你可以先通过手势来吸引对方的注意力,强调你谈话内容的重要性,然后,身体前倾,变化语调,配合适当的手势来强调你想强调的论点。

面试时,应试者如果弓着背坐着,两臂僵硬地夹着上身,两腿和两只脚紧靠在一起,这就在向面试官传递一种"我很紧张"的信息。同样,如果应试者懒散地、两只脚撒开坐着,表明他过分自信或者随便,也会令人不舒服。

一名优秀的管理者有信心的身体语言标准是:讲话时姿态要端正,稳重而又自然,让人看着顺眼、舒服;避免紧张、慌乱,要给人以认真而又轻松的感觉。站着讲话时,身体要站正站直,但又不要僵硬,要略向前倾;抬头时,目光平视,坐着讲话时,两腿要自然平放,必要时才可跷二郎腿,切不可抖腿摆脚,以免给人不稳重的感觉。在大会讲话时,不能只顾自己,不能高傲、目中无人;更不能怕见听众,讲话声音低,语调平直,显得拘谨、胆小。另外,在公共场合,无所顾忌地打呵欠、伸懒腰等不文明行为会大大影响管理者的形象,阻碍正常的交流和沟通。

7.3.2 面部表情的解析

面部表情产生的机制要比身体动作的机制要复杂得多。因为人的面部表情和表情动作与人的情感活动密不可分。不仅人的基本感情,如喜、怒、哀、乐、爱、憎、欲望等,可以在人的面部表现出来,就是它们之间的错综交叉的复合形式也能够通过面部表情反映出来。

1. 眼睛的情绪表露

眼睛的动作一向被认为是最明确的情感表现,被誉为"心灵的窗户"。表明它具有反映深层心理活动的功能。眼睛上的表情是无穷无尽的,如人们常说的"眼睛都笑开花了","目光如炬"等等,都是用眼睛表达出来的情感。

首先是注视的信息,即注视的方式和时间。有时,我们和有些人谈话感到很舒服,有些人则令我们不自在,甚至看起来不值得信任。这主要与对方注视我们的时间长短有关。一般说来,你越喜欢的人和物,你就越爱用眼睛来同他接触。

直视与长时间的凝视可理解为对私人空间或势力圈的侵犯,所以是不礼貌的。与人交谈时,视线接触对方脸部的时间应占全部谈话时间的 30%—60%,只有这样才能得

【小贴士】

　　注视根据注视部位和场合的不同分为以下三种方式：

　　公务注视：眼睛看着对方额头的三角区域（"△"，以双眼为底线，上角顶向前额），这是洽谈业务、磋商交易和贸易谈判时所用的注视部位。

　　社交注视：眼睛看着对方脸上的倒三角区域（"▽"，以双眼为上线，嘴为下顶角），这一注视方式适合于鸡尾酒会、茶话会、舞会和各种类型的友谊聚会。

　　亲密注视：眼睛看着对方双眼和胸部之间的区域。这是男女之间，尤其是恋人间的注视方式。

到对方的信赖和喜欢。相反，在倾听对方谈话时，几乎不看对方，就很难得到对方的信赖和喜欢。对方会认为那是企图掩饰什么的表现。女性对此表现得更为明显，往往内心喜欢对方，又不想用直观方式表露出来，只能用不看对方的方式来抑制深层心理中的欲望。

在谈话中，眼神闪烁不定反映出精神上的不温柔或性格上的不诚实；不愿双目交接者，是由于心中隐藏着某件事而有所歉疚；回避对方的视线，是不愿被对方注意自己的心理活动；睁大眼睛看人是对对方感到极大兴趣的表示。

眨眼也属于注视方式之一。眨眼一般每分钟5—8次，若眨眼时间超过一秒钟就为闭眼。时间超过一秒钟眨眼表示厌烦，不感兴趣，或表示自己比对方优越，有轻视或蔑视的意思。在一秒钟之内连续眨眼几次，是神情活跃，对某事物感兴趣的表现；有时也可理解为由于个性怯懦或羞涩，不敢正眼直视而做出不停地眨眼动作。

其次是视线交流角度的信息，即说话时视线交流的角度和方向。视线向下，表现父母、长辈对子女的爱护、爱怜与宽容的心理状态；保持平视，是基于理性与冷静思考和评价的成人心理状态；视线向上则表现出尊敬、敬畏和撒娇等纯粹以自我为中心的儿童心理状态。上下打量对方是一种不友好不礼貌的表现。

在面对面的交往中，我们应针对不同对象，选择不同的注视部位。比如领导在批评下属的时候，如果领导选择社交注视，这时候即便领导再严肃，对方也可能不太当回事，社交注视削弱了批评的严肃性。但是如果改为亲密注视的话，尤其是对一个异性下属的话，则会使对方很窘迫，甚至产生抵触的情绪，因为异性之间的这种注视显得有点出格。这时要是采取公务注视的话，就比较合适。

再次是瞳孔的信息。瞳孔的大小并非意识所能决定的，瞳孔的放大和缩小属于微身体动作。一般说来，瞳孔的放大传达出正面的信息，缩小则传达出负面的信息。例如，产生爱、喜欢或兴奋等情绪时，瞳孔就会放大，而产生戒备、愤怒的情绪时，瞳孔自然就会缩小。

【读一读】7.13

李先生的面试经

李先生在应聘一家广告公司时，就很好地把握了"身体语言密码"要领。面试的时候，李先生并没有将眼睛直视对方，而是将他的眼睛只盯住面试官鼻尖下方到嘴唇上方的那个部位,这样一来,李先生在聆听主考官说话时就能够集中注意力,并能够快捷地调动思维,做到准确及时地回答问题。在回答面试官的问题时,李先生的表情很自然,并未露出拘谨之色,不时地配以真诚的微笑。"我们之间谈得很融洽,应聘很顺利。"就这样李先生很顺利地跨过了这家公司的门槛。

从李先生的求职经历,我们可以看出肢体语言对求职影响非常大,我们应该想办法去克服它,不要让这些细节成为自己求职道路上的拦路虎。而很多毕业生是第一次求职,面试时紧张,于是就表现出了类似如腿抖、手抖、手出汗,直视对方,说话带颤音的肢体语言,千万不要小视了这些肢体语言,因为它同样会关系到求职成功与否。

2. 嘴巴的情绪表露

嘴巴不仅是摄取食物的工具,也是说话的工具。嘴巴除了能够表达言语信息外,也可以传达很多非语言的信息,嘴巴的不同动作可以传达丰富的情绪信息。如果一个人抿住嘴唇,可以表明他此刻意志坚决。如果抿紧嘴唇,且避免接触他人的目光,可能是因为他心中有某种秘密,此时不想暴露。嘴自觉地张着,呈现出倦态疏懒的模样,说明他可能对自己所处的环境感到厌烦。撅着嘴,是不满意和准备攻击对方的表示。在注意倾听对方谈话时,嘴角会稍稍向上拉。遭到失败时,咬嘴唇是一种自我惩罚的动作,有时也表示自我解嘲的内疚的心情。当不满和固执时,往往嘴唇下拉。

3. 微笑语的解析

微笑能强化有声语言沟通的功能,增强交际效果。如在公共场所,不慎碰痛了别人,以微笑语道歉:"对不起",立即会消除对方的不满情绪。与部下谈话,面带笑容的谈话方式,会让人感到亲切、可信、有诚意,容易在心理上拉近彼此的距离。接见宾客时,边微笑边握手,可以表示"欢迎光临"的意思。同样会使会见的客人感到亲切、热情。

在交谈中,我们有时候会遇到不易接受的事情,边微笑边摇头,委婉地表示拒绝,不会使人感到尴尬。露出笑容以后,随即收起笑容或者沉下脸来,说明这个人不是很好对付的,在日后的接触当中,对此人不可掉以轻心。不置可否的微笑,有时表示的是一种委婉的拒绝或者是进退两难的境况。和陌生人见面时,一个善意的微笑会拉近人与人之间的距离。

【读一读】7.14

微笑是一种武器——曼狄诺定律

美国著名的企业家吉姆·丹尼尔靠一张"笑脸"神奇般地挽救了濒临破产的企业。丹尼尔把"一张笑脸"作为公司的标志,公司的厂徽、信笺、信封上都印上了一个乐呵呵的笑脸。他总是以"微笑"飞奔于各个车间,执行公司的命令,进行自己的管理。结果,员工们渐渐被他感染,公司在几乎没有增加投资的情况下,生产效率提高了80％。公司员工友爱和谐,上下同心同德,其乐融融。公司的信誉和形象大增,客户盈门,生意红火,不到5年,公司不仅还清了所有欠款,而且盈利丰厚。

永远微笑的肯德基大叔哈兰·山德士,曾经艰难度日,三餐不继,但是他并没有忘记笑对人生。后来他发明"肯德基炸鸡",开创"肯德基快餐连锁"业务,肯德基成为世界最大的炸鸡快餐连锁企业,在世界各地拥有11 000多家餐厅,以山德士形象设计的肯德基标志,已成为世界上最出色、最易识别的品牌之一。

据美国针对1 160名总裁的调查显示:77％的人在员工会议上以讲笑话来打破僵局;52％的人认为幽默有助于其开展业务;50％的人认为企业应该考虑聘请一名"幽默顾问"来帮助员工放松;39％的人提倡在员工中"开怀大笑"。微笑可以让领导与员工之间更容易沟通,可以使企业形象更深刻地印在客户的脑海中,能够为企业带来意想不到的收获。

这些都是曼狄诺定律,当人们遇到挫折、心情不佳时,最想看到的就是微笑,最想得到的就是温情。微笑如同伸出的温暖的手,能帮助人们走出痛苦的泥潭,能起到化干戈为玉帛的神奇作用。微笑的力量是巨大的。

7.3.3　颈部动作的解析

颈部是连接头部与身躯的关键部位,也是传达情绪信息的关键部位。一般来说,点头是表示肯定的意思,摇头是表示否定的意思。由于文化不同,不同国家会产生差别:例如保加利亚肯定是左右摇头,让对方看见耳朵,否定时则先将头后倒,然后向前弹回;而叙利亚肯定时头先向前倒,然后弹回,否定时头先向后倒,然后弹回。

点头除表示"是"、"肯定"之外,有时仅是向说话者表示"应和"的意思。认真地、有节奏地"应和",是向对方表示"我正在注意倾听你的说话"。若是机械地应和,频频点头,至多表示形式上的敬意和礼貌,实际上对说话的内容不感兴趣。

在与他人交流时,低着头听人说话,表示对对方讲话内容不感兴趣,有时也可表示对对方讲话内容的一种回避。垂头则是体力与精力不支的表现,垂头加丧气,则是忧郁和苦恼情绪的反应。

7.3.4　手势暗示的解析

演员、政治家和演说家们会通过训练使自己有意识地利用一些手势来加强语气,除此之外,在一般的人际沟通过程中,许多手势都是无意识的。比如说,当说话者激动的时候,手臂的快速动作可以强调正说着的话。利用肩部、手臂、腿和脚表示的姿势形式也很丰富,尽管常常只起到辅助的作用,但手势也可被有意识地用来代替说话。例如把手指放在嘴唇前要求安静。另外,当争论很激烈时,有人为了使大家情绪稳定下来,做出两手掌心向下按的动作,意思是说"镇静下来,不要为这点小事争执了"。

【读一读】7.15

有趣的手势语

所谓手势语,主要指我们如何使用我们的双手来传达信息。正如口语一样,手势语也因国家、文化的不同而有着不同的含义。环状手势,即用食指指尖和拇指指尖相顶,呈〇状。在英国和美国,它表示肯定、不错,形似"OK",但如果从英国过海底隧道来到法国,你会发现,当你使用该手势对你的法国朋友表示对他新车的欣赏时,他可不会领情的。因为在法国,该手势表示"一文不值"。再向南走,使用该手势可能就会使你陷入更大的麻烦了。因为在突尼斯,它代表"我要杀死你",而若是到了日本,一个英国或美国商人对一个日本人作出环状手势时,恐怕那日本人会琢磨:"噢,他是想让我贿赂他吗?"因为在日本,用拇指尖和食指尖形成的〇状表示"钱"。

用一个手指拉一只眼睛的下眼皮,通常用来表示警惕。在法国和希腊,它和英国人说"My eye"的意思差不多,即"你以为我看不见吗?别想愚弄我"。在西班牙和意大利它也表示警觉,但只用来提醒之意,是叫你"睁大眼睛"。在南美,意思则完全不同了,它表明你认为某个女子是一个"eyeful",很有魅力。

以下的手势常见于日常生活中,它们或者用来表示强调,或者代替说话。

1. 手部姿势

如果你是个细心的人,你会发现手部姿势有很多种。不同的手部姿势也表达着不同的意思。手臂交叉放在胸前,表示戒备、敌意和无兴趣。微微抬头,手臂放在椅子和腿上,两腿交于前,双目不时观看对方,表示有兴趣来往。握拳是表现向对方挑战或自我紧张的情绪,以拳击掌是向对方发起攻击的信号。用手指或铅笔敲打桌面,或在纸上乱涂乱画,表示对对方的话题不感兴趣、不赞同或不耐烦。两手手指并拢放置于胸脯前上方呈尖塔状,表明充满信心。手与手重叠放在胸腹部的位置,是谦虚、矜持或略带不安的反应。

握手时对方掌心出汗,表示对方处于兴奋、紧张或情绪不稳定的状态;若用力握对方的手,表明此人好动、热情,凡事比较主动;手掌向下握手,表示想取得主动、优势或支配地位;手掌向上的性格软弱,处于被动、劣势或受人支配的表现;用两只手握住对方一只手并上下摆动,往往表示热烈欢迎、真诚感谢或有求于人。

2. 腿部和足部

腿部虽属身体的下端,但它往往是最先表露潜意识情感的部位。足部指膝盖以下的部位,它可以表现出与追求、个性和人际关系有关的情绪信息。在我国和西方国家,人们无论坐着或站着,足部都是容易看见的,所以足部动作所传达的信息也容易被对方看到,用脚尖拍打地板,或小幅度的摇动腿部或抖动腿部,都表示急躁、不安、不耐烦或是想要摆脱某种紧张感。一条腿自然地架在另一条腿上的女性，表示对自己的容貌、身材有自信。无论是男女，频频交换架腿姿势的动作，是情绪不稳定或急躁的表现。

在与人交往的过程中，我们可以通过对方的腿部信息看出对方的某些性格。张腿而坐是一种开放型的姿势或动作，表明此人有自信。把腿搁在桌子上，用桌子连接自己的腿，以此扩大自己的势力范围，这个动作表明此人有较强的支配欲和占有欲，而且在平时的待人接物上多半会有傲慢无理的表现。你若就某个主题向对方说明时，对方开始架腿，这个动作实际上表示对方对你的谈话主题不感兴趣。如果你此时还继续你原来的话题，对方就会频繁地变换架腿的动作，表示不耐烦了。

腿部和足部的所表达出来的信息，也可以看出交际双方的亲密距离。如果并排而坐的同性或异性都架腿，并互相构成一个封闭的势力圈的话。可以看出这两个人关系甚好，或者谈得比较融洽或投机。从鞋尖的指向也可看出人际关系的亲密程度。譬如说，有甲乙二人站着谈话，他们的鞋尖相对距离不远，而且基本上在一条直线上。我们可以判断他们二人的关系比较亲密或极为亲密，因为他们二人的鞋尖构成了一个封闭的共有势力范围，不容许他人介入。

英国心理学家莫里斯经过研究发现，人体中越是远离大脑的部位，其可信度越大。在面试中面试官也经常会通过对应聘者脚步的观察，来对其性格、情绪进行推断，一般情况下，脚步沉稳，表示其沉着、踏实；脚步轻快可反映其内心的愉悦；脚步小且轻，表示其谨慎、服从；脚步匆忙、沉重且凌乱，则可判断其性格开朗、急躁、缺少城府。

【读一读】7.16

别对我说谎：读懂别人的肢体语言之腿脚从不说谎

大部分人都对自己的脸部非常在意，而且会有意识地控制面部表情和头部姿势。但大部分人对腿部和双脚的动作却不太关注，所以很少有人会考虑掩饰或者伪装这部分的肢体动作，所以，当想了解一个人的想法时，腿脚是一个绝好的突破口。

腿部先放松

每个人可能都有这样的感觉，如果当下的事情与自身无关或者是气氛非常轻松时，往往腿部都会先放松下来。留意一下谈判或者是开会场合，当一个人发表完自己的观点之后，往往第一动作就是将蜷起来的双腿向前伸直，这样身体能够得到最好的放松。

脚的方向

脚部转动的方向，尤其是脚尖的方向是表明对方是否想要离开的最好信号。与人交谈时，如果发现对方的脚不再对着你，而是向另外一个方向转动时，自己就要识趣地意识到可能出现什么问题了。如果有人在与你谈话时，脚尖却不自觉地向某个方向转动，你就要明白，此人是想要离开了。如果你发现，对方的脚在不停地转向摆动，则说明对方可能不情愿离开，但不得不走。

脚尖或者脚跟着地

生理学研究发现,当人的情绪高涨时,身体会不自觉地做出背离重力方向的动作。典型例子就是人极度高兴时,往往都会跳起来。所以无论是脚尖着地、脚跟抬起,还是脚跟着地、脚尖抬起,都是个人积极情绪的表现,尤其是女性表现得最为明显。如果一位女性在接打电话时,如果脚跟着地,脚尖却向上抬起,你就可以基本断定,电话的内容绝对是正面信息。

腿脚叉开

无论是坐姿还是站姿,叉开双腿,都能使人的身体姿态看起来更加稳重。其实这也是一种强烈的信号,显示出当事人的态度会较为强硬,如果你发现一个人的腿从并在一起到叉开,你基本上可以肯定这个人越来越不高兴。

资料来源:http://love.aili.com/1591/534650_1.html#one,世界经理人网站。

7.3.5　腰、腹部动作的解析

腰部在身体上起着承上启下的支持作用,舞蹈动作保持优美的要领就是使腰部始终保持与地面平行的方向移动,这样可能带给观众心理上的安全感。因此,腰部位置的高或低与一个人的心理状态和精神状态是密切相关的。

弯腰动作,如鞠躬、点头哈腰属于低腰势,精神状态也随之"低下来"。向人鞠躬,是表示某种"谦虚"的姿态或者表达尊敬之情。同时,如果在心理上自觉不如对方,甚至惧怕对方时,就会不自觉地采取弯腰的姿势。陶渊明"不为五斗米折腰",就是不愿意为了五斗米而采取精神上的低姿态。从"谦逊"再进一步,即演变成服从、屈服,如蹲、揖、跪、伏、叩拜等。弯腰、鞠躬、作揖和跪拜等动作,除了礼仪的意义之外,都是服从和从属于对方,压抑自己情绪的表现。

腰板挺直,颈部和背部保持直线状态,说明此人情绪高昂、充满自信、自制力强。相反,双肩无力下垂,凹胸凸背,腰部下塌,则反映出疲倦、忧郁、消极、被动、失望等情绪。双手横插腰间,表示胸有成竹,对自己面临的境况已作好精神上或行动上的准备,同时也表现出以势压人的优势感和支配感。

腹部位于人体的中央部位,它的动作一般不太引人注目。其实腹部也有丰富的感情和含义。在东方,尤其是在我国,一直很重视腹部在精神上和文化上的含义。凸出腹部表示自己的心理优势、自信和满足感,在这种情况下,腹部是胆量和意志的象征。相反,抱腹蜷缩,表现出不安、消沉、沮丧等情绪支配下的防卫心理。

揭开上衣纽扣而露出腹部,表示胸有成竹,开放自己的实力范围,对对方不存在戒备之心。重新系一下皮带,是在无意识中振作精神、迎接挑战的信号;反之,放松皮带则反映出放弃努力以及斗志开始松懈,有时也意味着紧张气氛中的暂时放松。腹部起伏不定,表现兴奋或愤怒,如果腹部极度起伏,意味着即将爆发的兴奋与激动状态而导致呼吸的困难。轻拍自己的腹部,表示自己有风度、雅量,同时也反映出经过一番较量之后的得意心情。

7.3.6 背部动作的解析

背部是与胸、腹部相对的部位,胸、腹在身体的前面,比较容易传达人类的感情、情绪与意识的结合;而背部在身体的后面,它的掩盖和隐藏的功能大大超过了传达的功能,但背部又不可能把人的情感、情绪全部掩盖起来;背部只能掩盖人的表情的明显部分,而泄露出来的部分反而更加深刻地反映出被掩盖部分的本质。例如,一个女孩子在哭,从其背部一抽一耸的动作,可以想象得到她伤心的程度。

背脊代表一个人的性格和气节。挺直背脊的人往往性格正直,严于律己,又充满自信;但在另一方面,思想可能比较刻板,欠缺弹性。采取驼背姿势或低头哈腰的姿势,表明此人具有闭锁性和防卫倾向。这种人虽然有不善于自我表现、慎重和自省的一面,但主要是表露自己精神上的劣势,即愤世嫉俗、孤僻、畏惧、惶恐、自卑等心态。挺拔地站在舞台上或讲台上的演员或教师,从他的姿势可以想象他所受的严格训练和自我约束。端坐的姿势是一种自我约束的表现,在对坐中,挺直背脊,一直保持端坐姿势者,等于在他与对方之间筑起一道无形的墙。表示不可亲近、不愿迁就的意思。

背向着对方或转过背去。一般可以理解为表示拒绝、不理睬或回避。有些女性,转过背去的动作有暗示等待男性来说服的意思。如果在打电话时背对对方或转过背去,多半是谈论带有秘密性的事。因为背向他人即用背部挡住他人的介入,以消除自己心理上的不安。

与他人的背部进行接触的方式有拍背、触摸背部等动作,这类动作原来是由猿猴之间表示亲近关系的搂抱动作简化而来。同性亲友之间互相拍背,往往表示有同感、有共鸣,或为了鼓励、催促和怂恿。在同性中,不大亲密的朋友之间也常见用于接触背部的动作,在这种情况下可认为是关心对方或有进一步加强人际关系欲求的动作。在异性之间,男性触摸女性的背部,表达了一种既渴望作进一步的接受,又唯恐对方拒绝的心情。有时也表达试探性地说服对方的企图。

【读一读】7.17

如何解读对方的眼神

如果你见对方眼神沉寂,便可明白他对于你着急的问题,早已成竹在胸,定操胜算。只要向他请示办法,表示焦虑,如果他不肯明说,这是因为事关机密,不必要多问,只静待他的发落就是。

如果你见对方眼神散乱,便可明白他也是毫无办法,徒然着急也是没有用的,向

他请示,也是无用的。你得心情平静,另想应付办法,不必再多问,这只会增加他六神无主的程度。这时是显示你本能的机会,快快自己想办法去吧。

如果你见对方眼神横射,仿佛有刺,便可明白他异常冷淡。如有请求,暂且不必向他陈说,应该从速借机退出,即使多逗留一会也是不合适的,退而研究他对你冷淡的原因,再谋求恢复感情的途径。

如果你见对方眼神阴沉,应该明白这是凶狠的信号,你与他交涉,须得小心一点。如果你不是早有准备想与他一较高低,那么从速鸣金收兵。

如果你见对方眼神流动异于平时,便可明白他是胸怀诡计,想给你苦头尝尝。这时应步步为营,不要亲近,更不要过分相信他的甜言蜜语,要格外小心。

如果你见对方眼神呆滞,唇皮泛白,便可明白他对于当前的问题惶恐万状,尽管口中说不要紧,他虽未绝望,也的确还在想办法,但却一点也想不出个所以然来。你不必再多问,应该退去考虑应付办法,如果你已有办法,应该向他提出,并表示有几分把握。

如果你见对方眼神似在发火,便可明白他此时是怒火中烧,意气极盛,如果你不打算与他决裂,应该表示可以妥协,速谋转机。否则再逼紧一步,就会引起正面的剧烈冲突。

如果你见对方眼神恬静,面有笑意,你可明白他对于某事非常满意。你要讨他的欢喜,不妨多说几句恭维的话;你要有所求,这也是一个好机会,相信一定会比平时更容易满足你的希望。

如果你见对方眼神四散,魂不守舍,便可明白他对你说的话已经感到厌倦,再说下去必无效果。你应该赶紧告一段落,或乘机告退,或者寻找新话题,谈谈他所愿意听的内容。

如果你见对方的眼神凝突,便可明白他认为你的话有一听的必要,应该照你预订的计划,婉转陈说,只要你的见解不差,办法可行,他必然是乐意接受的。

如果你见对方眼神下垂,连头都向下倾了,便可明白他是心有重忧,万分痛苦。你不要向他说得意的事,那会反而加重他的苦痛;你也不要向他说苦痛事,你最好说些安慰的话,并且从速告退,多说也是无趣的。

如果对方的眼神上扬,便可明白他不屑听你的话,无论你的理由如何充分,你的说法如何巧妙,还是不会有高明的结果,不如翕然而止,退而求接近之道。

总之眼神有散有聚,有动有静,有流有凝,有阴沉,有呆滞,有下垂,有上扬,仔细参悟之后,必可发现人情毕露。

第8章 组织沟通

> "当我走进许多公司时，感觉最强烈的是组织内缺乏沟通……当你和同一组织中不同的人交谈时，你会发现他们的回答让你觉得好像他们来自于不同的公司。"
>
> ——管理顾问 迈克尔·罗宾杜

内容提要

- 组织沟通概述
- 团队沟通及技巧
- 会议沟通及技巧
- 非正式组织沟通

8.1 组织沟通概述

8.1.1 组织沟通的含义

什么是组织？

什么是沟通？

什么是组织沟通？

在进行进一步学习组织沟通及其技巧之前，这些都是需要掌握的最基本的概念。而理论界对这几个基本概念也下过各种各样的定义。

什么是组织？古典组织学家詹姆斯·穆尼（James D. Mooney）给组织定义为：为了达到一个共同目标的人们联合的形式。管理学家巴纳德（C. Barnard）把组织理解为协同努力，也就是人们有意识地调整共同活动或力量的系统。现代管理学家孔茨（Koontz）认为组织是为了使人们达到预定的目标有效地工作，按任务或职位制订的一套合适的职位结构。人们对组织认识的角度的差异使得对组织的定义各有差别。这里采用郑海航教授给组织下的定义：组织是由两人以上的群体组成的有机体，是一个围绕共同目标、内部成员形成一定的关系结构和共同规范的力量的系统。

什么是沟通？在对沟通研究的整个过程中，中西方学者给出了很多定义。"沟通"在《新编汉语词典》中解释为"使两方能通连"，亨利·法约尔认为沟通是组织内部传递信息。"沟通"实际上源于拉丁文"communis"，意思是共同化。可是"沟通"作为一门科学，还是在二十世纪初才被人类专门为它开设了课程。自此，管理学界才对沟通以及沟通的相关内容进行较为深刻的探索与研究。我们认为，沟通是为了某个目标，把信息在个人或群体间传递，以期达成协议或做出相应反应的过程。

什么是组织沟通？有人说，组织沟通就是许多相互联系、相互依赖的人之间的协调；有人说，组织沟通就是两人或两人以上的成员进行信息交流时，很自然形成的合作行为和动力系统的研究。诸如此类的定义，在管理学界也是出现了很多分歧。试想，连组织的定义、沟通的定义都有许多种，那组织沟通肯定会有更多理解。可以说这些定义在某种程度上都是有价值的。综合各家之言，我们认为，组织沟通就是组织成员为了实现组织目标，通过信息传播渠道，有目的地发送或接收信息、观点的过程。

8.1.2　组织中的沟通技巧

【案例导读】8.1

聪明的助理

曾经一位助理在工作中遇到这样一件事。公司在拍卖会上拍到一幅价值连城的作品，由于相关手续需要公司总部拨款，而首席执行官就先用自己的信用卡当场付了少许押金。当总部在全额付款后，押金却没有打入首席执行官的信用卡里。首席执行官于是吩咐助理，尽快处理好这件事。这位助理三番五次地打电话到拍卖行，可是对方一直说押金已经全额转到信用卡里了。在这种情况下，这位助理意识到如果只是一次次地反馈给上级这些情况，那就会让上级觉得一件不算大的事情竟然这么久都办不好，肯定会对自己的能力产生怀疑，这势必对自己将来的发展不利。于是，这位助理在回复上级事态的发展形势后，马上要求对方拍卖公司将汇款后银行提供的凭据电传过来，然后，该助理将电传来的银行凭据拿到银行去核对，最后发现是银行方出了技术性问题。最终，上级对这位助理的表现很满意。

华典咨询机构李维在为三利公司中层管理人员培训时谈到一个关于沟通的观点："琢磨你听到的话，而不是说话的人。"在复杂的组织中，怎样才能达到有效沟通的目的呢？李维的话正向我们传递着某种沟通的技巧，对身在职场的员工来说意义深重。

1. 与上级进行沟通的技巧

（1）与上级沟通时，尽量使用选择题，而不是简答题、论述题。

【案例】8.2

《杜拉拉升职记》中成功的"上行沟通"

拉拉（中层经理）指使海伦（下属员工）取得上海办行政报告（玫瑰曾负责的区域）的格式，经研究确认大致适合广州办使用后，她就直接采用上海办的格式取代了广州办原先的报告格式。这一举措果然讨得玫瑰（上级领导）的欢心，由于拉拉使用了她惯用的格式，使得她在查阅数据的时候，方便了很多，也让她获得被追随的满足感。

对拉拉来说，玫瑰（上级领导）自然不会挑剔一套她本人推崇的格式，因此拉拉也就规避了因报告格式不合玫瑰（上级领导）心意而挨骂的风险。从以上的片段中我们看得出，主人公"拉拉"，为了实现有效的上行沟通，的确用了很多心思。其中最重要的一点，就是要懂得采取"同理心"的沟通方式，进行换位的思考。

启示：我们可从故事情节中看到，更好地与上级领导进行沟通，要积极提供些善意的信息，供上级领导作决定时参考。

资料来源：http://wenku.baidu.com/link?url＝o65gcsvgEzTE3_cW_YWp4Yr-kdyDfh4I4rBmg9eTS1oGH-RBHEv-dPudaVYcIjjBqQBKKyUv38rhhIbEZpUoiLH_-4ENGh8T8DljtqQz4F3。

（2）要善于主动创造机会。当上级领导工作比较繁忙，而又需要同他进行沟通时，就需要创造一个与其沟通的机会。多动脑，多想想领导的行程是怎样安排的，就会创造机会来与之沟通。例如在停车场可跟上级领导沟通几分钟，或在电梯里进行短暂的沟通等等。这些都是非常难得的沟通机会，需要下属主动创造。

（3）打破沉默，表现出积极的态度。保尔·萨特曾说过"在游戏中，我们不能收回我们的牌。那么，难道我们就该和石头一样安静，不说话了吗？事实上，我们的沉默也是一种行为。"作为下属，切不可总是沉默不语，做出事事与己无关的样子，这样可能会被误解为缺少责任心、专业能力有限等，沉默不是一个跟上级沟通的有效方式。

（4）避免锋芒毕露。与上级沟通时，切记避免自己锋芒毕露。在公司里，应该积极主动地工作，可是不能过分积极。时刻谨记，不能在上级领导面前过分炫耀自己，更不能目中无人。踏踏实实、勤勤恳恳地做好本职工作，才能给上级领导留下较好的印象。

（5）不要越级沟通。在组织中也时常会出现越级沟通的情况。一般情况下，上级可以对下属员工的工作进行检查、督促，但直接越级指挥下属工作则是不合适的。同样的，下属要采取越级报告时也要三思而后行。越级沟通，会产生很多不良的影响，不利于公司内部的团结、和谐。下属一般只会有一个直接上级领导，有事情就应该直接同这位上级进行沟通。如果下属不遵守这条准则,那么公司的纪律将会遭到破坏,这样不利于公司的发展,更不利于自己在部门内的人际关系,甚至会影响到自己的职业发展。所以,不管出于什么原因,在考虑是否要越级沟通时,一定要慎重。

(6)杜绝办公室政治。不管是在国有企业、民营企业,还是外商独资企业,都可能存在办公室政治的问题。身在其中,虽不可能和这些事情绝缘,但是要尽量不要卷入这样的事情。实际上,能够在组织中做到这一点,也是需要自己慢慢体会其中的奥秘的,毕竟每个工作环境也都不一样。按照下面的准则来应对办公室的政治行为,可以收到一定的效果:

【小事深思】8.3

惠普公司的"敞开式办公室"与"直呼其名"的沟通政策

在管理实践中,信息沟通的成败主要取决于上级与下级之间全面有效的合作。但在很多情况下,这些合作往往会因下级的恐惧心理而形成障碍。一方面,如果上级过分威严,给人造成难以接近的印象,或者缺乏必要的同情心,不愿体恤下级,都容易造成下级人员的恐惧心理,影响信息沟通的正常进行。另一方面由于下级自身心理畏惧,向上沟通时可能会"知而不言,言而不尽",影响信息沟通,形成办公室政治。

为了保证沟通,避免办公室政治。惠普公司的办公室布局采用美国少见的"敞开式大房间",惠普公司的每个人,包括最高主管,都是在没有隔墙、没有门户的大办公室里工作的。尽管这种随时可以见到的做法也有其缺点,但是惠普公司发现这种做法的好处远远超过其不利之处。

启示:惠普公司"敞开式的办公室"与"直呼其名"的沟通政策鼓励并保证了沟通交流不仅是自上而下的,而且是自下而上的。同时,为了打消企业内部的因为等级差异而产生的沟通障碍,惠普公司要求对内不称头衔,即使对董事长也直呼其名。这样有利于沟通,创造无拘束和合作的气氛。

---

① 不要为小事而大动干戈。在处理任何事情时,都要"三思而后行"。

② 不要因为任何事情而公开对上级领导进行人身攻击。要做到"论事而不论人"。

③ 不能对上级领导的失误进行大肆宣扬、批评,更不能谣传没有根据的谣言。

④ 寻找正确的渠道处理问题,真正在根源处解决问题,切不可让自己成为问题的焦点。

(7)要勇于挑战自己的极限,通过每一个机会来与上级领导沟通。在工作的过程中,每个人都会遇到自己难以解决的事情。如果这次的任务、工作难度较大,或许超出了自己的能力范围,是放弃、退缩还是迎难而上呢? 其实这正是挑战自己的机会,也正是向上级证明自己能力的机会。在成功克服困难、完成每一个有难度的任务的同时,都是在默默地同上级领导进行沟通,传递信息。

2. 与下属进行沟通的技巧

【小事深思】8.4

松下幸之助的沟通技巧

　　日本松下集团,松下幸之助有句名言:"企业管理过去是沟通,现在是沟通,未来还是沟通。"管理者的真正工作就是沟通。不管到了什么时候,企业管理都离不开沟通。有一次,他的一位部下犯了一个大错。松下幸之助怒火冲天,一面用挑火棒敲着地板,一面严厉责骂这个部下。骂完之后松下幸之助注视着挑火棒说:"你看,我骂得多么激烈,居然把挑火棒都扭弯了,你能不能帮我把它给弄直啊?"这是一句多么绝妙的请求啊!当部下把它给弄直了之后,松下说:"你的手可真是巧啊!"随之,松下高高兴兴地赞美着这个部下,至此,这个部下一肚子的反抗心也烟消云散了。并且松下幸之助很注意表扬人,如果当面碰上进步快或表现好的员工,他会立即给予口头表扬,如果不在现场,松下还会亲自打电话表扬下属。

　　如何与下属沟通,同样是一门艺术,下面就提供一些与下属进行沟通时的技巧:

　　(1)对待下属的意见,不要过分防御。在工作中,虽然身为领导,但是这并不意味着孤军作战。工作中下属可能会针对某个问题提出自己的见解和看法,作为领导应该从下属的角度来看待这些建议,而不是从自己的立场。换位思考可以帮助领导更好的理解这些建议。所以对待下属的意见,谨防过分的防御心理,避免在潜意识里就否定了与下属沟通的可能性。

　　(2)主动创造机会同下属沟通。与上级沟通时应主动寻找沟通的机会,同样的与下属沟通时也应该采取主动的策略。特别是双方间出现某些问题、矛盾或发现下属的工作状态不佳时,主动沟通的作用尤为重要。这时不妨选择一个舒适的环境,尽量使下属放松,进行一次坦诚的谈话。相信每位下属都希望得到上级领导的重视。

　　(3)要学会恰到好处地帮助下属解决问题。上级领导应该能够从员工的迟到、小错误或是不佳的工作状态等表面现象发现隐藏在背后的真正问题,并能够积极帮助员工解决这些问题。上级领导在发现下属工作状态不佳时,并不能袖手旁观,要学会恰到好处地主动帮助下属。放下架子,不要用命令的口气来让下属说出难题。这样可以营造和谐的企业文化,有助于组织总体战略目标的顺利实现。

　　(4)要控制好情绪,避免情绪波动影响下属。"你的脑袋长着是干嘛用的"、"你简直愚蠢到家了",相信没有人喜欢听这样的话。而且这类话语根本不能解决任何问题,反而会使问题变得更加复杂、棘手。正确的做法是深呼吸几下,让自己慢慢平静下来,控制好自己的情绪。谨记彼此尊重是沟通的最基本前提。

　　(5)下达任务时要确保下属明确任务。在和下属沟通前,先认真思考要沟通的是什么事情,为什么要与下属沟通、在什么时间、什么地点沟通、与谁沟通以及如何沟通,以做到清晰、明了地下达命令或指示。要把需要交待的事情解释明白,以便于下属更高效率地工作,但不能同时下达太多指令和任务。否则很容易使下属感到无所适从。还要通过例如"明白了吗?"等问题来确认反馈信息。

(6) 要克服心理障碍,真心帮助下属。与下属沟通,重要的是要真心去培养他们做事的能力。上级领导应该把相关的经验,毫无保留地告诉下属,教导下属如何处理问题。这样,不仅能够为公司培养出杰出的人才,还能为自己赢得更多的掌声。

(7) 充分运用倾听的技巧。与下属沟通时,倾听的作用不可忽视。与此同时,适当运用身体语言,让下属感觉到你对他们工作的关心和重视。当然,充足的时间也是必要的。如果下属没有得到充足的时间汇报工作,那么领导也不可能得到必要的信息。先聆听,再发问。沟通中,要注意多发问和使用鼓励性的语言,不要随便下结论。尽量通过有效的倾听来营造良好的交流气氛,达到避免上下级之间的感情距离感。

(8) 适当采用"营销策略"。怎样才能让你的下属对你的任务、建议表示认同呢? 下属对上级的认同的过程也是需要上级适当运用些小技巧的。抓住你所提的建议的特点,从下属的角度考虑,如何将你的建议和想法等内容向下属解释。除此之外,在面对下属的异议时,更要充分运用营销策略,不能一味地妥协,而是要全面考虑问题。尽量在消除他们的疑虑的同时,顺利完成任务。

3. 部门间的沟通障碍与技巧

部门间的沟通难度较大,破除部门间沟通障碍的技能成为管理者必备的技能。首先让我们先看看部门间沟通存在哪些障碍。

(1) 部门主管间的矛盾引起的部门间沟通障碍。部门主管之间的私人恩怨,很容易引起两个部门之间工作关系的不融洽。基于权利扩张、势力的增强等原因,都会使得两个部门在进行沟通时,出现不可调和的矛盾。

(2) 权责不清导致的推诿现象。公司的产品一旦出现质量问题,公司领导就会聚焦于可能出现问题的两个并行工序或是接近的工序。为了推卸责任、避免比较严重的惩罚制度,这两个部门或团队之间的矛盾就可能会升级成为沟通障碍。

(3) 办公室政治因素引起的部门间沟通障碍。办公室政治可能并不是直接发生在这两个部门之间,但是高层领导间的权利争斗会导致下面各部门间的关系。相互之间有矛盾的上级,会对下面的两个部门或部门主管存在不同亲疏关系,最终导致部门间的沟通不和谐。

(4) 非正式组织的存在引起的部门间沟通的不和谐。公司中来自不同地域、兴趣爱好或价值观的人们,长期可能形成一些非正式群。各部门间会形成不同性质的非正式组织。他们之间的矛盾也会引起两个部门之间沟通的不畅,进而影响公司的正常运转。

(5) 本位主义引起的沟通障碍。本位主义思想,就是以自己个人的观点来评判一切。其最明显的语言标志是"我以为"、"我认为"。这些人会以自己的经历经验来作为判断新生事物的标尺,超越这个范围,绝对不接受,甚至是坚决反对。这就为部门间的正常沟通设立了不可逾越的障碍。

(6) 作业方式及思考问题方式的不同引起的沟通障碍。公司中会有许多不同专业、不同性格的人。不同部门的员工不论是在思考问题的角度上,还是在处理问题的方式上,都可能存在较大的分歧。这势必在沟通中构成障碍,使问题处理起来变得更加棘手。

下面就介绍几个部门间沟通的技巧。

(1) 在部门间出现矛盾时,要懂得谦让,主动让步。俗话说,"占小便宜,吃大亏"。在小的利益上斤斤计较,不仅影响整个部门的形象,还影响整个公司的形象。谦让就是谦虚地礼让或退让,它是部门间沟通中最重要的技巧。多体谅其他部门,跟平行部门沟通的时候一定要从对方的角度思考问题,在彼此目标间找到平衡点,兼顾到各方的利益。只有谦让,才能在其他同级部门之间赢得支持。

【读一读】8.5

丞相的回信

古时候,一个丞相的管家准备修一座后花园,希望花园外留一条三尺之巷,可邻居是一名员外,他说那是他的地盘,坚决反对修巷。管家立即修书京城于丞相,以为这回丞相肯定会站在他的一边,可是看到丞相回信后的管家却再也不提这"三尺之巷"的事情了。此时,那位员外也正在想办法,看到对方不提这事了,感到非常意外,执意要看丞相的回信。原来丞相写的是一首诗:

千里家书只为墙,

让他三尺又何妨。

万里长城今犹在,

不见当年秦始皇。

员外看到丞相的信后,顿悟诗中的道理,深受教育,主动让地三尺,最后三尺之巷变成了六尺之巷。这就是著名的"让地三尺"的故事。

---

(2) 合作以达成共识。要想让其他同级部门的有关人员帮助自己部门克服某些困难,就要在对方部门需要帮助时,主动伸出援手。互相帮助,为了公司的利益、彼此部门的业绩,共进退,才是真正意义上的合作。

(3) 营造良好的沟通氛围。部门之间的沟通如果能够在比较和谐、令人放松的环境下进行,将收到意想不到的效果。在不同部门之间的沟通过程中,人们一般会比平时要更加集中精力,精神更容易紧绷,故在精心布置后的氛围下进行沟通,有利于部门间的顺利沟通。

【举例】8.6

领导的问题

在一家大型民营企业中,有两个部门同时同海外客户保持着紧密的联系,他们是国际部和客户服务部。

国际部主要是负责国外网站的建设工作。当海外客户在网页上获取相关产品信息、查阅资金转换过程时,都会在这个界面上进行活动。而客户服务部除了负责国内市场上的客户回馈信息,当然也对海外的信息反馈进行处理。所以在业务上,这两个部门之间是存在着共同服务对象的。最近客户服务部总是收到海外客户的投诉,说是在网站上看到新的优惠项目但却没办法网上支付,有的客户还投诉称,网站上的客户意见一栏根本没法进入等问题。客服部负责人心里明白,国际部的网站工作的建设问题,直接影响到了客服部的任务量,于是就多次同上级领导反映问题。可是,似乎见效不大。这样,国际部和客户服务部之间的矛盾越来越深。

问题:如果你是客户服务部门的领导,你会怎样解决这个部门间沟通问题呢?

你经历过类似这样部门间的问题吗? 互相讲讲自己的经历。

8.2　团队沟通及技巧

要想了解团队沟通及其技巧,首先一定要首先对团队的有关概念有个全面的掌握。

8.2.1　团队及团队的类型

1. 团队的概念

这个社会的趋势不再是一个人做好自己的一份工作的传统模式了。团队在现代企业中,已经呈现出逐渐取代个人成为组织中最为重要的元素。这个被许多人挂在嘴边的"团队"到底是什么呢? 它又有什么样不同的类型呢?

对团队的定义有很多种,而这里对团队的定义是:由两个或两个以上相互影响的个人组成的一个共同体,他们为了解决各种问题、最终达到共同的目标而互相帮助。

2. 团队的类型

(1) 根据团队存在的目的和拥有自主权的大小划分。

问题解决型团队。问题解决型团队是由少数几个到十几个成员组成的一种团队。他们利用固定的时间来进行交流意见,例如如何节约企业能耗问题、如何加快企业的生产进度等。在这样的团队中，成员就具体问题进行相互交流，也可以提出一些建议。但是，这种类型的团队的特点是，成员几乎没有什么实际权利来根据建议采取单方面的行动。

自我管理型的团队。顾名思义，就是能够自我管理、独立自主的团队。它们不仅注意问题的解决，而且执行解决问题的方案，并对工作结果承担全部责任。通常，自我管理型的团队由 10—15 人组成，他们的责任范围很广，以至于在有的自我管理型团队中，主管人员的重要性都不能体现出来了。从 20 世纪 80 年代以来，通用汽车公司、施乐公司、惠普公司、百事可乐公司、高斯·布莱温公司（Coors Brewing）、霍尼韦尔公司（Honey Well）、马氏公司（M&M/Mars）、爱纳人寿保险公司（Aetna Life）等都采用了这种类型。

【读一读】8.7

自我管理打造长寿高效团队

《财富》杂志高级编辑、专栏作家杰奥夫·科尔文（Geoff Colvin）有句话，"铁打的营盘流水的兵。只要掌握自我管理的艺术，培育自我管理的文化，团队就有望消除成员不断变化带来的不利影响，始终维持高效的运转状态。"美国戈尔公司连续 11 年被《财富》杂志评为 100 家《美国最佳雇主》（100 Best to Work for in America），是少数几家能一直入围的公司之一。员工流失率仅为 5%。戈尔英国公司连续四年被《星期日时报》评为英国最佳雇主公司第一名。在戈尔，没有金字塔的管理模式，不设经理，只有"带头人"（Leader）。不设部门，任务由功能团队完成。公司不靠政策管理，而只用办事指引和最佳实践经验作参考。

但推行自我管理型团队并不总是能带来积极的效果，自我管理型团队成员的缺勤率和流动率偏高。所以要根据企业本身的发展阶段、运营情况来恰当地选择具体类型。

多功能型团队（cross-functional teams）。多功能型团队是由来自同一种等级不同领域的员工组成，成员之间互相支持、充分交换有利于任务进展的信息，激发各自的工作热情，目的是共同完成任务。由于来自不同领域，多功能型团队的成员必须具有很高的合作意识才行，如果没有这种协作精神，这样的多功能性团队是不可能办好的。20 世纪 60 年代爱必尔诺威开发了卓有成效的 360 度反馈系统，该系统采用的是一种大型的任务攻坚团队，成员来自公司各个部门，也就是所谓的多功能型团队。这样庞大的团队，一旦协调不好，就会因为团队成员的背景、经验的不同而导致意见的不同，最终走向失败。

【实用链接】8.8

IBM 多功能团队

21 世纪 60 年代,IBM 公司为了开发卓有成效的 360 系统,组织了一个大型的任务攻坚队,攻坚队成员来自于公司的多个部门。"任务攻坚队"(task force)其实就是一个临时性的多功能团队。同样,由来自多个部门的员工组成的"委员会"(committees)是多功能团队的另一个例子。但多功能团队的兴盛是在 20 世纪 80 年代末,当时,所有主要的汽车制造公司——包括丰田、尼桑、本田、宝马、通用汽车、福特、克莱斯勒——都采用了多功能团队来协调完成复杂的项目。

综上,将问题解决型团队、自我管理型团队、多功能型团队的具体特点列成表 8.1。

表 8.1　团队类型及特点

团队类型	具 体 特 点
问题解决型团队	5—12 人组成。每周几小时碰头,着重改善质量、环境、效率
自我管理型团队	真正独立自主,10—15 人组成,责任范围广
多功能型团队	成员来自同一等级,不同领域,需要有很高的合作意识

(2)根据团队存在的时间长短划分。

永久性团队,顾名思义,就是工作团队将会同整个组织共同存在。相反,临时性组织会被有些人称作"项目团队"、"项目组"等,即随着某个项目或某个任务的结束,团队即宣告解散。这两种团队,在组织中比较常见。近年来,随着市场整个大环境的变化、企业管理者对企业文化的不断深入理解,组织的团队形式也呈现出新的发展趋势:永久性团队逐渐为临时性机构所取代。临时性团队对需要解决的问题更具有针对性,而且通常情况下,正是由于这种短暂性,使得团队成员更容易被短期内所获得的成绩所鼓舞,这对其他任务的完成也起到了积极的作用。

【案例】8.9

团 队 的 力 量

作为生产电源模块等电子产品元件的专业公司,XX 公司有着合理而完善的管理理念和体系。但随着同时生产的项目增多,公司领导感到在处理各个产品时总是会有很多障碍,使得公司的沟通不是很通畅,甚至会影响到产品的交货时间。如何使各项目部与公司各职能部门及时有效沟通,保证原材料的及时供应,合理对人力、物力、资金等资源进行分配,控制产品的质量安全等细节问题,一时间成了公司高层领导迫切需要解决的问题。为了解决这些问题,公司高层领导把注意力转向了以团队形式来逐个击破每个产品的问题,意在选出适合自身情况的不同团队,来管理每个项目。

在最初进行的两个试点项目结束后,XX 公司的领导及相关部门的管理、业务人员深深感触到了采用临时性的团队形式来管理各个项目,为日常工作带来的许多成效,主要体现在以下几个方面:

1. 库存量达到最优化,并且原材料采购成本降低,材料供给及时,真正达到了 JIT 标准。

2. 电子产品的质量安全问题被各个团队控制得很到位,没有出现一例安全事故。

3. 各个项目的相关文件、数据在相应的团队内部都有详细、清晰地记录,工作环境得到了极大的改善。

4. 各个团队负责生产、销售产品的工期平均缩短 5%。

5. 公司领导及各部门领导能实时动态地掌握项目执行的情况,为项目的调控奠定基础。

6. 各种形式的会议数量骤减,大大提高了相关部门及人员之间的沟通效率。团队之间的沟通在此显得更为高效。

7. 员工的积极性得到了明显的提高。团队合作精神贯彻执行到位。

该公司领导对所有团队进行宏观调控,进而对各个产品项目做出宏观调控。这个过程中,我们看到团队的力量是不可忽视的。在你的身边,是不是也有高效的团队呢?他们又是如何运作的呢?

8.2.2 团队与群体的区别

团队与群体有什么区别吗?下面,我们就来区别群体和团队。

一个群体中的成员,可能只是在一个工作地点、同一个办公区,但是不一定要在一起共同完成某个任务。团队里的成员则是有着共同的任务目标。例如,在一个人力资源系统的办公区内,有三个部分:薪酬福利部、社会保障部、培训部。这三个部门共同构建成一个群体,但是他们各自就是一个团队。

在绩效方面,二者也是有区别的。可以写成如下公式:

群体绩效=成员 1 的绩效+成员 2 的绩效+……

团队绩效>成员 1 的绩效+成员 2 的绩效+……

通过上面对群体和团体最直观的比较,我们就能够理解为什么团队这种形式在现代企业中被广泛采用。除此之外,团队和群体在目标、责任、技能和合作方面都有比较明显的区别。

群体是以信息共享为目标,在合作中可能会存在消极、积极并存的现象。而每个人在责任方面只是会对自己的行为负责。技能方面，一般呈现出具有不同技能的人各自做自己的事。团队则是以集体绩效为目标，每个人都能够积极地配合彼此来完成任务。每人都对自己和团队负有责任，每个个体的存在对彼此的技能都能够起到补充的作用。

8.2.3　团队沟通技巧

【小事深思】8.10

经 理 的 困 惑

在某个民营企业中，一位经理被他的团队沟通问题所困扰。"我团队中的成员在过去几个月中对很多事表示不满——工作目标制定的过高、新的软件分析系统老出现问题、茶水间的茶叶质量不好、办公室中的环境卫生总是不能得到保障等等，奇怪的是很少有人正式地抱怨。"在这个团队里，成员对许多问题都怀有意见，可是就是不去正式地提。员工这样的做法是不是有效的团队沟通呢？这位经理对这样的情形，是不是应该有所行动呢？他又该如何进行有效的沟通呢？

在讨论团队沟通技巧之前，先来分析一下影响团队正常沟通的障碍有哪些。一般说来，主要是外界环境干扰、语言障碍和心理作用。

（1）外界环境干扰。环境对人的活动有重要影响，环境中的光线、声音、气味以及色彩等都会成为影响团队中每个人的因素。如果是在嘈杂、闷热、还充斥着卫生间异味的环境下，团队中的成员会有一个什么样的心情来进行工作、讨论问题呢，他们的注意力与关注点很可能就被这样的环境全给打乱了。工作环境的布局风格、采光效果等也会影响沟通的有效性。

（2）语言障碍。如果团队中的成员采用不同的语言，那么语言障碍也将成为影响团队沟通的一个因素。在团队中进行沟通时，信息发出者不善于表达、接受者又可能没能完全明白对方的语言、同一个词在不同的语境下出现不同的理解等都可能影响团队沟通效率。

（3）心理作用。团队中的成员也可能受到心理因素的影响，而使沟通不畅。下面列举了一些影响团队沟通的心理因素：

害怕给同事留下不好的印象。"言多必失"使很多人的心理蒙上了"阴影"。他们在潜意识里把自己和其他团队成员隔离开来，怕犯错所以就不张口说。尤其是面对团队里比较有地位的人时，这种心理作用更加"起作用"。久而久之，导致了在团队中的沟通问题。

首因效应。就是指在进行社会知觉的过程中，对象最先给人留下的印象，对以后的社会知觉发生重大影响。人们在进行交流时，如果对方最初的观点与自己的观点不同时,就会在自己心理产生一定的负面影响。在团队中,进一步的交流就会因此而受阻。

自以为是。人的心理问题中比较明显的一个就是自以为是。总觉得自己的想法是对的,别人的反对意见全都是不能接受的。这就导致了团队内部在沟通上的问题。这样很可能错过很多好建议,影响团队的绩效。

性格偏见。这里有个小案例,来自两个公司的代表进行谈判前,一方的内部团队中的两个成员在某些谈判战术问题上产生了歧义,一个建议采用主动性的谈判风格,而另一个则坚决反对。两个人性格上的差异造成了这样的沟通障碍。

IBM 董事长小托马斯·沃森曾说过:"世界上没有什么东西可以取代良好的人际关系及随之而来的高昂士气。"为了避免在进行团队沟通时出现上面的障碍,使得团队中每个人都有较高的士气,分别针对前面讲过的外界环境干扰、语言障碍和心理作用三方面来讲述一些技巧。

技巧一:创造易于团队沟通的办公环境。

团队成员的沟通,大多数还是在办公时间。所以,为了解决外界环境干扰问题,就应该从工作环境入手。例如许多公司在办公楼的设计过程中就考虑到每个团队沟通的问题了。请看下面这个案例。

【举例】8.11

A 先生的团队建设

某国际大型公司在面对日益增长的市场态势,决定再建一个工作园区。最初的计划是为设计者们、营销专家等专业人士分别盖楼,但是该公司的总裁 A 先生在研究了公司内部现状和产品流程后,决定不能采用原先的计划。他提出,每个团体应该保证有自己团体的空间,可以及时准确地进行沟通,又不能使每个团体被隔离到同其他团体产生沟通障碍的地步。在这样的想法下,A 先生带领公司步入了全新的办公楼。所有的团队都围绕在一个中心地带,各自呈扇形排开,在属于自己团队的工作扇形区域内。但是在日常工作过程中,总会同其他团队的人见面。例如去取传真、去洗手间等可能就能在途中见到同事。这样的工作环境有利于团队内部的交流,同时还兼顾到公司业务流程的需要,一举两得。结果,公司业绩在接下来的一年,又出现了极大的增长。公司内的工作氛围也有了巨大的变化。

适于团队、成员沟通的工作环境,是提高沟通效率、消除沟通障碍的基本问题。只有在公司为成员之间、团队之间建立起这样沟通的桥梁的前提下,才能进一步谈沟通。

技巧二:从多方面减少语言方面的障碍。

可以从以下几个方面进行控制。

(1) 招聘。在面试应聘者时,许多面试官会对他们进行全方位、系统的审核。当然离不开通过语言来交流。招聘启事中,经常会列出对语言的要求。如果两个人不能够用同一种语言来交流,一个用中文,一个用英语,沟通起来又怎么可能没有障碍。所以在招聘启事里就应该有目的性地把语言要求及所能达到的程度也都写清楚。

（2）培训。由于公司业务需要，可能会对员工的语言交流能力有更高的要求。韩国三星集团在北京的公司，就会聘请韩语老师为公司的员工进行韩语培训。这样的培训，对员工本人是很好的提升个人素质的好机会；对公司团队而言，也能够避免不必要的沟通障碍。

（3）主动解释。团队中一旦由于某个人欠妥的语言造成了沟通、理解的失败，就会使团队的气氛、工作效率大打折扣。没有人会愿意在一个充满了火药味的环境下继续工作，而这一切可能就是几句被误解的话所引起的。所以，在团队交流中，尽量把自己的观点阐述的清晰明了，并主动去解释被人误解的部分。

技巧三：正视自我，克服负面心理作用。

团队中的每位成员都应该相信，只有通过努力合作才能取得更大的成绩，每个人都是愿意与别人合作的。不要受负面情绪、负面心理的影响，要客观地对待每一件事、每一个人。

8.3　会议沟通及技巧

在现代管理工作中，会议是组织沟通的一种重要方式。它为管理者和员工提供沟通、交换意见的平台。会议的效率直接影响公司运营的效率，从而影响整个公司的业绩。如何使会议达到有效沟通的目的就是本节所要阐述的内容。

8.3.1　会议概述

1. 会议的理解

什么是会议？"会议"与"会"的区别是什么？在大多数人的头脑里，已经把"会议"和"会"混为一谈。而实际上，从字面上就可以发现，"会议"比"会"多了个"议"字，也就是说，"会议"是聚在一起经过发言、讨论、集思广益的过程。开"会"则不需要交换意见，只是信息传递的过程。不过，在多数情况下，"会议"与"会"被认为表达出同一个意思。我们认为：会议是指有组织、有领导地商议事情的集会。

2. 会议的基本特征

（1）集体性。会议通常是多人参加的，是一种集体性质的活动。这可能是长期举办的稳定的会议，例如股东大会；也可能是临时性的会议，比如某个项目召集各个主管开的临时性会议。不管哪种，都是一个集体来共同参与其中的。俗话说"三个臭皮匠，赛过一个诸葛亮"，可见，集体性使得会议中会出现更多的建议，更容易做出更优的选择。

（2）普遍性。会议存在于各个领域、各个团体之中。只要是参与到社会中，就会或多或少地参加各种各样的会议，会议具有普遍性。

(3) 目的性。任何一个会议都是要有目标、有宗旨的。盲目会使得会议变得毫无头绪，更没有什么意义可言了。这种为了某个明确的目的而开的会才是真正意义上的会议。

(4) 组织性。会议一般是由一个相对小型的团体来进行计划、组织、安排的。例如发起人是哪个单位，承办人是谁，会议议程是怎样安排的，会议的地点、设备等又是怎样安排的，这些都是组织者要完成的任务。

(5) 约束性。一旦同意参加某个会议，就要对参加该会议所需要遵守的纪律有详细的了解并认真执行。例如，美国中央情报局对内部开的会议就严令与会者对一切内部消息都不得外泄。这就充分体现了会议对参与人的约束性。

(6) 排他性。在某些会议上，需要参与人发表意见，甚至是对参选人的演讲进行投票选举，这样的会议只有与会者的选票才是有效的，而未参加的人员就没有权利来参与投票，这体现了会议的排他性。

3. 会议的目的

美国芯片制造商英特尔的前总裁和首席执行官安迪格罗夫就在会议室的墙上贴着"你知道这次会议的目的吗？你有会议的议程吗？你知道自己在会议中的角色吗？"徒劳无益的会议怎么可能有什么真正的效果？

每一个会议的召开，组织者都必须先明确会议的目的。通过这样的会议能够解决什么问题，能够沟通些什么，一般说来，会议的目的主要有以下几点：

(1) 传播信息。想让多数人都知道同一个信息时采用会议这种形式，能够使信息传播的速度显著加快，例如，对学校的某些政策向下传达时，很多学院就会召集各班的班长来召开这样的会议，以便进一步落实工作。

(2) 动员。动员会议也是比较常见的一种会议形式。例如，学校新生在军训前一般都会召开动员会。在这样的会议中，会议的主办方都会对与会人员进行鼓励，号召他们积极地完成任务，有时也有参会人员代表发言等互动环节。

(3) 解决问题。我们在日常生活中，不可避免地要遇到许多障碍，怎样更有效地解决这些问题呢？少数几个人的想法可能不能全面地去考虑问题，于是组织的领导就会召集更多的人来尝试一些不同的想法。可见，当遇到需要集合大家的力量共同来克服某一困难时，会议可以使得与会人员发挥主观能动性，共同解决问题，进而完成整个团队的任务。

(4) 收集和交换意见。党支部在决定提名预备党员时，就可能选择召开支部会议，对可能出现的意见进行收集并讨论，交换彼此的意见并对候选人进行评估。上边所提到的会议类型就属于收集和交换意见的会议。

(5) 精神需求。为了达到一个组织中成员之间更为和谐、更为团结的局面，组织的领导常常会在节日来临前举办茶话会、招待会来满足组织成员的精神需求。这样的沟通更为轻松、容易，为人们增进彼此的友谊提供了很好的平台。

(6) 制定决策。通常只有当人们真正参与到决策制定中来，才会更好地去执行已做出的决策，同时，在讨论过程中时，大家可以使整个目标更加明确，思路更加清晰。

(7) 培训。在许多著名公司里,都会有固定的培训室。为了使员工能够具备更为完善的专业知识技能,大多数企业也采用会议的形式对员工进行培训。在这样的会议里,培训师一般会调动整个团队的积极性来达到有效沟通的目的。

会议的目的是整个会议的灵魂。美国著名律师乔治·戴维·基弗尔曾说过"大多数专业人士都没有认真想过徒劳无益的会议对他们的机构有什么影响"。所以,在开会前一定要明确会议的目的,这样组织沟通才能做到有的放矢。

4. 会议要素

一般来说,会议的要素是与会者、主持人、会议议题、会议时间和会议地点。有效的、成功的会议都是这几个要素有机结合在一起的结果。

5. 会议的类型

从不同的角度可以对会议进行多种不同的分类,下面就介绍几种主要的会议分类。

(1) 按照举办方的性质划分。按照举办方的性质不同,会议可以被分为三大类:社团协会类会议、公司类会议和其他性质组织会议。

社团协会类会议。社团协会类会议是一种十分常见的一种会议类型。这类会议有时会将展览融合其中,例如"上海国际电池产业展览会暨技术交流会"、"上海国际骨科器材展览会暨学术研讨会"等等,所以可以对这类会议再进行详细的归类,有专业协会会议、行业协会会议等。近年来,行业协会被许多专业开发会展工作的有关人士关注,因为它们是会议业中最具商机的市场之一,因为许多成功管理人员就在这样的协会内。

公司类会议。公司类会议是公司内部最基本的传递信息的方式,小到基层小组,大到董事会,公司里上上下下每天都会有数不清的会议。这类会议的目的通常是为了解决有关技术问题、协调相关人员开展工作、对上级指示进行传达等。具体包括技术会议、股东会议、销售会议等。

其他性质组织会议。电视上经常看到的政治性会议就属于这种会议,这种会议在省市级政府机构中出现得比较频繁,也是一种典型的会议形式。该形式会议呈现给大多数人看到的一般是大会场,但是在其背后的小型会议室等各种会议设施、仪器也是相当繁杂的。

(2) 按照与会人数划分。根据参加会议的人数的多少,可将会议分为小型会议、中型会议、大型会议及特大型会议。一般对其进行如下的分类。

小型会议:出席人数就只有几人,不多于 10 人。由于会议与会人员比较少,大家可以充分发表自己的意见,好的创意会更多,这样也便于控制,沟通起来会更容易。

中型会议:出席人数是几十人。由于会议人数已经不像小型会议那样容易控制,所以一般情况下是不能有太多自由发言、讨论的,否则可能会出现没办法控制的局面。就算有发言,也是要有一定的先后顺序。

大型会议:人数在 100 至 10 000 人之间。大型会议里的大多数与会者是充当听众的,也就是说,会议的举办方会选择极少数发言者来宣读某些文件或者让与会人员进行投票选举等这样的形式出现得比较多。通常,这样的会议会运用特殊性标志,例如会标、会旗、会议主旨性口号等,来烘托出整个会议的氛围。

(3)按照会议性质和内容划分。

培训性会议。长达一天到几周不等。这种培训会议需要在选择会议场所时有所注意,培训师会根据培训内容的不同、培训人员的不同,进行有针对性的培训安排。

代表会议。我们可能听说过"职工代表大会"、"研究生学生代表大会"等这样的会议,部分代表来参加会议以便对某些问题进行探讨,但是要对美国社会中这个词的用法引起重视,因为它在美国被用来指立法机构。(代表)大会的出席人数差别很大。

年会。一般以周期性为特点的年会主要是就某一特定主题展开讨论的聚会,例如可能会涉及教育、经济、政治、技术等领域。多数年会是一年一次,年会可能包括不止一次的会议,主要是一次全体会议和几个小组会议。参加年会全体会议的人员如果比较多,一般要选择借用或租用召开会议的专门会议厅。如果人数少些或进行的是小组会议时,就可选择较小的会议室了。

专业会议。对某领域内的某些具体问题进行专业性的讨论的会议就是专业会议。专业会议的规模根据人数的多少而定,弹性比较大。

论坛。一般说来,主持人在这样的会议中起到的作用是非常大的。讲演者可能会有不同的观点,听众可能会进行提问,进行较为深入的讨论,主持人要控制好整个会场的局面,最后总结双方观点。这些都要求会场内设备要齐全。这里需要指出的是,如果论坛规模变大,更加正式的话,就会衍生出座谈会、专题讨论会这种形式的会议,如果规模不是很大,与会人员都有平等交换意见的机会时,就可能衍生出研讨会、专家讨论会、讨论会这样的会议。

讲座。我们对讲座应该都不陌生。在大学中比较常见的讲座,是非常受欢迎的。经常是某位专业人士、名人、名师等进行发言,讲座后根据时间安排来决定观众的提问时间。

(4)按照会议活动内容划分。

度假型会议。把会议安排在风景秀丽的度假胜地是现在各大会议主办者们采用的一种方式。这样既能让与会者观光、休闲,又能将会议的精神顺利贯彻执行下去。在这样的气氛下进行沟通也体现了组织对与会人的关心、体贴。

展销会议。在固定场所和一定期限内,由一个或几个单位举办,用展销的形式,销售商品给具有相应资格的经营者的集中交易活动,例如"2004北京汽车展销会"。这样的活动使得这样的会议与其他会议有了较大的区别。

除了这两种外,还有一些会议,在此不做过多解释。

8.3.2 会议沟通原则

1.明确目标

会议目的,就是召开会议的原因。会议的举办是为了通过会议的影响力、特点等达到某一目标,进而采取相应的策略来推动事态的发展。任何一个会议在沟通行为的发生之前,都必须明确会议的沟通目标。

2. 明确时间约束

开会时间长短的选择是一项不可忽视的任务。会议的主要内容应该分配给多长时间、会议进程中的讨论时间的控制等都是时间约束的体现。会议沟通的这一原则要根据会议的具体情况具体分析,绝不能一概而论。

3. 重视细节

在会议总体思路、方案确定以后,工作细节决定成败。必须高度重视每一项工作、每一个细节,努力把工作做实,把小事做细。重视会议前期、中期和后期的每一个细节,力求做到万无一失。

4. 做好准备

会议召开前的准备工作非常重要,会议计划要处理的问题、会议议程、会议目标、时间的选择、地点的安排、会议通知函的起草、发出,房间内座位、文件、烟灰缸等等,这些工作都需要会议主办方做好充分的准备。会议的准备工作是会议成功的前提条件,只有完成了这一步才可能成功地进行沟通。

8.3.3　会议前的筹备与注意事项

1. 确定会议主题和目标

通过回答以下几个问题,可以帮助会议组织者明确会议的主题和目标。

第一,会议想实现什么?

第二,会议的几个目标之间的顺序是怎样的?

第三,会议取得的最好的结果和最坏的结果可能是什么?

2. 确定会议议程

在确定会议议程时,通常要遵循以下原则:

(1) 主次要分明。当会议中存在比较紧急的事项时,就要先安排它们,余下的事项就可以依次排在后面。要在与会者的精力最集中的时间段里传达最重要的信息。

(2) 效率要高。这里需要注意的是,不要在安排会议议程时把事项安排得过于紧凑,要准确估计讨论时间、发言的时间以及突发事件等。尽量把握好时间的安排,要尽量在与会者的疲劳期来临前结束会议。

(3) 背景资料要翔实。每个与会者都应该在会议前对会议的主要内容和框架有个大概的了解,对于主要发言的人物则更要事先为他们准备好相关资料,让他们了解各自在会议上扮演的角色和作用。

【举例】8.12

合肥 XXX 公司济南现场会会议议程安排

会议内容	单 位	时 间	地点	参加人员	会议主持	负责人
主持人宣布会议开幕	合肥 A 公司	7:00~8:00	会议厅	全体人员	汪卫平	
参观企业用户	合肥 A 公司	8:00~9:30	用户单位	部分代表	赵孟均	何 滨
三宇董事长与客户交流产品技术、企业发展、合作	合肥 A 公司	9:30~10:30	另行通知	部分代表		袁忠杰
第三批签约客户	合肥 A 公司	10:30~11:30	另行通知	部分代表	汪卫平	汪卫平
自助餐	合肥 A 公司	11:30~12:30	餐厅	全体人员	汪卫平	

合肥 A 公司

会务组:许伟　133XXXXXXXX

3. 确定会议与会人员

决定与会人员是非常重要的一个环节。要根据会议的目的来确定与会人员。如果需要征求全体员工的意见,需要大多数员工投票表决的会议,与会人员人数会相对较多。如果只是需要公司的几个主要股东来讨论某些问题,那么参与会议的人员相对较少。

可以根据下列标准选择与会者:

(1) 会议信息提供者。这些人可能是要下达精神的上级领导,也可能是团队中的某个项目负责人来组织成员研究新技术的应用问题等等。毋庸置疑,这些人是必须参加会议的。

(2) 特殊身份者。这里的与会者,可能跟会议的主题、会议要解决的问题没有直接关系,但又是会议不可缺少的参加者。

(3) 接受任务、接收信息的人员。与会人员中非常重要的一部分人员就是这些接受任务、获得信息的人员。会后他们才能按照上级领导的指示,贯彻执行任务。

【实用链接】8.13

为与会的残疾人员妥善安排整个行程

会议主办方,当在你的与会人员名单中有残疾人时,应该为残疾人员安排得更加周全、细致。最好事先同行动不便的与会人员取得联系,询问是否有什么特殊的要求。

对于行动不方便的与会人员,在安排车辆时,应该注意接送残疾与会人员的车辆尽量能够方便他们上下,必要时可考虑专门为他们选择车辆。在预订机票时,尽量为他们预定直达的往返飞机票,避免转机给他们带来的麻烦。在自己的团队中尽量安排几个人专门照顾这几位行动不方便的与会人员。

对于有听觉障碍的与会者,应该主动询问是否需要一个手势翻译在其左右陪同,或是提前为其准备更多的文字资料、助听器等。如需要为其安排房间,则要选择最好备有视觉指示器的房间。

对于有视觉障碍的与会者,应该主动为其准备盲文的会议资料,并且为有视觉障碍的与会者在会议室、住宿处等地方用盲文来做指示。对于这类与会者的导盲犬等服务性动物应该可以允许带来参加会议。

4. 确定会议时间

确定会议时间,主要是指会议开始的时刻、会议持续的时间这两方面。

(1) 会议开始的时刻。在选择会议开始的时刻时,要考虑与会者能否按时出席,设备能否安排到位。除此之外,要注意在安排会议的召开时间时,尽量避免假期,这样与会者就不太会出现抵触心理。在一天之内的会议,是安排在上午还是下午,需要针对具体公司的情况具体分析。一般而言,会议不应该安排在早上刚开始工作时,因为这时员工可能还没有完全进入工作状态,仓促开始会影响到会议的效果。

(2) 会议时间的长与短。有研究表明,普通成年人能够集中注意力的时间只有 20 分钟,所以要尽量把重点内容在前 8 分钟内宣布完毕。但是如果内容比较多,不可能在前 8 分钟内实现,那么可以考虑使用多种演示方式,例如活动挂图、投影仪等设备。

【读一读】8.14

人们对会议时间的反应

看看多数人对待会议时间长短的反应:

30 分钟 = 基本接受

60 分钟 = 略显烦躁

90 分钟 = 无法忍受

---

5. 确定会议地点

随着科学技术的迅猛发展,很多会议的地点选择已经不是问题了,组织者可以选择通过电子设备,几个人进行异地会晤。这种形式的出现,使得会议沟通变得更加丰富多彩,例如视频会议、电子会议等等。

视频会议的优点是参加者在不同的地点却可以相互及时沟通;节省了花在路途中的时间,降低了沟通成本。缺点是缺乏非语言的沟通,例如手势、眼神的交流;只能一个一个地说,会在沟通上耗用较多时间;在视频会议之前,对与会者的准备提出更高的要求。

下面着重讲述面对面的会议地点问题。

在选择会议场所的时候,必须要根据会议的目的、参会人员、与会人员的偏好等来决定会议的地点。一般是豪华型宾馆、旅游胜地、会议中心、会展中心、培训拓展中心等。

豪华型宾馆。世界级的著名宾馆万豪宾馆、喜来登宾馆等都能充分体现现代商务高效、快捷的内涵。在这里可以让与会人员享受到高水准的服务,例如中西式餐厅、各种商店、健身房、游泳池等设施。但这样的地点,会议组织成本会较高,对于贸易展销、大型宴会等重要会议可以选择在这种场所开办。

旅游胜地。这样的地点是商务人士比较喜欢的会议场所。商务人士由于工作忙碌,平时没有较多时间来放松紧绷的精神。所以如果选择旅游胜地,既可在会议之余领略自然风光,使得与会人员的心情舒畅,也会对会议的成功举行起到不小的辅助效果。

会议中心。会议中心是为举办会议和活动而专门建造的会场。在大学里会有这样的建筑。由于它们是专门为会议所准备的,所以设施齐全、服务周到,是会议中心的最大特点。这为顺利开展会议、安排与会人员的作息住宿都提供了便利。

会展中心。会展中心的外部设计、园林规划、内部装修都充分体现了当地特色,集休闲、娱乐于一体。会展中心的会议室、商务服务、设施服务是比较完备的。选择会展中心,最大的优点就是会议室内的布置、设备的选用等安排有序。

培训拓展中心。把整个团队带到外面的某个培训拓展中心,不但可以为会议的召开找到一个比较安静的环境,而且有助于对整个团队的合作精神的培养。经过一个比较正式的会议后,当然希望所有成员不仅能够领会会议精神,还能够凝聚在一起来完成任务。

下面列举的是选择会议地点的主要步骤、注意事项和比较典型的案例:

(1) 列出所有的选择。所有可以选择的地点都应该写下来,并把各自的优劣势一一列举出来,结合会议的类型、会议的目的、会议的程序、与会人员的人数及偏好等来进行比较选择。这样的清单将会为你的选择提供清晰、有说服力的依据。

(2) 在考虑去做现场参观之前,要确保已具备了前提条件:会议预算在所有备选方案中都应该可以保证;所有条款都应该仔细阅读并能够达到双方的要求。

【举例】8.15

会议合同清单举例

某个机构欲在某个宾馆开会。下面是他们初拟的会议合同清单(只包括标题):

客房类型、客房数目。

登记房间或退房时间。

预订手续办理时间。

客房级别。

娱乐健身设备。

会议室空间。

饮食安排。

取消、中止政策。

保险事宜。

（3）实地考察。在初选过后,应该实地去考察备选的会议地点的实际情况。会议房间的大小、采光是否符合会议的要求。在一个太小、昏暗的会议室内开会,效果一定会大打折扣。为了避免分散与会者的注意力,会议地点附近不能有任何形式的干扰。会议室内的高度不能太低,不能给与会者心理上带来不同程度的压抑感。桌子、椅子,以及其他设施是否能够让与会者感到舒适,这些都是在实地考察过程中需要注意的地方。

6. 布置会议场所

不同的会议,要求有不同的布置形式。而恰当地布置会议场所的环境有助于提高会议的质量。会议场所的布置主要从三方面来考虑:室内用具、室内装饰和会场形式的安排。

（1）室内用具。室内最重要的是会议上需要使用到的用品。例如,支持主流投影机及电脑显示器、并可与 VCD、DVD 连接,有音视频功能的 JVC 实物展示台;可与台式电脑,手提电脑,录像机,VCD,DVD 连接的多媒体投影机;适用小型透明胶片的幻灯机;录像机,DVD 影碟机,数码摄像机,多媒体电脑,反射式书写投影仪,液晶多媒体投影机等。其他辅助用品有投影幕布、多制式麦克风系统、激光笔、可变式背景架、全套灯光设备、移动式舞台、T 形舞台及舞池、白板等,也都是需要注意备齐的室内用品。室内的桌椅、沙发、电话机、柜橱也要讲究方便实用并且美观大方。在购置这样的用具时,要充分考虑到人的舒适度问题,确保与会者在一个舒适的环境下工作。

（2）室内装饰。地面通常采用的装饰物有塑胶垫、地毯、瓷砖等。不管选择哪种,都应考虑和室内的墙面装饰物上下呼应,相互协调。室内的墙面可以采用壁纸、乳胶漆等渲染会议室的气氛。原则是要给与会者一种十分亲切的感觉。其他挂饰要根据会议的类型来具体分析。例如,在人民大会堂内挂上玩具就是不合适的。会议室内的桌椅、茶几等用品上面可以根据需要来覆盖合适的桌布等饰品,这样不但美观大方、还能给人感觉很干净,同时,还能防止磨损,减少磨耗损失。窗台上还可以再摆上几盆盆景,让整个会议室变得更有生机。

（3）会场形式的安排。日常工作会议的会场布置形式多为圆形、椭圆形、长方形、正方形、一字形、T 形、马蹄形。座谈会、讨论会的会场布置呈半圆形、马蹄形、六角形、八角形、回字形。中型会议的会场布置呈而字形、M 字形、扇面形,使人有正规、严肃之感。大型茶话会的会场布置呈星点式、众星拱月式为好。大型会议一般在礼堂召开,形式是固定的。

图 8.1 是常见的几种会议室内的桌椅安放方式,可供参考。在为与会者安排座位时,也要按照一定的规律和比较科学的原则。

① 按照姓氏笔画为序排列座次。

② 按照职位先后来排列座次。同级别人员可以姓氏笔画为序排列先后。

③ 按照姓氏汉语拼音首字母为序排列先后。

④ 按照获奖名次或选举名次先后顺序排列座次。

中国传统习惯以左为上,排在第一位的居中而坐。以此为基点,其余的以居中者的左手方为第一顺序,先左后右,依次排列。除此之外,还有横排法(从左至右依次排列)和竖排法(从前至后)。

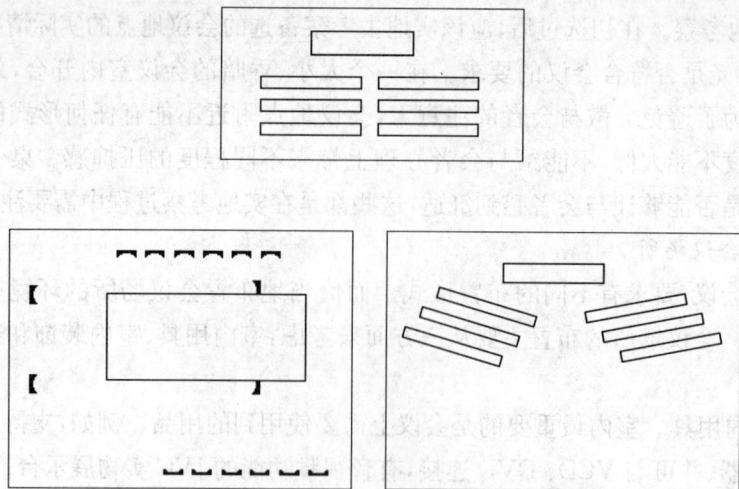

图 8.1　几种常见会场布置方式

7. 发出会议邀请函或通知函

正式的会议通知必须包括会议的目的、主要议程、会议的时间、地点、有关要求,落款处应注明会议的通知部门、联系人电话等信息。经反复修订,确定没有任何遗漏之处后,就可以按照程序进行签发、复印并发送出去了。

【举例】8.16

长安福特马自达汽车有限公司南京公司
2011 年供应商大会　会议通知暨邀请函

长安福特马自达汽车有限公司南京公司计划于 2011 年 12 月 09 日举行 2011 年供应商大会,特邀请×××公司参加,请贵公司派 1—2 名主管商务或技术的副总以上的领导参会。

1. 会议地点:广东深圳大梅沙京基喜来登度假酒店;

2. 会议时间和签到时间:(关于签到时间请注意:为保证会议的有序进行,避免您的迟到,请尽量于 12 月 08 日签到,请预留机场到酒店的交通时间)。

	时　　间	会议安排
2011 年 12 月 08 日	15:00—18:00	签到(请见酒店大堂标示)
2011 年 12 月 09 日	8:30—11:30	签到(请见酒店大堂标示)
	11:30—12:45	自助午餐
	13:00—17:00	大会及颁奖典礼
	17:00—18:30	休息
	18:30—20:00	答谢晚宴
2011 年 12 月 10 日	08:00—12:00	商务高尔夫球赛

联系人：×××

地址：广东深圳大梅沙京基喜来登度假酒店

邮编：518083

电话：×××××××,×××××××××

手机：139×××××××

Email：×××@×××.com.cn

传真：××××××××

长安福特马自达汽车有限公司南京公司

2011 年 10 月 10 日

8.3.4　会议过程中的组织技巧

1. 会议开场

会议开场时,主办方不能懈怠。从以下几个方面来抓好会议开场的工作,就能收到事半功倍的效果。

(1) 尽量准时开会,并且避免会议的开场时间过长。充分考虑路途、气候等原因对与会者的影响,尽量减少不必要的麻烦。如果会议的开场占用时间过长,就会使有人对会议后面的内容不抱有兴趣了。

(2) 在开场称呼中,经常是按国际惯例称"女士们、先生们",但是要注意的是后面不必再加"朋友们、同志们",以避免重复。

(3) 开场过程中出席的领导人在介绍时要注意,主办单位的领导应该放在宾客后面,但是如果主办单位是国家领导人,则应该先报。

(4) 在开场的介绍过程中,为了避免多次鼓掌而影响开场进度,应该在统一介绍完毕后再停顿,以示鼓掌。这也为翻译提供了方便,对外宾表示出足够的尊重。

(5) 开场时主持人要使用适合自己身份的语言来介绍自己,着装要端庄、大方,这是对所有与会者表示尊重。切忌穿着不符合自己身份的衣服,佩戴不合场合的首饰、头饰等。主持人的语言要尽量照顾翻译人员,不能堆砌许多中国谚语等,以免造成翻译问题。

(6) 与会人员要尽量准时到会。主动、热情地同其他与会人员交流,不要形成小团体聊天,在开场时,要立即停止聊天。同时要注意保持会议现场的卫生。

2. 会议主体部分

会议开始后,要能够时刻控制整个会议进展情况。广泛听取各与会人员的意见,对突发情况能够恰到好处地处理,不能对与会人员的意见置之不理,更不能对所提意见进行批评。如果时间允许,应该让与会人员进行讨论,以期达成共识。

会议的议程一般不应改变,但是特殊情况下应该及时上报上级部门,得到指示后再继续会议。一切与会人员应该尊重主办方、上级领导的意见。

对于会议上选举出的候选人名单,应该集中研究,仔细讨论,做好协调工作。会议的主办方应该让全体与会人员能够了解所有决定,并接受一切决定。一定要避免引起任何矛盾。

3. 会议结尾阶段

会议结尾阶段的工作主要是指整理会议资料、帮助与会人员离会、返程等事情。

会议结束时,要检查会议场所内是否遗留了重要的资料文件,对重要文件一定要安排专人来负责,确保放在安全的地方。对于多余的相关文件资料,应该及时向上级请示并妥善处理。

与会人员如果需要会后赶往别处,要尽量帮助他们办好离会手续。住宿费、餐饮费等费用如需结算,不得耽误。要对与会人员负责,也对提供会议场所方负责。

对于结清一切费用的与会人员,要积极配合做好返程计划,安排送站人员、车辆、行程等。最好安排专人来负责一个线路,避免出现差错。

8.3.5 会议后续工作

会议结束后的几天内,应该对会议工作认真做总结。对取得的成绩及时给予鼓励,对不足之处要仔细研究,避免在以后的会议中再次发生。在这个环节,整理会议记录是必不可少的工作内容。会议记录是要分给所有参加会议人员的文件。对于会议上的决议,以及参会人员的任务都应该在会后的 24—72 小时内整理完毕,并及时发送到与会人员手中,让每个人都明确自己的任务,有利于及时激励与会人员。但是,要注意的是会议记录虽然是记录,但是不一定要把会议上的所有内容都非常详细地记录下来,这要依照会议的类型和会议的需要而定。同时,如有必要,不要让不相关的部门、单位或个人私下录音、拍照、传播会议的精神。

【读一读】8.17

大型会议会务工作后续清单

会议后期工作	宣传报道	宣传资料准备	稿件撰写及照片整理
		宣传报道发布	将稿件及照片发送至总裁办企业文化组,进行宣传报道
	会议纪要	纪要整理	会议后尽早整理会议纪要
		邮件发布	经领导审阅后通过邮件发布
	后续工作跟进	会务费用结账报销	对会务期间发生的费用进行结账报销
		会务工作总结	组织相关会务人员进行工作总结,梳理工作流程中出色之处及不足之处
		工作任务跟踪管理	针对会上确定的各项工作任务进行跟踪管理

8.4　非正式组织沟通

8.4.1　非正式组织的概念与特征

非正式组织沟通是指在正式渠道之外,通过非正式的沟通渠道和网络进行信息交流,常用来传递和分享组织正式活动之外的"非官方"信息。非正式沟通网络构成了组织中重要的消息传播途径。

非正式组织的形成主要有以下五点原因:第一,兴趣爱好相似;第二,暂时个人利益一致;第三,亲属关系;第四,经历背景相似;第五,地理位置相近。

非正式组织的特征主要有:

(1)非正式组织具有自发性。在非正式组织中,成员之间可能没有共同的目标,也不会有共同的愿景,只是兴趣相投或价值取向相近而产生联系,因而具有自发性。

(2)非正式组织无明确结构。非正式组织没有明确的组织名称、结构,也没有明确的工作地点,工作职责,更没有清晰的上下级单位。

(3)非正式组织的情感性。非正式组织没有结构、没有职责,但是却在用某种情感来维系整个组织。非正式组织满足了成员在正式组织中尚未得到满足的心理需求。非正式组织中成员之间融洽的关系是整个非正式组织的重要特征。非正式组织内的成员之间的互助往往多于同其他组织的帮助。

(4)非正式组织的不稳定性。由于非正式组织的无组织、无上下级性,非正式组织更容易解散,而在一定条件下,可能又会重新凝聚在一起,并且易受人际关系影响,所以非正式组织内人员流动性比较大。

(5)非正式组织的无形规则性。一般在非正式组织的内部,虽然很难发现有什么规章制度,但是非正式组织成员仍能感到一股无形的力量,从而形成了一种隐性的规则。如果不遵守,就会受到其他成员的排斥,甚至要承担强烈的心理压力和精神紧绷感,从而不得不遵守这些无形的规则,否则就要被迫离开该非正式组织。

8.4.2　非正式沟通和正式沟通的关系

以效率为重要标准的"正式沟通"和以情感的逻辑为重要标准的"非正式沟通",除了标准不同外,它们之间还有什么关系? 是对立的吗?

1. 组织沟通以正式沟通为主,非正式沟通为辅

正式沟通的效果好,信息准确,约束力强,易于实施。所以在组织内会看到所有正式的通知、会议等事务,都是通过正式的沟通渠道来完成的。但是,非正式沟通的辅助作用也不能忽视。非正式沟通在传播消息方面的速度快,管理者在处理非正式沟通时

需要谨慎小心,权衡好非正式沟通的利弊关系。

2. 正式沟通和非正式沟通的关系是对立统一的

正式沟通与非正式沟通间是没有交集的。所以,从这一点上来说,正式沟通和非正式沟通是对立的。但是,正式沟通和非正式沟通都是以组织的利益、发展为前提的,都是从公司、组织成员的切身利益出发的,所以又是统一的。正式沟通与非正式沟通是组织沟通中不可或缺的两个部分。

8.4.3　非正式沟通技巧

如何更好地利用非正式沟通来提高工作效率是每位员工必备的技能。下面介绍几种充分有效利用非正式沟通的技巧。

技巧一:花一些工作外的时间和人建立良好的关系。工作之余,花5—10分钟,就可以跟平时不是很熟的人展开一段对话,即兴地聊上几句,慢慢地就可以建立良好的人际关系。适当地花些心思在这样的非正式沟通上,会有预想不到的结果。

技巧二:适当的时候可以带上家人与同事们一起游玩。试着把自己的家人介绍给同事,不妨组织一次出游,一起分享更多生活中的快乐,也许会为你赢得更多同事、上司的掌声。他们会觉得你是个很容易接触的伙伴。这样你就可以非常顺利地融入组织中,并且在生活上也能得到来自他们的帮助。

技巧三:注意观察身边人的爱好。在和身边人接触时,可以多留心观察同事们的爱好与特长,创造机会同与自己有共同爱好的同事多交流。在轻松自在的活动中,既互相学习,又增进了友谊。

【案例分析】8.18

惠普的组织沟通

惠普公司非常重视为员工创造最佳的沟通氛围,制定了很多相关的政策,不但增强了员工个人的满意度和成就感,更确保了公司能够有效进行信息沟通,及时制定并执行解决问题的方案。同时,惠普公司通过与客户进行有效沟通,即与客户之间建立紧密的联系,更为其产品的开发与推广提供了高价值的全面信息。

第一,实行"走动式管理",进行走动式沟通。

这项政策是惠普公司的一个帮助经理们和监督者们了解他们手下的人和他们正在做的工作,同时使他们自己也更加平易近人的办法。"走动式管理"是经理们同工厂工人一起致力于解决问题的做法,它解决了书面指令难以面面俱到的缺点,使管理者亲自参与,深入实际。"走动式管理"的做法总的来说在惠普的海外工厂像在美国的工厂一样有效,通常每年都在国外进行国际分部的回顾。

第二,实行"开放式管理"政策,保证公开沟通。

惠普公司制定了"开放式政策",对员工,职能直线经理、人力资源经理、人力资源雇员关系等的作用和责任进行明确规定,用以确保惠普的开放式环境。例如在其员工的责任条款中规定:员工有责任公开提出问题,并表示关注;与直接上司讨论解决问题是最佳选择,如不可行可以向其他主管经理或人力资源部门寻求解决方案;一旦有问题就及时提出,寻找每个人的最佳解决方案。"开放式管理"政策在惠普公司是很重要的,因为它体现了惠普的管理风格。它意味着,经理们平易近人、坦诚、爽快。惠普公司的每个人,包括最高主管,都是在没有隔墙、没有门户的大办公室里工作的。这种随时可以见到的做法虽然也有缺点,但惠普公司发现这种做法的好好远远大于其弊端。

第三,比尔的"戴帽子过程",惠普的高效沟通案例。

一些革新者经常会提出富有创造性的革新思路,但是,经别人仔细地进行客观分析以后,这些思路很可能被否决。比尔·休利特处理这类问题的办法,被称为"戴帽子过程"。首先是认真地倾听。然后隔一段时间,对这些新思想提出质疑。最后就是决定的过程。这一系列的过程,即让新思路的提出者认清了现实情况,又保持了他们的热情。

第四,亲密的情感沟通。

惠普的创造人在公司内部营造了浓郁的家庭气氛,并在早期的企业里也创造了对这种亲密的情感沟通方式的认同感。野餐被惠普的创始人们公认是重要的内容。随着公司的壮大,野餐这一传统还是被保留了下来,并开展了国际性的野餐。另外惠普公司采取了包括了会见所有雇员及其家属的多种多样的感情交流方式。

第五,有效的外部沟通——倾听客户。

惠普公司获得成功的基础,是努力满足顾客的需要。惠普鼓励公司的每一个经常考虑使自己的活动围绕为顾客服务这一中心目标,认真倾听顾客意见也是惠普之道的核心部分。在惠普公司,为顾客服务的思想,首先表现于倾听客户意见,并据此提出新的思想和新的技术,在这个基础上开发有用的重要产品。这些新的思路成为开发新产品的基础,而新产品将满足顾客潜在的重要需要。除此之外,惠普公司还提供了许多不同种类的产品,以满足不同顾客的需要。

从以上的分析和总结中可以看出惠普公司在其企业文化中对沟通的重视和关注。惠普公司成功与不断壮大的事实,验证了惠普沟通的有效性。

讨论:

1. 你认为惠普沟通之道是什么?

2. 在惠普的沟通之中,你认为哪一点对你的触动最大? 在这一点上你能举出其他的例子吗?

资料来源:崔佳颖:《组织的管理沟通研究》,首都经济贸易大学出版社 2006 年版。

第9章　自我沟通

战胜自己才能战胜他人,自我的沟通是一切沟通的基础。

——佚名

内容提要

- 自我沟通的含义、过程和意义
- 情绪、不良情绪及其管理
- 压力来源、影响及克服方法

【案例导读】9.1

当遇上逆境时,你变成什么

一个女儿向父亲抱怨她的生活,抱怨事事都那么艰难。她不知该如何应付。

她的父亲是位厨师,他把她带进厨房。他先往三只锅里倒入一些水,然后往三只锅里分别放了胡萝卜、鸡蛋、粉末状的咖啡豆,他将它们浸入开水中煮,一句话也没有说。

女儿不耐烦地等待着,纳闷父亲在做什么。大约20分钟后,他把火闭了,把胡萝卜、鸡蛋、咖啡分别倒出来。

他让她靠近些并让她用手摸摸胡萝卜。她摸了摸,注意到它们变软了。父亲又让女儿拿一只鸡蛋并打破它。将壳剥掉后,她看到的是只煮熟的鸡蛋。最后他让女儿喝了咖啡。品尝到香浓的咖啡,女儿笑了。她怯生生地问道:"父亲,这意味着什么?"他解释说,这三样东西面临同样的逆境——煮沸的开水,但其反应各不相同。胡萝卜入锅之前是强壮的,结实的,毫不示弱;但进入开水之后,它变软了,变弱了。鸡蛋原来是易碎的,它薄薄的外壳保护着它呈液体的内脏。但是经开水一煮,她的内脏变硬了。而粉状咖啡豆则很独特,进入沸水之后,它们倒改变了水。"哪个是你呢?"他问女儿。

当逆境找上门来时,你该如何反应? 你是胡萝卜,是鸡蛋,还是咖啡豆?

启示:先对自己进行修炼,才可能经得起生活的锤炼。对生活的感知并不取决于生活本身,而在很大程度上取决于我们的生活信念和态度。坚定的信念和态度离不开对自己的正确认识和调节,而这些都是通过自我沟通实现的。

9.1　自我沟通概述

9.1.1　自我沟通的含义

自我沟通,也叫做内向沟通,是指个人接受外部信息并在人体内部进行信息处理、采取相应措施的活动。比如,当我们面临压力的时候,会想办法去减轻压力,"化压力为动力";当我们情绪低落的时候,可以通过自我鼓励来重燃激情;而当遇到挫折的时候,更要通过反思、审视自己来总结教训,以便东山再起。这些,都是自我沟通的具体运用。

自我沟通技能既是管理者必备的管理技能,也是一门领导艺术,更是其他一切沟通活动的基础。任何一种其他类型的沟通,如人际沟通、群体沟通等,都会伴随着自我沟通的环节。而自我沟通的性质和结果,也必然会对其他类型的沟通活动产生重要的影响。在与别人沟通之前先要和自己沟通,一个和自己都无法顺利沟通的人是无法和别人沟通的。首先,要相信自己的沟通能力,坚信自己是个善于沟通的人。社会生活中的一般规律就是,对自己的态度往往在很大程度上决定了自己的表现。你相信自己是一个沟通高手,才有可能成为一个沟通高手。反之,假如你自认为是个沉默寡言的、不善沟通的人,那么你就往往表现得沉默寡言,不善沟通。

一般而言,自我沟通的具体含义可以包括两个方面。一种理解是,自我沟通就是人接受外部信息后,在自身体内的信息处理过程,是包含在其他类型的沟通过程中的。另一种更为普遍的理解则是,自我沟通是自己与自己的对话,包括自我认识、自我反思、自我激励、情绪管理、压力管理等一系列的内容。相比于前者,我们认为后一方面的内容是更主观也更容易控制,并且是对人的日常生活产生影响的,因此应该作为自我沟通中的重点来理解。

不管是哪一方面的自我沟通,要想对其正确理解,都要从生理的、心理的、社会的三大方面来理解。

1. 自我沟通是一个生理过程

目前为止,关于自我沟通的研究大多数是由心理学家来完成的。心理学领域有关人的知觉、意识、感觉、情感、记忆等概念的相关研究成果为自我沟通的研究提供了很大的帮助。

自我沟通首先是一个生理过程,这是自我沟通的物质基础。人的身体具有一般信息沟通系统的特点,这包括有信息接收装置(感官系统)、信息传输装置(神经系统)、记忆和处理装置(大脑),以及输出装置(发声等表达器官)。这些生理结构使得沟通和自我沟通得以有效进行。

施拉姆曾引用温德尔·约翰逊对对话的过程进行了如下描述:

某件事情发生了。这件事情首先刺激了 A 的眼睛、耳朵以及其他感觉器官,造成神经搏动到达 A 的大脑,又到达他的肌肉和腺体,这样就产生了紧张,并且产生了"感觉"。然后,A 开始按照他惯用的语言表达方式把这些感觉变成字句,而且从他所能"考虑到的"语句中,选择或者抽象出某些字句,并且以某些方式对其进行编排。最后,通过声波和光波,对 B 讲话。声波传送声音,而光波传送的则是表情等非语言信息。

于是,B 的眼睛和耳朵分别受到声波和光波的刺激,造成神经波动到达其大脑,又从大脑到达他的肌肉和腺体,产生紧张以及未讲话前的"感觉"等。与 A 相似地,他也按照自己惯用的语言表达方式把这些感觉变成字句,并且从自己所能"考虑到的"语句中,选择或者抽象出某些字句,以某种方式对其进行编排。最后,讲话或者做出行动,也就是对 A 的讲话做出反应。这样,沟通过程就继续进行下去。

施拉姆认为在 A、B 对话的过程中,两人各自都有一个独立的自我沟通过程。但是这两个过程大体相同:通过自己的感官接受外部世界的信息,通过大脑来处理这些信息,最后把处理的结果转化为信息输出前的预备状态。这些内在的信息活动,就是自我沟通。

可见,自我沟通是一个人的视觉、听觉等器官进行信息处理的系统过程,是众多沟通方式的基础。缺少了任何一个环节,沟通都不能进行。

2. 自我沟通是一种思维过程

尽管自我沟通的过程是基于人类固有的各种器官的,但是,它却并不只是一种机械地对外界刺激的被动反应,而是一种有意识的、能动的思维活动。人收到信息后,要思考这些信息具有什么意义,应该做出什么反应,思考这些问题的过程,就不可避免地伴随着自我沟通。

从人的本质来讲,具有主观能动性,也就是思维能力是人之所以为人的关键所在。就人的自身发展而言,主要经历了以下几个环节:由一切生物所具有的反应特性到低级生物的刺激感应性;从刺激感应的反应形式到高级动物的感受和心理活动;从一般动物的感觉和心理到能动的人的意识的产生。

能动的人的意识出现之后,自我沟通也就不外乎个人的意识、思维或心理活动几个方面了,这主要是由以下几个因素构成的:感觉、知觉、表象、概念、判断以及推理等。其中,感觉是自我沟通的出发点。比如,当你感觉心情压抑的时候,就要想办法搞清楚为什么会出现这种状况。而通过判断和推理,则让人知道各种现象的原因以及相应的措施。比如,你发现是因为自己的任务没有按时完成所以觉得心情压抑,那就可以采取努力工作以赶上进度或者消极怠工等应对措施。当然,不同的判断推理结果会产生不同的自我沟通效果。

另外,自我沟通还伴随着人的感情和复杂的心理活动,这些因素在很多情况下会对自我沟通的过程和结果产生重要影响。

3. 自我沟通是一种社会心理过程

【案例讨论】9.2

经 理 的 抉 择

如果你是一个建筑安装公司的经理,你公司的业务是承包工程项目中的安装施工任务。公司主要由两个部分组成,一部分是项目部,负责具体的业务生产;另一部分是公司职能部门,负责公司总部的管理工作。由于项目部的工作性质,项目部员工是没有休息日的,工地上的生产人员与管理人员从来没有休息,而公司总部的管理部门,以前一直有法定的休息日(一周休息两天)。

由于休息时间的区别对待,项目部管理人员一直对此抱有意见,认为工地的员工没有休息日,而总部员工有休息日,这样是不合理的。因为项目部在施工过程中,经常需要总部管理人员的配合,如果总部管理人员不上班,项目部门生产过程中碰到的问题不能及时得到管理人员的帮助解决。根据项目部门的意见,公司经理决定,总部办公室员工也要在周末加班,一周工作六天。

这个规定一出台,马上又招致了总部办公室员工的反对,认为公司不能强迫办公室员工加班,如果加班必须支付加班工资。现在实际情况是,尽管总部办公室人员在新的规定下加班了,但因为他们不愿意加班,在加班过程中,工作效率特别低下,抵触情绪特别大。

如果你是经理,要想解决好这些问题,就要与办公室人员或项目部管理人员沟通。为此,你可能会考虑:项目部管理人员和办公室管理人员两方面的意见,哪方是合理的? 你为了执行你的政策,准备如何与他们沟通? 你是如何思考这个问题的? 成功管理沟通的前提是什么?

资料来源:魏江、严进等编著,《管理沟通:成功管理的基石》,机械工业出版社 2006 年版。

从社会心理学角度讲,自我沟通主要指信息的自我传播,是"主我"(I)和"客我"(Me)之间的沟通,表现为自我暗示、自我反思、沉思默想、自我克制等。一般来说,自我沟通技能的提高是通过三个步骤来实现的:认识自我→提升自我→超越自我。认识自我,包括对角色、责任、目标等的分析和定位,管理者只有在正确认识自己的基础上,才不容易被他人的种种评价所左右,才会减少他人的评价对自我的压力。提升自我则要求领导者通过不断提升价值观、提升面对变革的态度来修炼自我意识,做一个积极的倾听者,最终来实现自我能力、观念等方面的超越和进步。

自我沟通的沟通模式和人际沟通在本质上是一致的。管理沟通是一个主体为了某种目标,通过编码和组织信息,选择有效的沟通渠道(媒介)输出信息,客体接受信息后进行解码、理解,并做出反馈,使沟通得以连续的过程。同样的,自我沟通也是主体为了某种目标输出信息,由客体接收并做出反馈的过程(如图 9.1)。

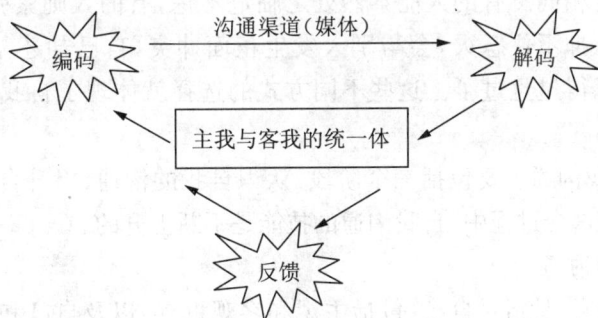

图 9.1　自我沟通过程

如同人际沟通中要进行各种策略制定一样,自我沟通中同样需要有受众策略、信息策略、媒体策略等问题。受众策略就是自我认识的过程,信息策略是寻找各种依据和道理来说服自己,这些信息有可能来自于自己的思考,也可能来自于他人的经验教训,以及间接的书本知识。媒体策略则是指通过何种途径进行自我沟通。比如,有些人喜欢自言自语,有些人喜欢通过日记的方式记录喜怒哀乐,表达自己的情感,还有人喜欢看书、看电视,借助各种娱乐方式来发泄自己的情绪,现在,还有人在网络上通过写博客的方式进行自我沟通。不管是哪种策略的选择,都要依据个体的生理、心理以及所处的具体环境特点来决定。

自我沟通的反馈,表现为个体思想上的自我定位与现实要求之间的冲突发生和解决的过程。当人们面对某一事件时,会根据自己先前建立起来的具有个体特征的特有方式和价值观去审视、分析和处理问题,如果自身的这种先验性判断与外部的要求发生矛盾时,冲突就出现了。随之而来的,往往是各种烦躁、不安、恐慌、压抑等不良情绪的出现,更有甚者会对自己原来的判断提出质疑。为了解决这种冲突,就需要找各种理由、通过不同方式说服自己,调整自己的价值观、判断标准以及处理问题的方式等。从沟通过程来看,成功的自我沟通要求个体在面临问题时,有良性的反馈并表现出积极的反应。

9.1.2 自我沟通的不同阶段

在日常生活中,无论是遇到高兴的还是悲伤的事,无论是"春风得意马蹄疾"还是"穷困潦倒落魄时",无论是生活上的困境还是心理上的挫折,我们都需要进行自我调节。通过自我调节,可以消除这些问题存在的负面影响,或者强化其正面作用,使自己从忧虑、不安等不良情绪中解脱出来,释放心理压力,适应新的环境。而从沟通的角度讲,这种自我调节也就是一种自我沟通,沟通的目的就是说服自己接受某种现实,并且努力调节情绪,使自己接受这个现实,或者努力改变环境中的某种因素。不管是哪一种结果,都是一种自我沟通。

但是,面对同一问题,不同的人,或者同一个人在不同时期都会做出不同的选择,处理的方式也不尽相同。有的人能泰然处之临危不惊,有的人则紧张兮兮火烧火燎;年轻的时候可能压抑不住怒火,会与别人发生正面冲突,自己却还是很难受,年过半百时则是能忍则忍得过且过了。这些不同方式的选择就体现了自我沟通的不同阶段和艺术。

一般来说,自我沟通主要包括三个阶段:认识自我的沟通、提升自我的沟通以及超越自我的沟通。在这个过程中,自我沟通的技能是不断上升的。

1. 认识自我的沟通

认识自我的沟通,是指对自己(包括主观和客观世界)以及自己和周围事物关系进行自觉性的认识活动。它包括自我观察、自我体验、自我感知、自我评价等。

首先,要注意内外部动机的统一。从内部动机看,要理性审视自己的动机,也就是要客观地评价动机的社会性、纯正性及道德性;从外部动机看,使自己能尊重他人,符合社会道德。

其次,可以从物质自我认知、社会自我认知和精神自我认知三方面解剖自己。从心理学的角度看,物质自我的认知是指主体对自己的身体、仪表、家庭等方面的认知;社会自我的认知是主体对自己在社会活动中的地位、名誉以及与他人相互关系的认知;精神自我的认知则是主体对自己的智力水平、能力修养、道德水准等内在素质的认知。

在自我沟通中,认知自我的沟通是至关重要的。很多情况下,人们对自己的认识会与实际状况存在一定差距,造成一些心理上的落差,于是,经常会出现自卑或自大等情况。消除这些自我认知的偏差,是成功进行自我沟通的前提。

【实用链接】9.3

正确了解自己

正确了解自己,就应该袒露内心的我,缩小背后的我,发现隐蔽的我。准确、深刻的自我认识,对于接纳自我、调控自我、完善自我具有重要的意义。我们要利用各种途径,来积极地了解自我,认识自我,为良好的自我沟通和外部发展奠定基础。

1. 从亲友那里获得形象反馈。亲友有意无意间描绘你的伦理形象,认同多于挑剔。他们在指出你的某种不足或缺陷时,常常不自觉弱化了实际状况。

2. 从伙伴中获得形象反馈。伙伴们有意无意地描绘你的道德形象,评价多于认同。他们说出你需要警觉或自查的地方,大致接近你的真实情况。

3. 来自你活动环境的形象反馈。这是一种更理性的了解途径,一般地说,大体上可以标志着你所达到的实际水平。

4. 来自自我反省的形象反馈。这是一种多角度审视自我的镜面,会伴随着自我肯定、自我评价等多种内心的沟通活动。

综合以上几种反馈,加上自我觉察,共同反映出相对准确、真实的你。这种形象很可能决定了你的心理状况,如自卑、自负或自信。

在生活中,要留给自己一些思考的空间。比如,时不时地问自己几个问题:即使在很忙的时候,我有没有专门划出一个时间和空间去思考问题,在一年中我有没有安排专门的时间到清静的地方去放松自己,我有没有与那些有智慧、有较深洞察力的朋友定期或不定期交流一些看法,我是不是常常因迷失自我而感到苦恼。

如果其中多数问题的答案是"否",那么就该引起你的重视了。这时,需要多与自然接触,敞开胸怀,与平和、深刻的人交流,使得自己内心平静,以正确的态度对待发生的每件事情。

下面我们通过活动来帮助同学们正确、深刻、客观地来认识自我:

【活动演练】9.4

关于"我"的思考及讨论

1. 对以下各问题作出最真实迅捷的回答,一般以第一印象为准。

我是什么样的人?

我有什么优点?

我有什么缺点?

我的容貌如何?

我的身体有什么特征和缺点?

我的健康状况如何?

我有什么爱好?

我最不喜欢的是什么?

我喜欢什么类型的人?

我最讨厌什么样的人?

我最讨厌什么样的事?

我担心什么?

我恐惧什么?

我有什么理想?

我将来能成为怎样的人?

我将来能做什么事?

别人怎样对待我?

在别人眼里我是怎样一个人?

与别人比较我是强还是弱?

2. 进行讨论交流,选择有代表性的学生,如:男生一名、女生一名、外向型学生一名、内向型学生一名等,作典型评析等。

3. 总结:能客观地认识自我,开放自我,我们才有可能成为一个不卑不亢,真诚与人交往的人。也只有这样的人才能获得成功和快乐。

2. 提升自我的沟通

(1) 树立正确的自我意识。自我意识是人对自己身心状态及对自己同客观世界的关系的意识。主要包括三个层次:对自己及其状态的认识,对自己肢体活动状态的认识,以及对自己思维、情感、意志等心理活动的认识。

俗话说,态度决定一切,有什么样的自我意识就会有什么样的自我认知,进而影响到自己看待事物的态度和观点。首先,自我意识是认识外界客观事物的条件。一个人如果不真正理解自己,就无法把自己与周围相区别,也就不可能认识外界客观事物。其次,自我意识是人的自觉性、自控力的前提,对自我教育有推动作用。人只有意识到自己是谁,应该做什么的时候,才会自觉自律地去行动。一个人意识到自己的长处和不足,就有助于他发扬优点,克服缺点,取得积极的自我教育效果。最后,自我意识是改造自身主观因素的途径,它使人能不断地自我监督、自我修养、自我完善。可见,自我意识影响着人的道德判断和个性的形成,尤其对个性倾向性的形成更为重要。

【读一读】9.5

小　镇

日落西山,老人静静地坐在一个小镇郊外的马路边。

一位陌生人开车来到这个小镇,看到了老人,停下来打开车门,问道:"老先生,请问这个城镇叫什么名字? 住在这里的人属于哪类人? 我正在寻找新的居住地!"

老人抬头看了一眼陌生人,回答说:"你能告诉我,你原来居住的那个小镇上的人是什么样的吗?"

陌生人说:"他们都是一些毫无礼貌、自私自利的人。住在那里简直无法忍受,根本无快乐可言,这正是我想搬离的原因。"

听了这话后,老人说:"先生,恐怕你又要失望了,这个镇上的人和他们完全一样。"陌生人便怏怏地开车离开了。

过了一段时间,另外一位陌生人来到这个镇上,向老人提出了同样的问题:"住在这里的是哪一种人呢?"

老人用同样的问题来反问他:"你原来居住的镇上的人怎么样?"

陌生人回答:"哦! 住在那里的人非常友好,非常善良。我和家人在那里度过了一段美好的时光。但是,因为职业的原因不得不离开那里,希望能找到一个和以前一样好的小镇。"

老人说:"你很幸运,年轻人。居住在这里的人都是跟你们那里完全一样的人,你将会喜欢他们,他们也会喜欢你的。"

如同上面这个小故事中所蕴含的道理一样,如果一个人的眼睛是太阳,那么他看到的也是太阳;如果眼睛是黑暗,那么看到的也只有黑暗。同一个地方,两个人却有不同的价值判断、认知风格,进而影响到对周围事物的关系定位。看待人生和社会,一定要有辩证的思维、科学的态度,不能一味追求完美无缺,不能求全责备。

(2) 转换思维,拓展视角。公元前 399 年 6 月的一个傍晚,雅典监狱中一位年届七旬的老人就要被处决了。他衣衫褴褛,散发赤足,而面容却镇定自若。打发走妻子、家属后,他与几个朋友侃侃而谈,似乎忘记了就要到来的处决。直到狱卒端了一杯毒汁进来,他才收住"话匣子",接过杯子,一饮而尽。之后,他躺下来,微笑着对前来告别的朋友说,他曾吃过邻人的一只鸡,还没给钱,请替他偿还。说完,老人安详地闭上了双眼,睡去了。这位老人就是大哲学家苏格拉底。

每个人都会惊叹于他的镇静与从容,一个取得了如此成就的伟人在面对死亡时体现出的卓绝。他总是能放开心灵,从另外一个角度看待问题,面对死神时也是如此。要想提升自我,就不得不从这位先哲的辩论说起,也就是广为人知的苏格拉底反诘法。

苏格拉底经常和人辩论。辩论中他通过问答形式使对方纠正、放弃原来的错误观念并帮助人产生新思想。苏格拉底教学生也从不给他们现成的答案,而是用反问和反驳的方法使学生在不知不觉中接受他的思想影响。比如下面的对话:

学生:苏格拉底,请问什么是善行?

苏格拉底:盗窃、欺骗、把人当奴隶贩卖,这几种行为是善行还是恶行?

学生:是恶行。

苏格拉底:欺骗敌人是恶行吗?把俘虏来的敌人卖作奴隶是恶行吗?

学生:这是善行。不过,我说的是朋友而不是敌人。

苏格拉底:照你说,盗窃对朋友是恶行。但是,如果朋友要自杀,你盗窃了他准备用来自杀的工具,这是恶行吗?

学生:是善行。

苏格拉底:你说对朋友行骗是恶行,可是,在战争中,军队的统帅为了鼓舞士气,对士兵说,援军就要到了。但实际上并无援军,这种欺骗是恶行吗?

学生:这是善行。

这种方法的关键就是思维和视角的转换,可以启发人的思想,使人主动地去分析、思考问题。很多时候,我们在看待问题时,容易一叶障目,如果打开心灵,转变视角,定会有另一番见解。

3.超越自我的沟通

【读一读】9.6

高难度的琴谱

一位音乐系的学生走进练习室。在钢琴上,摆着一份全新的乐谱。

"超高难度⋯⋯"他翻着乐谱,喃喃自语,感觉自己对弹奏钢琴的信心似乎跌到谷底,消磨殆尽。已经三个月了!自从跟了这位新的指导教授之后,不知道为什么,教授要以这种方式整人。勉强打起精神,他开始用自己的十指奋战、奋战、奋战。

指导教授是个极其有名的音乐大师。授课的第一天,他给自己的新学生一份乐谱。"试试看!"他说。乐谱难度颇高,学生弹得错误百出。"还不成熟,回去好好练习!"在下课时,老师叮嘱说。

他练了一个星期,第二周上课时正准备让教授验收,没想到教授又给了他一份难度更高的乐谱!"试试看!"而上星期的课却提也没有提。学生只能再次接受如此挑战。

第三周。更难的乐谱又出现了⋯⋯这样的情形持续着,学生每次在课堂上都被一份新的乐谱所困扰,然后把它带回去练习,接着再回到课堂上,重新面临两倍难度

的乐谱,却怎么样都追不上进度,一点也没有因为上周练习而有驾轻就熟的感觉,学生感到越来越不安、沮丧和气馁。教授走进练习室。学生再也忍不住了。他必须向钢琴大师提出这三个月来何以不断折磨自己的质疑。

教授没开口,他抽出最早的那份乐谱,交给了学生。"弹奏吧!"他以坚定的目光望着学生。

不可思议的事情发生了,连学生自己都惊讶万分,他居然可以将这首曲子弹奏得如此美妙、如此精湛! 教授又让学生试了第二堂课的乐谱学生依然呈现出超高水准的表现。演奏结束后,学生怔怔地望着老师,说不出话来。

"如果,我任由你表现最擅长的部分,可能你还在练习最早的那份乐谱,就不能达到现在的水平。"钢琴大师缓缓地说。

学习成才需要做多种努力,有一种努力叫超越自我,只有不断超越自我才能不断进步。超越自我的重要性,人人皆知,却总有可遇而不可求之感。故事中的学生是幸运的,因为他遇见一个懂得引导学生超越自我的老师。但是,现实生活中并非每个人都这么幸运,可以得到他人的引导。这时,就要进行积极的自我沟通。

9.1.3 自我沟通的意义

首先,自我沟通是其他类型沟通的基础。一个不了解自己的人也无法了解别人,更无法进行换位思考,同样,一个无法同自己进行沟通的人也不可能做好同别人的沟通。因此,"要说服他人,首先要说服自己",成功沟通的前提是成功的自我沟通,这是对自我沟通重要性和必要性的现实概况。

无论从管理的民主性看,还是从激励的角度看,任何个体积极性的发挥都来源于自身对工作的认同。双因素激励理论认为,个体对工作的兴趣属于内在的激励因素,管理者要想成功地实现管理的职能,必须对工作价值产生认同感。因此,管理者要指导、管理和激励下属完成某一项任务,首先要使自己认同自己工作的价值。相应的,员工只有认识到自己工作的价值所在,才可以充分地发挥自己的主观能动性。这个过程,实际上就是一个人际沟通前的自我沟通过程,是一个主我和客我认识趋同的过程。

第二,自我沟通是个体自我发展和自我实现的基本前提和根本保证。一方面,通过成功的自我沟通,个体才得以对自我进行审视与反省,进而才可以树立自己的奋斗目标,制定自己的行动计划,为自我发展和自我实现奠定基础。另一方面,在个体自我发展和自我实现的过程中,无论是目标的树立、方向的确立、计划的制定,还是具体行为的实施,每一环节的顺利完成都离不开自我沟通的过程,这也是个体自我监控能力的具体表现。

另外,在特殊情况下,即便下属对上司布置的任务没有认同感,但是基于上下级关系等众多因素不得不"服从"安排。这时,下属首先要说服自己"服从"是应该或者必要的,这个过程即下属说服自己"服从"上司的过程,实际上也是一个"自我沟通"的过程。

【读一读】9.7

如果是老板的错

即便你认为老板错了,但是由于老板与你的角度、视点可能不同,特别是多数情形下老板比你拥有更充分的信息,因此他的选择往往对企业是更加合理的。在这种共识之下,你是否认为老板"错了"也可以服从呢? 一般来讲,可以策略性地服从。

老板要是有错:先不要反驳,从老板的角度考虑一下;

先不要反对,从全局的角度思量一下;

先不忙修改,多了解了解;

不要在众人面前指出老板的错误;

对于老板的错误不必据理力争;

即使老板错了,先服从并去执行。

在很多人看来,上面的策略过于绝对了。其实,你完全可以从另一个角度来理解这些策略,就像我们需要慎重、重新解读老板的"错误"一样。实际上,有些事情总是让人想不通,想不通就是有矛盾,矛盾出来需要解决就比较困难了。遇到这种问题,有些人会表现得格格不入,人们把这些人称为"认死理",佛家说是"妄执",北京人说"犯死性",不识时务。而这些人的存在也正说明了理性面对上司错误、成功进行自我沟通使自己"服从"的难处。

9.2　情绪管理

【案例导读】9.8

读《三国演义》,悟情绪管理

曹操的情感非常丰富:时而大笑,时而大哭;时而大喜,时而大怒;有时很淡定,有时又惊慌,好像经历过各种极端情绪的考验。我们如果把他的所有情感经历拿来综合研究,就会发现一个规律:每当他情绪运用得好的时候就顺利发展,每当他情绪管理不当的时候就遭遇危机。

公元193年,曹操已取得兖州,事业得到一定的发展,此时想把老父曹嵩接过来好好孝敬下。可一方面他思虑不周没有派足够兵前去护送,另一方面曹嵩也太炫

富,拉了 N 多车家财。最终孝心变成了伤情,曹嵩全家都被张闿劫杀。盛怒之下曹操兴大兵来攻徐州,打着"为父报仇"的旗号连屠十城,杀得是尸横遍野,血流成河,鸡犬不留! 后来陈宫、张邈见曹操如此倒行逆施,完全违背了当初加盟时所吸引自己的企业愿景和价值观,于是策划了一起集体跳槽事件,迎吕布入主兖州,把曹氏集团的股份全部抛售给吕布,差一点就改变了曹氏公司所有权。

　　攻徐州可谓曹操情绪管理失败的一个经典案例,他在愤怒的情绪下犯了两个错误。首先是出师名不正言不顺,不符合企业发展愿景;其次是过程不正当,见人就杀,见城就屠,有违正常的市场竞争规则。报私仇、乱杀人这两条,让他丧失了民心和有识之士对他的信心,否则也不会有兖州之变。还好曹操手下有荀彧、程昱这样的智囊帮他,而他也及时意识到了自己的失误,没有一条道走到黑,所以才能挽回局面。

　　这个案例充分向我们显示了情绪管理的重要性,运用到企业管理中,我们可以形成一条规则,就是切忌在情绪不稳定时做出有关企业经营的重大决策。

　　资料来源:http://blog.ceconlinebbs.com/BLOG_ARTICLE_219079.HTM,世界经理人网站。

　　我们无时无刻不处在某种情绪状态下,而情绪的好坏直接影响到工作的效率和生活的质量。情绪高涨的时候工作积极性就会提高,对生活也会有更高的热情;而情绪低落的时候,则可能感到事事不顺,甚至找不到生活或工作的意义。当遇到不良情绪时,尤其需要进行适时的自我沟通,在自我认知的基础上,摆脱焦虑、怒气、灰暗或不安等不良情绪,将其调整至最佳状态,增进心理健康,使其对生活和工作起促进作用。在这里,自我沟通的过程就是对自身情绪进行管理的过程,而情绪管理是每个人尤其是现代职场中人所必备的一项能力。

9.2.1　情绪及分类

　　情绪是人对外界事物态度的反映,是认识世界时伴随的内心体验。它反映了内心需要的满足程度。人类是高等动物,与其他生命体一样,当身边出现某些情况时,就会有相应的情绪出现。例如当威胁出现时,我们会产生恐惧;当我们失去一些心爱的事物时,我们会感到悲伤。情绪的范围广泛,弱到不易察觉的心静如水,强到让人震惊的欣喜若狂或者痛苦昏厥。这些情绪,有些是因客观环境引起,有些则是由于个体的主观感受所导致。

　　传统上人们对情绪所知甚少,对于一些负面情绪更是无能为力,经常会被它们所控制,于是就出现了一个常见的问题:如何能够控制自己的情绪。其实,当用"控制"来形容的时候,说明情绪已经失控了。更深入地想一想,"控制情绪"完全是治标性的方法,负面情绪出现后才把它消除。其实,我们更需要的是"管理情绪",保持正面情绪,调试负面情绪,使其向有利的方向发展。

同时,要避免情绪波动。情绪的波动常常会加深我们的压力。首先,压力常常因为我们自身感到无法控制而变得更加严重,随之而来的是罪恶感和更大的压力。其次,我们在情绪波动情况下所作出的决定通常都没有经过深思熟虑,它只会给我们带来更多的麻烦和更大的压力。例如在工作中,我们生气时作出的决定往往不够理智,会产生不良后果,事后需要做更多的工作来弥补。

要想对情绪进行有效的管理,首先要了解情绪的分类、生成过程等基本知识。

1. 情绪的基本分类

情绪的分类,长期以来说法不一,根据不同的标准可以把情绪分为不同的类型。我国古代有喜、怒、忧、思、悲、恐、惊的七情说,美国心理学家普拉切克提出了八种基本情绪:悲痛、恐惧、惊奇、接受、狂喜、狂怒、警惕、憎恨。还有的心理学家提出了九种类别。虽然类别很多,但一般认为有四种基本情绪,即快乐、愤怒、恐惧和悲哀。

(1)快乐:达到目标或愿望实现时所引起的情绪体验。当需要得到满足,愿望得以实现的时候,心理的急迫感和紧张感解除,快乐便随之而生。具体说来,快乐包括愉快、兴奋及狂喜等。

(2)愤怒:目标受阻或者经受挫折时的情绪体验。愤怒时紧张感增加,有时不能自我控制,甚至会出现攻击行为。当一般的愿望无法实现时,人会感到不快或生气,当遇到不合理的阻碍或恶意的破坏时,愤怒便会急剧爆发。这种情绪对人的身心健康及人际关系有很大的不利影响。

(3)悲哀:失去某种在乎的东西或者达不到目标时产生的情绪体验。如果失去的事物对自己有很强的重要性和价值,就会带来较强程度的悲哀。伴随悲哀的,往往是哭泣,这是一种发泄的方式。俗话说,"化悲痛为力量",正确处理的话,悲哀是可以转为前进动力的。

(4)恐惧:想摆脱某种状态或风险却又苦于无能为力时产生的情绪体验。恐惧的产生不仅是处于危险情景的客观存在,还与个人排除危险的能力和应付危险的手段有关。一个初次上山打猎的人遇到野兽时会感到恐惧无比,而一个经验丰富的猎手对此可能已经司空见惯,丝毫不觉恐惧。

2. 情绪的状态

情绪的表现形式是多种多样的,依据其发生的强度和持续时间可以分为心境、激情和应激三种状态。

心境是一种比较微弱、平静、持久的情感体验,比如顺心、自卑、喜悦等。由于情绪具有弥漫性,会形成个体一段时间内一种一般的情绪倾向,使人的其他内心体验都染上这种情绪色彩,这就是心境。心境包括积极的和消极的两种。积极的心境使人精神振奋,有助于才能的发挥和生活、事业的发展进步;消极的心境则会使人精神颓废,意志消沉。心境是可以控制的,我们可以与不良的心境作斗争,使自己拥有积极向上的良好心境。

激情是一种发生迅速、持续时间短、程度激烈的情绪状态,比如狂喜、愤怒、绝望,以及异常的恐惧等。和心境相比，激情在强度上更大，持续时间更短。激情到来的时候，大量心理能量会在短时间内积聚而出，使当事人失去了对自己行为的控制力。有些人在狂喜的时候，会突然意识混乱，手舞足蹈，疯疯癫癫；有些人在愤怒的时候，会双目圆瞪，咬牙切齿，甚至拳脚相加。但是，这些激烈的情绪在宣泄之后，人又会平静下来，可能会出现筋疲力尽甚至精力衰竭的状态。

应激是出乎意料的紧张和危机情况引起的情绪状态，如日常生活中突然遇到车祸、火灾、地震，旅途中遇到抢劫，飞行员在执行任务中遇到恶劣天气等。这时，突发事件往往会引起人们心理上的高度警觉和紧张，并产生相应的反应，这就是应激。由于个体的个性特点、以往的经验以及训练程度不同，应激状态下的行为表现存在着很大的差异。有的人反应灵敏，能够急中生智，做到平日不敢想象的事情。有的人则思维停滞，目瞪口呆，动作紊乱，甚至使机体的机能失调，发生临时性休克。这些在应激状态下出现的生理反应叫做应激反应。通过锻炼和积累，我们可以努力使自己在意外情况下产生积极的应激反应。

不管采用何种分类方法，总体上情绪都可以分为两类，一类是积极的正面情绪，一类是消极的负面情绪。在日常生活中，负面情绪对人的不利影响很多，也尤其值得我们关注。在负面情绪未出现时，我们要通过合适的自我沟通策略避免其出现，而负面情绪已经产生时，也要进行自我沟通对其进行调试和控制。

9.2.2 负面情绪及其影响

我们都希望每天开心快乐，不喜欢悲伤和恐慌，而这些人类不希望出现的情绪，就叫做负面情绪。负面情绪会给人消极的影响，但是如果对其进行适时的调试和控制，有时候反而能给我们一份力量，使我们认清方向。

1. 负面情绪产生的原因

负面情绪主要指过度的情绪反应和持久的消极情绪，常常以焦虑、抑郁、恐惧、易激怒、冷漠等多种形式表现出来。由于主客观的原因，人们的需要经常难以得到满足，因而就会产生这样或那样的消极情绪体验。

产生不良情绪的原因错综复杂，主要包括两个方面：客观环境因素的影响和个体的生理、心理因素影响。当外界环境等因素发生变化时，个人会随之产生一系列的情绪变化，这种引起情绪变化的客观环境因素就是情绪引爆点。每个人都具有不同的忍受力等心理素质，也就会产生不同的引爆点。

客观环境方面，社会的发展，竞争的加剧，都使得现代人更容易在情绪、情感方面遇到困惑，产生这样或那样的问题。这不仅对个体的身心健康形成严重的危害，也会影响个人的精力，降低工作效率，导致人际关系的紧张，严重妨碍正常的学习、工作和生活。主观上，人们的需要未被满足时也会产生负面情绪，比如过度压抑自己的欲望，想得到别人的帮助却很无助，想掌控对方等。

2. 常见的负面情绪及其影响

当我们由于某种原因产生了负面的情绪时,这种情绪会以一定方式表现出来,比如孤独、抑郁、焦虑、冷漠、恐惧和愤怒等。

(1)孤独。孤独是经常出现在我们身边的负面情绪,常常与社交能力的不足、人际关系的无效,以及对这种状态的不满和焦虑相联系。孤独在任何人身上都存在,且具有周期性。导致孤独的因素很多,日渐紧张和竞争激励的社会环境是造成人的孤独无助感的重要原因之一,这使得现代人有更强的孤独感。同时,社交能力、性别差异以及人格特质等因素也会对孤独感的产生造成重要影响。

【小贴士】抑郁的表现

压抑、苦闷。

负面的自我评价,无价值、无意义、悲观失望。

缺乏兴趣,依赖性强。

回避社交。

反应迟钝、行动水平下降。

自卑、自责,无快乐体验。

失眠,食欲下降,言语动作迟缓,乏力,面色灰暗,哭泣,叹息等。

自杀倾向。

(2)抑郁。抑郁是一种对外界压力感到无能为力时产生的消极情绪,这是一种愁闷的心境,表现为情绪反应强度的不足,常伴有厌恶、羞愧、自卑等情绪体验。例如,有些学生因为无法面对学业中的竞争和学习的压力,或是对于所学的专业不满意,而陷入抑郁的情绪状态。于是他们对生活学习失去兴趣,活动水平下降,回避与人交往。严重者,还伴有失眠、厌食甚至自杀倾向。

(3)焦虑。焦虑是一种复杂的心理,通常是由于对某种事物具有热烈期盼,却又担心失去什么,或者担心自己不愿接受的事情发生而产生的。焦虑可能是自尊心和自信心的丧失,失败感的增加,对未来失败的担忧等紧张、不安而兼具恐惧性的情绪体验。

其实,焦虑情绪本身并非一定是负面的,适度焦虑反而有益于个人潜能的开发。如果任何时候都没有焦虑或是焦虑不足,就会导致注意力涣散,工作学习效率下降。而负面情绪中所讲的焦虑,是指自身的焦虑程度已经对生活和工作造成了不良影响。这时,焦虑不仅表现为烦躁、压抑、愁苦等情绪体验,还常影响到人的行为。比如坐立不安,不能集中精力,失眠等。

焦虑严重的时候,可能出现"植物神经功能紊乱",表现为易出汗、感觉胸闷、气短、心慌,消化功能衰退,发生便秘、腹泻、尿急、尿频,头疼失眠等。

(4)冷漠。冷漠是一种情绪反应强度不足的表现,表现为对人对事漠不关心。冷漠是内心有危机感的人的保护伞,是一种非常复杂、隐蔽的消极心理反应。处于冷漠情绪的人,在行为上表现为对生活没有热情和兴趣,对工作漠然置之、无精打采,对周围的人冷漠无情,甚至对他人的关心无动于衷。冷漠是对环境和现实的自我逃避的退缩性心理反应,带有一定的心理防御性质,但是长时间的冷漠会导致当事者的萎靡不振、退缩躲避和自我封闭,并严重影响一个人的身心健康。

(5)愤怒。愤怒是在个人欲求和意图受到妨碍或制止时产生的情绪体验。它是人的基本情绪反应,按照其激烈程度可分为不满、气恼、愤怒、暴怒、狂怒等。一个人如果无法控制自己的情绪,动辄就发怒,会对别人和自己造成伤害。愤怒的主要表现有:责骂或讥讽他人,如爱人、孩子、父母等;采取粗暴的行为,如摔东西、打人;进行语言发泄,如"真气死我了";自己生闷气,通常会使自身心跳加速、浑身发抖等。

(6)恐惧。恐惧则是当人感到危险、想要躲避并维护个体存在的一种情绪体验。造成恐惧的因素主要包括三个方面:物质对象、自我生活和社会关系。婴儿的恐惧体验是出现比较晚的,大约从 6 个月开始。但是成年之后,由于想象的缘故,恐惧反而更容易出现。这或许与"初生牛犊不怕虎"是相似的道理。

【读一读】9.9

坏情绪是美容大敌

美容整形、按摩理疗、使用护肤品、化妆等是人们常用来让自己容颜更美的方法。但有些人尝试了诸多方法却仍达不到理想的美容效果,其中原因很多,而一个很重要但却容易被忽视的原因就是情绪因素。

首先,情绪活动对人的身体影响很大,长期的不良情绪可导致人的生理功能紊乱,甚至产生疾病。有关专家发现,不良情绪可促发荨麻疹、牛皮癣、湿疹和过敏性皮炎等皮肤病。

其次,不良情绪对人的容貌也会产生很大影响。面部的大部分肌肉参与表情活动,而表情活动则直接受情绪的影响。如果某些表情肌过多地收缩,会使局部皮肤弹性减弱而产生皱纹,故而长时期的焦虑、紧张、忧郁等不良情绪往往会导致额部、眼角等部位的皮肤皱纹增加,经常紧锁双眉的人,两眉之间会长出一条自上而下的皱褶。另外,忧虑、急躁、暴怒等情绪还可使面部产生色素沉着,并使痤疮加重。

另外,情绪紧张对毛发的影响也很大。俗话说:"愁一愁,白了头。"这句话虽然有些夸张,但不良情绪确实会使人的头发变白。在日常生活中,我们经常看到那些多愁善感而两鬓发白的人。此外,极度的恐惧、紧张会导致头发脱落。

9.2.3 情绪的管理

传统上处理负面情绪有三种途径:"忍",忍在心里;"发",发泄出来;"逃",逃避现实,不去想起。其实,这三种方法非但不能解决情绪的负面影响问题,反而极有可能引发新的问题。把事情藏在心里会导致诸多的心理问题,有时还会影响身体健康。发泄的方式包括发脾气、暴饮暴食或疯狂购物等,发泄后的情绪只是得到了暂时的释放,再次想起,常常会重复发泄。而"逃",则是躲得了一时,躲不了一世,每当独自一人或夜深人静时,事情和情绪便会再次涌现。

其实,要对情绪进行有效管理,从根本上来讲要提高自己的情绪管理能力,还要掌握一定的情绪管理方法。

1. 情绪管理能力

有人认为"有修养"就是情绪管理能力良好的代名词,就是不会对别人发脾气,或者在公众面前哭泣失态等。其实,这只不过是压抑或隐藏了某些情绪而已,并不值得推崇。一个人要拥有以下四种能力,才算有足够的情绪管理能力。

(1) 自觉力:时刻都清楚自己处于怎样的情绪状态,不要忽视情绪的存在,这是一种自我内心觉醒的能力。

(2) 理解力:明白情绪的来源不是外界的人或事物,而是自己的内心世界。外界环境通常不是我们所能改变的,但是我们可以清楚了解自己的信念、价值观在什么地方受到冒犯,因而产生情绪。也就是说,理解了情绪产生的内在原因,就可以更好地对其进行调试。

【实用链接】9.10

去除自身的标签

在进行情绪管理时,我们首先要揭掉自己贴在背上的种种标签,如:

我脾气不好;

我的沟通能力很差;

我粗心惯了(或者太过小心);

我记性不好;

......

这些标签只是借口,是为自己回避现实、拒绝改变找的理由。尤其是当不良情绪来临时,你会想着我本来就是这个样子的,比如你再一次发脾气时,想到的不是"我应该控制自己",而是"我本来就脾气坏,改不了的"。这样下去,负面情绪只能愈演愈烈。如果想改变这种状态,就要撕掉这些"自我标签"。

---

(3) 运用力:认识负面情绪的正面价值和意义,从另一个角度去理解它、运用它,使其发挥"正面情绪"的作用。比如,将压力和悲痛转化为前进的动力。

(4) 摆脱力:当某种负面情绪不能帮助自己获得成功和快乐时,要尽量使自己从这种情绪中摆脱出来,进入到另外一种更有帮助的情绪状态中。

2. 情绪管理策略和技巧

情绪管理的策略有很多,也很有效,可以使人成为情绪的主人,掌控自己的人生。面对不良情绪时,能够面对和处理,使之转化成前进的动力。

(1) 情绪管理策略。

① 消除策略。即把事情引起的情绪消除掉,再回忆事情时,内心会感到平静。具体方法包括快速眼球转动脱敏法、重塑印记法、化解情感痴缠法等。

② 淡化策略。即化解内心的大部分情绪体验，只剩余轻微的感觉。具体方法包括现场抽离法、逐步抽离法、生理平衡法等。如果情绪来源于本人能力不够，则可以运用提高自身能力的各种技巧。

③ 运用策略。几乎所有的负面情绪都有其正面的意义和价值，可以给我们力量或者指引行动方向。所以，我们可以对负面情绪加以运用，让其发挥正面作用。

④ 配合策略。接受内心的情绪，配合其做相应的事情。比如当愤怒的时候可以去做运动，疲倦的时候可以喝杯咖啡而不是继续整理文件，心情不好时可以听听音乐，而担忧或伤感时则最好是把自己的任务减到最少。

> 【小贴士】控制情绪 STOP
>
> 　　S：stop，适时止住，莫让情绪变成控制人的怪兽；
>
> 　　T：think，认清行动的缘起，确认真正的感觉；
>
> 　　O：opposite，多运用同情心，己所不欲，勿施于人；
>
> 　　P：positive，肯定情绪的功效，开发其可能带来的帮助。

（2）情绪管理技巧。

① 自我暗示法。自我暗示是指通过自我的语言沟通引起或抑制自己的某种心理或行为。自我暗示是赢得愉快心情的良药，对保持良好的情绪具有一定的积极作用，既可用来松弛过分紧张的情绪，也可用来激励自己。

世界上的任何事物都具有正反两个方面，永远存在好与坏等多种机会。学会自我暗示，当遇到愤怒、忧愁、焦虑、困难时，不妨运用自我语言沟通提醒自己："不要发怒，发怒会适得其反"、"别人不怕，我也不怕"，"愁也没用，还是找出问题想想办法吧"，"别人能行，我也一定能行"。这些积极的心理暗示在很多情况下能驱散忧郁和怯懦，使自己恢复快乐和自信。

通过自我暗示，朝乐观、进步、积极的方向去思考，心情会变得愉快，生活也就会充满阳光。而不会适当的自我暗示之人，则一旦悲观失望，便在颓废、沮丧的不良情绪中不能自拔。适当运用自我暗示法，凡事朝好的方面去想，就可以避免庸人自扰、杞人忧天的消极情绪，找到快乐的源泉。

【案例拓展】9.11

不同暗示导致不同效果

暗示可分为积极暗示和消极暗示。对于同一个事件，不同的暗示会导致截然不同的效果，请看下面不同的例子。

例子一：心理学中有一个实验。犯人躺在小房间的床上，一只手伸到隔壁的房间。他听到隔壁的护士与医生在忙碌着，准备对他放血。护士问医生："放血瓶准备5 个够吗？"医生回答："不够，这个人块头大，要准备 7 个。"然后，护士在他的手臂上用刀尖点一下，算是开始放血，并在手臂上方用一根细管子放热水，水顺着手臂一滴

一滴地滴进瓶子里。犯人只觉得自己的血在一滴一滴地流出。滴至 3 瓶时,他休克了,而滴到 5 瓶时,他已经死亡,症状与因放血而死一样。但实际上他一滴血也没有流。

例子二:1968 年的一天,美国心理学家罗森塔尔和助手们来到一所小学进行实验。他们从 1—6 年级中各选了 3 个班级,对这 18 个班的学生进行了"未来发展趋势测验"。然后,罗森塔尔将一份"最有发展前途者"的名单交给了校长和相关老师,并叮嘱他们务必要保密,以免影响实验的正确性。8 个月后,罗森塔尔和助手们对那 18 个班级的学生进行复试,结果发现:凡是在名单中的学生,个个成绩都有了很大的进步,而且他们性格活泼开朗,自信心强,求知欲旺盛,乐于和别人打交道。

【实用链接】9.12

不同情况的自我暗示

语言是最有效的刺激物,它通过感官作用于人的大脑,经大脑的认知、加工及指令,调节人的情绪,支配人的行为。面临不同的负面情绪,可以用不同的自我暗示语言。

(1) 考试临阵怯场时,可以在心里告诉自己,"我不会做的题,别人也未必会做","好好想想肯定能记起来",这样心情就会慢慢平静。

(2) 感到恐怖、害怕时,可大声朗读高尔基的散文诗《海燕之歌》,或干脆大骂自己一顿,以给自己壮胆。

(3) 焦急、烦恼时,不妨把原因找出并逐条写出,使心中焦急、烦恼的情绪化为书面语言,心情就会平静许多。

(4) 思维零乱,不能集中注意力阅读或思考时,可以大声朗读,让自己的内部语言化为口头语言,有助于理清思路。

② 自制调适法。高度的自制力是克服焦虑、摆脱愤怒或其他负面情绪的重要保障。成功的最大障碍其实并不是没有机会或能力有限,而往往是缺乏对自己情绪的控制。在现实生活中,每个人都会不可避免地面临一些困难、挫折,甚至不幸。于是,烦恼和焦虑也会接踵而至。这个时候,我们必须认识到困难、挫折与不幸是人生中不可避免的组成部分,是很平常的事情,用平和的心态来面对这些事情,使自己避免出现或者尽可能少地出现负面情绪。

许多成功人士的经历都说明良好的心理素质和自控力是其获得成功的关键。弱者任情绪控制自己,强者则让自己控制情绪。高度的自制力能使不利的事情向积极的方向转化和发展,从而获得更多的成功机会。不管是在生活中还是在事业上,都应该培养起高度的自制力,让自己尽量远离焦虑、愤怒等负面情绪。

③ 合理宣泄法。当人处于情绪压抑的状态时,合理的宣泄能调节机体的平衡,缓解不良情绪的困扰,恢复正常的情绪状态。当遇见不能解决的问题或者陷入负面情绪时,

可以找亲朋好友倾诉一下,获得别人的情感支持,让不良情绪有所缓解;也可以大哭一场,释放情感,解除心理压力,抛弃"男儿有泪不轻弹"的旧观念,想一想"男人哭吧哭吧不是罪";或者可以将情绪诉诸笔端,与自己进行深层次的沟通。这些方法对缓解心理紊乱、压抑、焦虑等有很好的效果。

应该注意的是,宣泄并不是从根本上解决情绪问题的方法,只是一种暂时的缓解。而且,宣泄的时候应注意方法、时间、场合以及对象,以免产生更多的问题。

④ 转变环境法。环境因素对人情绪的影响是很重要的,它可以作用于人的感官和神经,产生生理反应而导致情绪上的变化。拥挤、繁乱或危险的环境会使人紧张、心烦;陌生、孤寂、阴森的环境会使人惊恐不安;而室外风景、田园风光则会使人心情舒畅,平静安详。因此,当难以摆脱负面情绪时,不妨换个环境,给自己一个重新调整情绪的机会。

比如,心情沉重、压抑时,可以穿上漂亮的衣服,女孩子可以化个精致的妆容,到外面走走;心情烦躁时,可以听听音乐、打打球;感到压力太大时,不妨把闹钟这样的物件移到看不见的角落;考试前实在学习不下去的时候,可以抽段时间读读幽默小说、看看漫画或感兴趣的杂志;而如果参加某种比赛非常紧张时,则可以暂时离开竞技场地。

⑤ 动作法。身体的放松会导致精神的放松,进而影响中枢神经的平衡。所以,情绪不佳时,尝试改变一下行为方式,就可以调节情绪。比如,极度焦躁不安或愤怒时,可以到室外疯跑一会,或者找个没人的地方大吼几声,这样,内心的焦躁和愤怒就会转化为身体能量排出体外,心境就会平稳。当内心忧郁、苦闷不堪时,到野外散散步,并尽量把步伐放轻松些,胸中的愁闷就会在不知不觉中消散。心慌意乱时,试着抱紧胳膊,或紧握双拳,下蹲马步做防卫姿势,就可以使情绪恢复平稳。

⑥ 换位思考法。人受困惑,不是由于发生的事实,而是由于对事实的观念,现实中,人们的许多情绪困扰并不一定是由某件事情直接引起的,而是由于其对事件的非理性认识和评价引起的。而这些认识和评价的根源则是每一个人都坚持自己的想法或意见,无法站在别人的立场去为他人着想。于是冲突与争执在所难免,矛盾和烦恼也就由此而生。遇到这种情况,不妨进行换位思考。让自己站得更远些,看问题更客观些,试着去了解他人的感受,进而获得全新的视角和感觉。或者,从其他角度看问题,想一想自己是不是一定要坚持下去,是不是值得坚持下去。这样,很多问题便不是问题了,很多的烦闷也会随之化解。

【案例拓展】9.13

浓雾中的灯塔

两艘正在演习的战舰在阴沉的天候中航行了数日。一天傍晚,瞭望员正在船桥上负责瞭望,但浓重的雾气下,能见度极差。此时,船长也守在船桥上指挥一切。入夜后不久,船桥一侧的瞭望员忽然报告:"右舷有灯光。"船长询问光线是正在逼近或远离。瞭望员答:"逼近。"这表示对方会撞上自己,后果不堪设想。船长命令信号手通知对方:"我们正迎面驶来,建议你转向二十度。"对方答:"建议贵船转向二十度。"船长下令:"告诉他,我是船长,转向二十度。"对方说:"我是二等水手,贵船最好转向。"这时船长已勃然大怒,他大叫:"告诉他,这里是战舰,转向二十度。"对方的信号传来:"这里是灯塔!"

每个人的脑海中都有一些定势,它们束缚了我们的思想和行为,从而产生很多错误或苦恼、迷惑。而当我们一旦认识了这些可笑的思维定势,换一种思维,你将发现一个崭新的世界。

【实用链接】9.14

学 会 放 弃

一般来说,制定一个目标就应该始终不渝地坚持。许多人之所以功成名就,很重要的原因就是其坚持不懈的精神。但是,有时我们的目标会设得过高,或者现实环境和条件出现了巨大变化,目标实现的可能性变得极小。如果在长期坚持之后,仍然实现不了既定目标时,就会形成巨大的压力而使自己烦恼。

这时,我们必须从更深层次上看待这个问题,有时放弃也是一种成功。关键是,如何把握好坚持与放弃的分寸。不妨冷静一下,回答自己几个问题:

这个目标值得我坚持吗?

我是否有无法克服的障碍?

成功之后我的收获有多大?

我要付出的最大代价和面临的风险是什么?

在对这些因素进行全面分析后,就可以判断自己与目标之间还有多大距离。如果存在不可逾越的障碍或者风险极大时,就要果断地放弃它。这样,既减轻了压力减少了烦恼,同时也可以寻求另外一条通往成功的路。

⑦ 针对性调适法。以上各种方法是处理负面情绪的一般技巧,当面临不同的情况时,还需要采取具体的应对办法。下面是我们通常会遇到的几种负面情绪的应对方法。

应对愤怒法。愤怒恐怕是人们日常生活中最容易碰到的负面情绪了,有很多形容愤怒的词,如"火冒三丈"等,都说明了这种情绪的激烈性和破坏性。当我们愤怒的时候,往往是被别人得罪了或者自己"冒犯"了自己。愤怒的时候,首先要进行自我沟通:谁得罪了我,怎样得罪的,我准备对那个人说些什么,理智上讲,我应该说些什么。得到答案后,不妨把自己想好的话说给让你愤怒的人听,看看对方是什么想法。或者是对方有错,他会向你道歉,或者是你的误会,那就皆大欢喜,千万不要把愤怒憋在肚子里,不仅不利于身心健康,而且也会对人际关系造成影响。

应对伤心法。一般来说,伤心是因为"有所失",比如失去了友情、爱情、亲人以及自尊心等。所以,当你觉得伤心时,首先应该找出自己丧失的是什么,它曾经满足了自己哪些需要,丧失后有什么影响,如何得到补偿。当回答到最后一个问题时,解决的方法也应该随之而出了。如果你现在很伤心,并且知道是谁令你伤心,首先要跟那个人沟通,告诉他你的感觉。因为即便你努力压抑,负面情绪也总会以某种方式发泄出来。倘若不向引起你情绪恶劣的人发泄,这些恶劣情绪可能会在不适当的地点和时间对不恰当的对象发泄。比如夫妻吵架,老婆一声不吭,转而在厨房里摔碟子,这种影响往往是更糟糕的。最好是在恶劣情绪的萌芽期告诉引起你负面情绪的人。

应对焦虑法。与伤心不同的是,焦虑是害怕受伤害或有所丧失时产生的。如果你感到焦急,首先要确定你害怕失去的是什么。是别人对自己的爱还是对自己本身的控制,或者是自尊心和价值感。得到答案后就应该想办法阻止这种丧失。这时,最怕的是逃避,逃避不能解决任何问题,只能使情况变得更加糟糕。夫妻间有一种处理问题的方法叫做"吵架不过夜",也就是说有了问题一定要及时解决。

应付内疚法。当一个人的愤怒不能适当发泄时,往往会把每一件不顺心的事都归咎于自己,进而产生内疚的感觉。比如,我们有时候会因为达不到目标让他人失望而内疚,对自己产生怒气甚至会"愤恨"自己。这时应该怎么办呢? 其实大多数内疚都是来自压抑的愤怒,或者自己某一方面的不足,唯一的办法是行动。首先找出内疚的真正原因,然后再采取相应措施。

【读一读】9.15

降低生活的期望值

20 世纪 60 年代,美国知名心理学家文森·皮尔博士提出,人们感觉心情愉快的时间已经大大地缩短了,从以往的每天平均 1/3 的时间,退缩为只有 1/5 的时间。而到了 20 世纪 90 年代,人们每天感觉心情愉快的时间竟然下降到平均不足每天 1/9!

一个重要原因是,现代社会,人们想得到的太多,在情感上无法放松,在生活中找不到所谓"完美"。因为人们追求的目标永远没有止境,被经济社会的浪潮一再拔高,使人们比以往更加贪婪,更加不满足。而这种过高的要求一旦不能实现,心情就会变得很糟糕,大部分时间都在不愉快中度过。

因此,要想提高快乐指数,减少负面情绪,适时降低自己的生活期望值有时候是很必要的。

9.3　压力管理

我们可能经常会听到这样的抱怨:"现代社会的压力越来越大,活着真累!"压力几乎成了我们挂在嘴边的一个词。那么究竟什么是压力呢?

心理学上认为,压力是和人本身的心理状况有关的,也就是我们经常所说的心理压力。所谓心理压力,是指人们由于一些已经发生或即将发生的,存在的或虚幻的事件而产生的精神困扰,并且这些困扰严重影响了人们的精神思想和行为语言。

社会学认为,压力是一种状态,在这种状态中,我们的身体和心理失去平衡。为了要恢复平衡,我们会焕发出极大的动力。所以,在压力适当的情况下,我们可以有卓越的表现,甚至做出我们平时没有办法做到的事情。我们把这样的压力称为"正面压力"。正面压力往往产生于一些我们必须做或必须面对的事情,同时你相信自己有能力去应付,这时压力就会转变为较高的动力,并且会提高精力,它将帮助你取得更好的表现。

与正面压力相对的就是负面压力,当你对一些事情感觉失去控制,没有把握,而且这些事情给你带来了诸如挫折感、沮丧、恐惧、失望、压抑等负面感受时,这证明你在承受着负面压力。长期的负面压力会让我们的思考失去原本冷静的状态,几乎控制不住自己的情绪。研究发现如果经常游移在愤怒、沮丧和压抑之间,能力也会随之下降。

【读一读】9.16

评估心理健康 10 项指标

1. 对环境的适应能力。生活环境发生变化后,仍能随遇而安。情绪稳定,不受天气、地理条件影响,也很少受人际关系变化的影响。

2. 心理强度。情绪变化不强烈,能冷静地寻找原因,抗精神压力的能力强,属心理健康水平较高的一类。

3. 心理耐受力。有些精神压力不是突然而来,迅速而去的,而是伴随着人的工作与生活长时间存在。能坦然面对这种境况的人,心理耐受力较好。

4. 心理自控能力。人们对自己的情绪、情感和思维活动,对自己的言行举止都具有自我控制能力,只是这种能力有个体差异。一个心理比较健康的人,自控力是较强的。

5. 自信心。自信心是心理健康的核心支柱。当一个人面临生活事件和工作任务时,首先要估计一下自己的能力,想一想自己有无足够的能力去应付客观要求。真正的自信心有赖于正确评价自己的能力。

6. 心理活动的节律性。人的心理活动有自身的节律。比如意识状态便有明显的节律,觉醒—睡眠周期便是意识的节律性表现。这种周期被破坏,便会产生所谓的失眠。

7. 意识水平的高低。指观察水平而言,观察力中,自我观察是对自己的情绪、思绪、个性特点及行为表现的异常及时察觉,通常也称为自觉性。对环境的观察力包括对客观事物的存在、发展以及细小差异的察觉。正常的意识活动是保证心理健康的敏感指标。

8. 社会交往状况。正常的社会交往,是符合人情事理的人际交往,它可以增强人的生活情趣,增进社会适应能力,在生活事件发生时,能及时获得社会支持。所以社会交往既可作为心理健康的指标,又是增进心理健康的途径。

9. 思维的品质。思维品质以其现实性和逻辑性为标志。不良的思维品质,多表现为空泛性和反逻辑性。如果一个人的思维活动不具备现实性,不合逻辑性,那么在现实生活中必然处处碰壁,并由此造成种种不愉快的情绪,影响身心健康。

10. 心理受创伤后的康复能力。心理健康的人在蒙受精神创伤后,可以很快恢复常态,不会留下严重的后遗症。

9.3.1 压力的来源

压力也是伴随着人类历史的发展而发展的,不同时代、不同社会历史条件下,人们面临的压力也不一样。即便是在远古时代,人们在生活中也是一样会遇到难题,在他们的生命旅程中也同样会有压力这回事。在自然条件很恶劣的情况下,他们的生活目标是为了填饱肚子的时候,他们遇到最大的压力也就是如何劳动和防止自然灾害,如何如期获得更多的食物。再后来一点的人们,吃饱已经不是他们的压力了,但是他们也会有新的压力,比如说要吃好,即什么样的食物结构才是最利于身体的。

人们对外界压力的反应,也会随着情境与时间的不同而有所差异,当你刚进入大学时,父母和曾经的好友都不能在你身边了,要在一个很短的时间里去适应新的环境、结交新的朋友,而此时你又恰恰是那种适应能力和社交能力不是很强的人,那么这时候你就会感到有很大的压力。

一个人需在短时间内,适应多种生活变化;或预期将有事情变化;或即使只是小小的生活改变,但长期地发生,均可能造成压力。社会在发展,不同时代的人们面临的压力也在升级。人类社会发展到现在,作为现代的人们,可能填饱肚子不会成为他们的压力了。伴随着竞争愈来愈激烈的社会环境,现代社会的人感到压力越来越大,那么现代社会都面临哪些压力呢?

1. 环境压力

我们每个人都生活在社会的大环境和周围的小环境下,我们每天都受到环境的影响。一个良好的环境可以让我们身心愉悦。不确定性不仅影响到组织结构的设计,还会影响组织中员工的压力水平。

变幻莫测的市场会造成经济的不确定性,在经济紧缩时期,人们会为自己的安全保障而倍感压力。例如在 20 世纪 30 年代世界经济大萧条时期,自杀率明显上升。经济衰退同样也会导致压力水平的上升。与经济不景气相伴随的,往往是工作岗位减少、失业人员增多、薪水下调等等。在我国经济社会转型期,由于很多不确定因素的存在,人们也会承受很大的压力。

政治的不稳定性也会给人们带来巨大的压力。例如,在20世纪60年代我国正处在激烈的社会动荡中,"文化大革命"的冲击,使得许多的人承受巨大的压力。在欧美发达国家,政治的不稳定性也同样会给人们带来压力感,美国的"9·11"事件,就是一个很典型的例子,它的发生打乱了美国正常的政治、经济以及人们正常的生活秩序,使得在美国工作和生活的人们感到前所未有的恐惧和压力。

社会大背景会给我们带来压力,有时候周围的小环境也会给我们压力。这种压力有些是显而易见的,比如说父亲希望你读北大的光华管理学院。当你的爱好明明是体育的时候,老爸的指示分明就是一种巨大的压力,可你缺乏反抗的能力,他会自以为是的认为这是为了你将来好。而有些压力则是无形的,老妈无意中聊天时的一句话给你所施加的压力,通常是妈妈看电视时无意中说出某某女儿如何孝顺,妈妈也许根本说者无心,但听者有意的你会想方设法地让妈妈如愿,好像这样才够孝顺,但为了达到这一目标,你可能就需要额外付出更多的努力。

2. 组织中的压力

作为社会性的人,总是生活在一定的组织中的,组织中的许多因素都会引发人们产生压力感,如人际关系、领导者风格、社会支持、决策参与度、受重视程度、角色等。图9.2就很好地表示了组织中的压力来源。

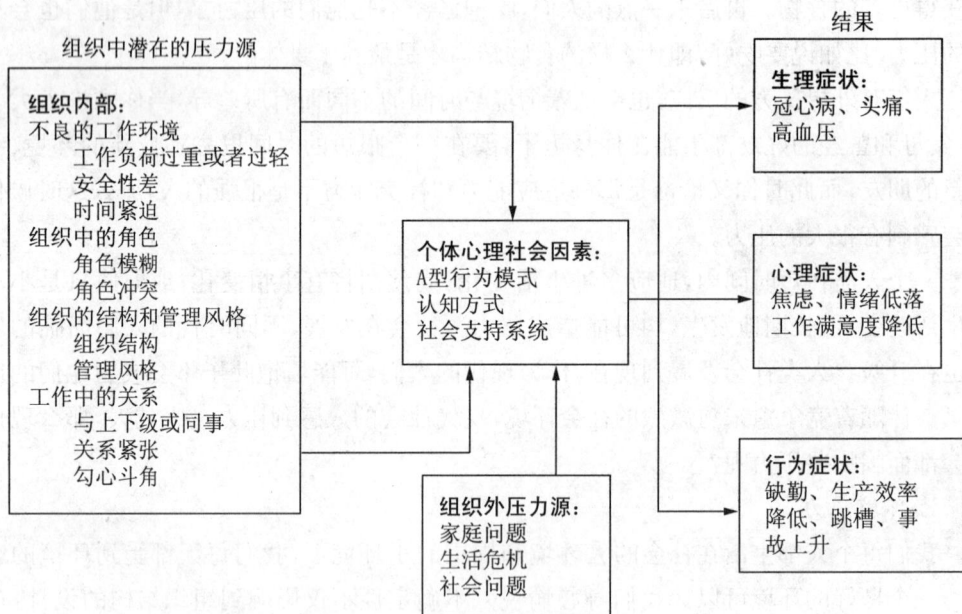

图 9.2　组织中的压力源

（1）人际关系。《孙子兵法》有云:上兵伐交,中兵伐谋,下兵伐城。所谓职场如战场。据调查,在造成上班族工作压力的原因中,"人际关系的紧张"已排在压力源的第一位。人际关系压力是指个体在与其他员工接触过程中所感觉到的压力。人与人之间的关系构成了组织中主要的压力来源。良好的人际关系可以促进个人和组织目标的实现,而紧张的人际关系就会使员工产生相当大的压力感。尤其是对于那些社交需求较高的员工来说,这种情况更为普遍。我们总是很容易受到周围同事的影响,周围人的出席和缺席都会影响个人处理压力的方式和面对压力的表现。工作伙伴在场会增加个人信心,从而更有效地处理压力。例如,在一个充满压力的环境中,和一个有信心和有工作能力的伙伴在一起工作,会让其他人也和他表现的一样自信。相反,同事的缺席会使其他人也感到焦躁不安,会降低他处理压力的能力。

(2)领导者的风格。如果一个组织等级制度森严,从一线管理者到高层管理者都采用的是任务导向型管理风格,那么这种管理模式就会导致员工的紧张、恐惧和焦虑情绪,由于管理者对员工的控制过于严格,并经常严厉批评和指责达不到要求的员工,这样员工就会因为时时刻刻处于压力的包围之中而无法自拔。这种压力对组织发展具有显著的消极作用。有时这种压力因得不到正常的宣泄,甚至会导致个别人员走向极端。

(3)社会支持。社会支持,通俗地讲,就是社会关系网络。组织中的成员会充分利用这种社会关系网络来获得各种信息。有些人消息灵通,八面玲珑,表现出明显的优势,而有些人则孤陋寡闻,信息匮乏,明显地处于弱势,时间久了,当他们和那些信息灵通的人交流的时候,就会感觉到自卑和压力。

(4)决策参与度。不同组织在做决策时,员工的参与态度是不一样的。一般说来,有两种极端情形:一种情形是把员工看成是一些完全无意识的人,是机器的附属物,因而完全排斥员工的参与;另一种情形则认为员工是最了解工作的,因而在决策中要首先征求他们的意见。

下面的例子极好地说明了参与度和工作压力的关系。这是在一个家电制造公司,三年前,公司决定引入一项新的营销战略,目的是使公司能够在整个行业中处于领先地位。高层管理者做出该决定的时候,没有征求任何中层管理人员和工人们的意见,结果是灾难性的。由于中层管理人员和一线的生产工人没有人参与到这项决策中来,所有的人都感到没有归属感,工人们认为:"没有人询问过我,我将一如既往地工作,而不会做出任何改变。"由于企业内部缺乏合作,这家公司最终不得不以破产宣告结束。

研究表明,提高员工的决策参与度将有效减少工作压力,提高工作的质量。尤其是,较高的决策参与度将使员工更加明确工作目的,这将有效减少不确定性和工作压力。因此,对于一个健康发展的组织,必须找到一种诚信交流的机制,从而保证上下一条心,齐心协力为企业的发展总目标而努力。

【小贴士】管理者常面临的几种典型的角色压力

1. 角色模糊,比如工作职责不明确。

2. 角色转换,管理者在一个场景下是领导,在另一个场景下是下属。

3. 预期出错,管理者不知道上司期望的是什么。

4. 不现实的期望,管理者被要求做一些不可能的事情,比如没有足够的资源,没有足够的时间等。

5. 困难的抉择,管理者被要求做一些对下属不利的事情,比如降职、裁员。

6. 超负荷的工作,管理者被要求在同一时间处理好几件紧急事情。

（5）受重视程度。组织中受重视的程度也会导致员工的工作压力。无论什么肤色、什么性别、什么职位，组织中的员工在不同的情形下，或多或少会感到不受重视的压力。如果一个成员在组织中很受重视，那么他的工作热情就会很高，工作的潜能就会发挥得淋漓尽致，相反，如果他不被重视，久而久之就会认为自己是组织中可有可无的角色，产生极大的自卑感和压力。

（6）角色压力。角色压力是指个人在组织中扮演的特定角色给其带来的压力。在一个缺乏沟通的组织环境中，组织成员往往由于对工作目标、工作预期、上级对自己如何评价这类问题存在不确定感和感到茫然，即所谓的角色冲突。角色冲突会使人感到无所适从或虽使出浑身解数仍无法令人满意。

在一家外资制造业担任生产主管的马丁最近烦透了。他所处的企业正处在扩张时期，管理层不停地向他们压任务，指标是每个月都在增加，无奈之下，他也只能将任务分摊到员工头上。但渐渐地，马丁发现，他的下属对他的每个命令都带有抵抗情绪，很多人还会怠工，导致他每个月的工作额都不能完成。上司的责怪、下属的抵制，让他的脾气日益暴躁，动不动就呵斥手下说："你们怎么这么不通气？哪像我们以前，上面怎么说就立刻怎么做，要像你们这样早被炒鱿鱼了！"但屡次发怒后的效果却不尽如人意，员工们不仅不能完成任务，反而对他敌视起来。

3. 个体压力

每个人都有自己不同的个性、生活经历和沟通能力。而且，组织成员对待工作压力的态度以及他们处理工作压力的方式取决于多种因素，其中包括对环境的感知、过去的经验、压力与绩效的关系、个性差异、生活经历、沟通能力等。

（1）对环境的感知。组织成员对环境的感知影响到其看待压力的方式。举个例子来说，小王和小李同时面临岗位调动，这对很多人来说是一个很大的压力。小王把这次的工作变动当作是一个学习新技术、新思想的好机会，也是一个接受新挑战的机会。但是，小李却认为这是个巨大的威胁，并且认定这次的工作变动是由于自己原来工作上的不尽如人意。那么，同样的一个岗位变动对于小王来说就算是一个锻炼的机会，而对于小李来说这次的岗位变动就是一个压力了。

（2）过去的经历。人们在过去的工作和生活中或多或少会遇到这样那样的压力，他们过去处理压力的经历，会影响到他们看待和处理自己目前面临的压力的方式。古语说"一朝被蛇咬，十年怕井绳"，说的也是这个道理。过去失败的经历总是会在我们心中产生阴影，当我们再次遇见同样的情形时，压力就不自觉地产生了。

（3）个性差异。个性差异会导致不同的人以不同的态度来看待压力，并以不同的方式来处理压力。科学家们研究发现，A、B两种不同典型性格的人对于看待压力的态度和处理压力的方式是截然不同的。

A型性格的人总是不停的忙忙碌碌，努力在最少的时间内获得最大的成就。不管在什么时候都有着很强的时间紧迫感，求胜心比较强，而且在大多数情况下还会带有对立的情绪，对惰性很反感，语速较快，性子急，有时对工作中的困难缺乏耐心。

与A型性格的人相对应的是B型性格的人，这种性格的人很少会渴望去实现越来越多的目标或参加越来越多的活动。他们表现过激的情况很少,而且在那些急于求胜的行为不合适或者不重要的情形下,他们也很少会表现出急于打败对手或带有攻击性的行为。同时,B 型性格的人对身份地位并不敏感,对成就的认同感也没有 A 型性格的人那么强烈。

介乎这两者之间的就是 A 型性格和 B 型性格的混合体了,这就像外向和内向性格一样,很多人都同时拥有这两种特质。

(4) 自我的困扰。人有个共性,就是会想象。经常听见朋友抱怨说工作上有压力,他明明做得很好,这个单位也不会垮台,但是他可能会想:"如果垮台怎么办呢?"一个"如果"麻烦就来了。比如说,现在的领导对我不错,可是如果换了个领导怎么办呢? 这种心理上的想象所带来的压力也是很大的,会经常使得人们无端地会感到压力的存在。

4. 现实与期望的落差造成的压力

人是社会的动物,如果人们的期望过高,在现实生活中很难实现的话,就会产生压力。比如说你考上一所不错的大学,但是你却想,我为什么没考上北京大学? 那么压力就产生了。如果一个家庭对孩子的期望是,要受正规的教育,以后做一个正直的人、做一个合格的公民、做一个对社会有用的人,那么这个孩子就很幸福。但如果一个家庭对孩子的期望是以后当个大富豪的话,那么这个孩子的压力就很大。现在我们看到一些很小的孩子,也就四五岁,问他将来想干什么,他说"我长大要做百万富翁",他以后要做不成百万富翁呢? 这就是因为期望的落差而造成的压力。

5. 需求带来的压力

毋庸置疑,现代人的压力与其对物质或精神生活的追求是成正比的。这些需求是在与我们的生活和他人的比较中逐步提升的。就好比如果没有电脑我们一样可以生活,并不会因此而无法成眠,但当社会直接给每人一台电脑时,没有电脑的生活好像就不再是现代人的生活了,这时是我们的比较心理在作祟,最直接的影响就是给自己添加了压力。

社会进步越快,人类对自身或他人的要求就越大,这时候整个社会的压力都是极大的。简单地说,如果你只是想要吃饱穿暖,外加有台电视看,有台电脑玩,你可能就是想方设法去赚钱买电脑和电视而已。可是当你同时希望买辆车、买套房的时候,这时你就不能就靠每个月一千块的工资了,你必须找个五六千的工作来做,同时还要计划着如何开源节流,如何理财才能让你的钱变多。当这些问题接踵而至时,你所需要花费的心力和体力就加倍的增长了,如果因为无法赚到足够的钱来买这些必需品时,你的压力就出现了。

9.3.2　压力的影响

有人说,压力是魔鬼与天使的混合体。说它是魔鬼,是因为它会带给人心灵的和躯体的双重伤害。说它是天使,是因为它也可以给我们带来一些正面的影响,比如在有压力的状况下,我们能够保持较好的觉醒状态,智力活动处于较高的水平,可以更好地处理生活中的各种事件。

1. 对个体的影响

有一幅漫画,很好地展示了压力的好处。一个人坐在文件堆积如山的办公桌旁边,右手拿着笔,左手拿着一枚定时炸弹,漫画的题目叫做:我只有在巨大的压力之下才能高效率地工作。相信每一个学生都有这样的体会,如果老师不催着交作业,是绝对不会去做的,离老师规定的完成日期越近,完成作业的速度越快。工作中也一样,催的越急的工作总是完成的最快的。

压力过小,会使人懒惰、消极、不思进取。压力过大,又会使人产生焦虑、烦闷、怀疑等不良情绪。在众多的压力面前,有的人积极乐观,越战越强,越挫越勇,不断成长、成功;有的人却无所适从,心浮气躁,牢骚满腹,怨天尤人,在惶惶中一事无成。

【读一读】9.17

压 力 的 影 响

1. 心理上的影响:不安、侵略性、缺乏兴趣、乏味、忧郁、疲劳、挫折、罪恶感、羞愧感、易怒、坏脾气、喜怒无常、闷闷不乐、紧张、孤独感等。

2. 行为上的影响:意外事件的发生、药物滥用、暴饮暴食或无食欲、酗酒及过度吸烟,过度兴奋等。

3. 认知上的影响:无法做决策、无法集中精力、易忘、过度敏感、忽然忘记一切等。

4. 生理上的影响:小便急促及频率增加、心跳加快、血压增高、口干流汗、呼吸困难、四肢无力、麻痹、冻僵感、头晕、偏头痛、神经质、噩梦、失眠等。

5. 组织上的影响:人际关系不良、高转业率、工作效率低、士气低落、工作不满等。

---

2. 对群体的影响

压力是可以相互感染的,所以压力会影响到整个工作群体及群体中的每一个成员。一旦一个班级的缺勤率升高的时候,学校正常的教学秩序就被打乱了。在企业中也一样,一旦某个单位的缺勤率突然间升高,人员流动频繁,企业与顾客的关系恶化,安全事故经常发生,内部管理混乱,这个群体就会处于较大的压力之下,从而导致群体成员之间关系紧张、互相猜忌、缺乏信任。久而久之,这个群体的工作士气就会下降。

3. 对组织的影响

组织中的工作压力过大,组织中的每一个成员的工作积极性就会受到影响,组织就会面临很多的问题。比如说服务质量的下降,组织中的任务不能按时完成,就会和顾客产生矛盾,进而影响到公司的信誉等等。

9.3.3　面对压力的自我沟通策略

生活中压力无处不在,可以说压力本身就是生活的一部分。压力并不是一种情绪,而是人对发生在周围或自己身上的事物的一种反应。从压力对个体行为的意义上分析,适度的压力可以给人以振奋,促进注意力的集中、提升工作的动机、引发正向情绪(如兴奋)、增加成功后的成就感等;而那些不适当的压力或者过度压力往往会带来负面影响甚至破坏性后果,例如造成注意力不集中、思维僵化,产生恐惧与逃避的心理,引起情绪与行为失控,持续压力导致身心疾病等。因此,个体需要自我调整,正确面对发展过程出现的各种压力,找到一个平衡点,寻找更多的良性压力而尽量避免恶性压力的出现。

1. 重视自身心理调节

(1) 要有一颗平常心。要采取"不能改变环境,但能改变自己"的积极主动态度,接受压力,好像接受自然气候一样。在工作中努力做到有激情、有目标、有思路、有办法,保持一种正向的价值观,较好地保持内心世界的和谐一致。

同时还要审视自己制定的目标和期望,不要设立不切实际的目标,对自己的未来作合理的期望。正确评价自己,不要过高要求自己。正确认识自己、评价自己是个性发展的重要前提之一。自己对自己的认识、评价是在发展过程中逐渐培养起来的。对自己有正确的认识,做自己可以胜任的事情,对自己有个合理的预期和评价。

(2) 主动寻求他人的帮助。任何人都需要他人的帮助,广泛的社会支持是缓解压力不可或缺的途径。要拥有健康心理,形成外向性格,活泼开放,提高自己的社交能力,善于和各种人打交道,有什么不开心的事可以通过合理的渠道进行宣泄。当一个人感到有压力时,可以主动找亲朋好友或同事交谈一下,然后请他们开导开导,这样不但可以找到解决问题的办法,还可以得到心理压力的转移机会。及时倾诉自己感受到的无助和不快。交流是释放压力的有效途径,交流的过程也是自我反思的过程。通过与他人交谈,获取心理上的支持,增强自信心。

(3) 发展兴趣,放松身心。当你感到压力的时候,可以通过做一些自己感兴趣的事情来转移自己的注意焦点。转移注意力是减压的良方。也可以有针对性地进行心理训练,根据自己的兴趣、爱好及特点,采取静坐、运动、听音乐、走进大自然等方式做身心放松训练,以缓解压力寻求快乐。

如果遇到不可逾越的困难导致压力过大,那么就应该果断的放弃。精神长期高度紧张,会导致人体身心失衡,对一些不能解决的人事矛盾,尤其是感情矛盾,可选择放弃,

> **【小贴士】班得瑞——世界上最纯净的音乐**
>
> 流水、鸟鸣之声,能镇静人的情绪,松弛我们的身心,而且给人一种返回大自然的感觉。
>
> 班得瑞(Bandari)专辑列表
> 1. [情境音乐]《仙境》;
> 2. [优美名曲]《寂静山林》;
> 3. [自然音乐]《春野》;
> 4. [冥想音乐]《蓝色天际》;
> 5. [放松音乐]《迷雾森林》。

跳槽、失恋、离婚都是放弃。放弃实际是心灵的放生,在放弃的同时获得的是自我的尊重。

当然,还有其他一些办法,如在遇到困难的时候多想想自己以前的成绩,就会有解决问题的勇气,问题也就容易解决了;发挥自己积极主观的想象,多想一些好事,增强自己的信心,来更好地适应环境,实现自己的追求和价值。

【读一读】9.18

掌握科学的缓解压力的方法

1. 短期缓解压力的方法

(1) 深呼吸法。深呼吸时应全身放松,肺部一张一合,呼吸频率逐渐减慢,呼吸逐渐加深。

(2) 肌肉放松法。可先在心理咨询师的指导下进行,逐步做到每天自我练习。

(3) 想象放松。即通过想象轻松、愉快的情景(如大海、山水、瀑布、蓝天、白云等),达到身心放松,情绪舒缓的目的。想象自己处于一个很愉快的境界,如站在海边看看夕阳或在清澈的溪边钓鱼。

(4) 休息片刻,作些简单的柔软动作,呼吸新鲜空气。

(5) 到一个空旷无人的地方,尽情地呐喊。

(6) 遇到困难时,静想一下,是否有必要为此事沮丧。可以选择平静地面对或忽略它。如果事情真的很重要,就勇敢地面对,告诉一个了解你的朋友或试着写一封不一定寄出的信。

2. 长期缓解压力的方法

(1) 了解自己对压力的忍受度,在自己的极限中有最好的表现。

(2) 选择自己的目标,不要让别人来决定你该做什么。

(3) 寻求支援,当压力大或负担过重时,立刻寻求朋友的协助。

(4) 凡事往好处想。若你凡事往坏处想,你的身体会发出一些警告的信息,使你肌肉僵硬。尽量往好处想,可帮助你放松自己。

(5) 学着做决定。如果你能学着接受任何可能发生的情况,就勇敢地做决定吧!无论好或坏,总比没有做任何决定好。

(6) 期望要能切合实际,不要期望自己或别人能完美无缺。朝目标迈进时,一定会有很多困难,而且你也要了解惟有不断实践才能解决它们。

(7) 对于不能改变的事实,就勇于接受。如果事情不是在你控制的范围内,就接受现实,再努力前进。

(8) 预期任何可能有压力的情况,提前做好准备,评估各种情况,看看哪些是你该处理的,哪些可以延后处理,哪些可以忽略不管。决定处理的事件,可以预先演练该说什么和该做什么。

(9) 良好的时间管理和计划,可避免因一次处理过多的事情而喘不过气来。

(10) 规律地运动,均衡地饮食,充足的睡眠,不饮酒、不吸毒品。

2. 掌握科学的时间管理方法

掌握科学的时间管理方法首先要分析目前时间利用的现状,找出时间浪费的原因。每天制订任务清单,并根据重要程度将各项事情排序。当然清单上不必列出日常琐事,只需列出对今天来说很重要、需要特别注意事情,以便最佳地利用时间。运用 80/20 定律,勇于舍弃不太重要的事情。80/20 定律是时间管理学中的重要原理:如果所有的工作项目都根据价值大小来排列,80％的价值来自于只占 20％的项目,其余 20％的价值来自于 80％的项目。

整整一天乃至整整一周马不停蹄地只忙于一件紧急的事情,其他什么也不干的话,这样只会加剧你的紧张情绪,反而会降低工作效率。你需要为自己的工作创造一种节奏感以不断地给自己充电。比如可以每工作 60—90 分钟,就应从工作中抽空放松一下,利用 10 分钟左右的时间做点其他的事情,这样交替式的工作会提高工作的效率。比如你一直伏案阅读,可以去另一同事的办公室为另一计划想些点子。不用担心这样会打断你的注意力,待你回到办公桌后你会感到精神焕发,干劲十足。

如果你总觉得自己的工作排的很满,总是很忙,但又说不出究竟在忙些什么,理不出清晰的工作思路,这样你就会觉得很累。其实,这种情况不难解决,那就是制作工作时间安排表。你只要制作工作时间安排表,合理安排每项工作的时间。明白地告诉自己,这个时候应该做什么,哪项工作到什么时候必须完成,什么时候开始另外一项任务。这样做了,你的工作就会变得井井有条,不会有时忙,有时却闲得要死。下班前若干时间,你还可以安排一些可以偷懒的活,充分利用规则,合理地放松一下。

3. 培养健康科学的生活方式

健康的行为习惯不仅是缓解压力的有效途径,而且也是决定人生幸福和成功的重要因素。经常性的体育锻炼对控制压力非常重要,而每天点点滴滴的身体活动也可以释放被抑制的能量。许多人往往忽视了那些实际上每天都可以做的身体活动,例如,不乘电梯而是步行去自己或他人的办公室;打电话时站起身来,同时伸展一下背部和颈部的肌肉等等。

将自己从压力中解放出来,与人交往。在压力重重的日子里,不要将自己关起来埋头苦干,要花时间和朋友、同事交往,与那些让你欢笑、能够给你指点迷津的人谈话,这样能使你恢复活力,增强信心。当自己工作或学习上有压力的时候,可以向周围的同事或朋友谈谈你的工作或学习进展情况,征求他们的意见,寻找解决问题的方法,求得他们的鼓励。

【实用链接】9.19

压力自我评估表

要想战胜压力,第一步要敢于承认压力的存在,能够认识自己所承受的压力是减少压力的前提。请对照下面的这个压力自我评估表来进行自我评估。

压力自我评估表

有关情形的陈述	从不	有时	经常	总是
1. 一旦工作发生差错就责备自己	1	2	3	4
2. 一直积压问题,然后总想发作	1	2	3	4
3. 全力工作以忘却私人问题	1	2	3	4
4. 向最亲近的人发泄怒气和沮丧	1	2	3	4
5. 遭受压抑时,注意到自身行为有不良变化	1	2	3	4
6. 只看到生活中的消极面,忽视其积极面	1	2	3	4
7. 环境变化时,感觉不适	1	2	3	4
8. 感觉不到群体中的自我价值	1	2	3	4
9. 上班或出席重要会议时迟到	1	2	3	4
10. 对针对自己的批评反应消极	1	2	3	4
11. 一小时左右不工作就内疚、自责	1	2	3	4
12. 即使没有压力、也感到匆忙	1	2	3	4
13. 没有足够的时间阅读报纸	1	2	3	4
14. 希望即刻得到他人的注意或服务	1	2	3	4
15. 工作和在家时都不愿意流露自己的真实感情	1	2	3	4
16. 同时承揽过多的工作	1	2	3	4
17. 拒绝接受同事或上司的劝告	1	2	3	4
18. 忽视自身专业或生活方面的局限性	1	2	3	4
19. 工作占据全部时间,无暇享受兴趣爱好	1	2	3	4
20. 未加周全的思考,就处理问题	1	2	3	4
21. 工作太忙,整整一周不能与朋友、同事共进午餐	1	2	3	4
22. 问题棘手时,逃避、拖延	1	2	3	4
23. 感觉行动不果断就会受人利用	1	2	3	4
24. 感到工作过多时,善于告诉他人	1	2	3	4
25. 避免托付工作给他人	1	2	3	4
26. 尚未分清主次就开始处理工作	1	2	3	4
27. 对他人的请求和需要总是不加拒绝	1	2	3	4
28. 认为每天必须完成所有的工作	1	2	3	4
29. 认为不能应付自己的工作量	1	2	3	4
30. 因害怕失败而不采取行动	1	2	3	4
31. 往往把工作看得比亲人和家庭重要	1	2	3	4
32. 措施没有即刻见效,便会失去耐心	1	2	3	4

注:从不——1分　有时——2分　经常——3分　总是——4分

说明:当你完成压力自我评估测试之后,请算出总分,然后根据相应的分数段来评估你受到的压力。无论你的压力程度有多低,总有地方需要改进。明确了自己的薄弱点之后,然后参照本章中所论述的方法,你会找到有效的建议和忠告,用以减轻压力,并且把生活中的压力因素减少到最小。

总分:32—64 你能很好地驾驭压力,因为大多数积极性压力能够产生激励作用。所以应努力在积极性压力和消极性压力之间寻找最佳平衡。

65—95 你承受的压力还是适应和安全的,但某些地方需要改进。

96—128 你承受的压力太大了,需要寻找策略以减轻压力。

【案例分析】9.20

古为今鉴——康熙如何管理大臣的情绪

康熙皇帝最喜欢微服出巡,探查民隐。出巡最靠得住的保镖是魏东亭。

有一次,康熙巡视河道,因为他要治理黄河,而康熙本人最讲究科学和实际的考察。在巡视的时候,发生了争执,这是地方老百姓和地方小官的纠纷,康熙自然走到人群看个究竟。在观看中,康熙得罪了恶人,那恶人自然要打康熙,而康熙堂堂皇帝,哪有体验过这种屈辱,眼看恶人正要打来的时候,康熙本想拔出天子宝剑怒斩恶人,但因为微服出巡,没有带配剑。但转头一看,那个魏东亭正在呆头呆脑地望着,不知如何应付这种突发事件。康熙立即扬起手,大力地一掌"啪"的就是一记耳光打向魏东亭,说:"主辱臣死,你懂吗? 难道要朕亲自动手?"一句说话提醒了魏东亭,立即出手解围。

当晚,康熙休息的时候,要了一杯茶,又要了一些点心,但不知为什么,总是心神不定,不想吃也没有兴趣做什么,只好拿来一本书阅读,读了几页又放下。康熙叫在外站岗的魏东亭,说:"东亭! 你走到灯前来吧!"魏东亭不知有什么事,有点战战兢兢,因为今时不同往日,以前和康熙一同长大,真是两小无猜,但现今皇帝天天成长,开始有自己的威严,再加上今天的一巴掌,早已感到自己和康熙,已经不再是过去的朋友关系。

当魏东亭走近的时候,康熙说:"让我瞧瞧!"康熙一边看他的脸,一边说:"朕一向以仁慈对待下属,今日却无端打了你……"

魏东亭听了,突然间感到亲切,从来没有和康熙如此亲近,感到一股热气涌上心头,自己的脸涨红了,连忙下跪,说:"主辱臣死,是奴才的过失!"

康熙又说,"你有委屈吗? 有委屈就哭出来吧! 哭了一场就舒服一些!"

魏东亭更紧张地说:"不不不……没有委屈! 奴才怎会有委屈?"他立即接着说:"都是奴才手脚慢,只见他们正在冒犯皇上,而奴才居然呆着不知如何应付,真是罪该万死……"只见他一边说,一边流下眼泪。康熙笑着说:"朕打错了你……"只见魏东亭更忍不住,泪水鼻涕也流了出来。

康熙说:"还说没有委屈,眼泪都控制不了。"

魏东亭立即说:"没有委屈! 没有委屈! 奴才只是感到受主上隆恩,感激万分,不知如何肝脑涂地报答圣上……"

"你说的是实话吗?"康熙一手扶起了魏东亭,又说:"你不觉得朕委屈了你,近来对你好像刻薄了一些吗?"魏东亭立即说:"奴才没有这样想过,主子也未曾待薄过奴才!"康熙笑着说:"你越来越干练了,也学了不少油嘴!"魏东亭立即说:"奴才岂敢讲大话! 皇上的恩宠,无论是雷霆雨露都是君恩,莫说主子没有疏远奴才,就算有,奴才也要自我反省,自己做错了什么事,令主子讨厌,奴才要自己学乖、学好进步!"

康熙说:"朕要有意锻炼你一下。你说要弃武就文,目的当然要他日找一条好的出路,这是对的,如果封你一个官职,只是朕一句话就可以了,但这样不能培养你成材。你还需要多一点历练,所以朕对你是严格了一些。你知吗? 索额图是皇亲,有时胡来,只要不太过分,朕也会忍他一忍,给他一点面子。将来你的前途,肯定在明珠、索额图等人之上,但要好好历练……"魏东亭听了,更加感激,说:"主子明训,令奴才茅塞顿开……"康熙又说:"朕再三筹划,才不得不把你留在身边。你要吃得起这个亏呀!"

康熙一番说明,说得又情真又意切,魏东亭本来有很多怨气,但经过今次一掌之后,得到皇帝如此交心地讲明白,真是又服又贴,更加忠心地做好分内的工作了。

讨论:1. 康熙皇帝的行为突出表现了情绪管理能力的哪一种? 这一能力的重要性是什么?

2. 康熙皇帝的情绪管理对今天的管理者有什么启示?

第 10 章　非常态沟通

> 未来的竞争是管理的竞争,竞争的焦点在于每个社会组织内部成员之间及其外部组织的有效沟通上。
>
> ——美国著名未来学家约翰·奈斯比特

内容提要

- 组织变革沟通的概述、阶段和管理
- 危机沟通的定义、发展和策略
- 冲突沟通的处理策略和建设性建议

【案例导读】10.1

Facebook:理想主义的豪赌

在今天的 IT 世界里,还有什么比 Facebook 更吸引眼球的呢?

Facebook 在全球已经拥有了 5 亿注册用户,并以每天新增 70 万人的速度增加。这使得 Facebook 成为了最大的国际化社区(腾讯的注册用户也许比 Facebook 更多,但是 90% 以上集中在中国大陆)。Facebook 的收入相对单纯,100% 来自广告。2011 年的收入可能增长 150%,利润随之提升到近 10 亿美元,当然这是比较乐观的估计了,即使这样,Facebook 的销售和利润增长也逊于百度。另一些悲观的估计则指出 Facebook 在 2010 年仅仅略微地跨越了盈亏平衡。也就是说,靠广告支撑的收入虽然成长稳健,但难以支持公司市值的爆炸性增长。

Facebook 的服务并不复杂,"Facebook"直接翻译过来就是"花名册",其实质是一种创新的沟通方式。沟通本身创造可持续增长高额收益的能力并不强。电子邮件、即时通讯和短信等都不能直接产生让投资者陶醉的回报。

他们要赌的就是 Facebook 所创新的沟通方式会引发一场社会变革。人与自己的朋友、家庭、单位以及政府间的沟通是社会组成的一个重要部分。沟通可以多种形式发生,但是有一个元素不会变,就是沟通的主体一定是人。2003 年,牛津大学一位人类学教授顿巴提出:个人在一段时间内可以维护的有效沟通关系不会超过 150 个——这里应该是指在 Facebook 出现之前的沟通。Facebook 通过聚合的方式为每个人建立了一个网络通讯录。更可贵的是,这个通讯录是活的,通过 Facebook 的消息流,自动地显示出好友的各种状态变化。

通过这个沟通方式的创新,Facebook 已经制造了一个有 5 亿用户真实信息和联系的、跨国界、跨民族和跨文化的联合体。这个联合体可能带来的商业价值,不管是高盛的分析师,还是 Facebook 的团队都还很难有成熟的模型来估算,是不是商业价值都来自广告也很难确定。也许正是这个不确定性,带给了投资者们无限的想象空间。

2000 年的时候,张朝阳打出了一条标语"全世界 Internet 联合起来",非常有气势,Facebook 就正朝这个目标努力。这是一个非常理想主义的目标,世界的沟通和传播将因此而改变,而投资者们将为此豪赌。

资料来源:环球企业家网,http://www.ebusinessreview.cn/articledetail-52869.html。

10.1　组织变革沟通

10.1.1　组织变革沟通的概述

1. 组织变革

德鲁克在其著作《管理的实践》指出:我们无法左右变革,因为"变革是无可避免,必须发生的",所以我们只能走在变革的前面。组织变革是组织依靠内外部环境的变化,进行技术创新并完善自身结构和功能,为进一步提升其适应生存和发展的需要。随着大数据时代的来临,互联网正在重塑整个商业世界,如何在这样一个瞬变的互联时代保持企业的持续竞争力,是所有商业领导者们目前面临的一大挑战。在过去的许多年里,由于一些互联网企业迅速崛起,展现出令人惊讶的颠覆力量,其快速迭代以及多变灵活的特质,冲击着许多传统企业,让其无所适从。从海尔进行的组织变革实践以及小米的互联网模式,我们可以看到,它们探索的都是通过架构快速配置资源的平台,如同与用户零距离接触,动态释放平台的同边和跨边网络价值。企业为了应对外部环境变化的需要,组织变革已呈不可逆之势。然而超过半数的企业在变革中失利。我们希望看到,在互联网时代的商业变局中企业能够更清醒地自我审视,在变与不变中找到变革管理的新平衡。传统的层级组织架构强调的是资产的"一体化"和"专一性"竞争优势。而在平台型组织架构下,企业更加重视资产的"互补性"和"生态圈"竞争优势。因为,外部环境的变幻莫测,已经来不及给企业单打独斗完成一件事的时间。如何有效突破组织边界,整合一切资源,已然成为互联网时代组织变革的新要求。

【案例】10.2

张瑞敏为什么要"砸烂"海尔?

时隔 30 年,为应对新的危机,张瑞敏又开"砸"了:上一次为了提高质量,他砸的是电冰箱,这次砸的不是东西,但更彻底:从战略、组织结构,到商业模式甚至企业文化。这些是过去的海尔赖以取得辉煌的一切,而且还都是张瑞敏自己亲手缔造的。

海尔危机其实是互联网时代家电业集体困境的写照。目前国内的几家年销售额过 300 亿元的大型家电企业,其实际的来自本业的净利润率大多徘徊在 1%—3% 之间,在互联网电商的冲击下,不仅是后端海尔、美的这样的制造企业,包括苏宁、国美这样转型电商在内的前端大型家电卖场在内,家电业整体都陷入了危机。

根据张瑞敏的公开演讲,海尔变革包括战略、组织结构和薪酬三方面的改变。

战略转型为以用户为中心的人单合一双赢模式:"人"就是员工,"单"是用户资源,把每个员工和它的用户资源连在一起。所谓"双赢"是为用户创造价值的同时体现你的自身价值,海尔甚至给内部创业的员工具授予决策权、用人权和分配权(薪酬权)。

组织扁平化为"外去中间商,内去隔热墙":组织转型为可实现各方利益最大化的利益共同体,企业变为创业平台,员工变为创客。

薪酬转型为与本人所创超值相联的人单酬合一:企业所有员工都变成网络的一个节点,作为这个节点就去连接市场上的用户,谁连的用户最多,谁就可以获得更大的成就。

从数字上看,海尔变革的关键词是减员和增效。

先说说减员:2012 年期末,海尔在册员工总数为 86 000 人,2013 年期末减至 70 000 人,海尔人均创造利润同比增长 50%。2014 年 5 月末海尔在册员工进一步减少为 64 955 人。张瑞敏公开演讲中说今年内还要减少 1 万名员工。

这种减员的原因,海尔方面的解释:

第一,智能制造带来人工减少。海尔滚筒洗衣机的一个车间经过智能化升级,已经成为"无灯"车间,原来这个车间需要 45 人,现在已经无人化了。

第二,组织扁平化。传统的线性串联流程里的中层部门没有存在的必要性了。在海尔内部,这样的中层部门被称作"隔热墙",他们隔离了员工和市场之间的接触,需要被去掉。

第三,平台型组织鼓励员工创业。比如,海尔原来负责区域市场销售的人员自己注册成立小微公司,和海尔的关系从"在册"转变成了"在线",所以真正在册的员工就减少了。他们借助海尔的品牌、用户资源和平台,为用户提供增值服务,自负盈亏、自主经营,这样的小微公司在海尔有 42 个,统称"商圈小微"。据媒体报道,按照海尔的规划,将推动企业 6 万多名员工创业,组成自主经营体,成立 2 000 多个"小微企业"。

资料来源:世界经理人,http://www.ceconlinebbs.com/FORUM_POST_900001_900055_1069153_0.HTM。

2. 组织变革沟通

古有云：穷则变，变则通，通则久。变革或许会失败，但不变注定要失败。无论是技术层面的革新，内部组织的发展，还是应对市场外部环境的瞬变，都应该通过制定变革管理策略，从而使企业成功转型。其中，不少管理者开始研究如何通过有效沟通的手段，提高变革管理的成功几率，即组织变革沟通。在变革情境下对管理沟通的解释是在组织变革过程中组织及其管理者对组织变革的一系列声明、解释以及为了让员工做好相关变革准备的一系列信息传达和交流过程。在当下这个的变革时代中，组织变革沟通能够更为企业在变革时期抢占先机和商机提供新的动力和支持。

10.1.2 组织变革的阶段与沟通

勒温提出了著名的变革动力模型分析法。勒温将变革过程概括为"解冻—转变—再冻结"三个阶段，如图 10.1 所示。勒温的变革模型解释了在新的行为形成之前，必须要舍弃旧的行为方式，这样新的行为方式才更容易被人接受。第一阶段解冻阶段是为了减少维持组织现有行为水平的力量。当员工的变革意识被唤醒后，就需要组织分析现在的形势，在转变阶段及时转变和制定确定组织的变革的计划和方案后，采取必要的行动，通过组织变革过程来发展新的行动、价值和态度。再冻结阶段则通过一系列措施使新的组合要素得到巩固，以防变回原来的状态，是组织变革过程的最后阶段。

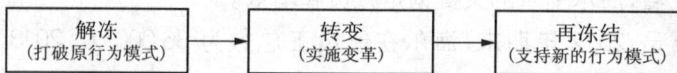

| 解冻
（打破原行为模式） | → | 转变
（实施变革） | → | 再冻结
（支持新的行为模式） |

图 10.1　变革动力模型

1. 解冻阶段的沟通

（1）让员工感到变革压力。

组织推行变革的压力可能来自组织内部或外部，但是员工很难直接感受到这些压力的存在。在这种情况下，为了冲破组织成员对组织现有状态的认识，让员工意识到变革的压力，沟通是非常重要的工具，它可以让人们认识到组织现行的某些方面，或全部方面或即将不再适应新的环境，如果不进行改变，组织将面临衰退或死亡的危险。解冻阶段沟通的策略包括让管理者通过演讲或动员，诠释变革的压力；通过组织内宣传工具，如报刊或网络，强化变革压力，保证各个员工理解改革、支持改革、参与改革。

（2）让员工对变革有清晰共识。

上述让员工感到变革压力只是第一步，接下来需要帮助员工达成对变革的清晰认识，让他们知道变革的可行性和有效性，并让员工相信变革对自己有益，所以制定一个清晰、可行的目标很重要。如果组织目标都无法让员工认同和理解，期望员工全心全意投入变革是不现实的。因此，沟通方式和技巧的选择与运用对员工是否能达成广泛的变革共识有重要的影响作用。

2. 转变阶段的沟通

在变革的不确定性与两面性中,积极、公开与坦诚的沟通是变革成功的关键。变革速度越快,越需要与员工沟通。积极与公开的沟通是克服变革不稳定型的"良药"。信息沟通是一种强大的变革力量,可以更好的帮助员工了解组织变革进行的原因,公开的沟通不仅意味着员工可以自由表达对变革的各种疑惑,而且员工还能够参与变革,而不是被迫地执行变革。在转变阶段为了推行组织变革,相配套的培训、新的工作方式、新的时间周期以及人员的变动,都可能导致员工的不适应,这个时候如果沟通及时、技巧运用得当,员工对这些变动的接受程度会更高,适应更快。公司也需要将实施评估效果及时进行反馈;不断鼓励员工,让他们对变革成功充满信心;告诉员工公司目前的进度,鼓励员工再接再厉,一定达到所期待的效果。

3. 再冻结阶段的沟通

有时,变革后团队的高绩效不能持久保持,甚至一段时间后团队又回到原来的状态。因此,变革目标变革目标不仅是组织绩效的提升,还有新的绩效水平的持久性,或者说某一时期的持续性。这一阶段在组织变革中称为再冻结。

在再冻结阶段,沟通策略主要包括两个方面:

(1) 为达到再冻结,变革者往往通过对积极推进变革的管理者进行奖励和认可,对那些阻碍变革的人则降职或调岗,来保证变革的顺利实施。在实施奖励或处罚措施的时候,组织需要向全体员工解释沟通执行此措施的原因,让所有员工看到变革强化结果以及高层对于变革态度是这一阶段的主要目的,这对其他员工理解并支持变革至关重要。

(2) 在变革推行过程评估中,也需要合理的沟通。变革推行过程的评估有利于管理者监控组织进程,维持改革已有的成果,有利于强化员工的参与和成就感。评估过程也是沟通过程,包括口头语言沟通、书面语言沟通、身体语言沟通等。一般这个阶段的沟通采用访问、调查问卷等。

10.1.3 组织变革中的沟通管理

很多企业或组织认为只要企业制定了战略目标,变革目标,就可以实施变革行动。却往往忽略变革沟通目标的重要性。由于沟通渠道不顺畅,甚至在变革管理过程中不断出现问题,比如,员工对公司的变革不了解,对公司不信任,积极性不高,抵触情绪大。导致即使有了明确的战略方向和变革方向,最后也很难达到预想的效果。普遍企业的变革管理困境是缺少变革沟通目标。

1. 组织变革沟通的困境

第一个困境:没有完整的目标体系。

企业只有制定完整的目标体系才能使公司的运营、变革和沟通有正确的方向。

在进行变革时,往往从战略目标入手,再从变革目标入手,实施变革行动。但整个变革的过程,往往是困难重重的,即使企业认为变革是有利于企业发展的,往往不一定得到全体员工的响应和支持。主要原因,就是变革管理者忽略了变革沟通的作用。另外,变革沟通与其他沟通相比有所不同,因为变革沟通的目的不仅希望达到一个特定的结果,而且还是在不确定性和风险性环境下进行的。所以管理者在进行变革沟通前,首先必须明确整个公司的战略目标,根据战略目标和现状的差异,决定变革的方向和内容,即变革的目标。明确了变革目标,就可以根据变革管理所处的情景来进行一系列沟通活动,即变革沟通目标,所以变革沟通目标是公司实施战略目标、变革目标的基础和保证。

第二个困境:没有变革沟通部门。

首先要在重大变革时建立变革沟通部门,并提升企业沟通人员在变革管理中的决策地位,确立变革沟通在企业战略中的价值。有些公司也意识到了变革沟通目标的重要性,成立了内部沟通部内部协调部。但由于沟通经理在组织的职位太低,当出现问题时,他首先是要向人事资源部门汇报,接着人事总监向集团总裁汇报,一层一层逐级汇报。即使苗头的问题也被这种离核心管理层远距离点燃了。如果公司的沟通部门如同虚设的话,在对组织变革管理的全局性和战略高度上较弱,很难带来对公司变革和企业永续发展的推动力,这为变革沟通走入困境埋下伏笔。想要有效地解决第二个困境,将内部沟通部并入公司人力资源部门,由人力资源兼任内部沟通总监,直接领导内部变革沟通部;扩大内部沟通的编制,招收有经验的管理人员,特别原来第二、第三层管理人员,培养一批未来推动变革的中坚力量。

第三个困境:沟通渠道的问题。

有时候企业的沟通渠道不畅通,也会让企业走入另一个困境。变革沟通的方向分为两种:自上而下和自下而上。实行自上而下的变革沟通,往往采用简单而快速的办法,正如现在很多公司运用到的红头文件、公告、内部杂志等等,是一种依靠权利和权威来推行的变革沟通,大多数情况会引来员工的极度并产生抵触情绪,使沟通陷入困境。自下而上的变革沟通方法是指,当变革目标确定后,由基层管理人员制定计划建议书,并将其一层层递交给上级组织征求建议并获得批准,当这份计划得到具体部门的所有层面的人员批准后,再送给有关部门检查。只有在达到广泛的一致意见后,该计划才能推荐给高层管理人员。因此,建议变革的公司使用自下而上的沟通方向,使大家对计划有清醒的认识和理解。

2. 组织变革类型与沟通

一般来说,我们将组织变革分为如下三类:

(1)适应性变革。引入已经经过试点的比较熟悉的管理实践,属于复杂性程度较低,确定性较高的变革。具有可控性,这种改革对员工影响较少,潜在的阻力较小成功率也较高。组织沟通的难度可控,但不可缺少。

(2)创新性变革。引入全新的管理实践,例如,实施"弹性工时制"或股份制,往往具有较高的复杂性和不确定性。这种变革非常容易引起员工思想波动和担忧,如果不能进行及时和有效率的组织沟通,消除困惑,会加大组织变革的难度。

（3）激进性变革。实行大规模、高压力的变革和管理实践,包含高度的复杂性和不确定性,变革的代价也很大。对员工的要求较高,变化最多,影响最大,因此对组织沟通的要求也非常高,如果员工不能理解和支持组织的新目标,甚至产生抵触情绪,变革很容易走向失败。

3. 不同类型的组织沟通对组织变革的影响

（1）正式和非正式沟通与组织变革。

正式沟通的通道由组织建立,传递与员工专业活动相关的信息。非正式沟通的通道由个体选择,用于传递个体或社会的信息,俗称小道消息。一项调查发现 75% 的员工获悉有关事件首先通过小道消息。组织变革期间,管理层要善用正式沟通并关注非正式沟通。对于组织的目标、未来规划、改革进展,遇到的问题,取得的成绩,激励奖惩等重大决策应通过正式沟通定期向员工发布,及时解决员工的困惑和焦虑。当人们的愿望和期待得不到满足或焦虑得不到缓解就会依赖非正式沟通。由于对于改革的不确定性和既得利益的影响,部分员工对于改革是怀着抵触情绪的,如果这种情绪通过非正式沟通蔓延,对改革也有损害。非正式沟通能控制员工的行为,比如:如果某个人工作很努力并使得其他成员相形见绌时,周围人会通过非正式沟通来控制该成员的行为。非正式沟通不可能完全避免,管理层应该重视非正式沟通,从中了解到员工的关注点和疑惑点,及时加以改善。

（2）外部和内部沟通与组织变革。

组织沟通按照沟通对象可以分为组织与外部环境的沟通,以及组织内部的沟通。它们对组织变革具有不同的作用。

在企业变革过程中,企业首先需要了解组织外部的各种信息,如政府部门、行业协会、客户需求、供应商、竞争者等等。无论是变革前、变革中、变革后都要与组织外部的各个部分进行紧密沟通,才能够确认组织的目标是否正确及可行,是否需要调整。

组织内部的沟通又分为自上而下的沟通、自下而上的沟通和水平沟通。

① 自上而下的沟通。管理者对下级进行分配目标、介绍工作、告知制度规定、指出注意问题等都采用自上而下的沟通。各部门主管通过这种沟通流向告诉员工要做什么,为什么要这么做,如何做。让员工清晰地知道目标和完成的标准。组织变革中,如果自上而下的沟通不畅,员工的执行力就会大打折扣。

② 自下而上的沟通。员工向管理者汇报工作,提出意见等采用的是自下而上的沟通。在组织变革期间,部门主管通过这种沟通流向了解工作的进展,遇到的问题和困难,加以解决。组织变革中自下而上的沟通可能有两种:一是下级人员对变革不满,通常是其利益受到影响,或对变革的方式方法等有异议的时候;二是下级人员支持变革,并且有好的建议想汇报给上级之时。值得注意的是,这两类沟通都有助于变革的向前推进和顺利实施。因此,管理者在变革时,应该鼓励自下而上的沟通,以免员工不敢言、不想言、不屑言,最终积怨成恨,阻碍变革。

③ 水平沟通。同一工作群体的成员之间、不同工作群体但同一层级的成员之间、

同一层级的管理者之间,或任何等级相同的人员之间的沟通都称为水平沟通。组织的新战略目标设定好以后,会设定实现目标需要设置的部门,新目标需要分解到各个部门,且各部门的目标得以实现,组织目标才能最终得以实现。所以各个部门既独立存在又互相协作发挥作用,而组织目标的完成必须依靠部门间的协作。木桶的容水量取决于最短的那块木板的长度。所以一旦有些部门的内部沟通做得不够,操作人不了解新的流程和要求,部门间的配合就会出现问题,降低工作效率,拉慢改革进展。水平沟通是在节省时间和促进合作方面十分必要。大多数情况下,这种沟通是为了缩短垂直层级、加快工作速度而产生的非正式沟通。但是,水平沟通也会导致功能失调的人际冲突。

【案例】10.3

海尔组织变革中的"调频"沟通

海尔的人单合一,无论从组织结构上还是个人业绩的考核、晋升等方面与传统的管理模式相比都是颠覆性的改变。自最初的思想提出,到较为成功的实现,海尔自上至下开展了不懈的变革管理,使各级员工从高级副总裁到普通员工接受和适应这一变革过程。其中,沟通起着关键作用,尤其是对高级管理者,海尔采取了反复沟通,不断"调频"的做法。

最初,对于人单合一的思想——每个人要为市场,或者说"单"负责,做不好就走人或者离岗,很多员工包括高级管理者是很难接受的。针对这种情况,海尔采取了"调频"的做法,即通过不断的会议和沟通,转变各级员工的思想。

首先从高级副总裁等高管开始,通过会议,如果有人不能接受这一变革,张瑞敏及直接负责部门,即战略部会每日对该管理者通过开会的方式进行"调频",对变革的思想、意义、做法等进行阐释和沟通。通过"调频",很多管理者接受了变革思路。然而,也有不尽如人意的事例。有一位高管,在连续调频(每日一次)半个月之后仍然不能接受人单合一的思想,最终只能离开公司。公司管理团队感到惋惜,但却知道这是变革过程中不能避免的。

针对高级管理者"调频"作为一种变革管理的手段,同时也促进了海尔的领导力发展。通过"调频",各级管理者认同了这一业务和管理模式,提高了工作的主动性,也就展示出对各层员工更强的领导力。

高级管理者对变革接受了,变革通过类似的方式传递到中层管理者最终到基层员工。变革的过程不可避免地会导致部分员工的流失,但是经历过该过程留下来的员工对人单合一是从心里接受的,因而具有较强的积极性和自主性。海尔的变革管理在人单合一管理模式的提出和推行中起了关键作用,而沟通则是重中之重。

资料来源:忻榕:《人才发展五星模型》,机械工业出版社 2013 年版。

10.2　冲突沟通

孔子曰:"君子和而不同,小人同而不和。"孟子云:"无敌国者,国恒亡也。"美国著名组织行为学家罗宾斯认为:"冲突是一个过程,这种过程始于一方感觉到另一方对自己关心的事情产生消极影响或将要产生消极影响。"世界上没有人喜欢冲突,但有人的地方就不可避免产生冲突。当两个人总是意见不一致时,那么其中一个人肯定会产生不满,冲突只是发展、创新、变化的副产物,出现冲突并不可怕,关键是如何有效化解冲突。当然,解决的办法多种多样,任何冲突都有完美解决的方案。当冲突出现时,如何化冲突为共赢,化干戈为玉帛?关键是沟通的方式,降低冲突带来的负面危害,避免冲突的升级。

【案例】10.4

沟通化解冲突

某企业有一位业绩领先的员工,她认为一项具体的工作流程是应该改进的,于是,她将改进想法给主管交流,却始终没有得到受到重视,主管反而认为她多管闲事。

一天,她就私自违犯工作流程进行改变。主管发现后带着情绪批评了她。该员工很是不服气反而认为主管有私心,于是就和主管吵翻了,并退出了工作岗位。主管反映到部门经理那里,经理也带着情绪严肃批评了她,她置若罔闻。于是经理和主管就决定严惩,想要开除她。这位员工拒不接受。部门经理就把问题报告到老总哪里。老总把这位早有耳闻的业务尖子叫到办公室谈话。没有一上来就批评她,而是让她先叙述事情的经过,通过和她交谈,交换意见和看法。老总发现这位员工确实很有思路,她违犯的那项工作流程确实应该改进,而且还谈出了许多现行的工作流程和管理制度中存在的不完善之处。

老总的这种朋友式的平等的交流,真诚地聆听她的意见,让她感觉受到了重视和尊重,反抗情绪渐渐平息下来,从而开始冷静地反思自己的行为,从开始的只认为主管有错,到最后承认自己做得也不对。在老总策略性地询问下,她也说出了她认为自己的错误应该受到的处罚程度。最后高兴地离开了办公室。

此后,老总与部门经理以及主管交换了意见和看法,经理和主管也都认同了"人才有用不好用,奴才好用没有用"的道理。大家讨论决定以该位员工自己认为应受的罚金减半罚款,让她在班前会上公开做了自我检讨,并补一个工作日。她十分愉快地甚至可以说是怀着感激之情接受了处罚。而且公司还以最快的速度把那项工作流程给改进了。

事情过后,发现这位员工一下子改变了原来的傲气和不服的情绪,并积极配合主管的工作,工作热情大增。

该事例中,首要的起因固然是主管没有重视下属的建议,并引起员工私自改变工作流程。主管和经理与她的沟通也很有问题。而老总能实现成功沟通,关键不仅在于技巧。在遇到问题要进行沟通时,首先不能断然否定对方的想法,带着情绪和偏见进行沟通,通常是无效的甚至会引起冲突,产生不良效果。本着理解、宽容、不武断的原则,方能通过沟通解决冲突,冰释前嫌,皆大欢喜。

资料来源:http://www.chinavalue.net/Group/Topic/20416/。

10.2.1 冲突沟通的概述

1. 冲突的定义

著名的管理决策学派大师赫伯特·A.西蒙将冲突解释为"组织的标准决策机制遭到破坏,导致个人和团体陷入难于选择的困难"。曾任国际冲突管理协会主席的乔斯沃德教授也指出:"冲突是由于个体或组织产生互不相容的情感或目标认知而引起的相互作用的一种紧张状态。"作者在此处定义冲突是由两个或者两个以上的个人或组织之间由于立场或意见分歧而产生的不和谐状态。由于其中一方认为另一方影响了自身利益和目标,从而产生认知与情感上的矛盾。不管在什么类型的组织中,适当合理的冲突不仅可以带来更全面、更客观意见的产生,甚至会成为企业迈向成熟发展的催化剂,这类冲突都是极具价值的。当然,在组织中理想的情况是存在健康、可控、可以被引导的冲突。并且,要有沟通作为稳定剂,否则只会让冲突升级。

随着管理学的发展,国外学者把冲突观念的演变分为三个阶段,即传统的观点、人际关系观点和相互作用观点。冲突的传统观点认为,冲突都是不良的、消极的,它常常作为"破坏"、"暴乱"、"非理性"的同义词。因此,应该避免冲突。人际关系观点认为,冲突是与生俱来的,是无法避免的,应接纳和体现它的存在的合理性。有些冲突不完全是消极、负面的危险,它不可能被彻底消除,有时它还会对组织的工作绩效有益。相互作用观点认为,应该鼓励和支持冲突,并将其维持在较低水平,这能够使组织保持旺盛的生命力。

2. 冲突的产生的原因

(1) 组织内的冲突。

① 领导风格及成员目标一致性。由于所处部门及管理者对目标差异所造成的后果认识不深刻,并没有对成员在看待问题与如何实现项目目标上的巨大差异进行调节与沟通,由此造成冲突。同时,组织内的每个成员都有自己的独有价值理念及成长经历,因此各自的奋斗目标也可能截然不同,甚至与组织目标不一致。

②　团队大小及专业化程度。团队人数越多越不容易管理,并且沟通也不方便,这样造成信息交流容易出错。一个团队专业化程度越高,团队内部各自恪守自己的专业职责,不易产生冲突。

③　团队间相互依赖程度。团队间相互依赖程度高反映了团队成员之间信任以及良好的合作关系。这样当团队内部出现了不同声音时,他们也会积极沟通,解决问题。

④　团队成员间的公平性。在团队中,人们往往总是将其自身的利益与他人的利益相比较,如果团队成员的工作投资量与收益理应相接近,一旦公平分配的原则被打破就出现了不利情况,人们就产生负面情绪。他们会努力寻求公平分配方式,有时冲突就会成为一种手段。

(2)　个人间的冲突。

个人间的冲突是组织内最常见的一种冲突。个人间的冲突产生的原因是多方面,主要是:沟通、结构和个人因素。

①　沟通。当成员个体习惯于上级的做事风格,一旦上级的改变产生的不适情况以及逃避行为,这都是沟通不良产生冲突的重要原因,沟通的个体的会过滤信息,选择性地接受,语言理解的困难等因素,都构成了沟通障碍,也成为冲突的潜在条件。另外,沟通过多或过少都会增加冲突的潜在可能性。

②　结构。组织规模越大,任务越专门化,则越可能出现冲突;由谁负责活动的模糊性程度越高,冲突出现的潜在可能性就越大。组织中不同群体追求的目标不同时,会增加冲突出现的可能性;如果一个人获得的奖酬是以另一个人丧失利益为代价的,这种报酬系统也会产生冲突。

③　个人因素。某些人可能你见过第一眼就不喜欢,他的很多观点你都不赞同?而且,即使是一些很细微的特点,比如,说话的声音、微笑的神态及其他个性方面的特点都会令你讨厌。当你和这种人共事时,常常可能会发生冲突。这类潜在的冲突原因是个人因素,包括个人的价值观体系和个性特征。有证据表明,某些人格类型(如十分专制教条的人,缺乏自尊的人)是冲突的潜在原因;价值观的差异,如偏见,对一本书评价等等,也是导致冲突的一个重要原因。

(3)　个人与组织间的冲突。

①　个人与组织文化不一致。每个人由于各自生活环境塑造了不同的价值观,并且都有自己的做人做事原则,但是当个人的做事规则与团队文化不一致的时候,冲突就不可避免。这可能体现在对团队目标和个人任务的认同差异上,也可能存在于个人的工作方法与组织规范的不一致上。通常而言,个人要适应组织文化,但也并非绝对,当个人有足够的理由行事时,也是可以通过沟通的方式改变团队或组织中的固有规则,以及领导者和其他成员的看法的。

②　个人特质及个性。人人生而平等,却生而不同。个人特质和特性是影响个体行为的重要因素。组织中的各个成员由于自身学习环境造成了不同的个性特征。文化素养、教育水平行为方式和态度的不同会对同一个问题产生不同的看法和处理方式,导致分歧产生。遇到问题时,不同个性特质的成员可能有不同看法和行为,当这些不同演变

为不可调和的对立面时,冲突就会产生。此时,求同存异应成为沟通原则。

3. 冲突发展的过程

美国的路易斯·庞迪教授提出了著名的五阶段发展模型,认为冲突的发展经历了五个可辨析的阶段,如图 10.2 所示。这五个阶段并不一定是按照顺序依次进行,当然,也未必每次冲突都要经历所有的五个阶段。

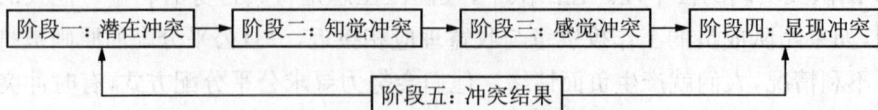

```
┌──────────────┐   ┌──────────────┐   ┌──────────────┐   ┌──────────────┐
│阶段一:潜在冲突│──▶│阶段二:知觉冲突│──▶│阶段三:感觉冲突│──▶│阶段四:显现冲突│
└──────────────┘   └──────────────┘   └──────────────┘   └──────────────┘
        ▲                    ┌──────────────────┐                │
        └────────────────────│ 阶段五:冲突结果 │◀───────────────┘
                             └──────────────────┘
```

图 10.2　五阶段发展模型

(1) 阶段一:潜在冲突。

在阶段一,这时的冲突还处于潜伏状态,主要以能引起冲突发生的一些条件的形式存在,但是这些条件并未达到足够引起冲突的发生的程度,所以,这种状态下潜在冲突随时都存在发生,只要人们彼此间具有相互依赖关系,而且存在各种各样的差异。

(2) 阶段二:知觉冲突。

在阶段二中,知觉冲突是当冲突双方确信他们的处境具有相互依赖性和互不兼容的特征。它的出现多种多样。潜在冲突和知觉冲突之间具有一定的联系,但两者之间并不存在严格的前后顺序。可以说,有时候可能出现没有潜在冲突的知觉冲突,也有可能会没有出现知觉冲突却出现潜在冲突的情形,即只存在冲突潜势,而没有真正出现冲突。

(3) 阶段三:感觉冲突。

在阶段三中,感觉冲突与知觉冲突不同,在感觉冲突阶段,冲突双方开始完全划分我与你的界限。冲突双方开始定义冲突问题,确定自己的策略以及各种可能解决的冲突处理方式。在感觉冲突阶段,冲突者可能会产生愤怒,开始把前一阶段的各种挫败感及其他感受表现出来。在冲突的第三阶段,冲突双方都不得不在公开面对和回避冲突两种策略之间进行选择。

(4) 阶段四:显现冲突。

在显现阶段,冲突的潜在双方都愿意接受现有的环境,不愿意把事情公开化,扩大化。那么这时候冲突就不会真正出现。当一方说双方都想公开地表达自己感觉到的冲突的时候,那么显现的冲突就出现了。如果处理不当,冲突就容易升级。显现阶段是冲突付诸行动的阶段,其中一方的行为很容易会引起另一方的反应。

(5) 阶段五:冲突结果。

经过一系列的发展、变化。冲突产生必然会造成一定的后果,双方可能是成功、失败或取得妥协,但所有的冲突后果可以归为三种结果:胜—胜、胜—负和负—负。冲突的结果并不意味着冲突的终结。一次冲突结束后,由于双方面对的后果不同,双方可能出现不同的反应。因为只有少数冲突可以通过问题解决的方式取得双方满意的结果,大多数情况下,特别是后两种形式下,总会有一方的利益没有得到满足,这样冲突的解决也只会是暂时的,不长久的。失败的一方随时都在准备下一轮冲突的产生提供了条件。

冲突的发展一般要经历以上五个阶段,冲突的过程是千变万化的,并不是一定需要按照上面的五个阶段按部就班地进行,所以我们要把冲突看做成一个动态的发展过程。

【读一读】10.5

冲突的牺牲者

某公司会计小王被公司辞退了,内心一直愤愤不平,于是她找到好友倾诉一番。被辞退原因是她总是跟周边的人发生冲突。她详细说解释了一系列与周围的人发生冲突的经过。在感叹她不善人际处理的同时,她的委屈也引起了我们的深度思考。的确,很多情况下的冲突,她都是站在公司利益的角度去思考,而且冲突的结果有时也是她以胜利者的姿态收场。但是,最终的结果就是她留给人们一个爱吵架、见谁骂谁、得理不饶人的印象,被迫离职连老板也帮不了她的忙。因为,公司处理小王的出发点,是为了减少冲突,倡导和谐,提升管理效率。

公司对小王的处理看似合理,却也有些过于草率。其实,冲突在公司中是普遍存在的现象,很多情况下,冲突并不等于破坏、无理取闹,相反,没有冲突的组织是缺乏活力和创新氛围的,而貌似和谐的氛围却并不融洽,我们要以平常心看待它。细数小王身边发生的冲突,要么是冲突的另一方违反财务制度,要么对方不走流程,要么是上级错误指挥,要么甚至是职务腐败。无论哪一种冲突,都是维护公司核心利益,应该是得到及时鼓励的行为。而公司在处理冲突时,单纯从和谐氛围出发,过多地归咎小王的人际能力,才招致如此黑白不分的结局。因此,面对冲突我们的处理原则是什么? 又有哪些处理策略呢?

资料来源:世界经理人网,http://www.ceconlinebbs.com/FORUM_POST_900001_900004_970098_0.HTM。

10.2.2 冲突沟通的处理策略

所谓"人非圣贤,孰能无过",讲究的就是恕人。当冲突产生时,我们一定要做到与对方坦诚对待,通过多种手段与其进行积极沟通,把事情真相和自己的观点清楚地表达给对方,避免冲突的蔓延。那么,我们应该如何来处理冲突,才能使冲突朝着更加平和、积极的方向发展呢? 要有效地处理冲突,就必须做到主观态度上坦诚、相互包容,客观上依据一定的步骤来进行。

1. 解决冲突的基本原则

企业在管理中的实践揭示了人们对待冲突的态度和认识正发生深刻的变化。企业的生存与效率本身就是不可避免地源于各种冲突之中,组织不可能在没有冲突的情况下发挥作用,组织成员也不可能在没有冲突的情况下相互影响和相互作用。进一步说,如果一个组织的沟通是有效率的,组织成员具备相应的能力,就必定能够有效地管理与解决冲突,进而使冲突具有建设性的作用。在公司的管理沟通中,我们所容易产生的冲突大致可归纳为四种类型,即目标冲突、认识冲突、情感冲突和行为冲突。为了使公司内部的管理沟通畅通和有效,艾森哈等人提出了避免冲突沦为意气之争而影响公司内部的沟通,并积极将冲突导向生产效能的六项基本原则:

(1) 将冲突引导到就事论事的具体事实上;

(2) 准备好多重解决方案;

(3) 创造出共同追求的目标;

(4) 多运用幽默感;

(5) 平衡彼此的权利结构;

(6) 不要强迫达成共识。

只有我们建立起一个高效的团队和处理好各种内部冲突才能做好公司内部的管理沟通。

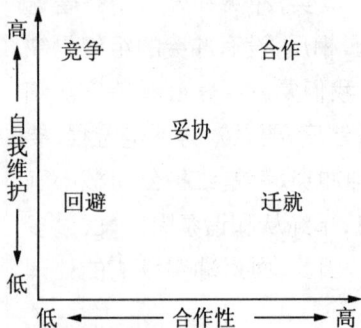

图 10.3　托马斯的冲突处理模型

2. 托马斯的冲突处理模型

美国的行为科学家托马斯和他的同事克曼提出了一种二维模式。他们基于沟通者的潜在意向,认为在冲突发生之后,参与者可以选择两种可能的策略:关心自己和关系他人,以此来定义冲突行为的二维空间。其中横坐标为"关心他人",表示在追求个人利益的情况下与他人的合作的程度;纵坐标为"关心自己",表示在追求个人利益情况下的武断程度。根据这种二维空间,可以提出冲突处理的五种不同的策略:回避、迁就、竞争、合作和妥协,如图 10.3 所示。

(1) 回避策略。

此策略的特征是,合作和自我维护两个维度都处于低水平。此时,问题被忽略,无法解决。双方或者某一方处于这种状态就会发生这种情况。当只是一方处于这一状态,则另一方就有可能采取竞争的方式。当然双方还可以采取合作的态度。当双方都处于这种状态,则他们之间的问题得不到解决。回避这种策略方式在以下的几种情况下是妥当的:

① 问题很小或只有短暂的重要性,不值得消耗时间和精力;

② 当事方在当时没有足够的信息来有效处理冲突;

③ 一方的权力太小没有机会来形成变革;

④ 其他人可以更有效地解决冲突。

(2) 迁就策略。

"避免动荡的产生"是双方的根本观念。双方都采取这种方式,表面上可以达成某种一致,但这并不是长久的根本的一致。这时因为双方都避免公开表达自己真正的需要,表面上的一致可能是虚假的。如果只是一方采取这种态度,则另一方可以有两种反应:一种是忽视合作,并利用对方无法表达自己的需要这一弱点,以竞争方式获得对自己有利的结果;一种是以互利互惠的形式来使使对方改变为合作的策略,这可能导致对方也开始采取同样的方式,这种方式更为常见。迁就方式仅仅导致个体掩饰个体的情感,无法作为处理冲突的方式,但它在以下情况下可使用:

① 个体处于潜在的、激烈的感情冲突情境中,用掩饰使情境变得安全的时候;

② 在短期内保持协调和避免分裂最为重要的时候;

③ 冲突主要由于个性原因而且不易消除的时候。

(3) 竞争策略。

与它对应的冲突处理只能有两种:回避和竞争。回避使对方处于支配地位,竞争造成针锋相对。如果双方间是决断不合作的,竞争性导致的负面后果将决定结局:胜的一方具有最大的承受这种负面后果的能力。具有竞争倾向的人认为冲突解决意味着非赢即输。但是,在某些情况下竞争方式可能是必要的:

① 情况紧急需要迅速采取行动时;

② 为了组织的长期有效和生存必须采取不受欢迎的行动时;

③ 个体需要采取行动来保护自我和阻止他人利用自己时。

(4) 合作策略。

除了在竞争的最适宜的情境之外,合作是实现磋商目的的最佳方式。这种方式的有效性取决于磋商的开放性和明确性。开放性会鼓励信任并产生合作,明确性则鼓励人们向决断性维度前进。

当然,实际情况要复杂得多。一般在组织内部采取合作方式比与外部的人合作更有可能。此外,采取合作还要有其他条件:

① 情境允许花费时间探讨解决方案,而合作方式所需要的相互依赖性能证明这种消耗是有意义的;

② 双方有充分的权力均势以至于他们感到可以坦率地相互影响,而无需顾虑他们之间不平等的关系;

③ 从长远来看,双方有通过双赢的可能来解决争议并能互利互惠的时候;

④ 有充分的组织支持,合作方式是最有效的冲突解决方式。

(5) 妥协策略。

这是中等水平的合作性和决断性行为。冲突双方都放弃某些利益,通过平等交换并作出一系列让步。妥协是一种被广泛使用和普遍接受的解决冲突的方法,但是妥协通常不能用在解决冲突过程的早期,因为早期的争端往往不是真正的争端。与合作方式相比较,妥协没有使双方的满意最大化,没有明确的赢家和输家。在以下情境中,妥协是可取的:

① 达成一致使双方觉得至少强于没有达成一致的情况;

② 达到一个全部双赢协定是完全不可能的时候;

③ 冲突的目标阻止了按一方提议达成一致的时候。

在组织中,提倡采取合作的方式解决冲突,具有重要意义。对人际冲突处理方式所进行的研究发现,合作倾向是更成功的个体而非不成功的个体特征,同时它也是高绩效而非中等或低绩效组织的特征。运用合作的方式解决冲突能够导致冲突方的积极感情以及对绩效和能力的积极自我评价。因此,人们也愿意把合作视为对冲突建设性的处理方式。

竞争和回避通常有消极的作用。这些方式倾向于与对冲突非建设性处理、对他人的消极感情和对绩效与能力的不利评价相联系。

迁就和竞争的效果是混合的。对迁就的运用有时导致他人的积极评价,但他人并不形成对运用者的绩效和能力的积极评价。妥协方式的运用一般都会得到他人的积极感情。

【实用链接】10.6

HR 在职场中解决冲突沟通的 12 个方法

在上下级之间,往往总会因为权力、地位的差距,而导致误解,发生上下级之间关系不协调的矛盾。这种矛盾或者表现为上司对下属某个方面的不满,或者下属对上司产生一定形式的怨言或怨恨。无论哪种原因引起的矛盾,一旦矛盾发生,就必须即时通过沟通来消除误解,化解矛盾,以防扩大和漫延。

上下级之间冲突化解沟通管理的具体要求,主要有以下 12 个方面:

1. 作为上司主管必须有预见性。凡是预见可能造成误解和矛盾的问题,必须自主安排,在误解和矛盾已明朗公开化之前进行沟通,以把误解和矛盾化解在萌芽之前。

2. 如果对方已经形成抗拒心理和激动情绪,必须在对方的抗拒心理和激动情绪有所缓解之后安排沟通。

3. 这类沟通的形式以面对面交流为宜,时间、地点都必须事先与对方商量约定,选择对方乐意接受的地点和时间进行。

4. 沟通之前必须认真准备,尤其要仔细分析误解和矛盾产生的原因,预测对方可能的态度和反应。不仅要对对方的过激言语有充分的心理准备,而且要事先确定解决问题的思路和应对的措施和办法。

5. 上司主管必须有一个高姿态,无论是否在矛盾的发生形成中有自己的过错,也都必须以勇于自我批评的高姿态,主动承担造成矛盾的责任。一般而言,在上司与下属之间产生的矛盾,其主要责任本身就在上司。或者是沟通不够,或者是利益冲突。无论何种原因,上司主管都有主动消除误解,化解矛盾的责任和义务。

6. 在这种内容的沟通过程中,上司主管必须首先通过主动承担责任来表示缓解矛盾,消除误解的诚意,尤其要避免以我为尊的态度。绝不允许指责对方,强词夺理,推卸责任。

7. 上司主管必须认真地分析确定矛盾产生的内在原因，尤其是要自我反省：矛盾的产生是不是由自己的不当行为引起的？是，则必须向对方致歉。不是，也必须做出明确的解释，消除对方的误解和不满。

8. 如果矛盾是因为有人故意造谣，或误传小道消息所致，上司主管不用追究这种挑唆和谣言，而是要开诚布公地把真实情况告知对方，并用一定的具体事实来说明自己所告知的情况的真实性，以消除对方的误解。

9. 上司主管要充分地尊重下属，并能够设身处地地站在对方的角度来分析导致矛盾的误解可能给对方带来的不愉快和伤害，并主动解释说明，以达到双方能在心理上沟通的目的。

10. 在这一沟通过程中，作为下属员工的一方，也不能完全处于被动的地位。当上司主管主动就所发生的误解进行沟通时，必须给予积极的回应，并从上司主管的这种主动积极态度中受到鼓励，对上司主管给予信任。尤其是不能把上司主管对误解的解释当作一种辩护，以一种敌对的心理来对待上司主管的积极表示。

11. 下属员工要用美好的愿望设想上司主管，直接就矛盾主动找上司主管沟通，并直接以"我感觉到可能存在误解"这样的话来打破不应该有的沉默，从而达到缓和彼此之间可能已经存在的矛盾的目的。或者通过书面陈述自己的意见，并分析确定可能存在的误解，但必须诚恳，用语谦虚。

12. 把化解矛盾的沟通列作对管理人员进行绩效考核的一个内容。对于主动进行沟通的一方，要对其绩效成绩加分。保证企业组织的团结、统一和效率，这本身就是一种绩效贡献。

资料来源：人力资源管理师网，http://www.233.com/hr/jiaoliu/20120914/103553496.html。

10.2.3 建设性冲突沟通

正如通用汽车的史隆所言："意见相左甚至冲突是必要的，也是非常受欢迎的事。如果没有意见纷争与冲突，组织就无法相互了解；没有理解，只会作出错误的决定。"因此，冲突其实是另一种有效的沟通方式，建设性处理冲突有时反而能实现共赢，成为团队高效的润滑剂。

（1）沟通协调一定要及时。

团队内必须做到及时沟通，积极引导，求同存异，把握时机，适时协调。唯有做到及时，才能最快求得共识，保持信息的畅通，而不至于导致信息不畅、矛盾积累。

（2）善于询问与倾听，努力地理解别人。

倾听是沟通行为的核心过程。因为倾听能激发对方的谈话欲，促发更深层次的沟通。另外，只有善于倾听，深入探测到对方的心理以及他的语言逻辑思维，才能更好地与之交流，从而达到协调和沟通的目的。同时，在沟通中，当对方行为退缩、默不作声或欲言又止的时候,可用询问引出对方真正的想法,去了解对方的立场以及对方的需求、愿望、意见与感受。所以,一名善于协调沟通的人必定是一位善于询问与倾听的行动者。这样不但有助于了解和把握对方的需求,理解和体谅对方,而且有益于与他人达成畅通、有效的协调沟通之目的。

(3) 对上级沟通要有"胆",有理,有节,有据。

能够倾听上级的指挥和策略,并作出适当的反馈,以测试自己是否理解上级的语言和理解的深刻度;当出现出入,或者有自己的想法时,要有胆量和上级进行沟通。

(4) 平级沟通要有"肺"。

平级之间加强交流沟通,避免引起猜疑。而现实生活中,平级之间以邻为壑,缺少知心知肺的沟通交流,因而相互猜疑或者互挖墙脚。这是因为平级之间都过高看重自己的价值,而忽视其他人的价值;有的是因为人性的弱点,尽可能把责任推给别人;还有的是利益冲突,唯恐别人比自己强。

(5) 良好的回馈机制。

协调沟通一定是双向,必须保证信息被接收者接到和理解了。因此,所有的协调沟通方式必须有回馈机制,保证接收者接收到。比如,电子邮件进行协调沟通,无论是接收者简单回复"已收到"、"OK"等,还是电话回答收到,但必须保证接收者收到信息。建立良好的回馈机制,不仅让团队养成良好的回馈工作习惯,还可以增进团队每个人的执行力,也就保证了整个团队拥有良好的执行力。

(6) 在负面情绪中不要协调沟通,尤其是不能够做决定。

负面情绪中的协调沟通常常无好话,既理不清,也讲不明,很容易冲动而失去理性,如吵得不可开交的夫妻,反目成仇的父母子女,对峙已久的上司下属……尤其是不能够在负面情绪中作出冲动性的"决定",这很容易让事情不可挽回,令人后悔。

(7) 控制非正式沟通。

对于非正式沟通,要实施有效的控制。因为虽然在有些情况下,非正式沟通往往能实现正式沟通难以达到的效果。但是,它也可能成为散布小道消息和谣言的渠道,产生不好的作用。所以,为使团队高效,要控制非正式沟通。

(8) 容忍冲突,强调解决方案。

冲突与绩效在数学上有一种关系,一个团队完全没有冲突,表明这个团队没有什么绩效,因为没有人敢讲话,一言堂。所以,高效团队需要承认冲突之不可避免以及容忍之必需。冲突不可怕,关键是要有丰富的解决冲突的方案,鼓励团队成员创造丰富多样的解决方案,是保持团队内部和谐的有效途径。

【案例】10.7

亚通网络公司

亚通网络公司是一家专门从事通信产品生产和电脑网络服务的中日合资企业。公司自 1991 年 7 月成立以来发展迅速,销售额每年增长 50% 以上。与此同时,公司

内部存在着不少冲突,影响着公司绩效的继续提高。因为是合资企业,尽管日方管理人员带来了许多先进的管理方法。但是日本式冲突管理的管理模式未必完全适合中国员工。例如,在日本,加班加点不仅司空见惯,而且没有报酬。亚通公司经常让中国员工长时间加班,引起了大家的不满,一些优秀员工还因此离开了亚通公司。亚通公司的组织结构由于是直线职能制,部门之间的协调非常困难。例如,销售部经常抱怨研发部开发的产品偏离顾客的需求,生产部的效率太低,使自己错过了销售时机;生产部则抱怨研发部开发的产品不符合生产标准,销售部门的订单无法达到成本要求。研发部胡经理虽然技术水平首屈一指,但是心胸狭窄,总怕他人超越自己。因此,常常压制其他工程师。这使得工程部人心涣散,士气低落。

　　亚通公司的冲突有哪些? 原因是什么?

　　如何解决亚通公司存在的冲突?

10.3　危机沟通

10.3.1　危机沟通的概述

　　在日趋动荡复杂的经营环境和激烈的竞争下,企业面临的危机层出不穷,种类繁多,从早期的三株、秦池之信誉危机,到近几年的蒙牛被投毒事件、东方航空的空难事件、肯德基的"苏丹红"事件等,都是典型的企业危机的表现。如果危机事件处理不当,会引发社会各方面对企业的质疑和责问,威胁到企业生存。所以,能否搞好危机管理,消除危机于萌芽状态,成为现代企业的必修课之一。而危机沟通管理是危机管理的核心,贯穿于危机管理的每一个阶段,因此搞好危机沟通对企业来说是至关重要的。

【实用链接】10.8

企业重大危机的类型

　　经济方面:劳动力缺乏,市场动荡,股价大幅度下跌,主要收入下降等。

　　信息方面:商业机密泄漏,错误信息,电脑记录损坏,主要客户、供应商等信息损失等。

　　物质方面:设备、原材料供应链断裂等。

　　人力方面:管理层成员辞职,关键技术人才流失,旷工、消极怠工、故意破坏等。

　　声誉方面:诽谤、谣言、丑闻等。

　　资料来源:康青编著《管理沟通》,中国人民大学出版社 2006 年版。

1. 危机

有伟人云:"人类的一半活动是在危机当中度过的。"对于危机,人们一直试图全面而确切地下个定义,但是实际上危机事件的发生有着千变万化的现实场景,很难一言而蔽之。根据《辞源》的定义,危机是指潜伏的祸端。危机的英文是 crisis。根据牛津英汉字典,危机有两层含义:第一,重大或危险的决定性时刻;第二,转机。尽管研究者给危机下了很多定义,但是危机本身是一个情境性很强的概念,很难用统一的定义加以概括,不同学者对危机做过不同的界定,主要如下。

福斯特:危机具有四个特征,即急需快速做出决策、严重缺乏必要的训练有素的员工、相关材料缺乏、处理时间有限。

巴顿:危机是不可预测的,隐含着负面结果的,可能会给组织以及组织的雇员、产品、服务、财政形势和名誉都带来极大损失的事件和因素。

班克思:危机是对一个组织、公司及其产品或声誉等产生潜在负面影响的事件。

赫尔曼:危机是指一种情境状态,在这种形势中,其决策主体的根本目标受到威胁、做出决策的反应时间很有限,事件的发生也在决策主体的意料之外。

就上述对危机的界定而言,虽然其表述形式不同,但是,我们可以看出危机有几个明显的特征:

(1)突发性。危机发作的时候一般是在企业毫无准备的情况下瞬间发生,往往都是不期而至、令人措手不及的,给企业带来的是混乱和惊恐。

(2)破坏性。危机发作后可能会带来比较严重的物质损失和负面影响,往往在人们没有任何戒备的情况下发生。有些危机的破坏性是非常大的,很可能会将企业毁于一旦。

(3)不可预见性。事件爆发前的征兆一般不是很明显,企业难以做出预测。危机出现与否与出现的时机是无法完全确定的,因此在处理危机的过程中要密切关注危机的发展,以便有效控制和处理危机。

(4)紧迫性。危机的突发性特征决定了企业对危机做出的反应和处理的时间十分紧迫,任何延迟都会带来更大的损失。危机的迅速发生会引起各大传媒以及社会大众对于这些意外事件的关注,使得企业必须立即进行事件调查与对外说明。

(5)信息资源紧缺性。危机往往突然降临,决策者必须快速做出决策,在时间有限的条件下,混乱和惊恐的心理会使得获取相关信息的渠道出现瓶颈现象,往往导致决策者很难在众多的信息中发现准确的信息。

(6)舆论关注性。危机事件的爆发能够刺激人们的好奇心理,常常成为人们谈论的热门话题和媒体跟踪报道的内容。企业越是束手无策,危机事件越会增添神秘色彩,以致更加引起各方的关注。

2. 危机沟通概念

在危机管理中,危机沟通是危机处理中最基本的手段和工具,它在很大程度上保证了危机管理的有效性。危机发生时,只有通过有效的沟通才能解决信息的不充分问题,抑制危机后果的快速蔓延,应对受众的高度关注。

危机沟通是指以沟通为手段,以解决危机为目的所进行的一连串化解危机与避免危机的行为和过程。一般来说,危机沟通包括辨别内外部的沟通受众,收集、整理各种与危机相关的信息,并以最合理的方式将这些信息传播给内外部受众,对内外部受众的质疑做出反馈等工作。危机沟通是处理潜在危机或已经发生的危机的有效途径。危机沟通可以降低企业危机的冲突,并存在化危机为转机甚至商机的可能。如果不进行危机沟通,小危机则又可能酿成大祸,对组织造成重创,甚至使组织灭亡。危机沟通既是一门科学,又是一门艺术,它可以提取危机内涵中的机会成分,降低危机中的危机成分。

相对于一般沟通来说,危机沟通具有高速度、多面性、整合性的特点。高速度就是强调要敏锐的觉察危机,在危机到来之时要及时沟通,一定要争取时间,机会不等人,选择恰当的时机与利益相关者进行沟通是非常重要的;多面性就是在不同的危机状态下,企业的利益相关者,包括员工、顾客、股东等对企业影响程度和利益相关的程度是不同的,需要有选择地进行针对性沟通;整合性就是既要运用传统媒体,又要运用新兴媒体来沟通,比如手机、博客等,沟通内容一定要有所选择和规划,整合主要包括渠道整合和内容整合。

3. 危机沟通的内容

在危机发生情况的情况下,危机沟通可以降低组织危机的冲击,并存在化危为机的可能。如果不进行危机沟通,小危机则可能变成大危机,对组织造成重创,使组织就此灭亡。危机沟通即是一门科学也是一门艺术,它可以取得危机内涵中的机会部分,降低危机中的危险成分。危机沟通包含两个方面的内容:

(1) 危机事件中组织内部的沟通,如与上级的沟通协调,与下级的沟通协调,与同级的沟通协调等。沟通极为关键,尤其在危机中,员工之间、员工与上级之间需要相互沟通。

(2) 组织与利益相关者之间的沟通,如突发事件的受害者的沟通,与社会公众的沟通,与媒体的沟通等。

10.3.2　危机沟通的发展

1. 危机沟通原则

危机沟通是危机管理的核心。与企业员工、媒体、相关企业组织、股东、消费者、产品销售商、政府部门等利益相关者的沟通是企业不可或缺的工作。沟通对危机带来的负面影响有最好的化解作用。企业必须树立强烈的沟通意识,及时将事件发生的真相、处理进展传达给公众,以正视听,杜绝谣言、流言,稳定公众情绪,争取社会舆论的支持。在危机沟通中要遵循一定的原则。

(1) 要快速反应。危机的突发性特征决定了企业对危机做出反应和处理的时间十分紧迫,因此,危机的解决关键在于速度。当危机降临时,当事人应当马上冷静下来,在第一时间查出危机的原因,找准危机的根源,采取有效的措施,做好各项资源的协调工作,隔离危机,以便迅速、快捷地消除公众的疑虑。同时,企业必须以最快的速度启动危机应变计划,并立刻制定相应的对策。如果危机是由外因引起的,企业要及时重新考虑企业发展方向,调整企业战略目标,在危机发生后要时刻同新闻媒体保持密切的联系,借助公正、权威性的机构来帮助解决危机,承担起给予公众精神和物质补偿的责任,做好恢复企业的事后管理,从而迅速有效地解决企业危机;如果危机是由内因引起的,企业就要下狠心处置相应的责任人,给受害者和舆论媒体一个合理的交代。

(2)要真诚。真诚、建立信任是与公众进行危机沟通的基础。信任是来自很多方面的,最重要的是诚实。真诚包括诚实的承认发生的问题,公开可能会发生的后果等。例如"9·11"事件后,纽约市长朱利安尼向公众承认他也害怕,他也不知道下一步会发生什么事,他的痛苦是真诚的,也是真实的。他没有试图控制公众的情绪,也没有试图保持完全的冷静。这样反而使公众更信任他,使他能更有效地帮助公众消除过分的忧虑。诚实和公开有助于建立信任,使危机沟通更有效。

【读一读】10.9

真诚要适度

据报道,禽流感爆发时,香港卫生署的负责人为了安抚公众,说:"我昨天晚上还吃了鸡肉,事实上我每天都吃鸡肉。"很明显,她这样的说法很难使人信服,也许很多人会反问她"难道你每天都吃鸡肉吗?"实际上,如果她在作公开演讲时说"即使你有可能从鸡身上传染到这种病。但是,吃煮熟过的鸡也是安全的",相信这样的言语会更有说服力,能使人们更加信服。所以,在处理危机时,一定要把握好"度"。除了移情等情感原则,还要注重客观事实的阐述。两者缺一不可。

---

(3)要尊重公众的感受。危机沟通失败的几个原因通常是:只注重事实,而不注重人们的感受;批评人们对于危机本能的反应;恐惧的感情基础不被接受。在危机发生之时,公众的恐惧是真实的,公众的怀疑是有理由的,公众的愤怒是来自内心的,这是事实。我们永远不要忽略和漠视公众的真实感受,永远不要说公众太不理智。否则的话,不仅不会使他们平静下来,还会丧失他们对你的信任。

(4)要保持核心立场。保持核心立场就是强调企业对危机事件的基本态度不动摇。危机一旦爆发,企业便应参照企业一贯秉承的价值观,明确自己的核心立场;在最短的时间内针对事件的起因、可能趋向及影响做出评估。这一立场不是暂时的、肤浅的、突兀的,而应是持久的、深思熟虑的,与企业长期战略和基础价值观相契合的。在危机事件处理的过程中,各发展阶段、各工作部门一定要秉承在初期确定的这一立场。核心立场应简单、明确,同时,所有参与危机管理的人员都必须深入理解、始终贯彻这一立场。

(5)不要过度反应,过犹不及。在危机发生后,要告诉自己:镇定,镇定,再镇定!让自己在对事实作出了解后,做出适当的反应。在与公众或媒体沟通的过程中,一定要确定自己的"反应度",而不要过度反应。否则可能会人为地把事情闹大。

(6)不要过度承诺。过度承诺是危机沟通的大忌。由于危机具有突发性和不可预期性的特征,这就要求决策者必须在得到专家意见后尽快与公众和员工沟通。但是多数情况下,信息是具有局限性和不准确性,因此作为决策者,你要面对这种后果。这时候你必须及时告诉公众,告诉员工,事情并没有像预期那么顺利。你需要谨慎地对公众公开事实,同时要小心你说的话。不然会使你的承诺失去可信度,显得没有专业精神。

2. 危机沟通的基本步骤

为了避免危机可能造成的任何损失,需要通过一系列步骤实现危机沟通。

步骤一:成立危机沟通小组。当潜在危机逐渐清晰的时候,企业就要选派高层管理者,成立危机沟通小组,来制定抵御危机的策略,并且在危机到来的时候解决危机。危机管理小组要包括内部资源和外部资源。最理想的组合是,由公司的首席执行官领队,并由公关经理和法律顾问作为助手。小组其他成员应该是公司主要部门的负责人,要涵盖财务、人力资源和运营部门。

步骤二:选定发言人。在危机沟通小组,应该有专门在危机时期代表公司发言的人。公司要制定一名正式发言人和候补发言人。首席执行官或公司最高官员可以是发言人之一,但不一定是最主要的,因为虽然一些首席执行官是很出色的生意人,但并不善言谈,但是公司的发言人必须是可以信赖的职位很高的人。沟通技巧是选择发言人的首要标准之一。

步骤三:对发言人进行大力培训。发言人的沟通技巧非常重要,以下两句话可以概括企业为什么需要训练发言人如何面对媒体。"我和一个不错的记者聊了一个多小时,而他却没有报道关于我公司的最重要的资讯。""我经常在公共场合演说,所以面对媒体我没有任何问题。"第一句话说明,大部分经理人并不知道如何将最重要的信息传达给媒体。第二句话说明,自以为知道如何对媒体讲话的经理人大有人在。并且,分析家、机构投资者、个人持股者和其他重要投资者群体作为听众,与媒体一样会对来自你公司的信息产生误会或者曲解。

所以,尽可能避免误解的发生是第一要务。在危机传递信息的过程中,要做到实事求是,并且传递的信息要清晰、简明,不要有技术术语和不明确内容。因此,对发言人的培训,能让你的公司和职员学会如何妥善应对媒体,最大可能地使公众的说法或分析家的评论如你所愿。

步骤四:建立信息沟通规则。公司任何职员都可能最先获取与危机相关的信息。最先发现问题的也许是看门人、销售人员,也可能是出差在外的经理人。那么发现问题的人应该通知谁呢?如何找到他们呢?

这就需要建立突发事件通信"树状结构图",并分发给每一个职员,该图可以准确说明面对可能发生或已经发生的危机,每个人应该做什么,与谁联络。除了有合适的主管人员之外,危机沟通小组中至少要有一名成员和一名候补成员应该在突发事件联络表中留下其办公室及家庭电话。

步骤五:确认和了解公司的听众。媒体、顾客和潜在消费者是大多数公司都会关心的对象,个人投资者也可能包括在内。对于这些听众,企业要有他们完整的联系方式,如邮寄地址、传真和电话号码簿,以便在危机时期与之迅速地联络。此外,你还要知晓每个听众希望寻求何种信息。

步骤六：演练和修改计划。如果你想在危机到来之前抢先行动，那么就要把危机沟通小组集中起来，预先演练和修改计划，讨论如何应对所有潜在危机。这种做法有两个直接的好处。首先，你可能会意识到，完全可以通过对现有运营方式加以改动，来避免一些危机的发生。第二，你能够思考应对措施、最好和最坏的打算等。当然，在一些情况下，你已经知道危机即将发生，因为你正在引发危机——比如，公司裁员或者进行大规模收购。要是这样的话，你甚至可以在危机发生前就进行以下第七至第十步。

步骤七：对危机进行预测与评估。如果你已经首先完成了以上六个步骤，你的危机沟通小组就很容易成为信息的接收端，进而就可以决定做出对危机采用何种应对措施。因此，你无法预先完成本步骤。如果事先没有准备，你的公司将推迟做出应对的时间，要等到公司员工或者匆忙招募来的顾问人员——完成以上一至六步。此外，一个匆忙建立起来的危机沟通战略和工作小组的效率是非常低的，与预先计划好并且经过演练的情况无法相比。

步骤八：确定关键讯息。你已经明了你的听众正在寻求何种信息。现在，你希望他们对此危机情况有何认识呢？要做到简单明了，给每个听众的主要讯息不超过三条，也许还需要为具有专业素养的听众提供相应的信息。假设一个在可疑情况下发生死亡的事件，你需要向听众提供的关键讯息可以包括：我们对人员死亡的悲剧深感遗憾，我们正在与警方及验尸官全力合作，以确认死亡原因；我们公司有极好的安全纪录，符合所有保障健康和安全的规则要求；我们会及时向媒体提供最新的消息。

步骤九：确定恰当的沟通方式。进行危机沟通的方式有很多，对于公司的职员、客户、潜在的主顾和投资者，你可以亲自向他们简要介绍情况，也可以将讯息以邮件、通讯或者传真的方式发送给他们。对于媒体，要向其提供新闻稿和解释信，或者让其参加公司举行的一对一的情况介绍会或新闻发布会。选择的方式不同，产生的效果也不同。因此，公司里必须有一个专家熟知每一种方式的优缺点。

步骤十：安全渡过难关。无论危机的性质如何，无论消息是好还是坏，也无论你准备得如何认真，做出的应对如何谨慎，总有一些听众的反应与你的愿望背道而驰。该怎么办呢？很简单：客观看待这些听众的反应。是你的错吗？还是他们一厢情愿的理解？判断再一次沟通是否能改善他们对公司的印象。判断再一次沟通是否会恶化他们对公司的印象。判断进行再一次沟通是否有意义。

缺乏计划，会导致控制损失所需的时间和成本增至两倍或者三倍。延迟也可能带来无法挽回的损害。相反，建立应对未来危机情况的模式和运作基础，将使企业得以从容应对危机，将损失减至最低。只需要好好计划一次，并且不断稍加更新即可。

10.2.3　危机沟通的策略

危机沟通作为危机管理的核心之一，在危机发展的不同阶段，虽各有侧重，但是无论危机管理的哪个阶段,如果想取得良好的危机沟通效果,必须制定和选择合适的危机沟通策略。威廉·班尼特首创出一套在国际上较为认可的企业形象修补(corporate image repair)的危机沟通策略,如图 10.4 所示。

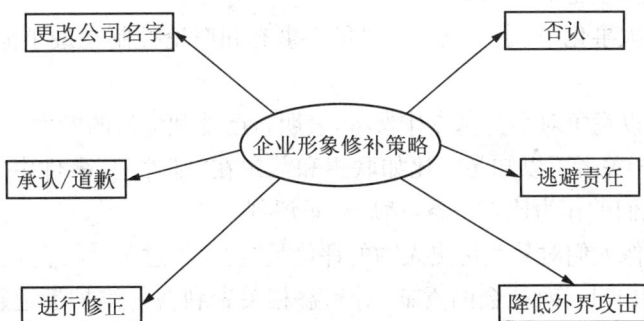

图 10.4　危机沟通策略图

班尼特所说的企业形象,就是企业在社会大众及企业利益相关者眼中所占有的地位。决定这种主观感受与地位的因素很多,因此要塑造良好的企业形象绝非易事,相反,要破坏它则相对要容易得多。当危机发生的时候,难免会损及企业的商誉形象,而商誉修补涉及说明、转移责难等复杂的过程,如何修补企业形象已成为危机沟通的重要研究课题。

(1) 否认策略。主要是表示事件对社会造成的危害并非公司所为,如果确实是公司所为,公司就当勇于担责。否认策略由通常分为简单否认和转移责难两种。所谓简单否认,就是直接表示"未做亏心事,不怕鬼敲门",企业不应该承担责任。转移责难,类似于金蝉脱壳、李代桃僵的策略,企图转移利益相关者的视线。后者只有在责任确实不在企业的地方方能使用,否则会弄巧成拙。在戴尔"邮件门"事件中,戴尔就曾打出这样的声明:该行为只代表员工的个人行为,并非公司行为,这种颇有推卸、逃避责任之嫌,并不利于危机的解决和形象的修复。

(2) 逃避责任。损害的确是公司所为,但是企图逃避这种责任,前提是是否违背道德原则。逃避责任又细化为四种具体的策略:被激惹下的行为、不可能的任务、事出意外、纯属善意。

① 被激惹下的行为:公司行为是对外在挑衅的防御和正当防卫,可以谅解,将责任归咎于对方的挑衅。

② 不可能的任务:公司不是不愿处理,而是非公司力所能及,这是至少可以将风险和责任分给其他相关部门。

③ 事出意外:承认是公司所为,但是并非有意为之,可以谅解,但必须承担小部分的责任。

④ 纯属善意:公司行为完全是出于公益或慈善的善意基点,但是没想到后果会是这样。尽管如此,公司还会承担相应的责任。

(3) 降低外界攻击。公司确实因错而致危机,可以采取六种策略降低外界对自己的口诛笔伐,减少负面舆论,赢得正面形象:支援与强化、趋小化、差异化、超越、攻击原告、补偿。

① 支援与强化：答应承担必要的责任，同时运用自己公司的业绩和社会贡献来唤起利益相关者昔日的情感和支持，借此抵消负面情绪。比如某企业就曾经这样说，如果我倒了，国家的多少税收没有了，多少员工将失业，该地方多少经济利润将消失殆尽，我在"非典"时期做过多少慈善事业。

② 趋小化：大事化小，小事化了。尽量将事态和舆论控制在最小范围内，防止事态进一步恶化。

③ 差异化：以竞争对手为基点作参考，表明自己处理危机的能力和方式比对手优越得多，希望利益相关者可以知足。比如联想和戴尔在"邮件门"事件中的表现的确让利益相关者会把他们的作为比较一番，然后给予评判。

④ 超越：就像人们对某些历史人物的评价是"功大于过"一样，企业也应在危机时期让利益相关者明白自己对社会的贡献、对利益相关者利益的维护远远超过自己所犯下的过错，希望大家能够谅解。

（4）进行修正。让利益相关者看到你具体的改进和防范危机再次发生的举措，稳定利益相关者情绪，重建信任。比如肯德基在禽流感危机中，表明自己的鸡源不会染上禽流感，并且推出猪排汉堡、鱼肉汉堡等替代品，赢得了大家的认可。

（5）承认/道歉。公司主动认错，并承担责任，有可能面临诉讼，但是从长远和战略考虑，这是值得的，有利于企业持续健康发展。比如杜邦在"特富龙"不粘锅事件后，就遭遇了企业诉讼。具体道歉的内容应涵盖五点：表明歉意、说明现状、查明原因、防止再次发生、承担责任。比如丰田"霸道广告"事件的道歉就十分中肯、真诚，有利于危机的化解。

其实，这一策略是可以与其他策略结合使用的，并且通常是成功危机沟通的基础，有时，道歉和承认错误并不意味着承担主要责任。即便企业犯错事出有因，但毕竟错了，给消费者或其他相关利益群体造成了损失或伤害。无论是何原因，自己都有不可推卸的责任，因此，诚心地道歉通常是危及沟通的第一步。一个坦诚的、有责任感的企业更值得人们信任。

【读一读】10.10

坦诚与否：我们在担心什么？

人非圣贤，孰能无过？ 个人尚且如此，况乎组织？ 因为，组织是由一个个人组成的。通常，组织的危机源于个人的失职、错误或者失误。不论对组织还是个人，危机沟通中，首先要秉承坦诚的原则，坦诚，即坦白和真诚。有了坦白和真诚，自揭伤疤反而能赢得谅解和尊重。

然而，当我们犯错的时候，大多数人的第一反应是掩饰，否定。即便自己知道错了，却不想承认，有不想承认自己能力不足，有不想承认自己的性格弱点。诸如此类，继而在沟通时会选择掩饰、否定，通常伴随着谎言。问题是，接下来需要一个谎言弥补另一个谎言不说，还要承受内心的煎熬。一旦被对方或公众发现真相，则想弥补或赎罪变得愈加困难。若要将谎言背负下去，恐怕会让当事人担心一辈子。

美籍阿富汗作家卡勒德·胡赛尼的小说《追风筝的人》,讲述了谎言与真诚,人性与救赎的故事。主人公阿米尔是个富家子弟,父亲成功而受人尊敬,他与家里仆人阿里的儿子哈桑一起长大,是好朋友。哈桑对阿米尔一直坦诚甚至可称为忠诚相待,为了帮阿米尔赢得风筝比赛中的蓝风筝宁可自己受辱。阿米尔在街角看着一切发生,却因惧怕三个挑衅的孩子而默不作声,佯作不知。从此,他见到哈桑就觉得内疚,就恨自己。却又不敢说出真相。友谊不再。甚至,为了让自己心里好过些,他用一个栽赃陷害的轨迹逼走阿里和哈桑。因为阿富汗的塔利班战乱,他和父亲远走美国。

在美国,他遇到了自己的爱人索拉雅,一个美丽的原阿富汗将军的女儿。她有过让人在背后指点的经历,但她没有隐瞒。在阿米尔让父亲去她家提亲时,她在电话里告诉了阿米尔自己的经历。因为她不想两个人的感情处于谎言和猜测中。阿米尔谅解了她,并和她喜结连理。阿米尔很羡慕她,因为她说出了真相,得到大家的谅解。她的生活是明媚的。而那个曾经的谎言,却一直纠结在他心里。

当然,故事不仅于此。而在这里,关于谎言和坦诚,以及沟通,才是我们要说的重点。显然,危机沟通主要用于组织尤其是公司与外部环境的互动中。实际上,个人也经常面临危机,需要与相关人进行沟通。最重要的一点,无论是个人还是组织中的管理者,在面对危机时,首要的是有勇气承认真相,真诚道歉。有担当的行为会获得嘉奖,也会避免后续的负担,以及多米诺骨牌效应般的连环反应。

勇气,是坦诚的必需。

（6）更改公司的名字。意在放弃公司过往历史污点,洗心革面,重新做人。其实很多企业和企业的产品都会通过推出新品、重新命名等类似措施"摇身一变",给利益相关者一个崭新的面孔。

最后,班尼特指出所有沟通策略都必须坚持四大原则:可信度、同理心、态度和整合。可信度其实就是源于霍夫兰的可信性效果;同理心强调换位思考,坚持利益相关者利益至上;态度强调一种负责的姿态,一种直面危机的态度;整合主要是指沟通资源和渠道的整合,进行全方位、立体化沟通。

当然,在企业面临危机的时候,并非只要采取了企业危机形象修补战略中的某一项就可以解决问题,企业还需要继续关注危机事件的利益相关者的各种反应,如果有必要,则主动联络媒体,通过媒体告知公众该公司后续将采取的相关措施,并将整个危机沟通过程列为下次危机预防与处理的参照。

10.3.3　与媒体进行危机沟通的艺术

在现代社会中,媒体的触角已经深入到人们生活的各个方面,在现代生活中的作用越来越重要。媒体是一把双刃剑,挥舞得好,可以变危险为机遇;挥舞不当,则会使事件陷入更深的危机中。作为组织的领导者,处于危机管理的关键位置,在出现危机时常常是媒体追踪的重点人物,能否与媒体进行良好的沟通,对组织摆脱危机起着十分重要的作用。

如何做到坦然而真诚地面对媒体和顾客,将公正、准确的信息借助媒体传递给公众呢?管理者就要把握好与媒体沟通的艺术。

(1)要有良好的危机沟通理念。

要以理念来指导行动。有了好的沟通理念,自然就会选择恰当的沟通技巧。领导者在进行危机沟通时应有以下理念:一是坦率真诚。真诚才能建立信任,而信任是与公众进行危机沟通的最重要的基础。领导者在与媒体进行危机沟通时必须采取真诚、坦率的态度,否则,隐瞒真相只能引起更大的猜疑。二是以快制胜。即企业要在第一时间发布新闻,快速抢占舆论制高点,掌握舆论主动权和事件处理的主导权。三是以人为本。在危机处理中,领导者首先要考虑人道主义的原则,在沟通时要勇于承担责任,尊重公众的心理感受。

(2)要做好充分的准备。

领导者在接受采访时妥善应答是与媒体成功沟通的关键。企业的发言人或者是公司的高层管理者在接受媒体采访前,即使对危机时间了如指掌,也要预先做好充分准备。要对媒体可能的提问提前做好适当的答案,尽可能搜集有关的数据和资料,确保在媒体面前应对自如,避免在面对媒体的镜头前信口开河,镜前失言。

(3)要与新闻界保持良好关系。

在与媒体接触过程中,要设法与新闻记者保持良好关系。采访是新闻记者的本职工作,领导者要尊重他们,尽量以坦诚的态度打动他们。在与记者沟通的过程中,要设法拉近彼此间的距离。新闻记者认为他们代表公众,而且认为公众有权了解真相,因此,领导者的回答应能够反映出对这一立场的感谢。有时候记者会站在公众的角度提出一些令人窘迫的问题,企业可能不赞成公众或媒体的这种观点,但首先要对公众的关注表示感谢。

(4)妥善应答。

为了保持与媒体的有效沟通,管理者在回答记者提出的问题的时候应努力做到以下几点:

第一,回答问题要简洁而直接,不要卷入可能离题或纠缠不清的问题。

第二,在回答问题时,尽量引用客观事实和具体数据,以增强说服力。

第三,切忌重复采访者所说的不合时宜的话,以避免被人断章取义,使公众误认为你同意或接受了采访者所说的那些不利于危机处理的话。

第四,在回答记者提问时,要懂得如何把问题的回答引向有利于组织的事实。这是一种技巧,可先接受问题,正面回答,然后转向与主题相关的某一事实,而这一事实有助于取信顾客,有助于增强组织的信誉。

(5)掌握主动权。

面对媒体,要时刻牢记,你是控制者,你有权回答或者回避问题,要努力掌握主动权,避免被问题牵着鼻子走。如何掌握主动权呢?应该注意以下两点:

首先,调整好心态。应以自信、坦诚、充满优越感的心态来接受采访,与新闻媒体积极合作,但要始终提醒自己:"我是控制者,我有权决定回答哪些问题以及如何回答问题。"

其次,合理利用选择权。领导者有权选择自己认为合适的时间、地点接受采访;也有权选择问题和提问者,如果同时面对许多记者采访,要有意识地选择能够提出切题的好问题的提问者,对那些尖刻刁钻的提问者,可以礼貌地婉拒。

(6) 注意非语言沟通,培养良好的公众形象。

在与媒体沟通时,非语言的沟通非常重要,特别是在接受电视采访和现场直播采访时更是如此。在这种情况下,领导者最需要重视的是自己的非言语信息的传递。应该在事前演练好采访中所持的姿势,尽量表现出沟通的诚意;面部不要显出紧张、拘谨的神情;要与提问者保持目光接触,注意观察其眼神和面部表情等。总之,得体的举止能大大提高领导者的沟通效果。

【案例分析】10.11

SK-Ⅱ事件

铬为皮肤变态反应原,可引起过敏性皮炎或湿疹,病程长,久而不愈。钕对眼睛和黏膜有很强的刺激性,对皮肤有中度刺激性,吸入还可导致肺栓塞和肝损害。我国和欧盟等有关国家的相关规定中均把这两种元素列为化妆品禁用物质。按照我国化妆品卫生标准(GB7916)的有关规定,化妆品中不能含有铬、钕等禁用物质。2006 年 9 月 14 日,新华社消息称,国家质检总局有关负责人证实,近日广东出入境检验检疫机构从来自日本宝洁株式会社蜜丝佛陀公司制造的 SK-Ⅱ品牌系列化妆品中检出禁用物质铬和钕。检验检疫部门在对一批 SK-Ⅱ重点净白素肌粉进行检验后发现,其钕成分含量高达 4.5 mg/kg。此外,SK-Ⅱ清透防晒乳液、SK-Ⅱ多元修护精华霜、SK-Ⅱ护肤洁面油、SK-Ⅱ护肤精华露、SK-Ⅱ重点净白素肌粉底液 OB-2、SK-Ⅱ护肤面膜、SK-Ⅱ重点净白素肌粉底液 OD-3、SK-Ⅱ润采活肤粉凝霜 OB-2 系列进口产品中均被检出禁用物质铬,其含量为 0.77—2.0 mg/kg。

目前,国家质检总局已就此事致函日本政府主管部门及驻华使馆,要求日方有关部门加强对输华化妆品的管理,保证输华化妆品符合中国国家标准的要求。同时,国家质检总局还发出通知,要求各地检验检疫机构对来自日本的化妆品加强检验检疫工作,确保进口化妆品安全。当日宝洁公司也发布了官方声明,该声明表示,"安全和质量对于 SK-Ⅱ至关重要。SK-Ⅱ所有产品上市前都经过了公司内部严谨的安全评估,并且在进入中国市场前都经过卫生部严格检验和注册,产品的安全和质量有充分的保障。SK-Ⅱ产品在生产过程中并未添加文中所涉及的成分。我们也是在今天(9 月 14 日)刚刚接到相关信息。对于本进口批次产品中发现的问题,宝洁公司将全力配合政府部门了解情况,使之得以顺利解决。"

9 月 15 日,全国各大商场就陆续对这些问题产品进行了下架处理。随之,全国各地消费者蜂拥退货。但宝洁公司却设置了很高的退货门槛。

1. 消费者需持有由卫生部指定医院出具的过敏凭证。

2. 消费者必须有销售凭据。

3. 产品所剩含量必须在 1/3 以上,如果少于 1/3,则无法办理退货手续。

4. 在工作人员的指导下填写名为《非健康相关非产品质量问题投诉快速退货处理简易协议书》,协议书中赫然写着:"尽管产品本身为合格产品,不存在质量问题,但本着对消费者负责的态度,我们决定为您做退货处理,经双方协议同意退款××元。此处理方案为本案例一次性终结处理。"

这些苛刻的退货条款激起众怒,媒体一片哗然。自 9 月 14 日至 9 月 24 日,从新华社最先报道"SK-Ⅱ品牌入境化妆品被查出违禁成分"新闻的 10 天来,全国各地多处因退货发生消费者与 SK-Ⅱ工作人员的肢体冲突,宝洁上海及成都两处办公室被破坏,宝洁总部通知两地员工不要再去单位工作,等待公司新的通知。而位于北京、广州的另两处办公场所分别增派了保安,北京分公司在原先的大门旁边又安装了一道门。同时,宝洁暂停了现场退货和电话退货,表示近期将对外宣布退货新规。

9 月 16 日,晚间退货条件开始放宽,持有小票和产品可到柜台进行协商退货。9 月 18 日质检总局称,如 SK-Ⅱ相关产品再有问题将暂停进口。

9 月 19 日,退货协议被质疑"霸王条款";日本官方称,日本 SK-Ⅱ化妆品出口前未经检验。

9 月 20 日,上海工商局要求问题 SK-Ⅱ产品撤柜,无条件退货;北京开设三个专门退货服务中心,消费者排队办理退货。

9 月 21 日,又有 3 种 SK-Ⅱ品牌化妆品在上海被检出禁用物质,上海工商部门认定其退货协议违法。

9 月 22 日,SK-Ⅱ通过某跨国公关公司发表声明,决定暂停在中国的产品销售。

9 月 23 日,宝洁中国公司网站被黑客攻击瘫痪数小时。

9 月 24 日,凌晨刚刚恢复的宝洁网站再次被黑客攻击。当时除了宝洁 logo 位置仍可点击外,其余全部变为空白。网站程序被黑客使用大段中文加以注释,而黑客表示其目的是"只针对 SK-Ⅱ",并要求 SK-Ⅱ"停业整顿"。黑客同时指出"公司对国人极不负责,建议反省","建议把 SK-Ⅱ扔进垃圾箱"。

10 月 24 日,国家有关部门宣布,SK-Ⅱ所含重金属不至于对人体造成伤害,允许在国内销售。

12 月 3 日,SK-Ⅱ在广州重开内地首个专柜。

资料来源:《2006 十大公关危机案例》。

【思考题】

应用本章所讲的内容分析 SK-Ⅱ在这次危机中沟通策略的得失,并对此案例做出相应的点评。

第 11 章　跨文化沟通

各美其美,美人之美,美美与共,天下大同。

——费孝通

内容提要

- 跨文化沟通的概念及影响因素
- 全球化下的跨文化沟通
- 文化差异与文化共性
- 跨文化沟通策略

【案例导读】11.1

微时代的跨文化沟通

　　美国总统奥巴马在 2012 年开通了"Google+"账户(实名认证)。中国网友闻风而来,热烈留言:"围观"、"沙发"、"板凳"等网络常用语。中国网民的群体行为引起了英美媒体的好奇和关注。BBC 在新闻中这样写道:参加留言活动的中国网民,留言大多数都是简体中文文字,"他们在留言时要占领家具并说明会自带饮料和零食"(they talked about occupying the furniture and bringing snacks and soft drinks)。BBC 这种形似神离的解读让人忍俊不禁,这也是现在微时代背景下的跨文化沟通典型案例。

　　以 Facebook、Twitter 为代表的微时代,使人们沟通的方式发生了巨大而深刻的变革。譬如,知名交友网站 SNS 网站,思想起源是著名的六度理论(Six Degrees of Separation),现在早已经远离当初"如何认识朋友的朋友"这一建站初衷,颠覆式地变革了网友的精神和情感生活。麦克卢汉,久负盛名的传播学大师,曾提出"媒介即人的延伸",这句话在微时代得到最具体和全面的诠释。传递的信息流不再局限于传统的"点对点"传递,升级为"多对多"的共享网络。共享网络突破传统沟通的时间和空间限制,所有沟通的微个体都包裹于这张网络中,克雷·舍基也因此发出"此即人人"的嗟叹。微时代的沟通与传统沟通方式截然不同。

　　从文化层面出发,传统的沟通主体主要来自于统一文化体,而微时代的沟通由于技术进步使得跨文化沟通成为可能。比如韩国神曲《江南 style》,通过美国视频网站 YouTube 一举成名,迅速被全世界的网友分享与转采,当年包揽了诸如英国、美国等多达 35 个国家 iTunes 单曲榜第一名。

跨文化沟通现在主要基于新型社交媒体,首先要充分熟悉并认知到不同文化间的差异,对对方文化要互相理解并尊重。网络营销是否被目标市场认可,关键在于其是否与消费群体的文化背景和价值取向相匹配。例如,《完美国际》是一款中国本土原创的网络游戏,虽然游戏主要依托于中国神话,以盘古开天辟地事件为游戏的设计背景,但在游戏的国家化进程中,也充分尊重当地的价值取向和文化背景。游戏宣传到达美国时,从游戏的制作手法到背景音乐都宣扬美国尊崇的个人英雄主义氛围;游戏宣传到达日本时,则主打日本推崇的唯美主义抒情风格。在玩家语言使用上都采用当地语言作为沟通语言;同时,游戏还人性化的为不同地区的玩家提供依据当地习惯设计的自定义系统,玩家可以依照自己的文化习俗和使用习惯任意调换游戏形象。

资料来源:http://www.ceconline.com/hr/ma/8800067845/01/?pa_art_4。

11.1 当代跨文化沟通

全球化的进一步加深,使得各国间联系越来越紧密,地球俨然成为"地球村"。世界各国的企业也受到全球化的影响,企业的发展既充满了机遇,同时也充满着挑战。各国企业的发展,关键在于如何进行商务沟通。而商务沟通在全球化背景下最核心的便是跨文化沟通。毫不夸张地说,在世界各地扩展业务的跨国公司,其组织管理归根结底是跨文化管理。

11.1.1 跨文化沟通的基本观点

经济全球化随着世界经济活动的融合而不断发展。经济全球化并没有确定的定义,经过对经济全球化文献研读,作者认为,经济全球化是指在打破国界的前提下,通过各种经济手段(对外贸易、提供技术和服务、各国间资本的流动)相互联系、共同发展而产生全球经济体的过程。世界各国的经济活动不是孤立发生,而是相互联系成一个共同发展的经济体。经济全球化是世界经济体的有机组成部分,也是世界经济发展的主要方向。

经济的全球化使得不同国家间的沟通越来越多,跨文化沟通日益重要。各国间的沟通,上至政治外交、民族文化交流,下至企业的跨国发展,无处不体现着文化的普遍性与多样性。企业要想获得更好的发展,首先要了解不同商务对象的文化特征,从而获得有效沟通的效果。经济全球化是必然趋势,任何企业都无法避免。经济全球化带来的员工全球化,使得组织员工多元化程度加深。企业要想获得长久发展,必须适时调整组织文化,进而吸引来自不同文化背景的员工。

经济全球化的深入发展使得不同国家文化之间的交流日益增多,那么文化交流发展最终将以什么样的趋势发展?对此,不同的学者有不同的见解,其中以亨廷顿的"文明冲突论"和费孝通的"和而不同论"最广为人知。

(1)文明冲突论。

亨廷顿的"文明冲突论"第一次在他的《文明的冲突》一书中阐述,主要内容有:

第一,尊重并认同不同文明之间的界限。当今世界面临着众多威胁,文明冲突首当其冲。只有重新建立以尊重文明为基础的世界秩序,各国才能避免战争,获得长久发展。尊重和认同文明间的界限,首先必须明确界定不同文明之间的界限,也只有这样才能使不同的文明相得益彰,共同发展。

体现在沟通中,来自不同文化的人们固然在价值观、态度、行为方式等方面存在普遍差异。在跨文化沟通时,我们要认识到沟通者来自不同文化而造成的分歧。要了解,这些分歧很多并非源自当事人的主观意识,而是文化差异。认识到这一点,在跨文化沟通的时候,就能摆脱固有偏见,取得成效。

第二,文明冲突主宰全球。文化将成为当今世界国际冲突的主要来源,远甚于意识形态或者经济的影响。全球各国的政治冲突将在不同文明的国家和民族间进行。文化冲突将主宰全球发展的政治、经济问题,不同文明间的冲突和断裂地带将发展成为国家战争的前线。国际政治冲突的核心是各国间的文明冲突,主要来自于西方和非西方国家之间和非西方国家内部之间的文明冲突。

总而言之,亨廷顿主张的是重视不同文化间的差异和冲突,他认为全球化带来的不同国家之间联系越来越近,会使各国文化之间的差异扩大,因为各国文明的自我认同感进一步加深。

其实,文化冲突对应的沟通问题往往是宏观的,可能是国与国之间的沟通、世界组织与各国的沟通,甚至一国之内基于宗教、种族等亚文化的沟通。这些沟通的形式也是多样的。会议、对话甚至战争都是可能出现的。尽管会带来动荡和伤痛,但从趋势上看,世界趋于合同,各种文化也逐渐宽容,相应的跨文化沟通日益顺畅。

(2)和而不同论。

与亨廷顿截然相反的是,费孝通主张"和而不同"。他对中华文化数千年的文化发展进行分析,并将文化发展过程中多元文化的相互融合进行推广,主张一个"和而不同"的全球文化格局将会形成,最终达到"和而不同会有日"。

首先,他重视"文化自觉"。文化自觉就是一种文化中的人们要对自身文化的发展和形成过程、内涵以及发展趋势自发做出系统思考。不管什么属性的文化,只有先达到全面本土化,才能最终实现全球化。

这一点对当今中国公民的文化自信有重要启示。曾几何时,由于全球化,国外品牌、商品、信息、理念、生活方式等传入中国,很多人尤其是年轻人开始追捧西方文化,对传承千年的中华文明却开始排斥。这其实是一种文化上的不自信。正如同我们的肤色,与白种人、黑种人生而不同,民族文化是传承下来的,会在每一代人身上留下烙印,影响到他们的思想、态度与行为。但是,文化本身并无优劣之分,都是随着社会发展而演化的。好在,随着中国经济和社会制度的完善,人们对民族文化的认同逐渐回归并增强。这将影响中国与世界的沟通,以及中国人与国际友人的沟通。

其次,他追求"和而不同"。和而不同就是说既要追求不同文化的融合,又要鼓励不同文化的差异性。并容多元文化的存在,鼓励不同文化之间相互交流、相互促进、求同存异,以"各美其美,美人之美"的态度对待其他文化,最终达到"美美与共,天下大同"的多元文化一体的世界格局。同时,他强调"和而不同"是世界不同文化人民和平相处的基本条件,如果单方面的重视文化相"同"而忽视"和"就会出现文化冲突,甚至文化毁灭。

最后,需要注意的是,"文化自觉"与"和而不同"并不矛盾。文化自觉是"和而不同"的一个具体体现,说明"同"是以文化差异为前提的;而"文化自觉"也不仅仅只强调差异,只是为了更好的实现不同文化间的"和而不同"。

以上两种观点虽然有所不同,从不同出发点预测了全球化文化的发展趋势,但他们都强调不同文化之间的差异性。有效的跨文化商务沟通需要良好的跨文化沟通能力,并高度重视不同文化特性的共性和差异部分。

【举例】11.2

从 APEC 看中国展现文化自信

2014 年 11 月,以"共建面向未来的亚太伙伴关系"为主题的亚太经合组织第二十二次领导人非正式会议在北京雁栖湖召开,富含中国特色的历史文化元素引起了国内外广泛关注。

从 2001 年的上海 APEC 到 2014 年的北京 APEC,伴随着国家综合国力的不断加强,文化自信的提升也得到充分展现。美食文化、服饰文化、表演艺术、历史文物……短短数天时间,丰富多彩的文化元素成为 APEC 会议的亮色,助力中国完成了这次精彩的国际亮相。

其中,参加 APEC 领导人和夫人的"新中装"以及帝王黄的餐具是最为引人注目的。11 月 10 日晚,参加 APEC 会议的各国领导人和夫人在水立方集体亮相合影,让"新中装"这个词一时成为热议的焦点。据称,此次的 APEC 领导人服装是一系列展示中国人新形象的中式服装,其根为"中",其魂为"礼",其形为"新",合此三者,谓之"新中装"。

负责此次服装设计和制作工作的中国服装设计师协会副主席、北京服装学院院长刘元风接受媒体采访时解释道:"这套特色中式服装,充分体现中国的传统和文明,让人一看就知道是中国的。"他说,从款式上,立领对襟、开襟、连肩袖等,都融合了中国历代经典款式。从面料上,采用传统真丝面料,如宋锦、漳缎,都属非物质文化遗产。从纹样上,海水江崖纹、万字纹均展示传统纹样的精华。从工艺上,采用了盘扣等中国特色传统工艺。色彩上,选用了故宫红、靛蓝、孔雀蓝、深紫红、金棕、黑棕等厚重大方的传统色调。

尽管新中装以中国传统手工艺、面料、款式为基础,也做了相应减法,与现代服装文化融合。女设计师代表赵卉洲说,"服装是个载体,承载的是国家文化和历史传统。当前中国领导人重视民族传统文化,本土设计也越来越受重视。"

帝王黄的餐具是另一个体现中国传统文化的亮点。11 月 10 日,APEC 国宴在"水立方"举行。与以往国宴偏素色的餐具不同,帝王黄的珐琅彩瓷在国宴主桌上分外抢眼。嘉宾桌餐具则为同款银色。据此次国宴餐具主创设计师之一庄志诚介绍,这套餐具是以《诗经》中词句"和鸾雍雍,万福攸同"寓意为主题设计,专为 APEC 国宴而作,"和鸾是车马上的铃铛,在设计的主体纹样中为磬纹,宝磬是礼乐之器,有祝福之意。和鸾雍雍,万福攸同,宾客至,同多福。"

瓷器的装饰采用中国传统的珐琅彩工艺,材质打造则借鉴英国的骨质瓷制作工艺。部分瓷器的造型参考了中国古代宫廷御膳餐具。考虑到北京是皇城,"龙脉之地",习近平主席和其他国家(地区)领导人使用的主桌餐具上,颜色选用"帝王黄",营造出一种中华的、典雅的,又有仪式感的气氛。

其实,早在 2001 年上海召开的 APEC 会议上,唐装作为集体服饰亮相,并得到赞赏。从惊艳唐装到"新中装",在秉承中国传统文化要素的基础上,融合了更多现代元素,体现了中国文化展现出更多自信,兼容并蓄,不忘初衷。帝王黄颜色的运用,不仅是体现华丽,也是突出中国特色。

APEC 会议是一个各国领导人回顾、展望,协调和发展的重要沟通平台。作为东道国,体现传统文化融合现代元素的设计,正是中国从容展现文化自信的表现。这些因素,在跨文化沟通中往往能增进彼此了解,有利顺畅沟通。

资料来源:2014APEC:中国从容展现文化自信,中国文化传媒网,焦波,2014-11-14,http://world.chinadaily.com.cn/2014-11/14/content_18916410.htm。

11.1.2　跨文化沟通的概念

1. 跨文化沟通的含义

跨文化沟通是指在不同文化的背景下,归属于不同文化的双方为了达到某一共同目标而发生的沟通过活动。跨文化沟通是这样进行的:不同文化来源的双方,在某一非特定的环境中,通过某种沟通方式和手段而进行的不同文化间的交流和碰撞,从而不断进行文化间求同存异的沟通。

以往的跨文化沟通,往往局限于面对面沟通。由于缺乏便捷的沟通媒介,沟通双方通常在某一特定的环境中进行直接的面对面沟通。那时的跨文化沟通也局限于直接和具体的书面和语言沟通。现在,经济全球化、信息化技术突飞猛进,跨文化沟通不再局限于面对面沟通,依托于互联网的沟通方式使得沟通双方可以随时随地进行沟通,沟通的成本下降,效率却大大提高。

跨文化沟通能力是指不管在何种文化(即使是和自身文化迥异的文化)中,都可以游刃有余地与对方进行高效沟通的能力,拥有超越所属民族文化、跨文化沟通的胜任能力。跨文化沟通能力涵盖很多方面,如理解对方文化、文化胜任力和情境控制力等。现今国际间的交流,拥有一口流利的外语已经不能满足需求,最重要的是了解双方的文化背景,掌握双方的价值观和处事原则。

2. 跨文化沟通的模型

在跨文化沟通的过程中,文化是核心要素。在文化沟通的过程中,沟通双方是如何通过编码、发送、接受、解码等一系列过程来进行信息传递呢? 1981 年,拉里·萨莫瓦尔(Samovar)出版了《理解跨文化沟通》(*Understanding Intercultural Communication*)。在这本书中,提出了经典的跨文化沟通模型,如图 11.1 所示。

在模型中,有三种不同的文化 A、文化 B 和文化 C。三个不同图形中的最外层便是代表这三种不同文化,图形间的距离大小代表文化间的差异程度大小,可以看出,文化 A 和文化 B 的距离较近,也就是说文化 A、文化 B 之间的相似度要大于文化 A、文化 C,文化 B、文化 C 之间的相似度;文化图形框中心的是文化中的个体,它们与外围图形相似却并不相同,说明文化对个体的有决定性的影响,但其对不同个体的影响不同;最里层代表沟通者欲发送或被感知的内容,箭头则代表信息的编码、传递和解码。

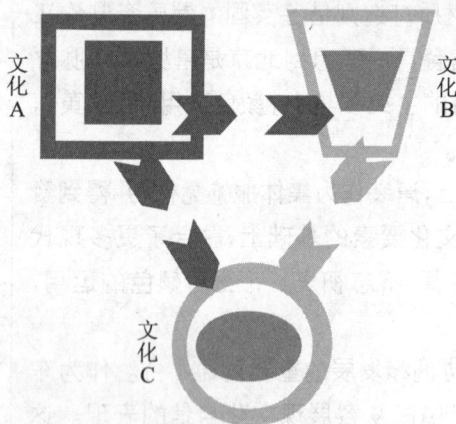

图 11.1 跨文化沟通模型

信息自最初由发送者发出,到最终被接受者感知,这一信息传递过程由于文化差异发生了某种变化。其中,文化 A、文化 B 之间的信息变异度小于文化 A、文化 C,以及文化 B、文化 C 之间的信息变异度。文化差异性在极大程度上决定了不同文化的双方对跨文化沟通的掌控程度。例如图 11.1 中,文化 A 和文化 B 间的相似程度很大,也就是说他们在沟通时对沟通方式和内容的理解在很大程度上是一致的,信息的解码结果与被编码时的意义更为接近。相应地,文化 C 与文化 A、文化 B 之间的相异程度很大,沟通内容的接收者解码后,与发送者要传递的信息天差地别,这两种文化的人们在沟通时极易产生误解。

3. 跨文化沟通的类型

跨文化沟通的关键之处在于跨文化,也就是说沟通对象是归属于两种不同文化背景的人或群体。跨文化沟通有多种多样的表现形式,下面主要以政治学、人类文化学和沟通主体三个角度进行分类。

以政治学为出发点,跨文化沟通有国际和国内跨文化沟通两种。国内跨文化沟通是指沟通主体所属国家相同;国际间的跨文化沟通则指沟通主体所属的国家不同。

以人类文化学为出发点,跨文化沟通包含亚文化、民族和种族间的沟通。种族间的沟通是指沟通主体所属人种不同,通常不同人种进行跨文化沟通时,主要困难来自不同种族的种族偏见。民族间跨文化沟通指沟通主体所属人种相同,但民族有差异,通常表现为跨种族且跨民族的沟通行为。这种沟通常发生在外交事件和宣传领域,国家政策、沟通目标都会对之产生影响。亚文化沟通是指沟通主体同属于同一种族、同一民族,但仍存在文化差异(地域、历史等不同)而造成的跨文化沟通。

以沟通主体为出发点,跨文化沟通包括跨文化的人际、组织间和国家间的跨文化沟通。跨文化的人际沟通是指沟通主体为个人,可以来源于不同的亚文化、民族和种族等。跨文化的组织沟通是指沟通主体为组织,涵盖前面的个体间跨文化沟通,如跨国企业的跨文化沟通。跨文化国家沟通是指来自不同文化背景的国家间沟通。这三种沟通方式并没有明确的界限,在某些情况下甚至是交叉并存的。

4. 跨文化沟通的特点

跨文化沟通经常出现各种各样的文化冲突,主要是由跨文化沟通的自身特点造成的。跨文化沟通主要有以下三个特点:

(1) 沟通双方间的文化共享性差。沟通过程的编码、发送、接收和解码过程都可能出现问题。在信息编码中,发送者的语言、表情和手势等在自身文化中具有特定的含义,但当信息传递到另一文化中,并不能立即为接收方理解,需要经过一定的解释和破译才能为对方接收和理解。跨文化沟通中的主体文化背景的差异,造成不同文化间的认知、行为规范和语言系统间的相似处和差异处混淆,难以交换到有效信息,造成沟通障碍。

(2) 不同文化间的差异程度迥异。每次跨文化沟通中,沟通主体的文化共性部分对跨文化沟通的有效进行至关重要。跨文化沟通主体间的文化差异越小,文化共性越多,沟通的有效性越高。反之,文化差异越大,沟通中的冲突更易于发生,最终造成沟通失败。

(3) 自身文化先入为主。所有文化背景的人都默认自身文化为主要沟通文化,经常无意识的进行文化背景的先入为主。同时,由于缺乏对对方文化的了解,很容易用自己文化去衡量或评判对方的语言或行为,造成信息的误解。在跨文化沟通中,通常情况下沟通主体产生的文化误解都是由于潜意识的自身文化先入造成的。

11.1.3　跨文化沟通的影响因素

影响跨文化沟通的因素很多,下面主要介绍:语言差异、非语言差异、情景文化差异和民族差异等。当然,这些因素都不是单独发挥作用的,而是交叉产生影响,影响跨文化沟通的顺利进行。

1. 语言差异

跨文化沟通时,沟通主体倾向于在自身文化的基础上,进行对其他沟通主体的沟通内容、过程进行分析和评价。但文化差异的自然属性使得沟通障碍频发,主要是因为沟通主体忽略了沟通时文化的语言迁移。不同的文化背景拥有不同的语言使用规则。某种特定的语言使用规范也许只适用于自身的文化背景之中,相应地也只在自身文化中可以得到阐释,却不能妄加以此语言规范来评判其他文化的语言,否则必然会导致跨文化沟通冲突,其深层原因就在于人们在跨文化沟通时,对语言差异的敏感性钝化,同时经常无意识地进行语言迁移,某些时候甚至直接忽视对方文化,造成严重后果。

使用不同语言的人们在进行跨文化沟通时,通常会由翻译工作人员进行信息传达,翻译者翻译不当也会对跨文化沟通造成负面影响。翻译者在熟识自身文化的经济、政治和历史等知识的基础上,还需要熟谙沟通主体相应的经济、政治和历史等知识。在某些情况下,沟通主体语言中的潜在信息很容易被忽略,更甚者即使及时察觉,也由于本国语言的局限性而无法译出,误解和尴尬更是不可避免。

【举例】11.3

翻译不当险出政治问题

跨文化沟通中,翻译者的作用十分重要。很可能因为一语不当,满盘皆输,更严重的可能造成两国间政治冲突。1964 年,中国和苏联就差点因为翻译问题引发矛盾。当时,中国政府给苏联政府写信,要求苏共中央将当时致兄弟党的反对中国共产党的信同样发给中国政府。其中"要求"一词,我方译成"эксперт"。但苏联共产党领导看后勃然大怒,立即回信质问中共不当行为,指责中方居然不是"просить"(请求)他们将信件发给中方,而是"требовать"(要求)他们! 并质问道:你们有什么权利? 难道我们就该听从你们的要求,害怕得立即去执行你们的命令吗? 中方看到回信后,马上做出解释:"在中国语言中,'要求'和'请求'并没有太大差异,但是,既然你们把这个词语看得那么重要,并将它作为拒绝的理由,好吧,我们请求(просить)你们把这封信发给我们。"其实,不只是在政治沟通,日常的商务沟通翻译时同样重要,且十分敏感。当然,不可否认当时苏方之所以小题大做,主要是因为当时两党的关系恶化。但跨文化沟通时翻译措辞的不准确或谬误,对误解确实有火上浇油进而愈演愈烈的作用。

资料来源:http://news.xinhuanet.com/book/2010-09/11/c_12541606_2.htm。

---

2. 非语言差异

跨文化沟通中的语言差异还可以通过翻译等手段有效减弱,但是非语言差异却难以避免。非语言沟通中,不论是发出者的编码还是接收者的解码过程都易受到情境影响而变得不确定。非语言沟通涵盖语言沟通以外的沟通手段,如体态语等,都是由文化长期沉淀而形成的沟通方式和习惯。非语言沟通无处不在,如开会的座次顺序、手势等,他们都显示着沟通主体的地位、情绪等。要诠释这些非语言信息的含义,人们大多依靠潜意识的感觉去揣摩,但是信息的过度内敛经常导致沟通不畅。

非语言沟通比语言沟通更易引起误解。通常情况下,不同文化环境中非语言沟通的暗示不尽相同。有时沟通主体对非语言沟通暗示的误解极易造成沟通失败。例如,同样表示赞同,中国和英美用点头表示,而希腊、印度则用摇头表示;选票时投否定票,中国用打叉表示,英国用打钩表示;同样竖起大拇指,中国表示真棒,英美表示"no problem",日本代表有尊贵身份的男性角色,中东代表的意思和美国伸中指一样;同样表示欢迎,中国人鼓掌,俄罗斯敲桌子,德国踩地板。总之,不同的国家、不同的文化,非语言差异很大。在进行跨文化沟通时,要谨慎对待非语言沟通。

3. 民族差异

经济全球化不仅为企业带来了不同国家的经济融合,也带来了世界各地的组织成员。他们民族不同、文化不同,具有各自民族的价值观和态度,在进行跨文化沟通时很容易产生误解。因此,在管理不同文化背景的员工时,组织需要不同的管理理念和方法。不同的民族持有的心理模式不同,心理模式随之产生不同的语言和非语言沟通方式。跨文化沟通顺利进行的基础是充分了解沟通对象的心理模式和沟通双方的心理差异。

另外,种族中心主义也会对跨文化沟通产生重要影响。种族中心主义是指人们以自身种族为中心而产生的优越感,他们用自身种族的价值观和行为准则为标准去认识和评价其他种族文化中的个体。由于价值观的不同,不同种族的为人处世原则大相径庭。例如,以国家分类的民族,中国的中华民族讲究先做人后做事,德国的日耳曼民族以专业、傲气凌人为使人熟悉,以色列的犹太民族讲究诚信为先等等。

【举例】11.4

遭遇尴尬的沃尔玛

零售业巨头沃尔玛公司一向对自己的团队精神和家庭般的组织气氛引以自豪。比如,在美国本土沃尔玛商店的员工,都知道每天早上上班的第一件事是相同的仪式:由沃尔玛经理带领全体员工(不论资历)高唱激动人心的美国国歌"星条旗永不落",然后齐声呐喊公司的名称(给我一个"W",给我一个"A",给我一个"L"……),紧接着高呼"顾客第一",呐喊公司现在已有的数目。这个仪式代表沃尔玛得员工气势,可以称为"沃尔玛风格"。

但不幸的是,加拿大员工似乎对这种美国式的乐观态度不是很感冒。沃尔玛当时购买了加拿大的 122 家乌尔考商店,并将之改造成沃尔玛商店连锁店,美国管理者深深感受到两国文化的不同。起初,美国管理者觉得管理十分简单,只要把早晨的美国国歌改变成加拿大国歌,然后就可以坐享其成了。但事实却截然相反。美国管理者面对的是另一种十分自我的民族文化,他们不喜欢外露的表达感情方式。比如,在加拿大的卡尔格瑞分店,沃尔玛的加拿大新员工拒绝在清晨的醒店仪式上歌唱加拿大国歌,并且不愿意参与公司造成对沃尔玛的欢呼与呐喊。美国管理者在经历过这些跨文化管理的失败和打击后,意识到在美国的管理实践方法并不能理所当然的应用到其他文化中。

资料来源:http://www.xuexun.com/A_1254079.shtml。

4. 情境文化差异

爱德华·哈尔1976年的组织文化专著《超越文化》一书首次提出高情境和相应的低情境文化。情景文化阐述的是在某一文化背景中,人们在日常生活交流中对高情境与低情境信息的使用偏好倾向。高情境的沟通风格形成的是圈内文化:迎合圈内人口味的文化,圈内人大多有着相通的期望与类似的经验,而圈内人对事物的评价和推论也由此产生。不同的民族、不同的国家拥有不同维度的情景文化(如表11.1所示)。例如,日本人和美国人在同一间会议室开会,同样是想请别人关上窗户,美国人会直接说:"麻烦您关上门";而日本人会委婉表达这一意见:"天气有点冷",来暗示别人关门。

表 11.1　不同国家的人对情境的依赖性

国　　家	情　　境
日本人	高情境
中国人	
阿拉伯人	
希腊人	
墨西哥人	
西班牙人	
意大利人	
法国人	
英国人	
美国人	
北欧人	
德国人	低情境

事实上,高情境文化和低情境文化只是沟通风格存在差异,并不存在沟通效果的差别,因为沟通效果是根据跨文化沟通的有效性和适宜性两个指标来衡量的。在高情境文化中,如果一个人直接明确地表达自己的要求,可能会让沟通对方难以抉择:如果不答应,这个要求对方已经提出来了,拒绝是不给面子;如果答应,又与自己的原则不符。恰当的做法是先尝试与对方沟通,得到对方回复后再进行深入沟通。高情境国家与低情境国家在跨文化沟通过程中出现误解和摩擦的主要原因在于:低情境国家的人给出的信息过多,同时高情境国家的人并没有提供足够的背景和相关信息。

11.2　跨文化沟通的基础

跨文化沟通的主体是沟通,情景是跨文化。所以,高效的跨文化沟通与了解双方文化是密不可分的。文化时是文化沟通的基础,只有充分了解对方的文化和价值观等,才能更有效地寻找文化共性,消减文化差异,从而进行高效的沟通。

11.2.1 文化的概念

1. 文化的定义

关于文化的定义,学术上还没有统一的定义。从广义上来说,文化是指由人类所共同创造的包括物质财富和精神财富在内的总和。1871 年,英国人类学家 E.B.泰勒提出,文化是社会全体成员在社会活动中所获得的知识、信仰、习俗及其他能力的总称。

薛恩(E.H.Schein)在《组织文化与领导》中指出文化可以划分为三个层次。在构建组织文化时,人们往往是由底层的基础向顶层构筑的;但在认识组织文化时,却是由外表的现象,逐层深入到它隐含的基础中去。这三个文化层面包括表层、中层和基础层三个部分。表层指的是组织现存的一些可以切身感受到的有形的规范,如组织对全体成员的行为规范等;中层指的是组织内全员共享的一整套价值观体系,是对基础层的内容进行进一步详细的解释说明;核心层指的是人们表层行为的基本假设和理念来源(如图 11.2 所示)。可以看出这三个层面的关系层层递进,无法绝对的进行分割,应该视为一个整体,每一向外的层次都是对内层的具体反映,核心层是外层内容的基本理念来源。

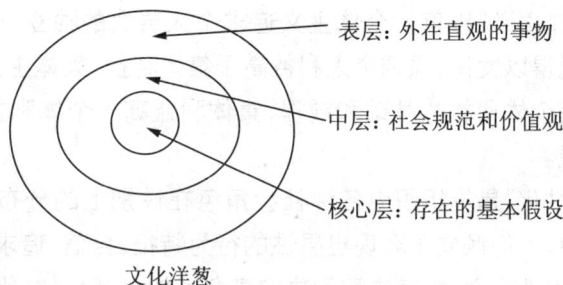

表层:外在直观的事物
中层:社会规范和价值观
核心层:存在的基本假设
文化洋葱

图 11.2 文化洋葱模型

【读一读】11.5

文化认识维度

霍夫斯泰德是荷兰著名的社会人文学家,通过大量的数据调查,他认为国家间的文化差异不可避免,主要有以下五个文化维度:"权力差距"、"个体主义—集体主义"、"男性化—女性化"、"不确定性回避"和"长期—短期导向"(如图 11.3 所示)。

"权力差距":在某一组织中,避免有部分成员处于相对弱势的地位,他们对组织权力分布不平等性的接受程度,或者说组织机构中处于弱势地位的成员对权力分布不平等的接受度,便是"权力距离"。通常情况下,权力差距越大的国家,认同程度相对较高,这种国家的成员对于权力或财富的分布不平等性易于接受和认可;而权力

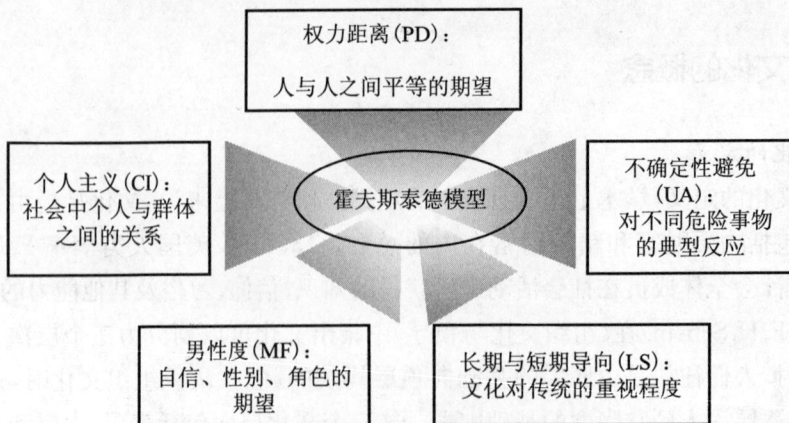

图11.3 霍夫斯泰德的文化五维度

差距小的国家,国家成员不在乎权力和财富的不平等性分布,他们更在意的是在国家中个体的地位和权力等是相互平等的。

"个体主义—集体主义":个体不是孤立存在的,必然与他人发生或多或少的联系。在学校或单位等群体中生活。个体在群体中保持独立或者积极融入集体的程度便是"个体—集体主义"维度。个体主义追求个人层面的独立、成就和权利,鼓励每个人的人性都能得以发挥,强调个人利益高于集体利益;集体主义恰恰相反,认为群体的集体利益是个体利益的基础和前提,集体利益高于个体利益,个体要对群体做贡献并保持忠诚。

"男性化—女性化"是指组织中各种社会角色在性别上的分布。男性化程度较高的国家和组织中,人们倾向于表现出男性的行为特征,自信、追求超越等。通常情况下,领导人也以男性为主,拥有支配和决定事务的能力和地位,比较重视财富和地位;女性化程度较高的国家和组织中,人们倾向于注重和谐,建立和谐的人际关系,知书达理,追求高质量的生活标准,强调男女地位的平等性。

"不确定性回避"是指当面对不确定性时间时,不同文化的国家可能采取不同的行为来回避可能造成的危险和危机。不确定性回避较强的国家成员,追求四平八稳,会尽可能避免可能产生的不确定性,在产品和行为创新上重视持续性和平稳性;不确定性规避较弱的国家,则对不确定性事务有极强的适应你能力,渴望来自未来和未知的挑战,他们喜欢改变和新鲜的东西,做事不拘细节十分灵活。

"长期导向—短期导向"是指不同文化中,成员对于物质和情感需求的延迟满足所能接受的程度。长期导向的国家做事不会注重眼前,而是着眼于未来,强调长期回报,通常具有坚忍不拔和持之以恒的毅力和品格;而短期导向的国家通常重视眼前利益,追求即刻汇报和成果的立竿见影。

资料来源:http://www.qstheory.cn/wh/ly/201304/t20130409_221896.htm。

2. 文化与沟通

文化与沟通紧密关联,相互影响。一个人初次进入陌生的文化环境,很可能由于一时无法适应新的社会交往体系,出现"文化休克"的现象。人们在沟通中理解和掌握其他人使用的包括符号、价值观和思想等在内的一套文化体系,最终实现社会化。社会语言学家 W.拉波夫说过语言能够用来扮演人们的社会角色和社会关系,并帮助人们形成一套共享的价值观体系。如果没有沟通,文化对于人来说,也就成了无源之水、无根之木。反过来,文化也影响着沟通的整个过程。

(1) 价值观念与态度。

沟通者的价值观念和态度决定沟通的内容和方式,即在什么时候,什么场合下说些什么等。例如,美国人喜欢"坦率",沟通讲究简单快捷、单刀直入;而日本人则推崇"含蓄委婉",沟通中一般不会轻易地表达个人见解。

(2) 法律和规章制度。

法律和规章制度实际上是文化价值观的一种体现,并且他们可以强制性保障文化的传播。对于商务手段来说,识别这一点尤其重要。例如,商务活动时,相互交换礼物是增进感情、促进沟通,但是如果礼物送的不得当,就有可能构成贿赂犯罪,影响商务沟通的顺利进行,严重的甚至带来声誉和利益损失。

(3) 语言。

语言是沟通的主要工具,其对沟通的影响几乎是决定性的,如果不能掌握某种文化使用的语言,与这种文化成员间的沟通也就无从谈起。文化是语言赖以生存的土壤。英国社会人类学家马林斯诺夫斯基认为,语言深深扎根于文化,对语言的研究基础便是第说话人的文化背景和生活方式的了解。如不了解中国文化的人,单从字面上理解"得陇望蜀"这个词语,便会曲解它的真实寓意。

11.2.2 文化差异与沟通障碍

如第一节中所阐述的,文化差异包括语言差异、非语言差异、民族差异和情境差异等。那么,文化差异对跨文化沟通的影响机制到底是怎么样的呢?

1. 文化差异对参与沟通结构的影响

文化差异对跨文化沟通的影响并不是直接的,而是通过沟通过程的具体要素这一中介进行的间接影响。这种间接影响可以利用 D.海姆斯在 1974 年提出的沟通事件(communicative event)分析框架来进行解释。

该框架提出沟通参与结构划分为 8 个部分,这 8 部分可以用"SPEAKING"8 个字母表示,文化差异对其中每个部分都有影响。

S:包括"Setting"和"Scene"两个方面,其中"Setting"代表沟通的背景,"Scene"代表沟通的场合。

P:代表"Participant",表示沟通的具体参与者,包括参与沟通者的人口统计学特征、社会地位及其他属性因素,这些因素在某些活动中会对沟通产生一定的影响。

E:代表"Ends",指的是沟通双方的交际目的,一方面包括按惯例(即社会文化约定)所达成的双方互惠的结果,另一方面也渗透着各参与者的个人目的。

A:代表"Act sequence",指的是沟通进行过程的行为顺序,包括双方沟通信息的具体内容以及各自的表达方式和表达形式。

K:代表"Keys",指的是沟通时的情绪基调,包括人们在沟通交流时所使用的语气、表情等特征,如认真的、诙谐的、夸张的、赞同的、默不做声的或带有某些感情色彩等。

I:代表"Instrumentalities",指的是沟通使用的具体媒介和渠道,包括人们传递沟通信息时所采用的语言或语言变体(如方言等)等渠道,如是口头沟通还是书面沟通。

N:代表"Norms",强调的是人们在沟通时约束言语行为的各种行为规范。

G:"Genres",即体裁,指沟通活动中话语的类型,如演讲、书信、评论和公告等。

沟通的双方通常情况下对对方文化参与结构的了解都不够全面,甚至有时对自身文化参与结构的具体状况也存在一定的误解。这种情况的普发性要求沟通双方在沟通的过程当中具备强大的心理承受能力,能够接受沟通带来的各种不确定性,并且在出现异常情况下能够主动采取包容和灵活的态度去处理异常,善于利用各种沟通技巧如熟悉文化差异、避免沟通时的文化中心主义来将这些异常沟通情况降到最低。

2. 文化差异对沟通的影响方式

人们对其他文化的认识程度有三种:完全不了解;了解部分;十分熟悉。因为人们认识文化的程度有所差异,导致文化差异对沟通的影响方式出现了文化迁移、文化定势和逆文化迁移三种方式。只有清晰了解这三种文化差异的影响机制,才能运用适当的沟通技巧来减弱文化差异,保障跨文化沟通的高效进行。

(1) 文化迁移。

文化迁移指的是在跨文化沟通过程当中,人们潜意识地将本民族的价值观念和文化作为衡量标准,一方面用来指导自身的沟通和行为方式,另一方面借此来评价沟通对方的思想和行为方式。

【举例】11.6

失效的中国式管理

某跨国企业中国部的美籍经理向中国总经理提出休假并得到同意。可在他休假前两天,总经理却安排了许多会议,休假前一天,会议还未结束。此时,这位美籍经理感到很为难,但是他还是向总经理提出他不能参加第二天的会议,因为按计划他从第二天起开始度假。总经理劝说他以工作为重,顾全大局,叫他推迟度假期,但遭拒绝。总经理当即十分生气,而这位美籍经理却责怪总经理工作无计划,最后扬长而去。美籍经理坚持按期度假,因为他早已作了休假安排,并且提出的申请得到批准,因而总经理不该在他假期之前安排他参加会议;如果在假期里强制他从事一些工作,这既违反劳动法,又侵犯人权,以后的会议内容与他分管的工作无关。总经理却认为,任何人都应以工作为重,个人利益服从集体利益,由此而否定了美籍经理以前的成绩。

之所以会产生这样的冲突,归咎于中美文化的差异。美国人办事有计划性,时间观念强,认为工作时间就应该拼命干,休闲时也应尽情潇洒。美国人在休闲时从不谈工作,在工作中,经理与下级保持一定的等级距离,对下级的工作过错极为认真与严肃。这说明美国文化有私人空间与公共空间之分。中方总经理并没有认识美国的这种文化,而是以中国的文化来对待美国的文化,导致双方沟通的破裂。

资料来源:http://www.govyi.com/lunwen/2009/200907/326431_2.shtml。

人们在现实生活中容易(有意或无意地)利用自身民族的文化价值作为衡量标准去衡量其他人群里成员行为。一个人从咿呀学话开始,就开始不断地学习本民族文化的思维和行为方式直到文化习惯得到内在化。因此,所有的民族成员,都习惯于把自己文化至于被尊重的地位,并用自己文化的标准去分析和评判其他文化的一切。狭隘者甚至表现出"己优他劣"的文化倾向,单纯地接受文化上的相似者,排除文化上的相异者。

发生文化迁移的主要原因有两个方面:一种是无意识的发生文化迁移,可能是由于对文化差异的不了解造成的;另一种是有意识的文化迁移,这种文化迁移的来源是文化中心主义。消除文化迁移,首先要了解不同文化、价值观念取向的差异之处。通过对不同的文化背景、价值观和信仰进行深入准确的了解,双方有利于进行跨文化思想的沟通。

(2)文化定势。

文化定势也可以看成是文化定型,指的是人们对其他群体成员所持有的固定的单一的看法。文化定势的来源之一是群体内过度泛化,即果断地认为一个群里的所有成员都具备该群体的文化特征,从而忽视了文化的动态性和变迁性特征,形成了固定的思维。

文化定势有一定的局限性,它可能将人们的文化认知局限在一个或者两个显著的维度,使得人们容易忽略对其他维度观察,以至于产生对其他客观存在的文化差异的错误认知,从而导致跨文化沟通的失败。跨文化沟通解决问题时无法从一开始就能消除文化定势,而是在了解文化定势之后能够意识到自身目前的文化认识可能存在一定的缺陷处,从而能够不局限于文化定势,从而在跨文化沟通时不断更新更为全面准确的观察。

(3)逆文化迁移。

跨文化沟通参与者在了解彼此文化差异之后,最好的结果是在沟通中双方从各个方面尊重了这些差异,并适当地接受了对方的文化,一旦双方过分接受对方那个文化,便会造成不好的影响,一方面不但不利于沟通顺利进行,另一方面还会引发其他的问题。这便是逆文化迁移造成的沟通障碍。逆文化迁移不是双方对文化差异的无知或忽视造成的,而是指沟通双方完全放弃了自己的文化立场,而采取对方文化立场,使信息传递过程的编码与解码方式出现了新的不一致。它与文化迁移有很多相似的地方,但最大的不同是以相反的形式出现,因此被称为逆文化迁移。

【举例】11.7

逆向文化冲击

一位国外留学多年的中国教授到美国教师杰伊家里做客。进门以后,杰伊问教授是否要喝点什么? 教授并不渴,回答说不用了。杰伊以为是因为中国人的习惯性客气,所以又一次问教授喝点什么,教授又一次地谢绝了。杰伊笑着说:"我在中国也有一段日子了,也明白你们中国人十分客气,你们虽然嘴上说"不",其实心里是想别人再邀请您。没关系,要喝什么我给您拿!"教授回答说:"我在国外留学多年,知道在美国说'不'的时候,就代表直接拒绝了。我是按照美国的方式回答的。"

11.2.3 文化共性与沟通桥梁

尽管不同国家、不同种族的文化间存在很大的差异,但是同一物种的自然属性也使得不同国家的人民之间存在很多的相似之处,也就是文化共性。文化共性作为普世价值,是不同文化交流和融合的基础。其实,虽然存在差异,但差异是相对的,可以通过不断地学习和了解增强文化共性,减弱文化差异。

1. 尊重人性

人性,即人类与生俱来所拥有的基本精神属性。这种属性就像客观存在的矿物质化学属性一样稳定,是作为人类社会最基本定律始终存在的。人类社会表现的一切,都是对基本人性的反映。目前,大部分的国家都在推崇尊重人性,追求发挥自主性。尊重人性,不仅对个人的发展起推动作用,对整个国家的进步也有积极作用。

【举例】11.8

奥巴马慰问旷工遇难者家属

2010年5月25日,美国总统奥巴马来到西弗吉尼亚州,参加遇难矿工的悼念仪式,在致辞中,他逐一念出全部遇难者的姓名。这些矿工不再是冰冷的数字,而是父母的儿子,妻子的丈夫,儿子的父亲。

也许有人会说,奥巴马向来会演讲,会煽情。"我们怎忍让他们失望? 一个依赖矿工的国家怎能不尽全力履行职责保护他们? 我们的国家怎能容忍人们仅因工作

就付出生命?"这些话语,足够打动大洋彼岸的我们,更别说一同出席悼念仪式的西弗吉尼亚人。

但动情话语不仅是煽情,不仅是文字的优美,更重要的是背后对生命的尊崇。

这 29 名矿工和他们的家人,甚至不一定投票支持过奥巴马。2008 年民主党初选和 2009 年美国大选,奥巴马曾两次失去弗吉尼亚州的选票。但矿难发生后,他接受采访时表示,"我不能接受把矿工的死亡作为商业的代价"。同时下令劳工部长索利斯与国会一道加强现有的煤矿安全立法,弥补法律漏洞。"我们不仅要让煤矿公司负起责任,我们还要让华盛顿负起责任。"这些都让人感到一个政府对最底层公民的尊重。

这种念出每一位遇难矿工名字的尊重,并非奥巴马所独创。2002 年在"9·11"事件一周年追悼仪式中,2 800 余名遇难者的名字足足念了 2 小时 28 分钟。或许绝大多数人都不认识他们,但每一个名字总能触动他或她的亲人,那是一种生命被重视的重量。而在之后的"9·11"事件纪念活动中,诵读遇难者名单也是经常出现的仪式。

遇难者才是追悼仪式中的主角,他们的名字理应被念出。由此,才让公众看到,国家的仪式不是为了抽象的国家,而是为了每个现实的公民。当我们被西弗吉尼亚的悼念仪式所感动的时候,或许,更应该深思,念出每一个遇难者的名字,何以能成为一种深厚的人文传统?

资料来源:http://blog.sina.com.cn/s/blog_4a9983b10100jd4p.html。

【举例】11.9

汶川地震温家宝总理亲临抗灾现场

2008 年 5 月 15 日,中共中央政治局常委、国务院总理温家宝来到川北重灾区青川县木鱼镇慰问受灾群众。温家宝表示党和国家不会忘记受灾的偏僻山村,大家要振作精神,坚强起来,互相帮助,重建家园。

"乡亲们,这场灾害确实太大,地震可以移动山,可以堵塞河流,但是动摇不了我们人民的意志。只要我们大家在灾难面前团结一致,互相帮助,共同艰苦奋斗,就一定能够战胜这场灾害。"

"你们的亲人就是我们的亲人,你们的孩子就是我们的孩子。"

5 月 14 日,温家宝来到四川省北川县现场指挥抢险救灾工作。

"人民生命财产高于一切,现在还有很多人掩埋在废墟中,时间最为宝贵,时间就是生命,要争分夺秒,尽最大努力,抢救埋压在废墟下的群众的生命。"

5 月 13 日上午,温家宝再次召开国务院抗震救灾指挥部会议时强调。

"房子裂了,塌了,我们还可以再修。只要人在,我们就一定能够渡过难关,战胜这场重大自然灾害。"

5月13日上午,温家宝来到都江堰市区街道,看望正在雨中避震的群众时说。

"危难之际,每个干部党员都面临着严峻考验,务必要站在抗震救灾第一线,全力以赴做好抗震救灾工作,这样群众才会放心。"

5月13日下午,温家宝来到德阳境内受灾较为严重的什邡市龙居中心小学。

"我知道消息后第一时间就赶来了,人命关天,我的心情和大家一样难过。只要有一线希望,我们就要尽全部力量救人,废墟下哪怕还有一个人,我们都要抢救到底。"

资料来源:http://china.zjol.com.cn/05china/system/2008/05/16/009520088.shtml。

2. 自立自强

自立自强也是不同文化的文化共性之一,更是中华民族的传统美德。宋代著名理学家朱熹有诗:"宝剑锋从磨砺出,梅花香自苦寒来。"俄国文学家契诃夫有言:"趁您还年轻力壮,血气方刚,要永不疲倦地做好事情。"

在许多国家,如美国、瑞士等,从孩子时就培养自食其力的品质。如孩子年满18岁不得再向父母索取生活费。他们通过各种方法自谋生路,不给家长和亲人带来麻烦。在中国,自古至今,自立自强的例子不胜枚举。正是这种坚韧的品质使得中华民族数千年文化屹立不倒。可以说,正是这种自立自强的品质催生出众多创造性的人才和产品。

自立自强作为文化共性,对跨文化沟通有极大的促进作用。商务合作双方的品质在很大程度上决定了合作的顺利与否。自立自强的品质作为一种基本的生存方式,使得双方合作在相互信任、互相尊重的基础上开展,同时它使人们不断突破自我的界限,达成更广阔的合作结果。

【读一读】11.10

马云谈人生与事业

"2014年两岸企业家台北峰会"12月15日在台湾省台北市召开,阿里巴巴集团董事局主席马云出席并演讲。以下为精彩节录:

1. 相信年轻人,你才能说未来是美好的。

15年前,阿里巴巴还是小的不能小的企业,从没有想过会有今天,我从没有想过今天能在台湾跟这么大的企业家进行沟通和交流,是时代给我们机会,是社会给我们机会,是国家给我们机会,更是同事、朋友给我们机会。

如果你相信未来,你就要相信年轻人,如果你相信年轻人,你才会真正觉得未来是美好的。

2. 金庸小说年纪愈大武功愈高,这是违背规定的。

我跟金庸探讨过,我在他的武侠小说里,看年纪愈大的武功愈高,我认这是违背规定的,我们应该把机会给年轻人。

过去 15 年间,台湾听不见什么新的年轻企业家,这是值得反思的问题。

3. 成功人士,多反思自己;失败的人,永远在评价别人不给机会。

每个人都要经过自己的挫折,如果没有这么多年的痛苦和彷徨,不可能有今天。所以年轻人痛苦彷徨很正常,重点是要思考:自己该做些什么。

4. 如果老板看不上你,要学会欣赏自己。

我跟很多名牌大学毕业的人讲,你要用欣赏的眼光,看看那些非名牌大学毕业的人。如果你毕业于像我这样的学校(杭州师范学校),甚至连我这样的学校都不是的话,请你用欣赏的眼光看看自己。

如果有跟别人不一样的话,是我们这些人看世界的角度和看问题的深度不一样。我自己觉得每一代、每一个人都有自己的机会,只是你是否能把握。

5. 人有三层机会,最后一层是给别人机会。

人生一般有三层机会。第一层,年轻的时候你啥都没有,其实这个时候都是机会,因为你满手都是空的时候,想做什么就做什么。

第二层机会呢,你刚刚有点成功的时候,你觉得到处都是机会。有人跟我说,马云现在互联网到处都是机会。是啊,你没钱时你骗别人,你有钱时别人骗你。你自己觉得都是机会的时候,反而要想清楚,你有什么,你要什么,你放弃什么。而其实真正属于你的机会并不多。

最后一层机会,是给别人机会。30 岁跟别人干,40 岁为自己干,50 岁要给别人干,要给别人机会,给年轻人机会。

6. 未来的经济一定是利他主义。

未来世界是从 IT(information technology)向 DT(Data Technology)转移,向数字技术转移。DT 是让别人更强大,未来的经济是讲求利他主义,讲求分享、透明及担当。昨天的 IT 是自我为思想,利我为主,并且封闭,并且自己掌握资源,不让别人知道。这时代已经发生天翻地覆的变化。

7. 啥机会都没有,就是到处都是机会。

马云说,当世界全是抱怨和不满时,其实机会就在其中,只要将这些抱怨变成创业的理想,就是未来成功的时候。

8. 完善小人物的需求,才有今天。

你每天盯着李嘉诚、比尔·盖茨、马云,你不会有机会的。我那时候也一样,每次看到比尔·盖茨、郭台铭火气就大:他们把我的机会都拿走了,我啥时候可以成为比尔·盖茨?我啥时可以超越李嘉诚?

但是我放下这些东西,去看到旁边的这些人,看到小王、小李(的需求),然后再一点一点完善(这些需求)的时候,才开始有今天。

你今天看到的大人物,是大人物他们想让你看到他们的东西。但你要看到他们背后的辛酸与努力,付出的巨大代价。我自己刚过50,现在讲话有点哲理。讲话有哲理的人,一般是吃苦多的人。

9.只有改变自己才能改变世界。

只有我们改变了,才能改变世界,因为改变世界其实很难,轮不到你,但改变自己却是每个人都可以做到的。

多想想,自然就会成功起来。但最关键的是,我们不要"晚上想想千条路,早上起来走原路"。我们很多年轻人,晚上想要干这干那,早上起来就骑车去上班了。我觉得改变从现在开始,行动是一切真正所在。

10.今天很残酷,明天更残酷,才能看到后天的太阳。

最后,我还是想讲,鼓励大家创业是容易的,但坚持创业理想,完善自己,是很艰难的。

创业这条路,我每天都在提醒自己:今天很残酷,明天更残酷,但后天很美好。但大部分人都死在明天晚上,他不可能看到后天的太阳。所以你要不断改变自己,让自己今天活得好活得强,才能看到后天的太阳。

3.真善美:价值追求与沟通准则

不同国家的文化共性还有很多。例如,中国人和犹太人都是勤劳节俭、重视家庭和好学的民族。而归根到底,真善美的价值追求恐怕是不同文化共性的核心。

真善美是很多伟人的价值追求和行为准则。柏拉图说,"真实的善是每个人的心灵所追求的,是每一个人作为他一切行为的目的的。"爱因斯坦说,"照亮我的道路,并且不断地给我新的勇气去愉快地正视生活的理想,是善、美和真。"那么,何谓真善美呢?济慈法师认为,"美就是真,真就是美"。

在不同的文化中,这三者无疑是人们都向往的。对有些人而言,虽不能至,但心向往之。为何?尽管我们有文化差异,有的文化崇尚个人主义和现代理性,有些文化讲究集体主义和传统灵性。以道德哲学为例,西方的功利主义追求的是最大多数人的最大利益原则;中国的老子提出上善若水,孔子的"仁"治亦是善的体现。

宗教也是文化的体现。而纵观世界各大宗教,诚实与善良则是共同准则。相应地,真的和善的才是美的。这是无论佛教、基督教还是伊斯兰教的共同原则。如佛家所谓"出家人不打诳语","普度众生";基督教的主张"做光,做盐,爱撒人间";伊斯兰教的劝告"信道而且行善者,是乐园的居民,他们将永居其中"。

因此,如果说各个文化有共同点,那么非对真、善、美的推崇莫属。这既是价值追求,也是沟通准则。

"真"是有效沟通的核心。试想,在沟通中缺乏了真实、真诚的基础,而是充满谎言,沟通如何进行?即便在谎言的粉饰下取得了暂时成果,当真相出现也会导致更大分歧甚至冲突。

在沟通中,善是换位思考,是为对方着想。这有效避免了一位追求自身利益,打压对方甚至损害对方利益的情况出现。无论是商业谈判还是日常沟通,双赢和皆大欢喜应该是最好的结局。这当然要以"善"为原则。

沟通中的"美"属于技巧层面。人人都希望听到美言善语,而非被恶语相加。"老外"这个词曾经是中国人称呼来自其他国家的人的通俗说法。但是,这个词却显示了某种距离感、陌生感和一点缺乏尊敬的随意感。进而,人们逐渐用"国际友人"这样的称呼代替之,这是美的原则体现在了称呼上。

在跨文化沟通的过程中,需要做的便是扩大文化共性,减弱文化差异,只有将基础的文化问题解决了,才能获得高效的组织沟通。其实,真善美是三位一体的。以善意的心,传递真实的信息,自然会说出美的话——口吐莲花,令人欢喜。

11.3　跨文化沟通的策略

跨文化沟通并不是一个简单的过程,通过文化感知、文化认同和文化融合三个方面进行逐层深入。有效的跨文化沟通,是建立在消减文化差异和发展文化共性的基础之上的。要实现文化差异融合这一目标,关键在于双方进行跨文化沟通时所采取的策略。

11.3.1　组织跨文化沟通策略

1. 正确认知,识别共性差异

要做到对其他文化的正确认知,对其他文化背景有合理的预期,识别文化共性与差异,就要加强组织的文化胜任力,开展关于语言沟通学习和非语言沟通学习的相关培训。员工可以利用其他文化的语言和非语言方式与异质文化背景下的其他员工进行沟通,了解异质文化中出现的某些语境及其所代表的特殊含义。另外,组织需要了解对方民族的文化、历史、人文等社会知识,全方位了解其他文化的丰富内涵。只有正确认知对方文化,识别文化共性与差异,才能在跨文化沟通时应对自如。

【举例】11.11

联想培训员工识别文化差异

联想并购 IBM 的个人电脑部门的用意很明显,就是要在此行业中做成全球最具影响力的企业,与戴尔和惠普等强手竞争。相对于联想的锐意进取的朝气,IBM 作为一个具有几十年历史并且长期以来就在此行业中领先的公司,IBM 的保守求稳的心态就会更为明显。如何在这两个新老公司之间平衡经营目的,建立合理的企业文化也是联想今后必须重视的。

> 　　通过文化差异的识别和敏感性训练等,联想公司职员可以提高对文化的鉴别和适应能力。在文化共性认识的基础上,根据环境的要求和公司战略的需求建立起公司的共同经营观和强有力的公司文化。同时通过文化的微妙诱导,使个体与集体相律动,不断减少文化摩擦,使得每个职员能够把自己的思想与行为同公司的经营业务和宗旨结合起来,在国际市场上建立起良好的声誉,增强国际企业的文化变迁能力。
>
> 　　对于开展跨国经营的联想,要在美国建设"合金"企业文化,要加强跨文化参与。跨文化参与是跨文化沟通与理解的成功所必须需要的重要方式。联想的跨文化参与系指通过文化的交汇,达成跨文化和谐的具有中国特色的经营管理模式,逐步建立跨国公司的管理文化,并逐步建立起以联想公司价值观为核心的企业文化。
>
> 　　资料来源:http://article.haoxiana.com/1130.html。

2. 发展共感,理解对方文化

双方发展共感的前提是需要各自承认不同文化之间存在着诸多差异。认识到文化差异的存在及其特性,才能为发展文化共性找到方向和出发点;其次,对自身组织文化也要有正确的认知,能够消除自身的优越感和种族中心主义的偏见,避免出现孤立其他文化的状态;最后要站在他人的文化立场上看问题,用"换位"意识思考,排除对不同文化各种成见的干扰,设身处地地站在他人的角度去感知和解释此种文化现象。通过对异质文化客观、公正、准确、全面的认识,能够帮助消除跨文化沟通中的可能存在的冲突和障碍。

3. 求同存异,弱化文化冲突

在跨文化沟通时,不可避免的是各种文化之间的差异和共性,为确保跨文化沟通的顺利进行,双方应该正确认识文化差异和共性,这是避免产生无谓的价值观冲突、沟通误解的前提。要达到求同存异,首先,双方应该准确地判断文化冲突产生的根源;其次,洞悉因文化差异及多样性带来的冲突现状;另外,在明晰冲突源冲突现状的前提下,需要找到合适的沟通方法和途径进行冲突缓解。总的来说,双方在沟通实施前,应当对双方文化和共性进行一定的知识了解,同时做好心理准备,尽量做到全面而详细的了解。同时在沟通过程中,双方应尽可能地采取较为灵活的方法,准确地对沟通共性和障碍进行有效的识别,并尽可能把原则性和灵活性统一起来。沟通结束后,应从沟通问题中总结经验和教训,从中探讨相关的沟通规律,避免再次冲突的产生。

4. 取长补短,坚持开放心态

由于各种文化群体的文化背景差异,价值观念和行为方式不同,可能会给跨文化沟通带来不便,但这同时也给双方提供了取长补短、共同发展的机会。跨文化沟通时要保持开放心态,坚持"属地原则",入乡随俗,尊重对方的文化习惯;同时也要保持"适度原则",即不完全接受对方的文化,同时又不完全舍弃自身的文化,在二者之间寻找平衡,要掌握好度,在文化平等的基础上互相尊重,共同发展。

【举例】11.12

华为国际化：成败皆文化

直到今天，华为的国际化是成功的。它的成功，一个主要原因是华为的"狼性"文化。

任正非多年来一直提倡"狼性文化"：敏锐、好斗、奋不顾身、团队精神。从 44 岁创办深圳华为技术有限公司（以下简称"华为"）以来，其前四十多年沉淀的力量仿佛一下爆发出来，他带领华为如"土狼"般一路"狂奔"，无论在国内市场，还是在国际化的征程中，华为都一路开疆拓土，在国际市场更是凯歌高奏。

正是在这种狼性文化的推动下，华为才能在 5 年左右的时间里就席卷全世界，到处开花，到处结果，尽管个别地方的进展不太顺利，但总体来说，华为的国际化还是很成功的。同时，华为也认为，这种狼性文化在国际化的初期是比较有效的，但是在国际化的整合及管控期就会成为华为的绊脚石，甚至会成为华为国际化的杀手。这是因为，真正决定企业国际化成败的是后期的整合和管控，而在整合和管控中，对不同文化的整合及管控发挥着关键性的作用，而华为的这种"狼性文化"恰恰不利于对不同文化的整合及管控。结果很可能是"成也狼性文化，败也狼性文化"。

或许"高薪"可以弥补狼性文化人性缺失的一面。在华为，只要是本科毕业，年薪起点就在 10 万元，这是招应届大学生的标准（从社会上特招过来的更高），至于工作一两年后达到 20 万元以上是很轻松的事。但是，人毕竟不是机器，人的需要是多维的，除了金钱，人还需要时间休息、娱乐、健康。对于看重金钱的人来说，金钱可以起到很大的作用；而对于对金钱的偏好不是很强烈的人来讲，华为的狼性文化简直就是"没有人性"。很多华为员工认为，在所谓"文化"的背后，狼性中深藏着固有的本质——残酷无情，你死我活，为达到目的不择手段，蔑视规则，无视人性等等，极易造成企业及员工在文化上的迷失。

而对于西方国家的员工来说，他们很看重自己的权利和自由，而且工会组织也很强大，极力维护员工的利益。他们工作和休息是严格划分的，下班后就会把手机关掉，极其愿意享受自己的假日和假期。同时，国外员工对金钱的敏感性比国内员工要弱，至于其他的不合理要求，他们一般会向工会反映，或求助与法律。很显然，华为的这种文化是不利于跨文化整合及管控的，对企业的长期发展和国际化，"狼性文化"可能是一剂致命的毒药，绝非商业大道。

华为应该明白：狼群并不总是胜利者。

随着华为的不断壮大和国际化，华为实施"狼性文化"的环境已经改变。企业发展到一定规模，尤其要以更加开放的心态走向国际市场的时候，狼性文化反而会阻碍国际化的实施。华为长期以来的企业文化建设，在推动华为迅猛发展的同时，反过来阻碍了公司的发展。而要真正成为一个国际化的大公司，首先要有一种兼容并包的大企业文化。

正是基于狼性文化在上面三个方面存在的问题和担忧，华为很有必要对自己的狼性文化加以变革，当然，对长期形成的文化进行变革，是需要勇气和智慧的，尤其是变革文化就意味着改变公司的行为和观念。从更好的进行跨文化整合及管控的层面来看，华为的这种狼性文化是不利于不同文化融合的，甚至做到折中求同存异也比较困难。所以，如果华为不能及时有效地对自己的狼性文化加以改革和发展，或许会让"成也萧何，败也萧何"的悲剧重新上演。

资料来源：http://www.cnbm.net.cn/article/tp107024811_1.html。

11.3.2　个人跨文化沟通策略

组织跨文化策略的实施与个人是分不开的，并最终要落到每个组织成员的肩上。那么个人在跨文化沟通中有什么策略可以遵循呢？

1. 进行敏感性训练，培养文化认同

人们在进行跨文化沟通时会因为自己对文化认知的差异而引发冲突。因为人们在跨文化交流的时候会不自觉地以自身的价值观作为衡量其他人的行为规范的标准，这种文化价值观的冲突容易引发沟通冲突。而这种冲突可以通过敏感性训练进行缓解，敏感性训练可以帮助大家建立跨文化认同，让双方能够站在对方文化的角度，用对方的文化价值观进行思考和沟通。文化敏感性训练培养人们对新文化特征的分析能力，促进相互之间的主动交流与沟通，通过交流来应对文化差异。

2. 培养跨文化胜任力，强化文化智力。

跨文化胜任力表示人们适应不同文化环境的能力以及在该环境下胜任工作的能力。主要包括文化认知能力、跨文化适应动力及跨文化适应行为三个方面。

要培养跨文化胜任力，就必须先强化跨文化智力。文化智力指的是人们在新的文化环境下，通过相互沟通进行信息的收集、处理，并根据沟通信息做出相应的决策以适应这一新文化的能力。同时，异国语言掌握能力和跨文化沟通经验都对个人的文化智力有显著影响。因此，在培养自身跨文化胜任力时，可以将他们作为主要的强化内容，可以通过参加语言培训、出国交流等方式增加自身的跨文化体验和经历，使个人更好适应未来在跨文化组织中的工作。

【举例】11.13

上汽并购韩国双龙失败

从上汽并购韩国双龙的失败中可以更清楚了解跨文化三大问题对跨文化绩效的影响。2004年，上汽并购双龙，与韩方达成协议，并购完成后，上汽不但会继续追加投资,也会保持韩方员工队伍的稳定。

并购伊始,双方高管团队都还秉承"精诚合作、互利共赢"的原则,然而,随着时间的推移,目标看法的不一致导致工作中的决策冲突。尤其在上汽做出投资政策上的调整后,双龙成员认为上汽不是真正合作,而只是想窃取技术,这使得双方之间的关系变得更为紧张,及至双龙社长苏镇王官被解职,使得冲突愈演愈烈,进一步演变为关系冲突。

上汽没有很好履行"保持韩方原有员工团队的稳定"这一承诺,也在无形中增加了跨文化团队之间的猜忌与冲突。至 2006 年韩国双龙韩方员工罢工时,已经有 500 多名员工被要求离开公司。

同时,韩国方面也对中方派出的高管团队成员有议,认为他们中大多数人太年轻,经验不足,而韩国相对来说更为重视论资排辈,使得在团队中存在着较为负面和敌意的氛围。

几方面的原因综合起来,使得跨文化团队中方和韩方之间始终未建立起真正的信任合作关系,共赢更是奢望。

资料来源:唐宁玉:《提升团队跨文化胜任力》,《北大商业评论》2014 年第 5 期。

第 12 章 网络沟通

> 今日的沟通与昔日沟通的最大差异：由于科技的介入，沟通已超越时间、空间，甚至于权力与阶级的围墙。

——吉佛德

内容提要

- 网络沟通的概念及其影响
- 网络沟通的过程
- 网络沟通的媒介及其在管理应用

【案例导读】12.1

4G 飓风来袭，视频会议如虎添翼

科学技术的迅速发展，对企业管理也产生了很大影响，信息的及时沟通逐渐成为企业管理不可或缺的一个战略构成因子。如今的信息时代，网络会议也逐步深入企业管理的内部，成为公司内员工沟通的一个重要工具，也为工作带来了便利。2013 年 11 月，中国移动、中国联通、中国电信收到了工信部发放的最新一代的移动通信业务牌照，这一举动却有着举足轻重的意义，标志着我国电信产业进入了 4G 时代，同时，这也意味着 4G 终端、网络、业务进入一个全新的商用阶段。

每一次信息时代的改革都会给人们生活的各个方面带来翻天覆地的变化，全新的 4G 时代让我们的网络速度有了一个质的飞越，其有效的部署也促进了产业链的迅速发展，网络视频通讯行业蕴含的商机也可以发掘出来。对此有关视频会议品牌的负责人表示："随着 4G 网络的发展布局和 4G 牌照发放的进一步拓展，视频会议或许会颠覆以往的发展格局，逐步向移动视频会议为主、固定视频会议为辅全面发展的格局过渡，带来全新体验。"

4G 网络布局的改变和其迅速的发展，为基于云计算技术的移动视频会议的发展提供了便捷的条件基础，同时，用户们在最新的 4G 网络下可方便快捷地实现实时的高清视频会议，将会积极推动商业组织的快速决策，提升市场反应。亚洲地区领先的商务合作通讯服务商不断扩大研发投入资金，推出给予移动终端的全终端视频会议系统。该系统将在 4G 网络中大显身手，将会使得视频会议更便捷，更多元化，更人性化。科技让我们生活的各个方面更轻松，更和谐。高速的 3G 时代加速了移

动互联网的迅速普及,而 4G 网络速度将达到 3G 的 10 倍以上。比如下载一部高清电影,3G 需要 1 个小时左右,而 4G 只要几分钟。4G 技术的引入,将使移动视频会议的服务质量有一个相当大的提升。

科技迅速发展,企业的发展也紧跟时代发展的潮流,员工的工作流动性增强,对移动视频会议的需求也越来越大。移动视频会议的商业价值更能体现在一些没有互联网接入的偏远地区,可以应用于偏远地区的远程医疗、远程咨询等领域。4G 网络的建设正在普及,使用最新的移动终端可以在任何时间、任何地点、更加清晰、也更加流畅地参加视频会议。

展望未来,视频会议系统将更加普及、方便、快捷,与各个领域的技术融合匹配度更高,在网络条件不发达的偏远地带也能做到清晰流畅的面对面会议,全面提升各个领域的信息化水平,真正实现跨行业、跨领域、跨地域的零距离交流,带领视频会议走向一个全新的发展时代。

资料来源:全时官网,2013 年 11 月。

现代信息技术已经给我们的工作方式带来了全新的变化,数字化办公已经成为这个时代的特征,管理沟通已经步入数字时代。

12.1　网络沟通概述

大数据时代,科学技术得到了迅猛发展,它们深深地影响着我们的生活方式和沟通方式。网络沟通方式就是伴随着新兴技术(特别是计算机技术和网络技术)应运而生。自从诞生那天起,它就像一只魔法棒,不断地改变着这个世界。网络所涵盖的领域已经从信息咨询逐渐辐射到科学技术、大众传播、生活方式等相关领域,它作为人类信息沟通的一种新工具,对人与人之间的沟通行为产生了巨大而深远的影响。网络沟通方式逐步取代了传统的信函、电话等沟通方式的地位,成为人们沟通的主要方式。

互联网络以其开放、共享、多向、交互的特点,已经渗透到了人类生活的各个层面,它之所以能够产生如此巨大的影响,就在于网络的本质——沟通。

正是网络所具有的强大沟通能力才使信息技术对社会、经济、文化以及生活等层面产生了如此深远的影响。这既是沟通工具的升级,也是人类文明的嬗变。正如一名知名学者所说,当代网络传播技术的进步,不但会改变人类社会互动与沟通的环境,也会影响人类日常生活的结构与生活行为的内涵,从而成为人们生活方式的组成部分。

【案例】12.2

移动办公室

业内最大的企业即时通讯平台 imo,推出了基于云平台之上的 imo 云办公室,实现了真正意义上的"移动办公室"。

imo 云办公室是专门为企业服务的"移动办公室",搭建在互联网基础之上。它的工作原理是将总公司、分公司以及合作伙伴都容纳在一个"办公室"里。依靠于日益成熟强大的 PC 端以及移动端,使得 imo 云办公室可以随身携带,不再受地域、时间的限制,保证了同事间的沟通协作顺畅进行。为公司减少时间、财力和物力成本。

在 imo 云办公室里,实现了方便流畅的沟通办公。比如,通过 imo 电子公告和企业短信等功能可以及时了解到公司发生的重大事情,随时随地掌控公司运营情况;通过 imo 与企业行政层级一致的组织结构树,无论何时何地,员工的上班情况可以一览无余,帮助实现组织内部方便有效的沟通;imo 的远程协助功能,突破时间和空间限制,可以为远在千里之外的同事解决问题;而通过 imo 的会议大厅和群组/多人会话等功能就能随时进行低成本会议。

资料来源:TechWeb.com.cn。

12.1.1　网络沟通的定义

网络沟通是在计算机和互联网相继诞生的技术背景下应运而生的,顾名思义是指通过基于信息技术的计算机网络或移动互联网络实现信息传递和沟通交流。但由于不同学者对研究对象的界定范围和认识角度不同,造成表述上的差异,例如国外学者在描述网络沟通时多使用"Internet communication"、"Internet-based communication"、"online communication"和"computer-mediated communication"等。国内学者多将其直译为"网络沟通"、"计算机为媒介的人际交往"或是"计算机辅助传播",而且也没有形成统一标准的定义。表 12.1 回顾了不同学者对网络沟通的不同表述和定义。

表 12.1　网络沟通的不同表述和定义

研究者	表　述	定　义
Spoull 和 Kiesler, 1986	computer-mediated commumcation	网络沟通是指利用通过通信节点连接起来的计算机终端进行信息的电子交换
December, 1996	Internet-based communication	基于互联网的通信是在全球网络范围内进行数据交换,需要使用 TCP/IP 协议栈
Warschauer, 2001	online communication	在线沟通是指通过互联网的计算机阅读、写作和通信。它包括以计算机为媒介的同步通信(即人们同时用通过聊天或讨论软件进行实时沟通)、异步通信(即人们通过计算机,使用电子邮件等程序进行延迟通信)和通过万维网在线阅读和写作

总之,网络沟通是指可解释的信息基于信息技术(IT)的计算机网络由发送人到接收人传递的过程。具体地说,它是人与人之间思想、感情、观念、态度的交流,是情报相互交换理解的过程。

12.1.2　网络沟通的特征

1. 沟通方式的发展

(1)语言阶段。语言的出现使人类沟通方式迎来了第一次革命。语言沟通以其简便易行、生动等特点,成为人类最普遍、最基本的沟通形式。

(2)文字阶段。文字的出现与普及,使人类度过了结绳记事的时期。文字克服了语言易逝、受环境影响大等时间、空间上的缺陷,利于人与人之间传递信息。特别是印刷术的发明和应用,更加稳固了文字在人类沟通上的重要地位。

(3)模拟电子媒介时代。模拟电子为人类沟通与交流带来了广阔的前景,跨越了地域的界限,实现了即时交谈。但同时,基于模拟电子媒介的沟通也存在着交流范围窄、信息量少、不易存储等局限。

(4)数字时代。互联网技术以其独特的方式和丰富的内容改变了人们的视角和认知,从时空上改变了传统的信息交流方式。随着互联网技术的不断革新,网络沟通也更加社会化、开放化。

2. 网络沟通的特点

网络对于现代的人而言,如同空气一样平常而又重要。曾有学者指出,互联网的特征使以往在传统新闻媒体上无法实现的个人表达得到空前的展现。互联网给人们带来的自由性,也导致了言论的自由性。

网络沟通方式是指:依托于数字技术特别是互联网技术,信息借助于文字、声音、图像及其他多媒体媒介传输的沟通方式。其沟通主体包括个体、群体、企业、政府等各种组织和个人。与传统沟通方式相比,网络沟通方式独特之处在于:

(1)沟通对象多样。在原有的沟通方式中,人们交往或沟通的对象往往受到自己生活圈子、所处阶层的局限。在这种形势下,传统的分层理论受到了极大的挑战。种族、年龄等自然因素与地位、工作、收入、名望等社会因素都被网络沟通方式所掩盖。网络却无限拓展了人们的交际范围,使人们可以超越时间和地域的限制与他人进行沟通。

(2)沟通便利。网络技术的易传输、容量大、速度快、生动形象等特点,使人们超越了时间和空间上的限制,也使人们既成为信息的创造者又是信息的使用者,沟通各方交流起来更加便利。

(3)成本相对较低。与传统的沟通方式相比,网络沟通只要一台电脑连接上网就可以与世界各地的人们进行交流,这样的沟通方式节约了成本,具有较高的性价比。

(4)沟通距离弹性化。在与他人进行交往时,人们把空间划分为四个区域,即公众区域、社会区域、个人区域和亲密区域。只有与对方保持在恰当的区域中,才能达到良好的沟通效果。如果超出合理的距离，沟通就会受阻。

而网络沟通方式的出现，使原来"人—人"交流关系的形式转变为"人—机—人"的模式。沟通的各方都可以根据自己的喜好或空间准则确定合适的"空间距离"。正所谓网络可以使"远在天涯"变成"近在咫尺"，也可以使"近在咫尺"变成"远在天涯"。

（5）沟通信息直观。Web 2.0 技术的广泛应用，即时通讯工具的不断普及，向人们提供了更加直观、立体、互动的沟通方式。在与对方运用语言沟通的同时，还可以看到对方的表情、神态，使人们真正感受到"地球村落"的含义，真正做到了面对面的沟通。

（6）沟通的虚拟性。在进行网络沟通时，人们可以用一个虚拟的身份出现，而把自己的真实身份隐藏在电脑后。摆脱外界的眼光与舆论压力，不受外界干扰，自由发言。人们可以仅仅借助网络符号，来向别人展示自己，同时也根据这些符号，塑造想象中的他人。虚拟性使网络的沟通更具吸引力。

总之，网络沟通使人们可以跨越时间和空间的界限，以更加容易、便利、快速、低廉的方式，更直接、准确地与他人进行沟通。网络影响和改变着人们沟通的行为，大大地提高了沟通的效率。

3. 网络沟通的缺陷

网络在给人类的沟通交流带来极大便利的同时，也暴露出一些缺陷：

（1）减少面对面交流的机会。网络可以使人们在沟通中自由挥洒，充分发挥自主性，特别是对那些与人沟通有障碍的人来说，网络沟通更具有吸引力。网络沟通方便的人们沟通之余，减少了人与人之间的面对面的沟通几率，减少了通过肢体语言强化情感纽带的机会。依赖网络沟通媒介，也有可能导致人际交往出现诸如害羞、闭锁、社交恐惧等障碍。

（2）无法准确传递出表情、神态等非语言信息。传统沟通方式中目光、身体接触、神态等等都是网络沟通所不能替代的。在使用网络沟通时，信息接受者无法根据表情、神态、语气等来判断信息的准确含义。同时也为虚假消息在网络上传递提供了便利。例如，在面对面沟通时，可以通过对方发红的脸颊、颤抖的声音等特征来判断其话语的真实性。而借助网络沟通时却无法达到，网络沟通难保真实性，现场互动性差。

（3）信息安全受到挑战。在人们体验网络带来的"沟通无极限"时，我们也面临着前所未有的信息安全威胁。作为人类基本权利的隐私权也受到了巨大的挑战，难以得到完全的保障。网络犯罪者只要在搜索网站键入"盗号病毒"，即可在互联网上免费下载到相关程序。网络黑客不仅对个人，至对国家的信息安全造成了威胁。这种现象无疑将给人们的生活带来极大的负面影响。

（4）传统道德观念受到挑战。网络沟通方式的主体是真实性和虚拟性的矛盾统一。网络交往中存在虚拟的社会关系，个体受到虚拟社会的行为规范和价值观的制约。人们的生活、娱乐、工作、网络沟通受到真实社会价值观和虚拟社会价值观的双重制约。网络沟通的虚拟现实性给我们的日常生活带来了新的社会问题，原有的社会道德法则已经不能约束现有的行为。这为我们的道德建设提出了新的课题，也给我国政治、法律、公共政策等都带来了不少难题，从而也容易引发社会政治和舆论上的失控。

　　网络技术作为高科技重要成果,为人类信息沟通带来便捷的同时,也暴露出诸多弊端。所以人们在进行沟通时不应该完全依赖于网络,应该注意与传统的面对面等沟通方式相结合。

【经典导读】12.3

互联网对于沟通的影响

　　在北美,大约用了 70 年的时间,才使家庭电话普及率由 1% 上升到 75%。而互联网,大约只用了 7 年的时间,普及率就达到了 75%。网民可以轻松享受电子邮件、网络冲浪、阅读新闻、聊天等等服务。

　　那么,以计算机互联网为媒介的网络沟通,能够替代发展人际关系的沟通吗?它是拓展我们社交圈的绝佳方式吗? 互联网使得我们能够更容易寻找到新的朋友,还是占用了我们面对面的交往时间? 让我们来看看下面的讨论。

　　正方观点:印刷品和电话扩展了我们的沟通途径,互联网依旧可以更加方便地扩展沟通,而正是沟通,使我们的人际关系逐步扩展。我们使用印刷品阅读更多的故事,减少了我们面对面讲故事的时间;我们用电话去交流我们的思想,减少了面对面交流的时间。总之,利用互联网,我们可以更加方便快捷地与他人交流,与他人接触,而不再受环境、时间、地域的限制。互联网也更加丰富了这一社会网络,使我们可以高效地与家人、朋友、志趣相投的人联系。

　　反方观点:虽然网络可以沟通,但是我们可以想象到其所传递的信息却相对匮乏。人们面对面交流的非语言却无法传达,其实,目光交流,肢体语言更能传达人们的感情。网络沟通无法传达的这些信息或许才是最能体现人们最真挚的思想。同时,缺乏富有表情的电子表情使得情绪容易被误解。

　　我们不得不承认,互联网同样占用了人们用在真实关系中的交流时间。虚拟爱情还没有发展到与现实约会同等的地位。个体化的网络娱乐取代了桥牌之类的游戏。这种虚拟化与隔绝是令人遗憾的,因为我们进化的历史决定了我们天生需要真实的相互关系,充满了表情与肢体互动的交流。难怪斯坦福大学的一项调查发现,在 4 000 名被调查者中,有 25% 的人报告说,他们的在线时间减少了他们与家人和朋友面对面交流和打电话。

　　但是,我们大多数人并没有觉得因为互联网,使彼此之间变得孤立了。一项调查发现:"一般的互联网用户——特别是那些女性用户——都相信她们利用电子邮件增强了她们的人际关系,并增加了与亲朋好友的交流机会。"互联网的使用可能会为人际交往节省时间。电话交流也是同样的,它使很多人可以在家工作,不再拘束于固定的办公地点,有了更多时间去陪伴家人。

　　社会中,依旧存在着互联网对社会影响的讨论,学者帕特南说过这么一句话,值得我们深思,即"我们所需要思考的最重要的问题,不是互联网对我们造成了怎样的影响，而是应该如何对待互联网……"如何利用互联网技术手段加强、巩固我们人际关系？我们如何改进技术以增加社会性的存在，增强社会性的反馈，以及社会性的线索？我们如何利用这种沟通手段去弥补现实沟通手段的不足？这些，都是值得我们深思的问题。

资料来源：戴维·迈尔斯著：《社会心理学》，人民邮电出版社 2006 年版，第 343 页。

4. 网络环境下的组织沟通伦理问题

网络技术革命改变着人类的生存环境，也影响着人们的道德观念。网络沟通中涉及的道德伦理问题有：

（1）知识产权。

知识产权如何在网络化过程中受到保护和尊重是互联网时代面临的首要挑战。随着信息技术的迅速发展，复制、借用、移植别人的信息和一些程序，其性质相当于偷盗行为。然而，因为这种行为不容易发现与判定，这种偷窃行为反而普遍开来。因此，如何化解知识产权保护和信息合理共享之间的矛盾是需要解决的一大问题。

（2）个人隐私。

在数据信息网络时兴的当下，信息技术系统对个人隐私进行收集、处理、传播、重组、检索等处理，使得许多个人信息甚至机密很容易被他人窃取，个人隐私保护受到挑战。个人隐私的维护是一个人在社会中最基本的伦理要求，也是人类社会文明进步的一个主要体现。在互联网技术空前发展的当今时代，公民隐私权的保障应受到国家社会的高度重视和关注。

（3）网络安全。

信息是很一种重要的资源，是公司或者个人最需要保护的资产。谁掌握技术和战略机密，谁占据非常优势的竞争地位。所以，网络中的信息安全成为大众关注的焦点。由于互联网自身安全性差的弱点，网络上时常会非法潜入一些黑客进行破坏。网上诈骗、盗窃、电脑病毒的制作和传播等是常见的网络安全问题。必须同时采用法律和道德两方面的手段来约束人们的网络行为，才能更好地解决这一问题。

5. 网络沟通的策略

为了适应 21 世纪的竞争和组织变革与发展需要，提升管理效率，企业在使用网络沟通时必须遵循以下原则：

（1）面对面交流不可或缺。

由于互联网交流的便捷性，导致面对面交流的不断减少，更多的是 QQ、微信、电子邮件的交往。在这些交往的过程中，很难体会到对方的肢体语言，或者面部表情，大大减少了沟通的有效性。据一项调查表明，邮件、语音和面对面沟通中，邮件有效性最差，其次是语音，最好的是面对面的交流。

（2）重视网络沟通的影响。

由于网络沟通的特点，网络沟通就像在一个相对静止的池塘中扔一块石头，会产生

"一石激起千层浪"的连锁反应。为了避免不必要的负面反应,必须准确识别、了解并理解直接上司、部下或一起工作的同事的沟通风格和交流方式,以减少沟通障碍。同时,如果是管理者,得考虑自己的沟通风格与交流方式对圈外成员的影响。为了使管理沟通更为顺畅、有效,应该把沟通对象视为合作伙伴,彼此尊重,为沟通的顺利进行打下良好的基础。

(3) 重视保护企业信息的安全。

网络的开放性和自由性,让任何进入网络的人都能够以虚假的身份,做许多事情。因此,网络安全存在隐患。企业的信息,特别是机密信息,要做好防护网,防止黑客的入侵。

(4) 重视个人隐私和知识产权保护。

在网络环境下,我们需要重视个人隐私和知识产权这一问题。因此,个人首先需要能加大互联网终端设备的防护,防病毒,防黑客。其次需要避免在不良网站浏览。最后要有安全意识,不要随意将自己的个人信息的泄露的在网络上面。在遇到隐私侵犯的情况下,要学会运用法律的手段保护自己。企业要有效地调整员工的行为,在开发员工创造力的同时要注重保护员工的知识产权,加大资金投入。

12.1.3 网络沟通的新特点

1. 管理观念更新

(1) 不破不立,不进则退。

网络时代,竞争规模更大,竞争时机稍纵即逝。差之毫厘,失之千里。很多企业由于对新生事物认识稍微迟于竞争对手,一夜处于竞争的劣势,甚至破产。诺基亚的败落就说明的网络时代的不确定性和竞争性。

(2) 生命不息,学习不止。

摩尔定律所揭示的高科技领域快速变动发展的特性,在驱使企业不断创新和变革的同时,也向企业昭示组织与个体必须持续学习。一方面,知识老化的速度日益加快;另一方面,新的知识不断扑面而来,没有哪个企业和个体可以高枕无忧地认为其在某一阶段的知识储备可以永远满足需求,只有不断地学习,才能保持时代的进步的脉络。

(3) 团队协作,互动共荣。

在网络时代,缺乏协作的个体在工作中显得捉襟见肘。信息技术和网络技术推动的团队化趋势和团队精神,首先在美国更是得到了飞速发展。团队形式的组织结构不断在企业中出现。这种结构适应强,协作性强,能够应对不断变化的外部情况和大量的信息。

2. 沟通工具多样

(1) 互联网。

企业的信息化建设使得内部出现纵横交错的网络结构信息交流渠道。以互联网为代表的网络技术的出现,更为企业的信息化进程带来机遇和挑战。

（2）企业内部网。

企业内部网是面向企业雇员的网络。访问该网是企业内部人员。企业内部网模式以浏览器/Web 服务器＋数据库服务器为核心,以信息资源组织管理平台、消息传递和工作流控制平台、事务处理平台、网络支撑平台为基本构件。企业内部网的主要应用于发布内部文件和内部通信。

（3）企业外部网。

互联网是为面向大众的网络,而企业外部网则是面向企业合作伙伴、相关企业和主要客户。企业外部网是一个使用互联网和企业内部网技术使企业与其客户和其他企业相连起来完成其共同目标的合作网络。企业外部网是在公用互联网和专用企业内部网之间的桥梁。

资料来源:康青编著:《管理沟通》,中国人民大学出版社 2010 年版。

图 12.1　三网关系示意图

【案例】12.4

巩固客户沟通新平台,佳能正式在天猫开店

2014 年 10 月 31 日,佳能天猫官方旗舰店开业仪式在北京金宝大厦举行,宣布了佳能天猫官方旗舰店正式上线。

随着信息技术的飞速发展,日益成熟强大的个人电脑端以及移动端已经成为主流消费者了解信息的重要平台。为了满足消费者的新需求,佳能建立了佳能官方微博、微信账号,增强同广大在线消费者的交流。而此次佳能联合天猫商城,搭建的佳能天猫官方旗舰店,创建了一个全新的沟通平台。"佳能天猫官方旗舰店"是一个通过阿里巴巴天猫平台,集展厅与销售为一身的面向消费者的线上沟通平台。在这个沟通平台上,消费者将感受到全新的消费体验:通过快捷的分类栏和搜索栏,消费者可以快速锁定想要的产品,并查询到产品的具体信息;通过焦点图展示,消费者可以及时了解促销活动和热卖商品。此外,客服"旺旺"24 小时在线守候,耐心地为顾客解答问题,带来最贴心及时的服务。

对国际知名品牌、世界 500 强的佳能来说,此次选择同阿里巴巴天猫合作,使之成为佳能(中国)的第一个公共网络销售平台,为用户提供优良的产品和及时的服务,并实现在线上线下无缝对接,这无疑是电商时代的今天佳能最明智的选择。

资料来源:新浪科技,《强化顾客沟通新平台　佳能天猫官方旗舰店正式发布》,2014 年 11 月。

3. 管理沟通主体角色的转变

网络技术不仅影响着网络沟通的环境,也影响着管理沟通的主体,主要体现在两个方面:

(1) 管理者角色的转变。

信息技术的发展和更新,不仅提高了管理和运营的效率,也改变了企业的运作和管理模式。信息技术使用要求管理者面向员工和顾客,摆脱传统的价值观念,充分授权,利用团队化的管理方式,减少命令与控制。究其原因,是因为网络沟通使员工和员工、顾客与顾客,乃至员工与公众、顾客与公众之间的沟通更加容易,传播和扩散速度是传统沟通方式不可比的。由此,若管理行为不恰当,可能很快在网络中传播,造成不可估计的负面影响。

(2) 员工角色的转变。

在信息时代,人不仅仅是经济人还是社会人,我们要关注员工的发展,尊重其需求,因为在信息时代,员工的体能和心智都有延伸和拓展,人在组织中扮演的角色也发生了本质的变化,人们开始在组织中追求实现自我价值和认知。在网络发展的时代,员工的电脑一打开可能会自动登录社交软件,他们也会主动查阅资料,在网络上与人分享,或者在团队的微信群、企业论坛上与人交流,互相评论。在这些交流中,员工会接触大量信息和思想,而这些会影响他们对工作的认知,比如,工作价值的体现、更高效的工作方式、参与管理的要求等。管理人员需要注意到员工角色的转变。

【案例分析】12.5

麦当劳的危机公关

中央电视台在 2012 年的"3·15"晚会报道,2012 年 2 月 1 日,一个北京三里屯麦当劳店的员工炸完鸡翅 6 分钟后放进了保温箱。一直到下午 2 点 35 分,鸡翅仍然在保温箱中,这时候已经超过保温期 1 小时 24 分钟。用作早餐的吉士蛋汉堡中的吉士片拆包装两个小时就应该因外观变化而扔掉。而这家店用做早餐的吉士片中有两片是当天凌晨 1 点多拆包的,这时已经过了可用期好几个小时。央视记者以打工的身份混入麦当劳内部,从而在距离零角度拍下了这家店的虚假欺诈行为。

在问题被曝光后一个小时内,麦当劳在其新浪微博的官微上迅速做出了响应。麦当劳当晚立刻做出回应的微博原文如下:

央视"3·15"晚会所报道的北京三里屯餐厅违规操作的情况,麦当劳中国对此非常重视。我们将就这一个别事件立即进行调查,坚决严肃处理,以实际行动向消费者表示歉意。我们将由此事深化管理,确保营运标准切实执行,为消费者提供安全、卫生的美食。欢迎和感谢政府相关部门、媒体及消费者对我们的监督。

到发表这条微博的当晚 11 点 20 分为止,通过麦当劳官方微博和新浪财经等多家有影响力的媒体,麦当劳的这条官微就被转发了近 8 500 多次,实现了在网络沟通时代信息的最大化和最速化传播。短短几个小时向千万人传达出麦当劳对于自身存在问题的态度。

同年3月18日,麦当劳再发官方微博说:

> 我们关注到由网友自发发起的支持麦当劳的微博活动,对于网友的关注我们深表感谢,也特此声明此类活动并非由麦当劳中国发起。麦当劳中国将一如既往地感谢并欢迎政府、媒体及广大消费者的监督。

最后麦当劳得到的更多是支持。

麦当劳能够利用最前沿的网络技术完美地解决了危机,表现出麦当劳企业对新兴传播沟通技术和营销技巧的前瞻眼光,当国内很多公司企业对微博这种新型的社交工具知之甚少的时候,麦当劳就能用它来巧妙地解决危机。显而易见,对传播工具的速度和质量的熟知,是公司危机公关的前提保障。麦当劳的及时的微博回应可以说是微博时代非常经典回复之一。说它经典,是因为这篇回复精心准备的言辞和文字背后传达的多层意思精确、老道、稳重,同时富有公关技巧。在进行网络沟通的时候我们不仅要合理利用沟通工具,更要注重沟通措辞。

资料来源:《关键点传媒,2013年十大品牌危机公关案例研究报告》,2013年3月。

12.2 网络沟通过程

【案例】12.6

网络视频会议带来的价值

当前,越多的企业开始使用网络会议。其实,它不只是一个简单的网络会议应用。把这一科技应用运用到公司的市场部,将会带来更多的价值。企业可以足不出户便可接触更多的客户,挖掘更多的潜在客户。和客户交流更多的时间是花在路上,不得不承认,这在销售行业是一个很令人头痛的问题。而运用网络会议,便可以大大削减运营成本。

在金融危机爆发之前,大对数企业的销售模式为一对一营销,这种模式需要更多的运营成本,其效率也达不到预期的目标。金融危机的爆发,很多企业开始寻求一种新的销售模式,降低运营成本和开支。企业如果想保持高的盈利状态,就需要寻求改变,发觉更多的销售线索。

越来越多的公司运用网络视频会议,使其公司内部与客户之间的交流更加有效,同时网络会议的应用降低了公司的运营成本,简化了销售过程。按照以往的方式,公司需要对每位客户做一次面对面的产品介绍和演示。自从使用了网络会议之后,对一些新客户可以用网络进行产品介绍和演示,如果客户有明确意向,在进行面对面的交流,交易达成后,也可通过视频会议进行谈判和后续过程。

视频会议的应用不仅在销售过程,也可以运用于公司的培训。公司使用网络视频会议后,培训人员只需要在自己的公司通过网络视频会议提供的文件共享和软件共享功能为客户做远程的产品培训。

资料来源:Cctime.com。

12.2.1　网络沟通计划

计划是关于网络沟通目标、对象与时间,沟通方法、沟通渠道等各个方面的计划与安排。就大多数网络沟通而言,沟通计划的内容是作为沟通初期阶段工作的首要部分。同时,网络沟通计划还需要根据计划实施的结果进行比较纠正,制定修正计划。计划管理工作贯穿沟通的全过程。

(1) 网络沟通目标。

首先要制定沟通目标,网络沟通目标主要有三种:传达信息、建立关系、表达情感。日常生活中网络沟通更多的是情感表达和关系的建立维护,工作当中主要是信息的传达与理解,其次是关系的建立。与传统沟通目标的区别是,网络沟通目标更明确,更具时效性。

(2) 网络沟通对象。

网络沟通对象有个体和团队,也包括组织。网络沟通对象广泛,要求对网络沟通对象做出正确选择,不能盲目地沟通,确保信息准确无误地传达与理解。良好沟通的第一步就是选择正确的沟通对象,掌握沟通对象的特征。如对于职业经理人来说,正确的沟通对象通常有两种。首先是当事人。企业成员、部门之间总会发生一些冲突和矛盾,处理这类问题的基本原则是与当事人沟通。其次是指挥链上的上下级。员工之间发生冲突,除了相互之间进行直接沟通以外,还可以请上司帮助解决。同样,部门之间的障碍,双方之间既可以直接沟通,也可以找上一级管理者帮助处理。

(3) 沟通时限。

关于沟通的时限主要须做到以下三个方面:

① 量化沟通:确认沟通总时间。网络沟通和传统沟通一样,不能一件事情不限期反复地传递下去或者没有时间结点地反馈,一般日常事务要求及及时当天处理完成。

② 时段沟通:对于长期的计划安排,则要制定时间计划表做好按时段完成的沟通。在组织内部要求个人在工作中及时做好事前沟通、事中沟通、事后沟通。

③ 限时反馈:在各个沟通环节中,凡须有反馈的意见或问题,沟通双方必须明确反馈的时限。担负反馈责任的一方,必须在规定时限内给予回复。超过反馈时间,造成延误怠工的,由责任人承担。

12.2.2 网络信息收集和整理

网络信息的收集与整理是指在网络上对所需信息的查找和调取工作,按照一定的步骤和原则,采取适当的方式得到自己所需信息的行为。

1. 网络信息检索

(1)检索内容。

网络沟通检索内容包括接收者的联系方式、接受者及组织背景资料、沟通传递的内容等。

(2)检索方式。

网络信息检索方式指网络信息检索系统或数据库在检索首页界面或网页的各个不同检索区上设置的检索入口的总称。常见的检索方式有简单检索、复合检索、高级检索、分类(浏览)检索、导航检索、专家检索等。

【实用链接】12.7

网络检索方式

1. 简单检索(simple search)也有称初级检索、自由词检索、基本检索。简单检索指在数据库首页的检索词输入框(或称查询提问框)内输入一个单词或词组,提交检索工具查询的一种检索方式。这是最基本的检索方式。

2. 复合检索(combine search)也称布尔逻辑组配检索(Boolean search),或简称组配检索。复合检索指在任意字段情况下在检索式输入框内输入复合逻辑检索式提交检索工具查询的一种检索方式。

3. 高级检索(advanced search)。高级检索指在已设定的高级检索窗口中输条件的数据,在高级检索界面上一次性实现本应多次检索的结果的一种检索方式。

4. 目录检索(category search)(或称分类检索)。有些检索工具,如雅虎、万方,提供分类目录检索。目录检索是指目录按类名分类,每类又分若干子类目,层层逐级展开,最后点击末级类名,显示网页名链接和简短内容摘要,点击链接,显示相关网页内容(如雅虎),或显示该类的文献记录(如万方、维普)。

5. 导航检索(navigation search)或称浏览检索(browse search)。导航检索与目录检索相似,指在系统设置的导航区内按检索树格式逐级展开和进行浏览选择的检索方式。导航检索有学科分类导航检索和刊名导航检索。分类导航检索在选择到分类末级时会显示该类的全部文献记录。刊名导航则在按刊名分类或字顺查到所需刊名时会显示该刊年份和期号,在选定期号后即会显示该期的目录,以供选择某文的题录、文摘或全文。

6. 专家检索(expert search)指系统在检索页面上设置一个较大的提问框供用户输入检索策略。用户可根据检索课题的需要,调用相应的检索技术编制比较细致复杂的检索提问式,以一次达到比较满意的检索结果。这种检索方式适用于有丰富检索经验的使用者。

---

2. 网络信息整理

对于在网上查找的大量信息,不能盲目利用,需除糟粕,取精华,学会整理利用。

首先,收集信息,做好保存。日常关注的信息,类似浏览新闻这样的信息收集和阅读活动,主要关注几个习惯性的网站、社区和博客等,可以利用订阅工具订阅;有明确目的性的信息收集任务,一般利用各种搜索引擎,或者专业的信息获取工具。面对无数的网址,可以利用书签、收藏夹工具保存。

其次,做好网摘,存储信息。在以上基础上,好的资料要做网摘,把相关的信息加上自己的评论存下来。常用的方法有:用记事本存内容,然后传到邮件里或者直接存在邮件的草稿中(notepad＋email);用 Del. icio. us 等书签网摘工具来管理。随着技术的发展,从光盘,到 U 盘和网盘,再到个人云账户同步和存储,存储方式也更便捷和快速。手机应用程序更为我们提供了方便的储存和同步方式。苹果用户可以用一个 iCloud 账户管理所有设备,可以实现电脑、手机和平板电脑之间的数据存储同步。这些在几年前都是不可想象的。

最后,分类、归纳信息。对存储下来的信息进行分类、归纳、整理,这个过程是一个再思考的过程,会帮助我们重新思考信息的价值。

一旦信息合格,信息检索工作结束,如果不能到达信息搜集者的要求,则开始第一步。因此,整个过程是一个循环反复的过程。

3. 网络信息筛选和鉴别

网络的公共性、开放性,使其成为个人参与社会事务的新平台,为大众提供了多样化渠道。但是,网络信息的不确定性也在不经意间成为大众的陷阱,其中表现最为恶劣的就是虚假新闻。如何在泛滥的信息海洋里筛选和鉴别出真实的价值信息,要做到以下三点。

(1) 沙里淘金,重点挖掘。

网上的信息是海量的,必须对其中真正有价值的信息进行重点挖掘。例如,2007 年发生在重庆的拆迁钉子户事件,那张著名的孤岛图片最初也是见诸网络并在各大网络论坛迅速传播,2007 年 3 月 8 日《南方都市报》率先将其刊发在专门报道网络新闻的"网眼"版上,随后,众多媒体记者深入调查,最终形成了新闻热点事件。因此,一旦传播者能从海量的信息的中识别出"金子"信息,就能够及时实现自己的目的。

(2) 去芜存菁,去伪存真。

由于网络传播方式的匿名性、自由性和开放性带来的负面效应,一方面网民在虚拟世界里肆无忌惮地表达个人意见和意愿,另一方面这种自由也随之被滥用。一些人在网上制造假新闻、散布不良言论,宣扬暴力、色情、迷信,更有甚者,通过网络散布谣言,攻击谩骂他人,给社会制造混乱。广大网民对庞杂信息如果不作鉴别、筛选,跟风操作,导致的后果就是虚假、有害信息满天飞,害人害己。因此,要对这些信息持有怀疑的态度,运用辩证的思维,认识其真假,去芜存菁,去伪存真。

【案例】12.8

浇灭网络谣言的"火"

2013年8月25日,"秦火火"、"立二拆四"、傅学胜等一批网络推手的锒铛入狱,让网络谣言这样一种社会现象露出了真面目,一时间成了人人喊打的过街老鼠。

"人言可畏",这是饱受流言之苦的女演员阮玲玉的绝笔之言。但如果阮玲玉活在今天,她面对的谣言可能还要生猛几十倍。看看"秦火火"们为了一泄私愤,打击报复他人,在流水线上生产出来的网络谣言,哪个不是惊世骇俗,劲爆夺目。被"牛郎门"深深中伤的张女士在得知谣言制造者被捕后说:"200多个日夜的煎熬,我一直等着这一天。"但有多少个被网络中伤过的人能真正等到这一天?有多少网络黑手躲在众声喧哗的网络背后伺机寻找下一个目标,有多少谣言就在不经意地一点鼠标间如利刃一般刺向无辜的当事人。谣言是社会的毒瘤,这是共识。谣言之祸,大可亡国,近可伤人,给社会和当事人造成的创伤很多时候是时间无法弥合的。

十几年来,我国互联网事业发展迅速。在一个快速转型发展的社会,基本与世界同时起步的互联网被寄予太多期待。互联网也以其永不枯竭的更新、打破边界的互动、源源不断的创意成为人们生活工作的必需品。但每一枚硬币都有它的反面,任何一项新技术、新发明对社会的作用都取决于使用者的素养和态度。有人用互联网创造财富、价值和进步,就有人利用互联网大肆抹黑、造谣和制造混乱。

现在回过头来看看"秦火火"们,这些人不可谓不聪明,不可谓不精明,不可谓不比平常人更懂得世道人心。他们用"反腐"来吸引眼球,用"公平"来争取拥趸,用"自由"来标榜价值,说的是道貌岸然的话,做的却是行若狗彘的事。现在互联网上披着两张皮的所谓"名人"不在少数,一不小心就会上了他们的船。

无论在任何一个年代,谣言盛行往往有三个条件:一是社会信任感下降;二是信息公开不够及时透明;三是受众素质参差不齐。网络谣言能钻透社会信任的屏障,在网络上掀起一波又一波的舆论狂潮,无疑也是抓住了当下互联网生态中的这三个特点。在网民们一脸无辜地刷微博、上微信的时候,其实并不知道自己获取到的信息已经被网络推手、网络水军和某些无良的标题党编辑精心炮制过了。在网络谣言和网络暴力的关系谱中,谁也逃不了干系。

多闻阙疑,多见阙殆。互联网时代的生存秘笈无非就两个词:冷静和学习。看到惊世骇俗的标题,不妨点进去看看,也许原文没有那么惊悚;看到不认同的观点,不要急着关闭窗口,耐心读一下,也许会发现自己的固执己见是多么狭隘;看到火烧火燎的转载,不要继续火上浇油,及时查点资料,也许会发现这只是几年前的一个帖子。

知识是谣言最大的对手,这里的知识不仅是从微博上读来的段子,也不仅是从"科普帖"里得来的常识,而是真正从学习中得来的智慧和知识储备。多读书,读好书,保持学习的斗志和姿态,只有这样才能从根本上浇灭互联网上那些"秦火火""傅火火"们,让互联网真正风清气正,皓月当空。

资料来源:于江邨:《浇灭网络谣言的"火"》,《人民日报》2013年8月29日第14版。

（3）弄明出处，反复确认。

网络信息的一个重要特征是信息发布的自由、开放。网络时代每个人既是信息的发布者又是信息的接受者。在这个情况下，明确网络信息的来源就成为鉴别信息真实度的重要手段。真实是信息的生命，为确保信息的真实性，要保持怀疑的态度，认真务实，确实核查其来源。

【案例】12.9

金庸"死亡"之谜

2010 年 12 月 6 日晚约 7 点半，网上传出武侠大师金庸先生去世的谣言。从晚上 8 点开始，这则谣言已经遍布国内的微博平台，甚至传到了 Twitter 上的中文用户耳中，百度搜索的消息居然也是确有其事。这则谣言被新浪微博上许多加"V"的用户和媒体不断传播，最后直到 12 月 6 日晚 8 点 40 分间丘露薇站出来辟谣。自此之后，谣言才慢慢被止住。这也引起了众多网友的质疑：虚假信息到底从何而来，为何传播速度如此之快？即便是在澄清之后，很多网友还是不明真相，在微博上大肆宣扬的这篇谣言究竟是从哪儿来的？

根据一名叫"nocoa"的 Twitter 网友提供的线索，一位上海的记者深度调查后得知，谣言最初的源头是百度贴吧。百度贴吧里有一位 ID 为"金庸去世了"的用户，该用户在假新闻肆虐前一天晚约 7 点半在百度贴吧的魔兽世界吧和金庸吧发布帖子，帖子内容正是金庸先生去世的消息。这个帖子很快被金庸吧吧主删除，在魔兽吧也没引起太多反响。这个帖子的发帖时间是晚 7 点 28 分，内容为"因中脑炎合并脏胀体积水于 2010 年 12 月 6 日 19 点 7 分，在香港尖沙咀圣玛利亚医院去世"。这个帖子是谣言的最早出处，在之后不久也被删除。但让人意外的是，这则消息在被传到微博上后能引起这么大的闹剧。网友评论说："希望微博上的认证用户认清消息来源，千万不要传播不属实的消息。"

12.2.3　网络沟通实施

1. 信息传递

信息传递是指人们通过声音、文字或图像等媒介沟通信息的过程，信息传递关注于信息的发出者和接受者。信息传递的方式，以及信息传递的目标。电视广告，户外广告等就是商家通过不同的方式向消费者传递商品的信息，以刺激消费者的消费欲望。

首先，需要确定信息传递的方向。不同的信息具有不同的作用，也有自身的特征，信息的投放需要考虑不同的方向，已到达预期的效果。

（1）单向传递，这是一般专门为领导或有关部门的特殊需要而提供的信息。信息的发出者将信息传递给需要者,直接满足接收者的要求,清除接收者对事物认识的不确定性。例如,财务部员工给财务总监的月度报告,就是一种单向传递。财务经理会准备一份非常完善的邮件,分析每个指标值,说明前因后果,预测趋势。

(2)相向传递,这是接收者和传递者都向对方发出信息,共同参与传递过程如各种交流会、讨论会、座谈会等。在这种传递方式的特点是:能在很大程度上打破传递者与接收者之间的时空界限;可以使信息反复传递,这样信息更容易被接收。在网络沟通中,相向传递多见于朋友圈、工作团队沟通中,一般会采用视频、微信等及时通讯方式。例如周末时候,三四个好朋友会在微信讨论组,讨论周末去如何放松。

(3)反馈传递,这主要是在基于任务目标的反馈当中,传递者根据接收者提出的意见,有针对性地选择信息内容,进行反馈传递。如当决策信息发出之后,各部门关于决策的执行情况以及存在的问题和意见,就会形成反馈信息传递给领导;领导接收到反馈信息后,对原来的决策进行修正或补充,产生新的信息,然后再反馈给部门。这种循环式的反馈传递,信息价值更高,沟通更有效。

其次,需要选择信息传递的载体。根据信息的传递载体,可以分为语音传递和文书传递。

语音传递是一种直接而简便的信息传递方式,由于信息内容相对来说比较简单,没有必要采取文书传递传递方式。语音传递多用于组织内部的少数人。

文书传递是正规的信息传递方式,是主要手段。这种方式既可以避免信息失真,又可以远距离多次传递,还便于利用和存储。文书传递的具体途径有邮件、传真等形式。

第三,要选择具体的信息传递渠道。网络沟通有网络电话、网络传真、网络新闻发布、电子邮件和语音邮件系统、网络电话、即时通讯工具(QQ、MSN、Skype、电子名片等)、视频会议、网络传真、电子论坛(BBS)、博客等多种渠道。在这些沟通渠道和信息传递形式之间的选择,下文有详述。

2. 信息接收

信息接收是信息传递的终点的重要职能之一。在很长一段时间内,信息收集主要是通过人的物理器官来完成,但是信息接收能力受到很大限制,信息接收质量差。技术的崛起,尤其是网络技术,极大地延长信息接收的时限和质量。网络沟通方式下,接受者可以对任何形式的信息进行存档,方便后期的跟踪和反馈。

在网络沟通中,信息传递者通过电子邮件、论坛、微信、微博等社交媒体将信息传递给目标对象,希望得到对方的反馈,从信息传递者变为信息接收者。很多时候,会收到对方的回复,使沟通得以继续进行,或达成满意结果,沟通过程结束。但也有时候,不能及时收到对方的回馈,就需要再沟通。如若经过数次尝试,仍不能收到回馈,则可视为沟通失败。在沟通对象是陌生人,沟通者希望与之建立联系时,这种情况发生的概率就偏高。反之,如果双方已有联系,并且需要通过沟通解决问题,则通常能够及时互动、沟通。

3. 结束与追踪

沟通结束包括事件阶段性沟通结束和最终的沟通结束两种。每次沟通结束应要求对方接收传递的信息及理解信息的内容,并能够提供相应的反馈。

沟通追踪就是指对信息作用的结果进行控制,从输出到返回再到输出的过程进行管理已到达预定的目标。

（1）追踪基本功能。

沟通追踪是对结果的控制，关注于沟通过程。我们知道从信息的传递到接受过程中受到很多噪音的影响，一不小心，信息可能失真，甚至接受者无法接受信息。因此，需要对沟通进行追踪，保证信息的处理及时和准确无误，促进信息理解和消化，使信息沟通处于最佳的状态。网络沟通中，沟通渠道的便利性使得沟通方便、快捷。对于信息的追踪尤为重要。例如，一旦由于接收者的网络通道的问题，无法及时接受消息，如不进行沟通的追踪，接受者根本无法知道自己错过了某个信息，更不说理解和吸收。

（2）追踪的基本特点。

首先追踪具有滞后性。滞后性是信息追踪最基本的特征，其滞后性表现在信息的再传递和再返送上。其次追踪具有针对性。信息追踪涉及信息主动收集、了解，具有很强的针对性。第三，追踪具有及时性。信息追踪要及时，以便及早的发现问题并解决。最后，追踪具有连续性。信息追踪要保证工作活动的连续进行，也有助于沟通的深化。

（3）追踪的基本要求。

信息追踪要做到广泛全面，不能以点概面。网络的特点使得沟通信息量大，速度快，信息追踪的过程也变得十分复杂，追踪的信息在数量和质量上都要严厉把关。另外，应延续追踪时间，保证信息沟通的持续、畅通进行。

12.3　沟通媒介及其管理应用

【举例】12.10

走进企业的即时通讯软件

移动互联网已经出现在生活中各个角落，虽然其迅速普及在一定程度上提高了企业沟通的速度，但同时即时沟通的质量在不断下滑。不断有员工反映，大量的邮件、音讯和视讯占据了全部的工作时间，在公司他们根本没有任何休息的时间，下班之后，这些工作信息像噩梦一样，严重影响他们的私人生活。因此，用专业的企业即时通讯软件办公，能够解决这一问题，也能够满足管理者和员工的各自诉求。面对这一需求，许多公司开发了专业的企业即时通讯软件，它可以让企业员工像使用微信一样爱不释手。

信鸽带有组织结构的通讯录，成员之间可以用信鸽进行话题讨论，同时也可以进行移动管理和协同办公。信鸽可以像使用微信一样发送文字、表情、语音、图片等，真正将移动办公运用在企业的每一个节点，让办公桌轻松自然的铺在时间线上。

资料来源：DoNews 网站，《信鸽 IM：懂企业沟通所需，做即时通讯之最》，2014 年 11 月。

随着计算机网络技术的不断普及,网络沟通的形式越来越多,如网络电话、网络传真、网络新闻发布。在管理沟通过程中,最常见的网络沟通形式有电子邮件和语音邮件系统、网络电话、即时通讯工具(QQ、MSN、Skype、电子名片等)、视频会议、网络传真、电子论坛(BBS)、博客等。

12.3.1 电子邮件和语音邮件系统

自 1996 年以来,中国互联网得到了巨大的发展,电子邮件也随之兴起。据中国互联网络信息中心(CNNIC)的第 34 次调查及其 2014 年 7 月发布的统计报告来看:截至 2014 年 6 月 30 日,我国网民人数达到了 6.32 亿人,而我国网民每周接收的电子邮件将超过 110 亿封。

电子邮件的兴起不仅要归功于中国互联网的快速崛起,还因为电子邮件自身在沟通中的作用。电子邮件沟通具有以下特点:

(1) 使用灵活。使用者可以根据自己的时间安排来发送、接收电子邮件,其使用方便、灵活的特点使用户跨越了时间和空间的限制。

(2) 成本低。与传统邮件的费用相比,电子邮件的使用费用十分低。只要电脑连接到网络上,即可使信息发送到相关的目的地。而且,还具有群发的功能,方便快捷之余,还能节约沟通成本。

(3) 传送速度极快。发送的有关信息只需几秒即可到达目的地,这一点是传统邮件所无法比拟的。而且,接收方并不知道发送方的状态,所以可以方便接收者自行处置。

(4) 恰当的沟通距离。在传统的沟通,沟通的距离很难把握。沟通距离过近或过远,都会影响到沟通的效果。但是电子邮件能克服这一问题,人们通过电子邮件进行沟通,会相对稳妥而不局促,愿意将邮箱地址告诉对方,然后等待接收对方的信息,再根据情况决定下一步安排。人们通过邮箱来掌握对方的信息,逐步安全有序地扩大自己的交际活动范围。电子邮件创造了一种人与人之间沟通的恰当距离。

(5) 信息表达灵活。除了可以发送简单的文本信息外,电子邮件还可以在附件中添加各种格式的信息。使用邮件发送贺卡,已经成为当代人们互送祝福的流行方式之一。

电子邮件的这些优点使其不仅成为人与人之间网络沟通的主要方式之一,也成为众多企业内部沟通的重要途径。电子邮件已经改变了人们的传统办公模式,成为现代办公的必备工具。例如,以前使用会议或文件的形式来传达某些信息,今天人们使用电子邮件即可轻松解决。目前,移动互联网的发展又使得人们在自己的手机上便可轻松收发邮件。

然而,随着人们对电子邮件的依赖,也出现了许多的问题:

(1) 反馈低。因为使用电子邮件的信息传播是单方向的,只有对方进行回复时才能得到一定的反馈。所以,即使是邮件发送到对方的邮箱里,发送邮件的一方也不能保证信息被浏览。

（2）安全性受质疑。垃圾邮件和网络病毒是威胁电子邮件安全的两个主要原因。经常使用邮箱的人，都有被大量垃圾邮件干扰的不悦经历。而病毒的危害更大，如果你的邮箱被病毒侵入，可能顷刻间所有的信息都会丢失。

（3）过度依赖网络服务。电子邮箱的容量，发送速度的快慢都很大程度依赖于网络服务器。在缺乏接收硬件或网络服务不好的情况下，信息的沟通即会受到一定的阻碍。

表 12.2　电子沟通中的"八要"和"八不要"

八　要	八　不　要
要及时更新同事的地址簿	不要忽略同事地址的变更
要记住身边的人能看到你在电子邮件中说出的话	不要使用邮件向他人发送任何有损人际交往的信息
要以干练的话语宣布已经达成的共识的信息	不要发繁琐的信息去讨论适于面对面交流的问题
赞扬对方的邮件应同时抄送给对方的上司	不要用电子邮件发送负面的反馈
看到与上司相关的重要信息，要复制一份发给上司	不要忽略你的上司或团队中的重要人物，不要随意越级，即使你知道上司的个人邮箱地址也不要这样做
要对重要的文件进行书面备份和归档	不要让邮件毫无次序地堆积，否则会为以后的检索带来不便
对重要信息的传递要口头核实	重要信息不能只通过电子邮件传递，因为收信人若出差在外，可能无法收发邮件
发送电子邮件要体现人性化，尽量不要群发	如果要群发，不要把所有接收者的地址都列在信件开头，因为这会透露敏感信息，最好是自己先发给自己一份，再把无抬头的副本发给其他人

【案例】12.11

电子邮箱爆满问题

在科技迅速发展的今天，电子商务应运而生，而对于电子商务的需求也越来越大。比特电子购物公司，就是这一需求下的产物。公司的主要经营活动是，通过网络平台为消费者提供产品信息，并且通过严密的认证系统和安全系统和及时、迅速的物流系统，为消费者提供网上购物的服务。

麦思强是公司的 CEO，计算机专业本科学历，做了三年计算机软件程序员后，报考并读了 MBA。MBA 毕业之后，他在一家网络公司做了一年的营销策划员，最后与朋友合办了这家公司。最初的时候，公司只有三十几名员工，而且都是没有什么经验的计算机或贸易专业的应届毕业生。但是他们有一个共同的特性，就是对网络充满兴趣，并且对公司表现出极大的热情和承诺。公司成立开始的半年内，麦思强通过各种沟通方式与员工保持良好的交流，包括网络上的沟通和办公室的非正式沟通方式。基本上，麦思强每天都会用电子邮件的形式与员工保持联系。

但是，随着公司业务的扩大，最近两个月内，员工数量就比原来扩张了四倍，这样一来,麦思强的邮箱每天都有一百多封员工发来的邮件。与此同时,公司采用的是网络沟通,文件传输的都是重要文档,但是可能会由于错误操作或者中病毒,导致文件的丢失或损坏,这给公司的工作造成了很大程度的困扰。除此之外,由于把握不好控制力度,很多员工经常浏览互联网上的信息,但是公司无法界定这些信息是否与公司业务相关,这让麦思强很困扰。

回答问题:

(1) 思考在处理超负荷的电子邮箱时,有什么合理的建议?

(2) 公司应该制定怎样的制度使员工合理的使用网络沟通?

(3) 网络信息时代,怎样理解网络沟通的电子媒介与传统沟通的关系?

资料来源:康青编著:《管理沟通》,中国人民大学出版社 2010 年版。

12.3.2　网络电话

网络电话指直接拨打对方的固定电话和手机,包括国内长途和国际长途,而且资费是传统电话费用的 10%—20%。网络电话分为软件电话和硬件电话。软件电话就是在电脑上下载软件,然后购买网络电话卡,然后通过耳麦实现和对方(固话或手机)进行通话。硬件电话比较适合公司、话吧等使用,首先要一个语音网关,网关一边接到路由器上,另一边接到普通的话机上,然后普通话机即可直接通过网络自由呼出了。

1. 实现方式

网络电话的拨打方式有三种:第一,电脑呼叫电脑。这种方式适合那些拥有多媒体电脑(声卡须为全双工的,配有麦克风)并且可以连上互联网的用户,通话的前提是双方电脑中必须安装有同套网络电话软件。它的优点是相当方便与经济,全免费,但通话双方必须事先约定时间同时上网,而这在普通的商务领域中就显得相当麻烦,因此这种方式不能商用化或进入公众通信领域。第二,电脑呼叫电话,即通过计算机拨打普通电话。作为呼叫方的计算机,要求具备多媒体功能,能连接上互联网,并且要安装 IP 电话的软件。好处是被叫方拥有一台普通电话即可,但这种方式除了付上网费和市话费用外,还必须向 IP 电话软件公司付费。此法主要用于拨打到国外的电话,但十分不方便,无法满足公众随时通话的需要。第三,电话呼叫电话。这需要 IP 电话系统的支持。系统一般由三个部分构成:电话、网关和网络管理者。电话是指可以通过本地电话网连到本地网关的电话终端;网关是互联网网络与电话网之间的接口,同时它还负责进行语音压缩;网络管理者负责用户注册与管理,具体包括对接入用户的身份认证、呼叫记录并有详细数据(用于计费)等等。

2. 安全问题

科技的进步,网络的普及,使得网络电话的使用量快速增长,其存在的安全问题也逐渐显现出来。安全问题是网络电话得以普及并发展的重要保障,因此,网络电话在语音信息隐私方面的保护,也是网络电话向前发展需要解决的首要问题。加强网络电话加密方面的技术手段,将会更有效地保障网络电话的安全问题。

【案例】12.12

Cision 公司的电话沟通

Cision 公司,在英国有一定的知名度,其服务的主要内容是为大型组织提供员工沟通方面的咨询,下面简洁地讲述了该公司应用新媒体沟通的主要情况。

(1) 和客户沟通。用 Skype(一种基于互联网的电话系统)与客户之间进行电话交流沟通,也可以进行视频会议。也通过互联网和他们共享很多信息。目前,Cision 公司中,员工与客户沟通的工作有 30% 的是在互联网上完成的,随着时代的进步,这个比例会不断地增长。

(2) 内部沟通。企业员工可以用自己的 Skype 的电话号码彼此联系,也可以使用这个载体讨论企业项目,进行视频会议,或者在彼此之间交换一些保密程度不高的商业文件。

(3) 和供应商沟通。就像和客户沟通一样,他们通过互联网和供应商沟通,并且交换保密程度不高的信息。

12.3.3　即时通讯工具

网络即时通讯主要是以更方便快捷地沟通为目的,依赖手机短信或者互联网作为信息载体,综合传统的跨平台、多联接终端的通讯技术,进而可以实现集文字、声音、视频、图片于一体的效率高、成本低的全面综合的"通讯平台"。即时通讯的基本功能包括:互发文字,语音、视频聊天,文件传输和图片发送等。

大家对微信、QQ、MSN 较为熟悉,但很多人对世界上最早的即时通讯工具 ICQ 却不甚了解。其实,ICQ 最初是几个以色列的学生开发出来的,在开发后的短短几年里就风靡了整个世界。即时通讯工具改变了互联网的交流方式,充分发挥了网络在沟通方面的优势。这些即时通讯工具已经逐渐与我们的日常生活融为一体,成为人们日常生活和工作必不可少的部分,是人们进行交流的重要手段和工具。

截至 2013 年 12 月,我国即时通信网民规模达 5.32 亿,比 2012 年底增长了 6 440 万,年增长率为 13.8%。即时通信使用率为 86.2%,较 2012 年底增长了 3.3 个百分点,使用率位居第一。即时通信服务一直是网民最基础的应用之一,其直接创造商业价值能力有限,更多的来自增值服务的开发。

表 12.3　技术条件支撑下即时通讯的发展图景

导入期	培育期	成长期	成熟期
1999 年，QICQ 推出，成为我国第一个中文即时通讯软件	其他 IM 如网易泡泡，搜 Q 崛起，国外知名即时通讯软件如 MSN、朗玛 UC 纷纷进入中国，激烈的竞争促进了即时通讯软件的功能和体验都得到改善	面向游戏、购物、语音聊天等不同特定领域的即时通讯软件涵现，有利于用户与特定对象快速沟通	即时通讯移动化趋势明显，自 2011 年底，即时通讯一跃成为我国第一大上网应用
用户使用率达到 45.04%	用户使用率维持在 35% 左右	用户使用率高达 81.40%	用户使用率维持在 70%—80%
即时通讯是完全的网络产品，价值完全取决于协同价值。即当只有一个人拥有通讯账号时是没有意义的。只有当联网用户尤其是使用即时通讯工具的用户达到一定规模，即时通讯的价值才能完全发挥出来	互联网基础设施的改善，促使即时通讯朝更易用，用户体验更佳的方向发展	2007 年即时通讯的用户使用率首次超过电子邮箱，成为最广泛使用的网络沟通工具	据中国互联网络信息中心发布的第 31 次《中国互联网络发展统计报告》显示，手机即时通讯用户数为 3.52 亿，使用率为 83.9%，在手机各应用中排名保持第一
支撑 P2P 技术普及；截止到 2002 年底，上网人数约 5 910 万	支撑 ITU-T公布了 ADSL2标准，更好地实现了宽带接入；服务器性能得到改善；Ultra320SCSI 接口标准实现更高的数据传输；大容量、传输速率高的 SCSI 磁盘得到应用；截止到 2006 年底，国际出口的带宽总量达 256 696 M	支撑 Web 2.0 带来了新技术新思想；电信重组与三网融合进程的推进加速即时通讯产品跨网络，跨平台互通	支撑 2009 年工业和信息化部发放 3G 牌照；智能机得到普及，尤其是千元智能机的推出；2013 年 12 月工信部向三大运营商发布4G牌照
1999—2002 年	2003—2005 年	2006—2008 年	2009 年至今

资料来源：《我国网络沟通方式演化研究(1998—2012 年)——基于技术支撑和供求力量的视角》，2012 年。

【实用链接】12.13

微信：即时通讯软件的新代表

微信是腾讯公司在 2011 年的 1 月 21 日推出的一款为智能终端提供即时通讯服务的免费应用程序，其逐渐的发展，被更多的用户接受，已是国内即时通讯的最新代表。截至 2013 年 11 月，微信的注册用户量已经突破 6 亿，成为不止是国内，也是整个亚洲地区最大用户群体的移动即时通讯软件。微信的基本功能主要体现在：

(1) 聊天：微信的基本功能主要体现在聊天上，可以支持用户发送语音、分享图片、文字表达、表情展现等。更突出的一个特点是可以进行视频聊天。微信这种聊天软件，还支持多人群聊。

(2) 添加好友：有了好友，才能更好地进行沟通。微信加好友可以通过多种方式，主要包括查找微信号、查看 QQ 好友、通过手机通讯录进行好友的添加、分享微信号添加好友、通过摇一摇的方式添加好友、二维码方式查找好友和漂流瓶接受好友等七种方式。为了方便群聊，微信还开发了面对面建群功能，大家在一定区域内，输入一组商定好的四位密码，就可以同时加入该群，快捷方便。这一功能甚至被教师运用在教学上，在课上分享文件，在课下与学生互动。

(3) 实时的对讲机功能：我们熟悉对讲机，殊不知微信也开通了这一基本功能。用户们可以通过微信的语音聊天室和自己的好友们进行语音对讲。该功能与群里发语音是不同的，因为这个聊天室的语音消息几乎是实时的，并且不会留下任何记录，具有较好的隐私性，即时是在手机屏幕关闭的情况下，好友之间也可以进行实时聊天。

【案例】12.14

微信沟通与客户关系管理

国网山东乳山市供电公司的员工在客户服务大厅推广了微信平台的使用，得到了广大客户的支持与肯定。微信平台可以向客户提供方便、快捷、就近的服务。以提供电费清单为例，在没有使用微信平台之前，对客户的清单要电话通知，当面传达，传统的这些方式费时费力。现在通过公共平台，每月定期推送，方便快捷。为了是微信平台的使用更加普及，乳山市供电公司进行了一个周的宣传活动，公司人员也全身心地投入到微信平台的推广工作。首先，向客户介绍乳山供电的微信平台并如何关注，工作人员耐心地向客户讲解。同时，向客户介绍微信平台上展示的相关政策和知识，展现"微"营业厅的特色服务，告知用户业扩服务、故障维修等服务可以通过微信进行申请，客户可以通过微信平台查询到停电信息、电量的使用情况、需要交纳的电费，并通过支付宝或者微信支付进行电费缴纳。

资料来源：新华网，《乳山市供电公司：运用微信平台与客户"面对面、零距离"沟通》，2014 年 9 月。

【案例】12.15

微信沟通与团队管理

在南京某高档商场的通灵翠钻专卖店,店长利用微信平台促进团队成员的沟通,对他们进行管理。销售无疑是专卖店业绩的核心。为提升业绩,在店长的主导下,他们基本每天晚上都要在微信群里进行微信会议,总结、讨论和分享销售经验与不足,以期改进。

微信会议的频率还是比较高的,基本上一周以内最起码三到四天。尤其是当店里遇到一些特别案例的时候,在微信会议上都会重点分析,交流感触。比如说像节假日的时候,忙完之后,会有很多感触。店长就让大家分享。再比如,某天了解到、参与了,或者是听到了一些关于销售的案例,都会把它拎出来,在微信平台里分享和讨论。如果只是听说了某件事情,店长就会在微信里面邀请这个员工,由她来作为主讲人在微信里面跟大家分享。不管是成功的还是失败的,他们都会去做。

分享是通过打字的形式进行。如果某个项目的效果很好,通过微信分享,对于好员工这是一个很好的激励过程。而对于年轻的员工,新员工来讲,又是一个学习的过程。据店长介绍,他们采取这种方式,很好地促进了团队建设,同时群策群力,很好地解决了实际工作中遇到的问题,提高了团队绩效。

12.3.4　视频会议

视频会议系统是可以通过网络通信这一技术,开展虚拟会议的全新网络沟通系统。即使参会人员身处各地,视频会议系统也能消除彼此的地理距离,通过语音、视频、图像等多种方式交流,实现资源共享。视频会议系统独特的支持人们远距离实时信息交流与共享、开展协同工作的特点,极大地方便了协作成员之间进行真实、直观的交流。

(1) 视频会议系统发展现状。

中国视频会议系统市场规模逐年扩大,视频会议系统正在向各行业渗透。金融、能源、通信、交通、医疗、教育等重点行业机构的使用比例不断提高。政府视频会议网络将覆盖至乡镇,金融、电信、能源等行业也将开始更细市场的管理,广大中小企业将是视频会议系统行业发展新的增长点。同时,企业对成本费用的控制和经营效益要求不断加强,视频系统成为重要解决途径。

(2) 视频会议系统。

视频会议系统包括以下几类:

第一，基于硬件的视频会议系统：利用专门的视频设备来实现远程信息交换，该系统使用简单，维护方便，视频的质量好，但对网络要求高，需要专线来保证，因而系统造价较高。

第二，基于软件的视频会议系统：通过软件来实现硬件的功能，主要借助高性能的计算机来实现硬件解码功能，其特点是充分利用已有的计算机设备，因此造价较低。

第三，网络视频会议系统：利用互联网实现远程信息交换。其特点是具有非常强大的数据共享和协同办公功能，对网络要求较低，但视频效果一般。

（3）视频会议要求。

随着科学技术快速发展，视频技术越来越完善，价格也越来越便宜。视频系统被广泛用于举行远程会议，进行面试或开设培训课程。虽然同样是开会，但由于视频会议具有一般会议所没有的特点，因此在召开或参加视频会议时，应做好相关的准备，以保证会议效果。由于参与者并不在同一会场，因此对顺利召开视频会议提出了一些新的要求。现在以位于两地的合作伙伴之间的视频会议为例，强调以下注意事项：

① 明确会议目的。会前，双方应通过电话或邮件等方式进行沟通，使双方明确举行视频会议的目的。

② 确定会议时间。召开视频会议，对时间的准确性要求很高，参会者必须同时出现在视频中且保证系统处于正常状态，不同时区参会双方应注意日期和时差。

③ 确定会议主持人。会议主持人由参会双方事先协商确定，如会议多次举行可采取轮流主持方式。同时，参会双方应确定一名负责人掌控和协调各自会场。

④ 提前调试视频系统。参会双方应约定时间同时调试视频系统，保持系统正常工作以及会场灯光明亮，同时负责人检查工作时不能随意闲聊和评论。

⑤ 参会时注意服饰衣着。衣着的不同颜色经摄像头摄入后反映在屏幕上的效果是不同的。通常，参会者以穿浅灰、浅蓝上装为宜。需要指出的是，无论服装是什么颜色，会场内的光线一定要保持充足，否则会令会场在屏幕中显得较暗。

⑥ 行为举止要得体。在参加视频会议时，要规范自己的行为举止，不要随意抚弄头皮、把玩手机或抓耳挠腮等，要时刻意识到，摄像头一直对着你，这些不专心或不雅的动作都可能被屏幕放大从而影响你的形象。同时，参会者应保持手机呈关机状态以免对视频系统产生干扰。

12.3.5　网络传真

传真是企业进行外部沟通的主要形式之一。传统的传真技术通过当地、国内或国际长途线路，存在费用昂贵的缺点。

表 12.4　技术条件支撑下网络论坛的发展图景

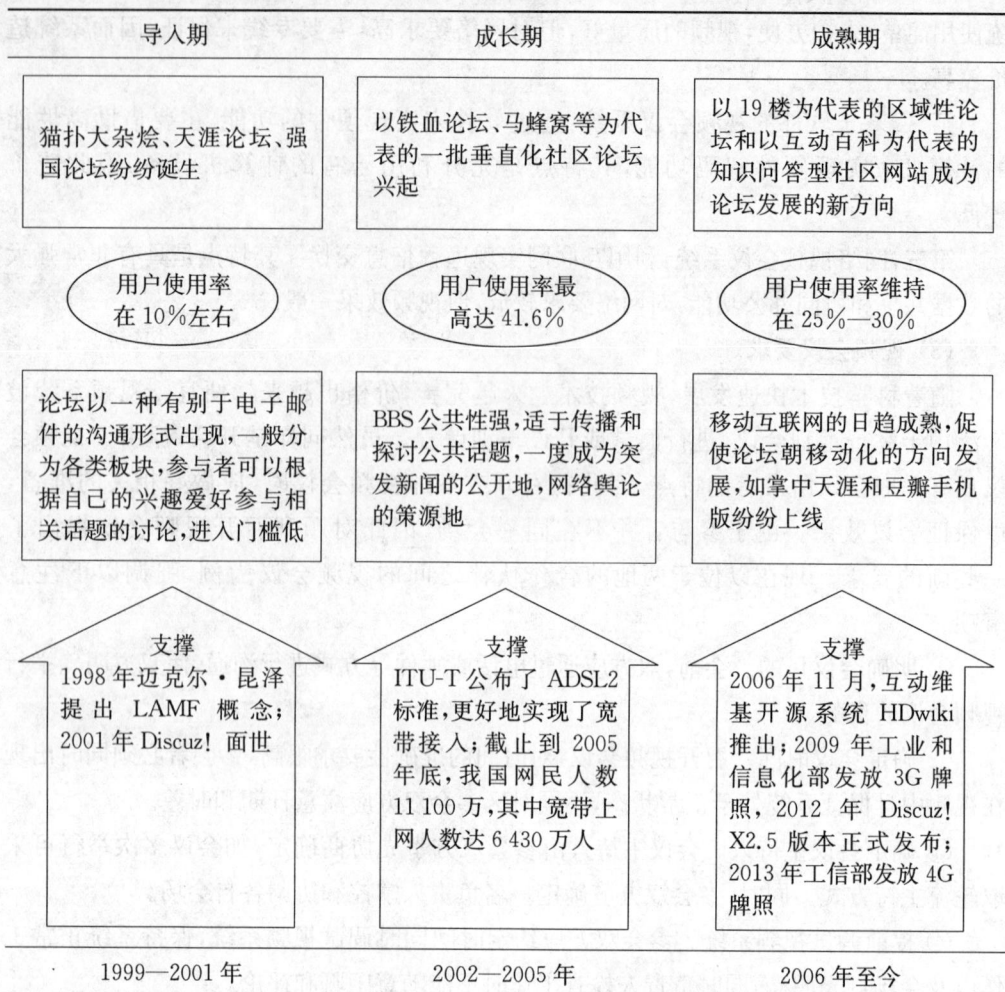

导入期	成长期	成熟期
猫扑大杂烩、天涯论坛、强国论坛纷纷诞生	以铁血论坛、马蜂窝等为代表的一批垂直化社区论坛兴起	以 19 楼为代表的区域性论坛和以互动百科为代表的知识问答型社区网站成为论坛发展的新方向
用户使用率在 10%左右	用户使用率最高达 41.6%	用户使用率维持在 25%—30%
论坛以一种有别于电子邮件的沟通形式出现,一般分为各类板块,参与者可以根据自己的兴趣爱好参与相关话题的讨论,进入门槛低	BBS 公共性强,适于传播和探讨公共话题,一度成为突发新闻的公开地,网络舆论的策源地	移动互联网的日趋成熟,促使论坛朝移动化的方向发展,如掌中天涯和豆瓣手机版纷纷上线
支撑 1998 年迈克尔·昆泽提出 LAMF 概念;2001 年 Discuz! 面世	支撑 ITU-T 公布了 ADSL2 标准,更好地实现了宽带接入;截止到 2005 年底,我国网民人数 11 100 万,其中宽带上网人数达 6 430 万人	支撑 2006 年 11 月,互动维基开源系统 HDwiki 推出;2009 年工业和信息化部发放 3G 牌照,2012 年 Discuz! X2.5 版本正式发布;2013 年工信部发放 4G 牌照
1999—2001 年	2002—2005 年	2006 年至今

资料来源:《我国网络沟通方式演化研究(1998—2012)——基于技术支撑和供求力量的视角》,2012 年。

12.3.6　电子论坛(BBS)

电子论坛在企业中运用较多,企业可以运用此媒介载体发布信息,员工也可以进行言论的自由发表。电子公告牌与电子论坛的相结合使用也逐渐扩大开来,电子公告牌上涵盖了某产品的使用说明和相关建议和一些公众舆论,用户们也在公告牌上发表自己感兴趣的话题并鼓励大家积极讨论。

新闻的发布这无疑是电子论坛的另一重要作用。员工们可以通过内部网络的新闻发布来满足其对公司经营信息的相关需求。电子论坛的兴起,使企业更多更好地借助内部网络新闻发布这一方式出版电子刊物,使其逐渐替代了传统的内部刊物。

12.3.7　博客

雅虎搜索资深副总裁谢韦纳(Jeff Weiner)曾说过:"现在是创造和发布个人媒体的时代。"

1. 什么是博客

关于博客,不同的人有不同的解释:

"迅速/便捷地发布……";

"博客是草根记者";

"博客是以超级链接为武器的网络日记";

"博客是信息时代的麦哲伦";

"博客是信息奶牛,吃的是'信息草',挤出来的是'信息奶'";

"简单到连傻瓜也会建立";

"经常更新甚至包括亵渎语言的发泄地,自言自语的场所"等等。

博客(Blog),是一种可供传播观点、见解等内容的网络信息发布形式。通常按照时间的顺序进行排列,可不断更新。博主可以在博客中摆放多个网络链接。博主可以是个人也可以是一个组织,是日下最为流行的网络交流形式之一。博客倡导思想、观念的交流和共享。从社会名流到普通百姓,从七岁学童到耄耋老人,只要有写作和表达的欲望,几乎每个人都可以轻松拥有自己的博客。

在博客中,使用者可以在上面自由地表达自己的观点,并可以随时更改。它可以通过不同的链接,得以在时间维度持续,并可以回溯到先前的内容,因而可以把一个较为完整的个体展现出来。可以说,博客的出现,使互联网朝着个人媒体的方向前进,也有人评价博客是在即时通讯系统、电子邮件等网络沟通方式出现后的第四种网络沟通方式。

2. 博客的类型

按照博客中传播信息的内容不同,可以把博客分为不同的种类。报道或链接新闻的博客为新闻型博客;传播专业技术信息的博客称为专业型博客;提供学习或娱乐信息的博客,即为学习娱乐型博客。

按照博主从事不同性质的传播活动,还可以对博客进行以下的分类。一种博客空间以公共性传播为主,例如上边提及的新闻网即为此类博客。另一种是以个人生活日志为主的个人生活展示。目前,我国的博客以后一种形式为主,而以公共性传播为主的博客在我国尚处于发展阶段。在此我们也以个人日志性的个人展示性博客为主要的分析对象。

按博主的社会层次可以分为草根博客和精英博客。所谓的草根博客是普通社会大众的博客,通常反映博主的思想生活,影响力较弱。精英博客,指一些公众人物的博客。由于公众人物本身的影响力较强,所以这类博客的点击率很高,影响的范围也比较广泛。

3. 博客的特点

博客与以前点对点的沟通方式比较起来有着自身特殊的优势,即个性化的自我展示平台、公开化的个人日志，以及聚集的网络平台。

（1）个性化的自我展示平台。博主们通过在博客中书写个性化的观点、感触而吸引其他人的浏览。博客这一载体可以很好地展现出博主独特的个性。博客是他们抒发自己观点，宣泄情感的地方，满足了人们以自我为中心、以个性化为特点的媒体需要。所以如果想要让自己的博客受到别人的特别关注，一定要尽量在博客中展示自己的个性。这种能够张扬自我个性的特点，受到了 80 后、90 后新生代的推崇，相信也没有人会拒绝这种自我展示平台。

（2）公开化的"个人日志"。博客通常以文字为主体，而其内容通常以时间为线索连续记录的，具有隐秘性的特征，是独白式的写作。与普通的个人日志相比，博客最大的特点就是利用互联网这个平台使原来私密的个人日志公开化。这是博客的又一个特点。所以写博客的目的即为了别人的浏览和评价，所以点击率是评价一个博主成功与否的关键标志。如果有人浏览了自己的博客并作出相应的评价，那么沟通交流的目的即达到。博客的公开化特征满足了人们期待理解、倾诉、共鸣的心理，因此获得了巨大的成功。在此基础上，还可以通过不同的链接建立起自己的博客圈子，使沟通的范围更加广泛。

（3）聚集的网络平台。BBS 虽然也是一个开放的公共平台，但通常是不同主题帖子的杂乱集合。对某个问题的探讨显得支离破碎，且系统性太差，而博客的内容则显得集中有序。一个博客可以呈现出博主的全部文本内容及相关回复，对某个问题的探讨相对来说更集中，可以完全反映出博主的观点和看法。

随着博客热度的不断升温，各种问题接踵而来：侵犯著作权、侵犯隐私权、利用博客迅速蹿红等，不一而足。由于互联网开放、共享的特性，网络博客更加难以监管。相比起来，传统媒体受国家、法律的控制较强。而博客是一个任博主自由发挥的空间，各种思想意识、价值观念都会占有自己的一席之地。一不小心，博主就可能触犯法律或违反了道德的标准，极易引起知识产权、隐私、名誉等问题。人们越来越清醒地认识到，博客世界里不仅需要自由、开放和共享，同样也需要有规则、法律的指导和制约。

【案例】12.16

VISA 美国的企业博客

VISA 美国公布了一个叫做"都灵之旅"：www.journeytotorino.com 的博客，这也是他们的第一个博客。博客的主题内容主要涵盖了冬奥会的体育新闻，并包含着一些对采访运动员的播客音频等内容。VISA 并没有特意地去推广这个博客，只是简单地在网站 logo 和页面底部说明"Brought to you by Visa USA"（VISA 美国为您呈献），并且内容中也没有提到 VISA 公司。他们的目的是想考察通过病毒性传播手段，这个博客宣传能够达到何种传播效果。结果显示，网站用户数从一小部分读者开始发展到每天 300 人，逐渐达到每天 1 万人。企业博客这种网络沟通方式的应用，为企业文化的传播开创了新的方式。

参考文献

康青,《管理沟通》,中国人民大学出版社 2011 年版。

魏江,严进,《管理沟通:成功管理的基石》,机械工业出版社 2010 年版。

李锡元,《管理沟通》,武汉大学出版社 2013 年版。

许罗丹,林蓉蓉,《管理沟通》,机械工业出版社 2011 年版。

斯蒂芬·P.罗宾斯等,《管理学》,中国人民大学出版社 2012 年版。

伯纳德·费拉里,《倾听的力量:如何掌握沟通中的关键商业技巧》,电子工业出版社 2013 年版。

郭英立,《经济应用文写作》,清华大学出版社 2012 年版。

周俊玲,《商务文书写作实务》,机械工业出版社 2012 年版。

谷颖,《现代实用文体写作》,清华大学出版社 2009 年版。

苏勇,罗殿军,《管理沟通》,复旦大学出版社 2005 年版。

李东,《知识型企业的管理沟通》,上海人民出版社 2002 年版。

赵慧军,《管理沟通:理论·技能·实务》,首都经济贸易大学出版社 2012 年版。

叶龙,吕海军,《管理沟通:理念与技能》,北京交通大学出版社 2006 年版。

裴芸,《管理沟通——理念、技能与实践》,北京大学出版社 2013 年版。

张德,《组织行为学》,清华大学出版社 2011 年版。

罗宾斯等,《组织行为学》,中国人民大学出版社 2012 年版。

艾伦·杰伊·查伦巴,《组织沟通:商务与管理的基石》,电子工业出版社 2004 年版。

罗伊·J.列维奇,《商务谈判》,机械工业出版社 2012 年版。

张强,《商务谈判学》,中国人民大学出版社 2014 年版。

崔佳颖,《组织的管理沟通》,中国发展出版社 2007 年版。

刘园,《谈判学概论》,首都经济贸易大学出版社 2006 年版。

贾蔚,栾秀云,《现代商务谈判理论与实务》,中国经济出版社 2006 年版。

李元授,邹昆山,《演讲学》,华中科技大学出版社 2014 年版。

卡迈恩·加洛,《乔布斯的魔力演讲》,中信出版社 2011 年版。

唐宁玉,《提升团队跨文化胜任力》,《北大商业评论》2014 年第 5 期。

高长元,韩赟,王嵘,《高技术虚拟企业知识管理体系框架研究》,《管理学报》2011 年第 1 期。

尹文专,《企业管理模式的时代转变因素与理念的思考》,《商业时代》2013 年第 1 期。

李晓霞,《论商务沟通中的非语言沟通技巧运用》,《中国外资》2013年第6期。

李敏,《浅谈组织中管理沟通之倾听艺术》,《商场现代化》2013年第19期。

刘晓琴,陈晓鹏,《职场沟通中常见的倾听障碍及其应对策略》,《科技创业月刊》2010年第6期。

徐冬爱,《人际沟通中的非语言系统研究》,《经济研究导刊》2012年第32期。

赵梦婕,《企业管理中的有效沟通策略分析》,《现代经济信息》2011年第14期。

程志超,王捷,许强,《传统企业与虚拟企业组织沟通有效性的比较》,《西安交通大学学报》(社会科学版)2005年第9期。

包国宪,李文强,《虚拟企业沟通面临的挑战及对策》,《科技进步与对策》2005年2月。

常婕,《虚拟企业——有效的企业组织形式》,《经济师》2007年第5期。

张秀玲,《一种新型组织形式》,《合作经济与科技》2007年第318期。

徐伟青,《倾听顾客——企业营销的有效途径》,《营销管理》2005年第10期。

赵堪培,《交际的语言和非语言艺术》,《外语教学》2005年第3期。

何谨然,《目光、手势、空间和时间的无声交流——浅谈跨文化商务沟通中的非语言交际》,《湖北教育学院学报》2007年第7期。

徐雪婷,《谈商务谈判技巧》,《商场现代化》2013年第Z1期。

赵吉存,《企业技术引进的谈判技巧》,《经济管理》2012年第9期。

后　记

随着人生体验和感悟的丰富,笔者越发觉得沟通在人生中举足轻重的分量。结合自己多年的管理理论教学与管理咨询实践,历时多年后的今天,修订《管理沟通》一书的想法终于实现。随着该书修订工作的完成,有一种如释重负的感觉,但也带有一种感激的期盼。

因为在本书的编写和创作过程中,学习、参考和借鉴了太多的资料,不少在管理沟通领域潜心研究的学者和实践者给了我太多的启示,太多的精辟思想和精彩内容,让我有时难以割舍。书后虽然列出了长长的参考书目,但也不免疏漏,在此首先向他们表示深深的谢意!

李倩倩、廖四艳参与了本书第1、2、3章等章节的编写,赵璐、孙蕾参与了本书第4、5、6章等章节的资料收集和编写,林丽娟、王迪、王亚辉、丁苗苗参与了本书第10、11、12等章节的编写。龙颜、王庆龄为本书的资料收集和统稿做了大量的工作。本书的出版还得到格致出版社忻雁翔、王萌等编辑的全力支持和帮助。他们为本书的出版付出了辛勤的劳动,在此一并向他们表示衷心的感谢!

由于编者学识、经验等的局限,书中错误在所难免,恳请有关专家学者和朋友多提宝贵意见。

张昊民

2015 年 3 月

图书在版编目(CIP)数据

管理沟通/张昊民,李倩倩编著.—2版.—上海:
格致出版社:上海人民出版社,2015(2018.8 重印)
世纪高教·工商管理系列教材
ISBN 978 - 7 - 5432 - 2478 - 0

Ⅰ.①管… Ⅱ.①张… ②李… Ⅲ.①管理学-高等
学校-教材 Ⅳ.①C93

中国版本图书馆 CIP 数据核字(2015)第 028436 号

责任编辑 王梦茜

装帧设计 路 静

世纪高教·工商管理系列教材

管理沟通(第二版)

张昊民 李倩倩 编著

出 版	格致出版社	
	上海人民出版社	
	(200001 上海福建中路 193 号)	
发 行	上海人民出版社发行中心	
印 刷	苏州望电印刷有限公司	
开 本	787×1092 1/16	
印 张	25.5	
插 页	1	
字 数	552,000	
版 次	2015 年 3 月第 1 版	
印 次	2018 年 8 月第 3 次印刷	

ISBN 978 - 7 - 5432 - 2478 - 0/C·124

定 价 46.00 元